Peter F. Kramml und Ernst Hanisch (Hg.)

Hoffnungen und Verzweiflung in der Stadt Salzburg 1938/39

Vorgeschichte – Fakten – Folgen

Peter F. Kramml und Ernst Hanisch (Hg.)

Hoffnungen und Verzweiflung in der Stadt Salzburg 1938/39

Vorgeschichte – Fakten – Folgen

Die Stadt Salzburg im Nationalsozialismus

Herausgegeben von Peter F. Kramml, Sabine Veits-Falk, Thomas Weidenholzer und Ernst Hanisch

Band 1

Schriftenreihe des Archivs der Stadt Salzburg 28

Biografische Information Der Deutschen Bibliothek
Die Deutsche Bibliothek verzeichnet diese Publikation in der Deutschen Nationalbibliografie; detaillierte bibliografische Daten sind im Internet über http://dnb.ddb.de abrufbar.

ISBN 978-3-900213-12-1

Schriftenreihe des Archivs der Stadt Salzburg
Herausgeber: Stadtarchiv und Statistik Salzburg
Schriftleitung: Peter F. Kramml

Grafische Gestaltung: graficde'sign. Pürstinger Salzburg

Lektorat: Silvia Moherndl

Lithos: Repro Atelier Czerlinka, Siezenheim

Druck: Druckerei Huttegger, Salzburg

Salzburg 2010

Inhalt

Heinz Schaden

Die Stadt Salzburg im Nationalsozialismus

Vorwort des Bürgermeisters der Stadt Salzburg

Der Frage, warum die Geschichte des Nationalsozialismus nicht vergeht, ist Ernst Hanisch in seiner einleitenden Analyse nachgegangen. Dass diese Geschichte nicht vergeht, nicht vergehen darf, liegt nicht zuletzt daran, dass auch das Unmenschliche von Menschen gemacht wird. Es ist gerade diese ‚menschliche' Dimension des Unmenschlichen, die uns immer wieder die Frage nach dem „Warum" stellen lässt. Es waren Menschen, die sich in den Zeitläufen des Nationalsozialismus verstrickten. Es waren Menschen, die verführten und es waren Menschen, die verführt wurden. Aus diesem Grund können wir uns der Stabilität unserer demokratischen Verhältnisse nie sicher sein. Wem unsere Zukunft nicht gleichgültig ist, – und wem sollte dies schon sein – der muss sich der nationalsozialistischen Vergangenheit stellen. Die Auseinandersetzung mit Geschichte, und insbesondere mit der nationalsozialistischen, ist (auch) eine mit der Gegenwart.
Es ist nach wie vor eine höchst emotionalisierende Geschichte. Es gibt aber keine Alternative, als sich immer wieder der Frage zu stellen, warum sich ein derart menschenverachtendes Regime etablieren und so hohe Zustimmung erlangen konnte. Dabei müssen die komplexen Beziehungen zwischen Tätern, Opfern und Zuschauern in den Fokus gestellt werden. Nur eine faktennahe und quellenkritische Analyse kann jene Bedingungen freilegen, die die Menschen mit diesem Regime verstrickten und zeigen, wie sich die Diktatur im ganz „normalen" Leben festsetzte.
Dabei ist weder Moralisieren und schon gar nicht Verdrängen gefragt. Den vielfach geforderten Schlussstrich kann man nicht ziehen, im Gegenteil: jede Generation muss sich immer wieder aufs Neue mit dem Nationalsozialismus, seinen Bedingungen und Folgen auseinandersetzen.

Die Stadt Salzburg stellt sich ihrer Geschichte. In einem auf mehrere Jahre angelegten Projekt wird das „Haus der Stadtgeschichte", in Zusammenarbeit mit dem Fachbereich Geschichte der Universität Salzburg, Entwicklung, Entfaltung und Nachwirkung des Nationalsozialismus in der Stadt Salzburg untersuchen. Als Bürgermeister ist es mir ein Anliegen, dass sich die Stadt mit ihrer eigenen Geschichte beschäftigt und auch die Rolle der Stadtverwaltung in dieser Zeit zum Gegenstand der Untersuchungen zu machen. Das hat vielfältige Aspekte.

Die hohe Akzeptanz des nationalsozialistischen Regimes rührte nicht zuletzt von der Verheißung der Errichtung eines wohlfahrtsstaatlichen Systems zur Unterstützung bedürftiger Menschen der „Volksgemeinschaft" her. Dabei wuchs die Einflussmöglichkeit nationalsozialistischer Vorfeldorganisationen wie etwa der „Nationalsozialistischen Volkswohlfahrt" (NSV) im Bereich der Fürsorge oder der Hitlerjugend in der Schule. Wohlfahrtspolitische Aktionen wie Winterhilfswerk oder der „Eintopfsonntag" wurden in den Dienst nationalsozialistischer Propaganda gestellt.

Auf der ersten Seite der Schulchronik einer Salzburger Volksschule, die 1938 angelegt worden ist, steht als Motto: „In der Volksgemeinschaft hat nur der ein Recht zu leben, der bereit ist, für die Volksgemeinschaft zu arbeiten." Ein Motto, dem auf einen ersten Blick seine tödliche Konsequenz nicht anzusehen ist, das aber auch die hohe Zustimmung der Bevölkerung zum Regime erklären mag. Soziale Wohlfahrt und Gesellschaftspolitik, die durchaus moderne Akzente setzte (die Schaffung der Standesämter, die Trennung von Staat und Kirche, die Abschaffung des Heimatrechtes und etwa auch die Installierung von Jugendämtern) verknüpften sich mit „Rassenhygiene" und Eugenik, „Asozialenbekämpfung", Ausgrenzung von „Minderwertigen". Die Juden, die sogenannten Zigeuner, die „rassisch Minderwertigen" fanden keinen Platz in der „Volksgemeinschaft" und hatten mit Verfolgung und „Vernichtung" zu rechnen. Krisenerfahrungen und latente Ängste der Bevölkerung fanden ihr Ventil in der Konstruktion von Feinbildern, die auf eine lange Tradition des Antijudaismus und Antisemitismus zurückgreifen konnten. Auch heute werden Ängste instrumentalisiert und zu Feindbildern stilisiert.

In diesem Zusammenhang ist daran zu erinnern, dass die Stadt in Maxglan ein „Zigeunerlager" unterhielt oder aus dem Betrieb von Gefangenenlagern (Paumannplatz und Annahof) budgetären Nutzen zog.

Jeweils im Herbst eines Jahres widmen sich Historikerinnen und Historiker sowie andere ausgewiesene Fachleute in einer Vortragsreihe ausgewählten Themen der Geschichte der Stadt Salzburg im Nationalsozialismus. Im darauffolgenden Jahr erscheint zu diesem Thema eine umfangreiche Publikation. Der erste Band, der die Ergebnisse der ersten Vortragsreihe des Jahres 2009 zusammenfasst und sich mit dem „Anschluß", seiner Vorgeschichte und seinen Folgen beschäftigt, liegt nun vor.
Es sind nicht nur die breite Zustimmung der Bevölkerung zum „Anschluß" und die euphorischen Erwartungen, die die nationalsozialistische „Machtergreifung" hervorrief, sondern die lange Tradition des Antisemitismus und antidemokratischen Denkens, die zumindest nachdenklich stimmen. Die Weltwirtschaftskrise der dreißiger Jahre mit hoher Arbeitslosigkeit im Gefolge hatte zu einer Entdemokratisierung von Staat und Gesellschaft schon lange vor 1938 geführt. Auch das zeigt die Aktualität von Geschichte.

Ernst Hanisch

Warum die Geschichte des Nationalsozialismus nicht vergeht

Reflexionen eines alten Historikers

> Salzburg ist die Stadt des Reiches mit
> den opferbereitesten Herzen.
> Sie ist dadurch Vorbild der Volksgemeinschaft
> und des deutschen Sozialismus.
>
> Oberbefehlsleiter der NSV Erich Hilgenfeldt
> Eintragung in das „Buch der Stadt" am 28. 6. 1941
> (NS-Chronik Salzburg)

Als der Oberbefehlsleiter (welch ein Titel!) der NSV Erich Hilgenfeldt diesen Satz in das „Buch der Stadt" eintrug, hatte er vorher bei einem Appell (wieder eine typische NS-Wortprägung für den zivilen Bereich) im Großen Saal des Mozarteums die Ziele der Nationalsozialistischen Volkswohlfahrt (NSV) so erläutert: „Ein gesundes Volk – glückliche Familien"[1]. Das geschah am 28. Juni 1941, wenige Tage nach dem Beginn des Angriffskrieges des Großdeutschen Reiches auf die Sowjetunion, eine Wende des Zweiten Weltkrieges, die auch den eigentlichen Holocaust einleitete. Diese Wende fasste die Stadtchronik in zwei Sätzen zusammen: *Am 22. Juni überraschte der Aufruf des Führers die Welt, in dem er verkündete, daß Deutschland gezwungen durch die Herausforderungen und bedrohlichen Kriegsvorbereitungen Rußlands, in den Krieg mit Rußland eintrete. Salzburgs Bevölkerung nahm die Nachricht mit würdevoller Gelassenheit auf.*[2] Wie passt das zusammen? Gesundes Volk, glückliche Familie, Opferbereitschaft für die eigenen Leute, ein unsagbar grausamer Krieg im Osten, die angeblich „würdevolle Gelassenheit" der Bevölkerung, dann der Holocaust, der Versuch, die europäischen Juden und andere Gruppen zu ermorden? Diese Fragen stellen auch die Herausforderungen für unser Projekt dar.

Meine Reflexionen bestehen aus zwei Teilen: Im ersten Teil werde ich Überlegungen zur Relevanz des Nationalsozialismus heute anstellen, die oft selbstgerechte medial bestimmte Erinnerungskultur ansprechen; im zweiten Teil werde ich über die Anfänge der wissenschaftlichen Forschung in Salzburg seit den siebziger Jahren berichten.

Teil 1

1.

Man kann natürlich fragen: Wissen wir nicht schon genug über den Nationalsozialismus, auch über den Nationalsozialismus in Salzburg? Braucht es noch ein mehrjähriges Projekt der Stadt Salzburg? Nicht wenige, auch liberal und offen Gesinnte, stöhnen über die mediale Dauerberieselung über den Nationalsozialismus. Aus dem langen Schweigen der fünfziger Jahre ist längst eine zwanghafte Geschwätzigkeit geworden. Ich gestehe, obgleich ich mich seit fünfzig Jahren mit dem Nationalsozialismus wissenschaftlich beschäftige, habe ich ein gewisses Verständnis für dieses Unbehagen. Die wissenschaftliche Geschichtsschreibung ist längst von einer überwuchernden Erinnerungsindustrie entmachtet worden[3]. Aber auch in den Geschichtswissenschaften selbst hat die Erinnerungsgeschichte seit den neunziger Jahren in der „neuen Kulturgeschichte" eine dominante Position erobert. Die Erinnerung tritt oft an die Stelle der Tatsachen der Vergangenheit. Das hat fatale Folgen. Bei Zeitzeugen wie bei den Erinnerungsnationen gibt es nämlich die Tendenz, das eigene Leid immer wichtiger zu nehmen als das Leid der anderen. Das gilt für Opfer, Täter und Zuseher. Die Privilegierung der Zeitzeugen, als würden sie allein die authentische Geschichte vermitteln, von der kritischen Oral History längst als Illusion entlarvt, hat sich mit der Identitätspolitik verknüpft: den eigenen ethnischen, religiösen, sexuellen Gruppen nicht nur mehr Gehör, sondern möglichst auch eine Hegemonie zu verschaffen. Die Sakralisierung der Erinnerung aber unterminiert die Historie als rationales, methodisch reflektiertes, kritisches Wissen über die Vergangenheit. Das Unbehagen, das so entsteht, hat liberale Autoren wie Tony Judt und Charles Maier dazu geführt, dem vielzitierten Satz: „Wer sich nicht erinnert, ist verdammt, die Vergangenheit zu wiederholen" einen anderen Satz entgegenzustellen: „Wer nicht vergessen kann, ist verdammt die Geschichte mißzuverstehen und sie zu mißbrauchen."[4] Und Elie Wiesel, als er 2009 Präsident Barack Obama nach Buchenwald begleitete, stellte die verzweifelte Diagnose: „Hat die Welt gelernt? Die Welt hat nicht gelernt. Hätte die Welt gelernt, es hätte kein Kambodscha gegeben und kein Ruanda und kein Dafur und kein Bosnien."[5] Man muss schon sehr dumm sein, um diesen Satz jüdischer Autoren als Plädoyer für das Vergessen des Holocaust zu interpretieren. Worum es lediglich gehen kann, ist die Art und Form der Erinnerung. Präsident Obama sagte vor dem Lagertor von Buchenwald einen Satz, der auch als Motto für unser Projekt dienen könnte: „Gerade so wie wir uns mit den Opfern identifizieren, müssen wir auch daran erinnern, dass die Täter menschlich waren. Und wir müssen uns hüten vor Grausamkeiten in uns selbst."[6] Das nämlich ist die einzige wirkliche Lehre der Geschichte, dass wir gezwungen werden, uns selbst ins Gesicht zu sehen.

2.

Es gibt auch die Faszination des Bösen. Denken wir einmal daran, dass fast alle Fernsehstationen fast jeden Abend einen Kriminalfilm senden; von der Verherrlichung der Gewalt in den Computerspielen gar nicht zu reden. Und der Nationalsozialismus gilt dann als das absolut Böse. Die nackten Leichen der KZ-Bilder allerdings haben ihre aufrüttelnde Wirkung längst verloren, die Medien spielen mit dem Grauen und trivialisieren sie so, wie der emigrierte Historiker Fritz Stern schon vor zehn Jahren festgestellt hat[7]. Und geht bei einem Besuch in einer KZ-Gedenkstätte nicht auch ein kleiner Voyeur in uns mit? Bald könnte ein Bus die Besucher nicht nur zu den Orten des „Sound of Music" in Salzburg führen, sondern auch zu den Orten des „Sound of Nazis". Einen Reiseführer durch die braune Topografie von Salzburg gibt es bereits[8]. Sicherlich in guter aufklärerischer Absicht, wie im Vorwort betont wird. „Wo", heißt es dann weiter in einer grotesken Aufblähung der Bedeutung Salzburgs, „wo gibt es einen besseren Platz für geschichtliche Auseinandersetzungen in Europa als die Gegend um Salzburg, wo Einstein erstmals seine Relativitätstheorie vortrug, Stefan Zweig seine Visionen über Europa erdachte, Herzl über die Staatsgründung Israels sinnierte (tatsächlich? 1885 als Herzl nur an seine Karriere als Schriftsteller dachte? E. H.), das Ende Österreichs besiegelt wurde, Hitler sein Großdeutsches Reich regierte und Himmler die Vernichtung von mehr als zehn Millionen Menschen organisierte?"[9] Für die letzteren Behauptungen würde ich gerne die historischen Quellen kennen. Dass dieser Reiseführer voller falscher Fakten, schiefer Zusammenhänge steckt, kommt noch hinzu. Die Hochstilisierung des Nationalsozialismus als das absolut Böse lässt dann auch nicht zu, dass man die eine oder andere Maßnahme der NS-Regierung als vernünftig, und der einheimischen Bevölkerung dienend, erkennt[10]. Ich kann nicht sehen, warum der forcierte Bau von Kindergärten, die bessere Organisation der Jugendfürsorge in den Bezirksverbänden, das Kindergeld, die Entdiffamierung der unehelichen Mütter, warum diese Maßnahmen nicht auch positive Aspekte tragen konnten. Allerdings, und diese Einschränkung muss immer gemacht werden, wurde ein als „unwert" beschimpfter Teil der Bevölkerung davon ausgeschlossen. Negiert man diese Maßnahmen jedoch, erscheinen die Nazis als pure Teufel und die Bevölkerung als debil in ihrer Begeisterung. So jedenfalls sind keine Erklärungen für die Begeisterung der Bevölkerung zu finden. Die eigentliche historische Frage jedoch ist: Wo liegen die Grenzen zwischen durchaus auch positiven Maßnahmen und den Verbrechen der NS-Herrschaft in Salzburg? Wo und wie wird vernebelt, durch Propaganda, Aufreizung des Radikalnationalismus, Freilauf für den Egoismus, aber eben auch Zugeständnisse an den größten Teil der Bevölkerung, neben der Sterilisierung, der Ausmerzung der so genannten „Minderwertigen", bei der Behandlung der Kriegsgefangenen und Zwangsarbeiter? Auf diese Fragen sind nuancierte Antworten weitaus schwieriger zu finden als bei schnellen, moralisch hoch aufgeladenen Urteilen.

Und einen weiteren Aspekt gibt es zu beachten: Wenn der Nationalsozialismus das absolut Böse ist, können labile Menschen leicht herausgefordert sein, das Tabu zu brechen. Was wirkt in der medialen Öffentlichkeit politisch stärker als die erhobene Hand des offenen oder verdeckten Hitler-Grußes? Es können Rechtsradikale sein, aber auch Tabubrecher, die in diesem Augenblick die Lust des Tabubruches genießen, ohne politisch zu denken.

3.

Dann gibt es den antifaschistischen Furor, jedes zeitgenössische Signal des Nationalsozialismus vor und nach 1945 aus dem Stadtbild „auszumerzen“; ich wähle das Wort mit Bedacht. Ein antisemitischer Satz, der aus dem zeitgenössischen Kontext stammt, genügt, um den Autor zur Unperson zu machen. Ausgelöscht wird dadurch auch die in dieser Zeit antisemitisch konnotierte politische Kultur Salzburgs und Österreichs. Die Stadt erscheint dann eher als fiktive Stadt des Widerstandes, nicht als die reale Stadt mit einer langen deutschnationalen Tradition. Natürlich kann eine demokratische Gesellschaft direkte Symbole des Nationalsozialismus nicht dulden; etwa das Hakenkreuz. Aber ich denke, dass das herausgeschlagene Hakenkreuz aus dem Reichsadler an der Autobahnbrücke die zwielichtige Geschichte der Stadt besser repräsentiert als eine Beseitigung auch des Adlers. Das ist nämlich auch ein „Stolperstein“. Jene andere Aktion „Stolperstein“, zur Erinnerung an die ermordeten Juden und an Regimegegner, halte ich allerdings auch für eine notwendige, unaufgeregte Würdigung der Opfer des Nationalsozialismus. Nur beide Seiten zeigen die wahre Geschichte der Stadt. Ich war vor kurzem in Santa Fé, wo im Stadtzentrum ein Kriegerdenkmal die Helden des Krieges gegen die Indianer verherrlicht. Es wurde nicht beseitigt, sondern durch eine erklärende Tafel ergänzt, die auf den damaligen Zeitgeist hinweist und sich so deutlich von dem damaligen Denken distanziert.

Das uralte Gebet der Christenheit enthält den Satz: „Und führe uns nicht in Versuchung“. Damit ist nicht gemeint, wie wir noch im Religionsunterricht gelernt haben, wir sollen keine sexuellen Bilder ansehen, sondern: Führe uns nicht in Situationen, in Extremsituationen, wo wir zeigen müssen, wer wir wirklich sind. Meine Generation und die nachfolgenden Generationen im Westen sind, Gott sei Dank, bislang vor dieser Versuchung bewahrt worden. Wir standen noch nicht auf dem Prüfstand menschlicher Extremlagen. Wer kann ehrlich sagen, dass er/sie der Versuchung widerstanden hätte, durch eine kleine politische Denunziation seine Karriereziele zu erreichen; wer kann guten Gewissens behaupten, dass er das große Nein gesagt hätte, wenn der Verlust des Berufes, die Einweisung ins KZ oder der Tod drohte, und Familie und Kinder mitlitten? Wie hätten wir gehandelt als Hitlerjunge oder als alter Volkssturmmann, die 1945 zur Bewachung der Todesmärsche der Juden vom Osten in den Westen kommandiert wurden, wenn der Befehl kam, einen zusammenbrechenden Juden zu erschießen? Vielleicht, bestenfalls, hätten wir dem einen oder anderen Häftling heimlich ein Stück Brot zugesteckt. Das gab es und es gab auch die Menschen, die das große Nein wagten und die dafür bezahlten. Sie verdienen unseren großen Respekt. Der Schriftsteller Christoph Ransmayr hat auf seinen Wegen durch Wien, angesichts des großen Gestapoquartiers Metropol, selbstkritisch geschrieben: *Natürlich habe ich immer noch meine Hoffnungen, dennoch kann ich als nachgeborener Wahlwiener nicht sagen, ob aus mir in diesem Hotel Metropol ein kuschender Denunziant, ein Widerstandskämpfer, ein Opfer oder bloß ein Herr Karl geworden wäre* [...][11].

Nicht nur der Nationalsozialismus, auch der Kommunismus, ich kenne die Unterschiede, hatte die Menschen vor diese Versuchung geführt. Viele hatten auch dort versagt. Aber die Extremsituation der österreichischen Geschichte schuf nicht der Kommunismus, sondern der Nationalsozialismus. Und das ist auch der wichtigste Grund, warum der Nationalsozialismus als Thema nicht vergeht, nicht vergehen darf. Weil wir nur durch die Analyse dieser Diktatur die wahren Dimensionen unseres Menschseins kennenlernen und unsere bequemen Selbstsicherheiten aufgeben müssen. Diese Analyse muss jedoch mit Sorgfalt, quellenkritisch und kontextbewusst, gemacht werden. Das ist sehr mühsam und erfordert viel Zeit.

4.

Die meisten Menschen in dieser Zeit schauten zu, schauten weg. Schließlich war Krieg und die eigenen Alltagssorgen standen im Mittelpunkt. Bevor wir dieses schäbige Verhalten bequem vom Schreibtisch aus in Grund und Boden kritisieren, sollen wir uns die Frage stellen: Wo schauen wir heute zu und weg, bei den Kriegsverbrechen in Afrika beispielsweise oder sonst wo in der Welt – sagen wir nicht „schrecklich", zahlen vielleicht eine Spende und planen einen Urlaub in einer sicheren Gegend? Wir sollen uns Menschen allerdings auch nicht überfordern. Die menschliche Aufnahmefähigkeit ist beschränkt. Der Satz des Gebetes „Führe uns nicht in Versuchung" heißt auch: Alles zu tun, dass solche Extremsituationen gar nicht erst entstehen, wo wir auf dem Prüfstand stehen. Das ist die andere Warnung, die vom Studium des Nationalsozialismus ausgehen muss. Neben dem Glauben an einen charismatischen Führer, der für alle angeblichen Probleme eine Lösung weiß, und der diese Lösungen rücksichtslos, das NS-Wort dafür war „fanatisch", durchzusetzen versteht, ohne auf die menschlichen Opfer zu achten und der dazu eine hysterische Massenbegeisterung zu entfachen vermag, neben dieser Anbetung des Führers waren es die Feindbilder, lange bereits in der Mentalität des Volkes verankert, die nun, radikalisiert und politisch instrumentalisiert, die Menschheitsverbrechen überhaupt erst ermöglichten; in erster Linie die Feindbilder „Jude", „jüdischer Bolschewismus", „westliche Plutokratie". Die latenten Ängste wurden nach außen projiziert und bekamen ein Gesicht und einen Namen, die man vernichten konnte. Diese Ängste sind auch heute noch vorhanden, meist mit etwas anderen Namen, die Ausländer, die Muslime usw. und es gibt auch populistische politische Führer, die jene zahlreichen tatsächlichen Probleme, die mit vielen Zuwanderern in einer Gesellschaft entstehen, nicht nach und nach zu lösen versuchen, sondern diese Ängste hemmungslos, um der Wählerstimmen willen, ausnützen, anheizen und missbrauchen.

Auf ein weiteres Problem macht uns das Studium des Nationalsozialismus aufmerksam: auf jenes Phänomen, das der große evangelische Theologe Dietrich Bonhoeffer, der 1945 im KZ Flossenbürg hingerichtet wurde, „Maskerade des Bösen" genannt hatte[12]. Das Böse erschien im Lichte der Wohltat, des geschichtlich Notwendigen, des sozial Gerechten. So schwer es uns auch fallen mag, auch die Nationalsozialisten handelten nicht ohne Moral[13]. Sie beriefen sich auf traditionelle Werte wie Pflichterfüllung, Pünktlichkeit, Gehorsam usw. und auf neue, „moderne" Werte, die sich auf das szientistische, sozialdarwinistische „Gesetz des Lebens" bezogen. Die Natur zeige, dass nur der Stärkere überlebe. Die Arier sind zwar die überlegene, von der Vorsehung ausgewählte Rasse, sie müssen diese Überlegenheit aber im ständigen Kampf beweisen. Adolf Hitler hat dieses „Gesetz des Lebens" eindeutig so formuliert: *Denn wir alle sind Wesen einer Natur, die* [...] *nur ein hartes Gesetz kennt: das Gesetz, das dem Stärksten das Recht des Lebens gibt und dem Schwächeren das Leben nimmt* [...]. *Ein Volk, das diese Kraft zur Lebensbehauptung nicht aufbringt, ist nach den ewigen Gesetzen der Natur auch nicht mehr lebensberechtigt.*[14] In der Volksausgabe von Hitlers „Mein Kampf" steht der Satz, den Heinrich Himmler in seinem Privatexemplar besonders unterstrichen hat: *Die Forderung, daß defekte*

Menschen die Zeugung anderer ebenso defekter Nachkommen unmöglich gemacht wird, ist eine Forderung der klaren Vernunft und bedeutet in ihrer planmäßigen Durchführung die humanste Tat der Menschlichkeit.[15] „Humanste Tat der Menschlichkeit" – zunächst war damit „nur" Sterilisation und Euthanasie gemeint, aber die Denkfigur „defekter Mensch" konnte fast grenzenlos ausgeweitet werden, auch auf die „Arier" selbst.

Hinzu kam eine angenommene, ins Ungeheuere gesteigerte Bedrohung der eigenen Gesellschaft, wodurch ein an sich unmoralisches Vorgehen legitim erscheint, um angeblich größere Übel zu verhindern. Der „Notstand" erfordert Ausnahmegesetze. Dazu wird auch ein neues Sprachspiel eingesetzt. Der Mord an den Juden wird nicht Mord, sondern „Endlösung" genannt. Ganz technizistisch: Es gebe ein Problem, die angebliche Bedrohung des „Volkskörpers" durch die Juden, und eine Lösung des Problems, die „Endlösung". Dieses Wahnsystem wird im Krieg systematisch ausgebaut. Die Juden im plutokratischen Westen und im bolschewistischen Osten hätten den Weltkrieg begonnen. Daher sei die Ausrottung der Juden, wenn auch brutal, moralisch gerechtfertigt. Denn, so Robert Ley (der auch in Salzburg große Reden hielt) am 14. Jänner 1942: *Würde der Jude siegen, würde das deutsche Volk mit Mann und Maus, mit Kind und Kegel ausgerottet und vernichtet.*[16] Und Joseph Goebbels (der Schutzherr der Salzburger Festspiele) notierte am 6. März 1942 in sein Tagebuch: *Man darf hier keine falsche Sentimentalität obwalten lassen. Die Juden sind das europäische Unglück; sie müssen auf irgendeine Weise beseitigt werden, da wir sonst Gefahr laufen, von ihnen beseitigt werden.*[17] Das meint der Ausdruck „Maskerade des Bösen": Eine konstruierte Gefahr, die von den Juden ausgehen soll, wird dann als Notwehrsituation umdefiniert, wodurch auch das Überschreiten der normalen moralischen Grenzen legitim erscheint. Die NS-Moral schafft so eine neue Wirklichkeit, eine NS-spezifische „Sinnwelt", die nun erlaubt und fordert, was bisher verboten, ja undenkbar war. Das ist von einer erschreckenden Stringenz. Denn auch die alte moralische Ressource wurde nicht vollständig außer Kraft gesetzt. Solidarität, Nächstenliebe und Mitleid galten noch – allerdings nur gegenüber gesunden „arischen" Menschen – den „opferbereiten Herzen" in Salzburg, von denen Hilgenfeldt 1941 schwärmte. So konnte auch eine Krankenschwester später sagen: Stehlen war verboten, aber die Tötung von Geisteskranken war „Dienstpflicht", Dienst an der arischen Volksgemeinschaft[18].

5.

Wir dürfen die Geschichte des Nationalsozialismus nicht alleine vom Ende her interpretieren. Kaum jemand in Salzburg dachte 1938 an einen neuen Weltkrieg und an die physische Vernichtung der Juden und anderer Ethnien. Die Begeisterung über den Einmarsch der deutschen Truppen galt der Vermeidung des drohenden Bürgerkrieges, der Erfüllung der alten Anschluss-Sehnsucht („Volk will zu Volk"), galt der Hoffnung auf „Arbeit und Brot", dem Ende der jahrelangen Arbeitslosigkeit. Gewiss ist auch nicht zu übersehen: Die Ausschaltung der Juden aus der Wirtschaft und dem Berufsleben, ihre Vertreibung aus Salzburg wurde weithin mit Wohlwollen aufgenommen, löste auch eine Gier nach ihren Häusern, Wohnungen, Geschäften und anderen Vermögen aus. Niemand protestierte, auch die moralischen Instanzen der Kirchen nicht. Dennoch dürfen wir die Geschichte des Nationalsozialismus nicht auf den Holocaust allein reduzieren. Wir müssen aber in unserem Projekt jene Spuren von Anfang her auch in Salzburg suchen, die in einer „kumulativen Radikalisierung" letztlich zum Holocaust hintrieben.

Der Holocaust! Weder vor noch lange nach 1945 gab es diesen Begriff, noch die Vorstellung des besonderen jüdischen Leides. Es wurde eingeordnet in die vielen nationalen Katastrophen, die der Nationalsozialismus im Zweiten Weltkrieg in Europa ausgelöst hatte. Nicht nur wegen des latenten Antisemitismus in Europa, sondern auch, weil man die Ausgrenzung der Juden aus den Nationen nicht wiederholen wollte. Erst seit den sechziger Jahren verfestigte sich das Bewusstsein von der Einmaligkeit der jüdischen Shoah[19]. Diese Einmaligkeit beruhte nicht auf der Zahl der Opfer – der Kommunismus hatte im 20. Jahrhundert weitaus mehr Auslöschung von Menschenleben in der Welt zu verantworten –, sondern auf der Tatsache, dass ein zivilisiertes Volk eine industrielle Form der Ermordung von Menschen erfunden hatte, nicht unbedingt aus Hass, sondern als einer gleichsam hygienischen Maßnahme. Diesen „Erlösungsantisemitismus" (Saul Friedländer) – die Welt vor der angeblichen Gefahr der Juden zu erlösen –, sprach Hitler in einem Gespräch mit Admiral Horthy hier in Salzburg, 1943 im Schloss Kleßheim, offen aus: Juden seien Parasiten, also keine Menschen. *Sie wären wie Tuberkelbazillen zu behandeln, an denen sich ein gesunder Körper anstecken könne. Das wäre nicht grausam, wenn man bedenke, daß sogar unschuldige Naturgeschöpfe wie Hasen und Rehe getötet werden müßten, damit kein Schaden entstehe.*[20]

Der Umgang mit dem Holocaust wirft eine Reihe Probleme auf:

5.a.

Die Entstehung einer „Holocaustreligion" seit den achtziger Jahren, mit ihren Hohepriestern, Feiertagen, Wallfahrten und Liturgien, mit ihrer Betroffenheitsrhetorik, muss die wissenschaftliche Geschichtsschreibung irritieren. Denn wo die Gefühle und eine unreflektierte Moral vorherrschen, tritt die rationale Analyse der Fakten zurück, wird die komplexe Wirklichkeit der Vergangenheit, auch in ihren Widersprüchen, gleichsam überwältigt. Tony Judt hat das scharfsinnig erkannt: Wo Geschichte nur zur Moralpredigt genützt wird, entsteht eine schlechte Moral und eine schlechte Geschichte[21]. Obendrein: Immer wenn eine Religion auftritt, noch dazu eine, die auch für Säkulare und Ungläubige attraktiv ist, ist auch die Blasphemie nicht weit. Sicherlich brauchen Opfer Rituale, um ihre Erfahrungen irgendwie zu überleben. Aber in den „Tätergesellschaften" erlaubt die „Holocaustreligion" sich stillschweigend in die Reihe der Opfer einzuordnen. Warum wohl geben viele Kinder oder Enkel von Nazieltern ihren eigenen Kindern so gern jüdische Vornamen? Für die Historie jedoch ist allein die Rekonstruktion der Entscheidungsinstanzen, die dann den Judenmord auslösten, eine schwierige, keineswegs eindeutige Interpretationsarbeit. Jedenfalls gab es, jenseits bombastischer Rhetorik, keinen Masterplan von Anfang an, der nur umgesetzt werden musste[22]. Ereignisse sind weitaus komplexer als es eine Holocausterinnerungskultur annimmt.

5.b.

West- und Osteuropa, der Westen generell und die außerwestliche Welt haben andere Erinnerungen an den Holocaust. In Osteuropa überdeckt die Erinnerung an den Kommunismus vielfach die Erinnerung an den Zweiten Weltkrieg, bricht sie jedenfalls. Im übrigen Europa hat sich umgekehrt noch keineswegs die Bipolarität der Katastrophen im 20. Jahrhundert gleichmäßig festgeschrieben: die NS-Vernichtungslager einerseits und der stalinistische Gulag mit seinen Massenerschießungen und der Menschenvernichtung durch Arbeit andererseits. Wodurch dieses Ungleichgewicht entstand, hängt mit dem opferreichen Sieg der Sowjetunion über den „Hitlerfaschismus“ ebenso zusammen wie mit der linken marxistischen intellektuellen Tradition in Europa[23]. In der außerwestlichen Welt wiederum war nicht der Holocaust die Grundkatastrophe, sondern der Kolonialismus – und dabei steht ganz Europa in der Verantwortung.

5.c.

Weil sich der Holocaust so erfolgreich in der westlichen Erinnerungskultur verankert hat, verleitet dieses Beispiel zum Missbrauch der Geschichte: Alle Massentötungen, von denen die Vergangenheit und die jüngste Gegenwart leider voll sind, werden nun als Holocaust bezeichnet. Dadurch reduziert sich die Erinnerung auf eine möglichst effektive Werbecampagne, um die Aufmerksamkeit der Weltöffentlichkeit zu gewinnen. Der Missbrauch der Geschichte besteht auch darin, jeden Diktator in den vielen autoritären Regimen, die es noch heute gibt, mit Hitler und jeden großmäuligen kleinen Parteisekretär mit Goebbels zu vergleichen. Im scharfen Kontrast zu dieser Trivialisierung von Holocaust und Nationalsozialismus steht bei sensiblen Geistern eine ganz andere Entwicklung. Gabrielle Spiegel, die Präsidentin der amerikanischen Historikervereinigung, hat in ihrer Präsidialadresse „The Task of the Historian“ (Die Aufgabe des Historikers) auf die Sprachzerstörung verwiesen, die der Holocaust ausgelöst hat, auf die Unmöglichkeit, darüber adäquat zu reden. Doch der Sprachverlust reicht noch viel weiter. In der postmodernen Philosophie – Spiegel zeigt das am Beispiel der „Dekonstruktion“ von Jacques Derrida – verfestigte sich der Verdacht, unsere Sprache sei unfähig, die Realität überhaupt zu erfassen[24].

So steht die Geschichtsschreibung über die NS-Periode vor einem zweifachen Dilemma: Der Trivialisierung und dem Missbrauch der Geschichte einerseits und der radikalen Sprachskepsis, die jede Darstellung der Geschichte als Realgeschichte verunmöglicht, andererseits. Es gibt keine einfache Auflösung dieses Dilemmas. Ich kann nur meinen Ausweg benennen, als Historiker, der durch das Feuer der „linguistischen Wende“ gegangen ist: Unsere Sprache mag unvollkommen sein, beschädigt – die österreichische Literatur (nebenbei gesagt) war schon seit Beginn des 20. Jahrhunderts von dieser Sprachskepsis geprägt –, wir haben aber keine andere Sprache, um zu kommunizieren. Wir müssen diese Sprache mit Vorsicht und Bedacht verwenden, auf Genauigkeit drängend, aber wir dürfen nicht kneifen, wenn wir nicht Geschichte als Wissenschaft aufgeben wollen. Was wir können und müssen ist die möglichst sorgfältige Rekonstruktion der Fakten aus den Quellen, allein dadurch sind bereits zahlreiche Aussagen über die Vergangenheit widerlegt, auch wenn sie deshalb nicht aus der Welt geschafft werden. Was auch bei sorgfältigster Rekonstruktion der Fakten bleibt, ist eine Vielfalt von Interpretationsmöglichkeiten. Mit dieser Vielfalt müssen wir leben und darüber können wir auch legitim wissenschaftlich streiten.

5.d.

Diese sorgfältige Rekonstruktion der Fakten ist auch eine Aufgabe unseres Projektes. Es gab in der Stadt Salzburg kein Vernichtungslager, aber es gab das „Zigeunerlager“ in Maxglan. An diesem Beispiel lässt sich die kumulative Radikalisierung der NS-Politik quellenmäßig exakt nachzeichnen. Es existierte keine langfristige Planung. Aus einer Ausnahmesituation (die NS-Herrschaft produzierte ständig Ausnahmesituationen, das war ein Teil der „nationalen Revolution“), durch ein organisatorisches Chaos verstärkt, wurden ad-hoc-Entscheidungen gefällt, wobei zunächst noch humane Überlegungen mitbedacht werden konnten. Aber Schritt für Schritt wurden die Entscheidungen radikaler – am Ende stand die physische Vernichtung in Auschwitz-Birkenau. Eine Voraussetzung dafür war die langfristige ideologische Diskriminierung der so genannten „Zigeuner“ als per se Asoziale und rassisch Minderwertige. Die Vorurteile der Bevölkerung und die Ratlosigkeit der Behörden spielten zusammen. Die Deportation der Zigeuner nach Polen erwies sich als „einfachster Ausweg“; was dort mit ihnen geschah, kümmerte hier niemanden.

Noch immer ist im öffentlichen Bewusstsein keineswegs verankert, dass die Zahl der ermordeten österreichischen „Zigeuner“ prozentuell weitaus höher lag als die der österreichischen Juden, von denen immerhin zwei Drittel die Rettung des nackten Lebens gelang; von den „Zigeunern“ hingegen starben 75 Prozent[25].

6.

Als letzter Problemkreis soll die Dialektik von Tätern und Opfern angesprochen werden, nämlich wie rasch sich in den Systembrüchen seit 1934 in Österreich und darüber hinaus Täter in Opfer und Opfer in Täter verwandeln konnten. Dabei sind jedoch die subjektive Einschätzung und die objektive Faktenlage scharf zu trennen. Obendrein sind beide Kategorien viel zu unscharf, um die Vielfalt der Lebenssituationen adäquat zu erfassen, und die Menschen sind immer auch in Strukturen eingepasst, die sie freilich als moralische Wesen nie völlig determinieren. Der Hinweis auf Strukturen gehörte im übrigen zu den vielen Ausreden der Nationalsozialisten nach 1945. Nicht jedes NS-Parteimitglied war ein Täter. Zum Täter konnten auch Nichtmitglieder werden, die etwa andere denunzierten[26]. In Extremsituationen entschied jedoch die Frage, wer Täter oder Opfer war, über Leben und Tod!

Als ein Beispiel der Verwandlung von Opfern zu Tätern soll der Fall der slowenischen Partisanen dienen. Der Krieg gegen die Partisanen in Kärnten und Oberkrain wurde von Salzburg her geleitet. Verantwortlich war der Höhere SS- und Polizeiführer im Wehrkreis XVIII, General der Waffen-SS Erwin Rösener. Dabei wurden zahlreiche Kriegsverbrechen ausgeführt[27]. Das ist bekannt. Erst jetzt wird durch die slowenischen Untersuchungen deutlich, welche „Kriegsverbrechen" die Partisanen nach Kriegsende auf slowenischem Boden begangen hatten: In 590 Massengräbern wurden mehr als hunderttausend Menschen, Opfer des revolutionären Terrors, gefunden[28].

Eine andere Opfererzählung kultivierten die österreichischen Nationalsozialisten in Österreich nach 1945. Als Opfer des Krieges: Weil die Wohnung, das Haus bombardiert wurde; weil sie ein Familienmitglied an der Front oder sonst wo verloren hatten. Als Opfer der „Siegerjustiz": Weil sie, selbstverständlich grundlos, in Glasenbach inhaftiert waren; weil die NS-Gesetze der Nachkriegszeit prinzipiell unrechtmäßig seien, da sie Tatbestände im Nachhinein kriminalisierten. Und so gehen die Beschwerden weiter. Liest man die Briefe, die ehemalige Nationalsozialisten oder ihre Angehörigen an Erzbischof Andreas Rohracher schrieben, hat man den Eindruck, dass es überhaupt keine „Täter" gab, außer den US-Militär- und den österreichischen Regierungsbehörden[29].

Ich wähle als extremes Beispiel den Brief des Sohnes von Hanns Blaschke, letzter NS-Oberbürgermeister von Wien, den dieser in Salzburg am 16. Dezember 1945 an Rohracher geschickt hatte: *Mein Vater, ein Mann, der selbst ehrlich und aufrichtig, als Vorbild vieler seiner Kollegen, jeden den er kannte zum Freund erwarb und immer nur Gutes tat, was in seiner Macht stand.*[30] Dann folgt der verräterische Satz: *Welcher Mensch mit Charakter kann gegen seine Überzeugungen handeln?* Was kann dieser Satz konkret heißen? Wenn ein Antisemit der „Überzeugung" ist, die Juden gehören vernichtet, und als Bürgermeister aktiv mitbeteiligt ist, bleibt er dann dennoch ein „Mensch mit Charakter"? Blaschke jun. fährt im Brief fort: *Die prinzipielle Einstellung meines Vaters zu den moralischen Grundsätzen des Lebens änderten sich keineswegs, auch nicht während der Zeit, da er das Amt als Bürgermeister von Wien bekleidete. Wo er Missstände sah, versuchte er sie zu beseitigen. Es fiel ihm nie ein, jemanden zu schaden.*[31] Er habe ungezählte Menschen von ihren Strafen befreit, die diese nicht verdienten. Er habe nicht für sich „arisiert". Die tatsächlichen Ariseure, meint nun der Sohn, sollen hart bestraft werden. Nehmen wir einmal an, dass Blaschke jun. bei diesem Porträt des „guten Menschen von Wien" nicht bewusst gelogen hat, so sind die Lücken in der Darstellung und das Fehlen des Tatbestandes der politischen Verantwortung am auffallendsten: dass Dipl.-Ing. Hanns Blaschke seit 1931 bei der NSDAP war, am Juliputsch 1934 beteiligt war, zu lebenslanger Haft verurteilt wurde, 1944 den hohen Rang eines SS-Brigadeführers bekleidete und damals verantwortlich war für den Einsatz der ungarischen jüdischen Zwangsarbeiter in Wien. Seit den fünfziger Jahren lebte er in Salzburg, wo er 1971 starb[32].

Der Fall des Dipl.-Ing. Blaschke macht noch auf etwas anderes aufmerksam. Die Rede von den NS-Schergen – sprachlich sind Häscher und Polizeiknechte gemeint, mit Anklang an die Folterknechte der biblischen Jesuserzählung – ist häufig missverständlich. Gewiss gab es im NS-Regime auch diese sadistischen, blutrünstigen Täter. Weitaus beunruhigender sind jene hochgebildeten Bürger, die ihre Familie liebten, von Literatur, Musik und bildender Kunst begeistert waren, die von der Größe des deutschen Geistes schwärmten (wie viele Juden auch), die zwar die Juden nicht mochten, weil sie zu erfolgreich waren, aber keineswegs an ihre Ermordung dachten, die zur SS gingen, weil sie die arisch-nordische Eliteeinheit war – und die einige Jahre später, freiwillig oder auf Befehl, in einer Einsatzgruppe im Osten zu Massenmördern wurden. Diese Übergänge als Teil unserer modernen Kultur und Zivilisation müssen uns erschrecken.

Teil 2

7.

Es ist etwas verwirrend: Während Deutschland inzwischen als Meister der Aufarbeitung der NS-Vergangenheit gilt, steht Österreich als „Naziland" da. Der Nobelpreisträger Eric Kandel, 1929 in Wien geboren, sagte 2009 in der Serie „Ich habe einen Traum": *Die Integrität und Offenheit, mit der Deutschland die Hitler-Zeit untersucht und eine Demokratie geformt hat, ist vorbildlich. Von solcher Transparenz ist in Österreich nichts zu spüren.*[33] Es stimmt, Österreich hatte tatsächlich viel später als die Bundesrepublik die Auseinandersetzung mit der eigenen NS-Vergangenheit begonnen; der offizielle Opfermythos wirkte hier als Blockade. Aber es stimmt nicht, wie auch häufig gesagt wird, dass die wissenschaftliche Aufarbeitung erst nach der „Waldheimaffäre" Mitte der achtziger Jahre einsetzte. Tatsächlich hatte beispielsweise Erika Weinzierl bereits Anfang der sechziger Jahre das damals heiße Thema katholische Kirche und Nationalsozialismus aufgegriffen, sich intensiv mit dem katholischen Antisemitismus auseinandergesetzt[34]. Gerhard Botz veröffentlichte 1978 seine große Studie „Wien vom Anschluß zum Krieg"[35].

Die wissenschaftliche Erforschung des Nationalsozialismus in Salzburg begann erst Mitte der siebziger Jahre. Dieser Beginn war etwas kurios. Im katholischen Cartellverband entstand der Plan einer Biografie des langjährigen Landeshauptmannes Franz Rehrl (1922–1938). Der damalige Studentenseelsorger Wolfgang Huber stellte ein damals junges Team von liberalkatholischen Historikern und Politologen zusammen, welche die Biografie schreiben sollten. Aber da stand die Hürde der 50-jährigen Archivsperre und die Leitung des Landesarchivs beharrte darauf. Wir jungen Wissenschaftler aber bestanden auf der Archivöffnung. So wurde ein recht österreichischer Weg gewählt: Wolfgang Huber ging zu Landeshauptmann Hans Lechner, der erteilte einen Dienstauftrag an das Landesarchiv, und der Landesarchivdirektor persönlich brachte mir als erste Quelle den Personalakt von Franz Rehrl, mit den Akten seines Prozesses in der NS-Zeit[36]. Dann folgten einige Aufsätze: Zur Frühgeschichte des NSDAP in Salzburg und zu den Sondergerichten 1938–1945[37].

Zur selben Zeit startete in der Geschichtswissenschaft die Debatte über Regionalgeschichte, über das Verhältnis von Makro- und Mikrogeschichte; die Landesgeschichte verlor ihren biederen Zuschnitt, den Geruch des Heimatlichen: Lokalgeschichte, so hieß es, sei keine „kleine Geschichte", sondern „Geschichte im Kleinen". Sie wurde hochtheoretisiert. Hinzu kam der Einfluss der französischen Annales-Schule und der italienischen Mikrogeschichte[38]. Das schob uns an.

Für das Gedenkjahr 1978 schrieb ich den Aufsatz „1938 in Salzburg"[39]. Dann, im Paracelsusbad, traf ich den Leiter des Landespressebüros Eberhard Zwink, der seine HJ-Zeit in Salzburg nicht vergessen hatte. Unter der Dusche sprachen wir über meinen Aufsatz und nebenbei sagte Zwink, ob ich nicht Lust hätte, eine Gesamtdarstellung der NS-Zeit in Salzburg zu versuchen. Ich hatte Lust. Als die Archivöffnung gesichert war, entstand die Broschüre „Nationalherrschaft in der Provinz. Salzburg im Dritten Reich", erschienen 1983. Die Broschüre hatte einen unerwarteten Erfolg, weniger wegen meiner Darstellung als wegen der billigen Abgabe durch das Landespressebüro und wegen der Fotografien von Franz Krieger. Im Laufe der Forschungen sprach ich mit zahlreichen NS-Herrschaftsträgern. Aus dem Interview mit dem ersten Gauleiter Anton Wintersteiger sind mir zwei Episoden in Erinnerung: Der Stolz, mit dem er erzählte, er sei einer der wenigen Überlebenden, der sagen könne, mit Hitler und Mussolini an einem Tisch gesessen zu sein. Und – wichtiger – wie er den Autobahnknotenpunkt Salzburg festlegte. Er habe die Landkarte angesehen, mit dem Finger auf einen Punkt gezeigt und gesagt: Hier wird er gebaut. Er fügte hinzu: Heute muss man für so eine Entscheidung jahrelang verhandeln. Mit einem Schlag wurde mir der Unterschied zwischen Demokratie und Diktatur deutlich. Die Diktatur entscheidet ohne Rücksicht auf die Betroffenen; Demokratie braucht Zeit, viele Verhandlungen, aber das eben ist Ausdruck demokratischer Qualität. Ein anderes Gespräch führte ich mit Dr. Lospichl, einem Mitarbeiter des SS-Sicherheitsdienstes, in seinem Haus in Anif. Nach Stunden des Redens und viel Wein, tief in der Nacht, sagte er plötzlich nachdenklich: Ich habe eben Glück gehabt, ebenso gut hätte ich zu einer Einsatztruppe im Osten kommandiert werden können und wäre heute ein Massenmörder (wie sein Chef SS-Obersturmbannführer Alois Persterer).

Absicht meiner Darstellung war eine theoretisch inspirierte Rekonstruktion der NS-Herrschaft als Gesellschaftsgeschichte. Andere wichtigen Themen wurden ausgespart, die Geschlechterperspektive, die Alltags- und Volkskultur, die Kunstpolitik, die Zwangsarbeiter, die Arisierungen, der

Widerstand, überhaupt die genauere Opfergeschichte. Teilweise entstanden diese Defizite auch wegen der Archivsituation, die Archivalien der NS-Periode waren noch wenig geordnet. Um die Archivlage in den achtziger Jahren deutlich zu machen, es gab noch kein Stadtarchiv, sei noch eine Anekdote erzählt: Als ich an dem Buch über Salzburg in den Jahren Georg Trakls arbeitete, ging ich in die Registratur des Magistrates Salzburg, um Briefe der Bürgermeister vor dem Ersten Weltkrieg einzusehen. Der Beamte gab die übliche Antwort: Haben wir nicht – und fügte hinzu: Gerade haben wir die Briefe von Bürgermeister Heinrich Salfenauer vernichtet. Wütend schrieb ich einen Brief an Bürgermeister Josef Reschen.

8.

Einige der Defizite meiner Analyse hat die folgende Historikergeneration aufgearbeitet: Gert Kerschbaumer konzentrierte sich auf Kunst und Alltag;[40] im Auftrag des Dokumentationsarchivs des österreichischen Widerstandes wurde eine zweibändige Dokumentation „Widerstand und Verfolgung in Salzburg 1934–1945“ erarbeitet[41]; Robert Stadler und Michael Mooslechner machten zum ersten Mal auf das Kriegsgefangenenlager in St. Johann aufmerksam[42]. Alfred Rinnerthaler analysierte den Konfessionsunterricht im Reichsgau[43]; Laurenz Krisch schrieb wohl die beste, weil mit riesigem statistischen Material ausgestattete Studie über den frühen Nationalsozialismus in Salzburg[44]; Walter Reschreiter dokumentierte in einer Ausstellung und einem Katalog die NS-Euthanasie[45]. Vom internationalen Druck ausgelöst, beschäftigte sich Albert Lichtblau im Rahmen der österreichischen Historikerkommission mit Arisierungen und Rückstellungen[46]; Johannes Hofinger legte die Hintergründe der Arisierung von Schloss Leopoldskron frei[47]; Fritz Koller publizierte mit einer ausgezeichneten Einleitung das Inventarbuch der Landesgalerie Salzburg 1942–1944[48]; nach jahrelangen Mühen entstand das Buch von Roswitha Juffinger und Gerhard Plasser über die Salzburger Landessammlungen 1939–1955[49]; Oskar Dohle und Nicole Slupetzky arbeiteten die bedrückende Frage der Zwangsarbeit im Reichsgau auf[50]; 2009 erschien die erste solide Studie über „Glasenbach“ von Oskar Dohle und Peter Eigelsberger[51]. Noch einige Studien wären zu nennen.

9.

Wie sehr sich die Forschungslage über den regionalen Nationalsozialismus geändert hat, machen die Ortschroniken sichtbar. Bis in die achtziger Jahre hörten sie zumeist irgendwann nach dem Ersten Weltkrieg auf. In den letzten Jahren jedoch gab es kaum eine Ortschronik, die dem Nationalsozialismus im Dorf nicht einen ausführlichen Abschnitt widmete[52]. Welche Defizite bestehen nach wie vor? Aus der Sicht einer modernen Gesellschafts- und Regionalgeschichte liegen zentrale Herrschaftsträger, in ihren Tiefendimensionen, in ihrer Sozialstruktur, ihrer Geschlechterspezifik, ihren Einflussmöglichkeiten, noch in tiefer Dunkelheit. Das betrifft das Militär – Salzburg war eine Militärstadt und hatte als Sitz des Wehrkreiskommando XVIII eine überregionale Bedeutung, in der Rekrutierung der Soldaten, in ihrer Ausrüstung in zahlreichen Militärbetrieben, im Lauf des Krieges auch als Lazarettstadt. Wenig wissen wir über die NSDAP und ihren vielen angeschlossenen Verbänden, wie SA, SS, HJ, NS-Frauenschaft, ihre Eliten. Gestapo und Kriminalpolizei existieren eher als Phantome denn als analysierte Einheiten. Über die Wirtschaft und ihre Institutionen, Gauwirtschaftskammer, DAF, Arbeitsamt wissen wir so gut wie nichts. Ebenso wenig ist bislang im Bildungssystem die NS-Lehrerschaft untersucht. Besonders wichtig wäre die Gesundheitspolitik, die beispielsweise in Oberösterreich bereits gut erforscht ist[53]. Denn in diesen Sektoren wurde die „arische" Bevölkerung selbst getroffen: mit der sogenannten positiven Eugenik – Kinderbeihilfe, Ehestandsdarlehen, Hinterbliebenenbeihilfe und mit der negativen Eugenik – Zwangssterilisation, Eheverbot, Meldepflicht für missgestaltete Neugeborene, „Asozialen"-Bekämpfung. Ein zentraler Ort dieser Politik waren dabei die Gesundheitsämter. Nicht zuletzt wäre der Alltag der Zivilbevölkerung vor und im Krieg ein lohnender Forschungsbereich.

10.

Besonders prekär steht die derzeitige Forschungslage für die Stadt Salzburg da, vergleicht man sie mit der Forschungsleistung der Stadt Linz, die 2001 zwei umfang- und themenreiche Bücher veröffentlicht hatte[54]. Gewiss, es gibt kurze Beiträge in Überblickswerken zur Stadtgeschichte[55]. Einzelne

Aspekte wurden auch gesondert behandelt, etwa die Festspielgeschichte[56]. Wirklich gut erforscht sind nur die 15 Bombenangriffe auf Salzburg[57]. Die Defizite fielen mir erst so richtig auf, als ich bei einer internationalen Tagung über die Stadt und den Nationalsozialismus einen Vortrag über Salzburg halten sollte[58]. Ich bin dankbar, dass wir sie jetzt in diesem Projekt abbauen können. Ein Problem wird sein, dass Gau- und Stadtgeschichte nicht scharf getrennt werden können. Als Gauhauptstadt, als Zentrum des Gaues, vermischen sich Gau- und Stadtgeschichte vielfach. Aber die Landwirtschaft beispielsweise wird im Projekt nur einen geringeren Stellenwert besitzen. Obendrein wirkte im zentralistischen Großdeutschen Reich Berlin auch in Detailfragen auf die Kommunalebene ein.

Am 7. März 1947 schrieb der inhaftierte ehemalige Gauleiter Gustav Adolf Scheel an Erzbischof Rohracher: *Ich lebte in einer völlig anderen Welt, als sie in den Prozessen dargestellt wird.*[59] Lassen wir einmal den apologetischen Charakter dieses Satzes weg: Es wird Aufgabe unseres Projektes sein, die verschiedenen „Welten" in der Stadt von 1938 bis 1945, genauer: die verschiedenen Sozialmilieus, die der Parteielite und Parteimitglieder, der nicht politisierten Bevölkerungsteile, der Wirtschaftstreibenden, Arbeiter und Angestellten, der Zwangsarbeiter und Kriegsgefangenen, der Militärs und Zivilisten, zusammenzuführen, ihre Auswirkung aufeinander zu analysieren, und dem rechtfertigenden Satz des Gauleiters die Realität des Nationalsozialismus in der Stadt Salzburg gegenüber zu stellen.

Anmerkungen

1 AStS, THOMAS MAYRHOFER, Chronik der Gauhauptstadt Salzburg (masch., geführt von 1940 bis 1945), Nr. 0554.
2 Ebenda, Nr. 0548.
3 GAVRIEL D. ROSENFELD, A Looming Crash or a Soft Landing? Forecasting the Future of the Memory. „Industry", in: The Journal of Modern History 81 (2009), S. 122–158.
4 Ebenda, S. 156.
5 Zit. in: PATRIK SCHWARZ und EVELYN FINGER, Obama und das Böse, in: Die Zeit, 10. Juni 2009, S. 10.
6 Ebenda.
7 FRITZ STERN, Das feige Schweigen und die Folgen, Rede in der Münchner Universität am 10. November 1998, in: Frankfurter Allgemeine Zeitung, Nr. 300, 28. Dezember 1998, S. 36.
8 SUSANNE ROLINEK, GERALD LEHNER und CHRISTAN STRASSER, Im Schatten der Mozartkugel. Reiseführer durch die braune Topografie von Salzburg, Wien 2009.
9 Ebenda, S. 11; zu Herzl in Salzburg: HANS SPATZENEGGER, Theodor Herzl: „Glücklichste Stunden" und „schlechteste Tage", in: PETER MITTERMAYER und HANS SPATZENEGGER, Die Welt zu Gast in Salzburg. Episoden und Intermezzi, Salzburg 2009, S. 85–91.
10 ROLINEK/LEHNER/STRASSER, Im Schatten der Mozartkugel (wie Anm. 8), S. 10.
11 CHRISTOPH RANSMAYR, Meine Waldwege durch Wien, in: Die Presse, Spectrum, 21. Februar 2009, S. I.
12 DIETRICH BONHOEFFER, Widerstand und Ergebung. Briefe und Aufzeichnungen aus der Haft, hg. v. EBERHARD BETHGE, München 1964, S. 10.
13 HARALD WELZER, Täter. Wie aus ganz normalen Menschen Massenmörder werden, Frankfurt am Main 2005.
14 Hitler in einer Rede vor Offizieren 1942, zit. in: ERNST HANISCH, Männlichkeiten. Eine andere Geschichte des 20. Jahrhunderts, Wien 2005, S. 71.
15 ADOLF HITLER, Mein Kampf. Kriegsausgabe, o. O. o. J., S. 279; OTHMAR PLÖCKINGER, Heinrich Himmlers Privatexemplar von Mein Kampf als zeitgeschichtliche Quelle, in: Zeitschrift für Religion und Geistesgeschichte 61 (2009), S. 174.
16 Zit. in: PETER LONGERICH, „Davon haben wir nichts gewusst!" Die Deutschen und die Judenverfolgung 1933–1945, München 2006, S. 205.
17 Zit. in: Ebenda, S. 212.
18 WELZER, Täter (wie Anm. 13), S. 8.
19 Zentral dazu: PETER NOVICK, The Holocaust in American Life, Boston 1999.
20 Zit. in: ERNST HANISCH, Gau der guten Nerven. Die nationalsozialistische Herrschaft in Salzburg 1938–1945, Salzburg 1997, S. 150 f.
21 TONY JUDT, The Problem of Evil in Postwar in Europe, in: New York Review of Books, 14. Februar 2008.
22 WOLFGANG BENZ (Hg.), Lexikon des Holocaust, München 2002; CHRISTOPHER BROWNING, Die Entfesselung der „Endlösung". Nationalsozialistische Judenpolitik 1939–1942, München 2003.
23 STEPHANE CURTOIS u. a., Das Schwarzbuch des Kommunismus, München 1998; TZVETAN TODOROV, Hope and Memory. Lessons from the Twentieth Century, London 2003; RICHARD OVERY, The Dictators. Hitler's Germany, Stalin's Russia, London 2005; KARL SCHLÖGEL, Terror und Traum. Moskau 1937, München 2008.
24 GABRIELLE M. SPIEGEL, The Task of the Historian, in: The American Historical Review, 114 (2009), S. 5–8.
25 HANISCH, Gau der guten Nerven (wie Anm. 20), S. 153–155; zum Begriff „Zigeuner": GEORG PAUL HEFTY, Warum nicht alle Zigeuner Roma sind. Ein Blick auf die bedeutendste ethnische Minderheit in Ungarn, in: Frankfurter Allgemeine Zeitung, Nr. 157, 10. Juli 2009, S. 10.

26 Ernst Hanisch, Opfer / Täter / Mythos: Verschlungene Erzählungen über die NS-Vergangenheit in Österreich, in: Zeitgeschichte 33 (2006), S. 318–327.

27 Auf die Verwobenheit von Opfer- und Täterbiografie macht Alfred Este aufmerksam. Opfer, Täter, Denunzianten. „Partisanenjustiz" am Beispiel der Verschleppungen in Kärnten und der Steiermark im Mai/Juni 1945: Recht oder Rache? Klagenfurt 2007, S. 21.

28 Karl-Peter Schwarz, Das grausige Geheimnis der Partisanen, in: Frankfurter Allgemeine Zeitung, Nr. 87, 15. April 2009.

29 AES, Rohracher Korrespondenzen, 19/1, B.

30 Ebenda.

31 Ebenda.

32 Gerhard Botz, Nationalsozialismus in Wien. Machtübernahme, Herrschaftssicherung, Radikalisierung 1938/39, Wien 2008, S. 87.

33 Eric Kandel, Ich habe einen Traum, in: Zeit Magazin, Nr. 30, 6. Juli 2009.

34 Erika Weinzierl, Österreichs Katholiken und der Nationalsozialismus, in: Wort und Wahrheit 19 (1963), S. 417–439; S. 493–526; Dieselbe, Zu wenig Gerechte. Österreich und die Judenverfolgungen 1938–1945, Wien 1969.

35 Gerhard Botz, Wien vom „Anschluß" zum Krieg. Nationalsozialistische Machtübernahme und politisch-soziale Umgestaltung am Beispiel der Stadt Wien 1938/39, Wien 1978 (Neuausgabe 2008). Allgemein dazu: Ernst Hanisch, Von der Opfererzählung zum schnellen Moralisieren. Interpretationen des Nationalsozialismus in Österreich, in: Geschichte und Gesellschaft 31 (2005), S. 255–265.

36 Wolfgang Huber (Hg.), Franz Rehrl. Landeshauptmann von Salzburg 1922–1938, Salzburg 1975.

37 Ernst Hanisch, Zur Frühgeschichte des Nationalsozialismus in Salzburg, in: MGSL 117 (1977), S. 371–410; Derselbe, Politische Prozesse vor dem Sondergericht in Salzburg, in: Karl Stadler (Hg.), Justiz und Zeitgeschichte, Wien 1977, S. 210–226.

38 Ernst Hanisch, Regionale Zeitgeschichte. Einige theoretische und methodische Überlegungen, in: Zeitgeschichte 7 (1979), S. 39–60; André Burguière, The Annales School. An Intellectual History, Ithaka 2009.

39 Ernst Hanisch, 1938 in Salzburg, in: MGSL 118 (1978), S. 257–309.

40 Gert Kerschbaumer, Faszination Drittes Reich. Kunst und Alltag der Kulturmetropole Salzburg, Salzburg o. J.; Derselbe, Meister des Verwirrens. Die Geschäfte des Kunsthändlers Friedrich Welz, Wien 2000.

41 Widerstand und Verfolgung in Salzburg 1934–1945, 2. Bde., Wien–Salzburg 1991.

42 Robert Stadler und Michael Mooslechner, St. Johann/Pg. Das nationalsozialistische Markt Pongau 1938–1945, Salzburg 1986.

43 Alfred Rinnerthaler, Der Konfessionsunterricht im Reichsgau Salzburg, Salzburg 1991.

44 Laurenz Krisch, Zersprengt die Dollfußketten. Die Entwicklung des Nationalsozialismus in Bad Gastein bis 1938, Wien 2003.

45 Walter Reschreiter, Lebens(un)wert. NS-Euthanasie im Land Salzburg, Salzburg 2007.

46 Albert Lichtblau, „Arisierungen", beschlagnahmte Vermögen, Rückstellungen und Entschädigungen in Salzburg (Veröffentlichungen der österreichischen Historikerkommission 17/2), Wien 2004.

47 Johannes Hofinger, Die Akte Leopoldskron. Max Reinhardt. Das Schloss. Arisierung und Restitution, Salzburg 2005.

48 Fritz Koller, Das Inventarbuch der Landesgalerie Salzburg 1942–1944 (Schriftenreihe des Salzburger Landesarchivs 12), Salzburg 2000.

49 Roswitha Juffinger und Gerhard Plasser, Salzburger Landessammlungen 1939–1955, Salzburg 2007.

50 Oskar Dohle und Nicole Slupetzky, Arbeiter für den Endsieg. Zwangsarbeit im Reichsgau Salzburg 1939–1945, Wien 2004.

51 Oskar Dohle und Peter Eigelsberger, Camp Marcus W. Orr. „Glasenbach" als Inter-

nierungslager nach 1945 (Schriftenreihe des Salzburger Landesarchivs 15), Linz–Salzburg 2009.

52 Vgl. etwa: Alois Schwaiger, Leogang 1938–1945. Zeitzeugen berichten, Leogang 1998.

53 Josef Goldberger, NS-Gesundheitspolitik in Oberdonau. Die administrative Konstruktion des „Minderwertes", Linz 2004.

54 Fritz Mayrhofer und Walter Schuster (Hg.), Nationalsozialismus in Linz. 2 Bde., Linz 2001.

55 Beispielhaft: Heinz Dopsch (Hg.), Vom Stadtrecht zur Bürgerbeteiligung. Festschrift 700 Jahre Stadtrecht von Salzburg (Jahresschrift des Salzburger Museum Carolino Augusteum 33), Salzburg 1987, S. 248–273; Heinz Dopsch und Robert Hoffmann, Geschichte der Stadt Salzburg, Salzburg 1996, S. 553–571.

56 Andreas Novak, „Salzburg hört Hitler atmen". Die Salzburger Festspiele 1933–1944, München 2005.

57 Erich Marx (Hg.), Bomben auf Salzburg. Die „Gauhauptstadt" im „Totalen Krieg". 3., erw. u. verb. Aufl. (Schriftenreihe des Archivs der Stadt Salzburg 6), Salzburg–München 1995.

58 Ernst Hanisch, Zwischen Wien und München. Salzburg – die „deutsche Stadt Mozarts" 1938–1945, in: Fritz Mayrhofer und Ferdinand Opll (Hg.), Stadt und Nationalsozialismus, Linz 2008, S. 251–266.

59 AES, Rohracher Korrespondenz „Sch", Scheel an Rohracher, 7. März 1947.

Robert Hoffmann

Im Zeichen von Festspielgründung, allgemeinem Wahlrecht und Wirtschaftskrise

Die Stadt Salzburg in der Zwischenkriegszeit

1. Einleitung

Das Thema Nationalsozialismus wurde in regional- und lokalhistorischen Überblicksdarstellungen bis in die jüngere Vergangenheit vielfach tabuisiert und auch die „Vorgeschichte" der nationalsozialistischen Ära blieb zumeist unterbelichtet, insbesondere wenn sich daraus ein unmittelbarer Zusammenhang mit den späteren Ereignissen hätte ableiten lassen. Auf der Ebene der wissenschaftlich betriebenen Zeitgeschichte wurde diese freiwillige Selbstbeschränkung zwar bereits in den 1960er Jahren aufgegeben, als die Historiker damit begannen, sich intensiv mit der Zwischenkriegszeit auseinander zu setzen. Es war allerdings eine österreichische Besonderheit, dass in dieser ersten Phase weniger der Weg in den Nationalsozialismus als die innenpolitische Konfrontation zwischen dem sozialdemokratischen und dem christlichsozialen Lager im Zentrum des Forschungsinteresses stand. Seitdem ist in der zeitgeschichtlichen Forschung viel geschehen. Die wesentlichen mittel- und langfristigen Entwicklungszusammenhänge wurden längst thematisiert und beschrieben, auf der übergeordneten gesamtgesellschaftlichen Ebene freilich weitaus intensiver als in der Region, woraus sich unter anderem auch die Legitimation für das laufende Projekt „Die Stadt Salzburg im Nationalsozialismus" ergibt.

Andere österreichische Landeshauptstädte sind Salzburg in der Erforschung der NS-Ära um einiges voraus. Gerade das Vorbild von Linz – wo ein vergleichbares Projekt bereits vor einem Jahrzehnt durchgeführt wurde – zeigte eindrucksvoll, wie ergiebig regionale Forschungen sein können, für die Öffentlichkeit wie auch für die Wissenschaft. Kurt Tweraser, der das

Linzer Projekt federführend begleitete, begründete die Berechtigung, ja Notwendigkeit des regionalhistorischen Ansatzes wie folgt: „Die Untersuchung einer Stadt oder einer Region ist kein Produkt der Detailverliebtheit der Historiker, sondern zielt stets auf eine bessere Kenntnis des Ganzen. Der Makrokosmos einer Gesellschaft in seinen zeitlichen Veränderungen ist ohne die Kenntnis der vielen Mikrokosmen lokaler und regionaler Gesellschaften nicht erklärbar. Desgleichen ist auch die Geschichte einer Stadt ohne Bezug auf das Gesamtgeschehen nicht zu verstehen.“[1]

Ebenso notwendig erscheint eine epochenübergreifende Untersuchungsperspektive, also eine Verlängerung der Zeitachse über die Eckdaten 1938 und 1945 sowohl nach rückwärts als nach vorwärts. Ausgehend von dieser Annahme untersucht der vorliegende Beitrag die „Vorgeschichte“ der NS-Ära in Salzburg, wobei es nicht darum gehen kann, einen zwangsläufig in die nationalsozialistische Katastrophe mündenden Entwicklungspfad zu konstruieren. Ziel der Darstellung ist viel mehr eine Analyse jener politischen und gesellschaftlichen Faktoren, die in länger- oder kurzfristiger Perspektive am Aufstieg des Nationalsozialismus in der Region beteiligt waren.

2. Hypothek auf die Zukunft. Die Stadt am Ende des Ersten Weltkriegs

Im Salzburger Rathaus befindet sich jenes monumentale Gemälde der Stadt Salzburg, das Franz Kulstrunk in den Jahren 1914 bis 1920 im Auftrag der Stadtgemeinde erstellte. Es zeigt die Stadt aus der Vogelperspektive und kehrt – wie viele Stadtansichten davor – die zeitlosen Schönheiten der Landschaft und des Stadtbildes hervor. Zugleich bringt das Bild den Stolz des Gemeinderates auf die kommunalen Errungenschaften der Gründerzeit zum Ausdruck[2]. Trotz einer photographisch getreuen Wiedergabe auch winziger Details im Stadtbild vermittelt Kulstrunk keinerlei Einblick in die ökonomische, politische und mentale Krise, von der die städtische Gesellschaft in den Entstehungsjahren des Gemäldes erfasst wurde. Weder der politische Systemwechsel von 1918 noch die miserable Versorgungslage und die bedrückende Wohnungsnot lassen sich erahnen.

Eher schon nachvollziehen lässt sich, dass gerade dieser schöne Ort, dessen historisches Stadtbild durch die gründerzeitliche Stadterweiterung

Franz Kulstrunk, „Die Stadt Salzburg im Jahr 1916“, Panorama, gemalt 1914–1921, Öl auf Leinwand, Rathaus Salzburg (Foto: AStS, Oskar Anrather).

Hunger-Demonstration am 19. September 1918 vor dem damaligen Regierungsgebäude am Mozartplatz (Foto: AStS, Karl Hintner).

noch nicht wesentlich beeinträchtig worden war, nach dem Ende des Krieges von Hugo von Hofmannsthal und Max Reinhardt zum Schauplatz der Gründung von Festspielen auserkoren wurde. Eine Rückbesinnung auf die klassische Kultur Europas sollte den verstörten Intellektuellen neuen Halt bieten, und Salzburg war aus ihrem Blickwinkel auch geographisch der ideale Ort, um eine Versöhnung zwischen den Spannungselementen Provinz und Metropole herbeizuführen[3]. Nur wenige erkannten damals aber, dass sich mit der Gründung der Festspiele tatsächlich ein Teil der metropolitanen Kunstkompetenz von Wien nach Salzburg verlagerte und die Stadt somit im innerösterreichischen Kontext auf Dauer eine beträchtliche Aufwertung erfuhr: „Etwas Merkwürdiges hatte sich in aller Stille ereignet“, erinnert sich Stefan Zweig, der seinen Wohnsitz 1918 in Salzburg genommen hatte: „Die kleine Stadt Salzburg, die ich mir gerade um ihrer romantischen Abgelegenheit willen gewählt, hatte sich erstaunlich verwandelt: sie war im Sommer zur künstlerischen Hauptstadt nicht nur Europas, sondern der ganzen Welt geworden.“[4]

Die Einstellung der Salzburger zu den Festspielen war von Anbeginn gespalten. Die Bedeutung der Festspiele als Impulsgeber für den Fremdenverkehr ließ sich zwar nicht leugnen, vor allem seitdem das Unternehmen dank der Förderung durch Landeshauptmann Franz Rehrl wirtschaftlich abgesichert war. Das kulturelle Programm der Festspielbegründer war den Salzburgern Bürgern aber suspekt: Zu eindeutig war die restaurative Rückbesinnung auf katholisch-konservativ-barocke Traditionen. Mit reinen Mozartfestspielen in Fortführung des regionalen Mozartkults hätte man sich durchaus zufrieden gegeben.

In kultureller Hinsicht war und blieb Salzburg – abgesehen von den Sommermonaten – eine Provinzstadt. Die einzige Ausnahmeerscheinung, welche die Stadt vor dem Krieg hervorgebracht hatte, war der Bürgersohn Georg Trakl gewesen. Nur ihm war es gelungen, in die Zone der künstlerischen Avantgarde vorzustoßen. Allerdings zu einem hohen Preis: Entfremdung vom Herkunftsmilieu, gesellschaftliche Isolation und materielle Schwierigkeiten umschatteten den kurzen Lebensweg des großen Lyrikers[5].

Es ist im bisher Gesagten bereits angeklungen: Salzburg war vor dem Ersten Weltkrieg eine bürgerlich geprägte Stadt. 40 Prozent der Bevölkerung (von 35.000) zählten im weitesten Sinne zum Bürgertum[6]. Nur diese Schicht besaß ein abgestuftes, auf Steuerleistung, Realbesitz und Bildung

Premiere des „Jedermann“ bei den Salzburger Festspielen am 22. August 1920 (Foto: Salzburg Museum, Fotosammlung, Inv.-Nr. 017.446).

begründetes kommunales Mitspracherecht. Das Bürgertum war in sich aber keineswegs homogen. Einer kleinen großbürgerlichen Schicht standen nicht nur die angestellten und beamteten Mittelschichten, sondern auch die vielfach in ihrer Existenz gefährdeten kleinen Gewerbetreibenden gegenüber. Dank des nach Steuerleistung abgestuften Kurienwahlrechtes verfügte das besitzende Großbürgertum bis 1918 auf kommunalpolitischer Ebene über überproportionalen Einfluss.

Die Frage, ob das Bürgertum als Ganzes durch gemeinsame Werthaltungen geprägt war, lässt sich zumindest partiell bejahen: der Glaube an den Fortschritt war vor dem Ersten Weltkrieg noch ungebrochen, einhellig war auch die Ablehnung politischer und sozialer Konzessionen gegenüber der Arbeiterbewegung. Im engeren Bereich der politischen Ideologien bestand freilich keine Einheit: Dem katholisch-konfessionellen Lager, damals bereits repräsentiert durch die Christlichsozialen, stand das – in sich zwar in verschiedene Gruppierungen gespaltene – insgesamt aber dominante deutschnationale Lager gegenüber, welches das kommunalpolitische Geschehen und darüber hinaus auch das kulturelle und gesellschaftliche Leben in der Stadt weitgehend alleine bestimmte.

3. Deutschnationalismus und Antisemitismus

Es ist hier nicht möglich, die „Vorgeschichte“ des deutschnationalen Lagers in Salzburg im Detail darzustellen[7]. Nur soviel: Deutschnationalismus als identitätsstiftendes Bewusstsein von der Zusammengehörigkeit aller Deutschen lässt sich auch in Salzburg bis ins frühe 19. Jahrhundert zurückverfolgen und war zunächst Teil der liberalen Ideologie. Die Ablöse des Liberalismus durch radikal deutschnationale politische Gruppierungen erfolgte erst im Laufe der 1880er Jahre. Dieser Prozess war Folge eines tiefgreifenden gesellschaftlichen Strukturwandels, ausgelöst durch die Wirtschaftskrise der 1870er und 1880er Jahre, welche den wirtschaftlichen Konkurrenzdruck auf die kleingewerblichen Schichten verstärkte und diese als Opfer einer verfehlten liberalen Wirtschaftspolitik erscheinen ließ. Parallel dazu formierten sich Ressentiments gegen die Emanzipationsbestrebungen von Juden und nichtdeutschen Nationalitäten, welche insbesondere vom kleindeutschen Flügel des „nationalen Lagers“, der untrennbar mit dem Namen Georg von Schönerers verbunden ist, ausgenutzt wurden. Politisches Ziel

Das Jahn-Denkmal im Salzburger Kurgarten, aufgenommen im Errichtungsjahr 1903 (Foto: AStS, Sammlung Kraus).

der radikal Deutschnationalen war die Zerschlagung der Habsburgermonarchie sowie der Anschluss der Deutschösterreicher an das Zweite Deutsche Kaiserreich[8].

Der radikale Deutschnationalismus war – gesamtstaatlich wie auch hier in Salzburg – politisch wenig erfolgreich. Seine Ideologie, die im wesentlich nur aus völkischer Unduldsamkeit und einem extremen Rassenantisemitismus bestand, infiltrierte aber im Laufe der 1880er und 1890er Jahre das gesamte, vormals liberale Vereinswesen, wodurch diese Werthaltungen in die bürgerliche Gesellschaft dieser Epoche Eingang fanden. Als der Deutsche Turnverein 1903 im Kurgarten ein Denkmal für Turnvater Jahn aufstellte mit der Inschrift „Den Deutschen kann nur durch Deutsche geholfen werden", hatte diese Feier durchaus den Charakter einer fraktionen- und parteienübergreifenden Demonstration deutschnationaler Gesinnung[9].

Dennoch: Vor dem Ersten Weltkrieg war der Anschlussgedanke nur ein Bestandteil der Ideologie der extremen Schönerianer. Die große Mehrheit des deutschnationalen Bürgertums scharte sich nach wie vor – wie es im Salzburger Volksblatt einmal hieß – in „deutscher Treue" an den „Stufen des Allerhöchsten Thrones"[10]. Der Antisemitismus zählte dagegen schon damals, also lange vor der Entstehung des Nationalsozialismus, zum Kernbestand deutschnationaler Ideologie. Dazu kam der Antisemitismus des christlichsozialen Milieus, der sich aus der alten christlichen Judenfeindschaft speiste und im Grunde kaum weniger stark ausgeprägt war als jener der Deutschnationalen, aber weniger rassistisch geprägt war.

In Salzburg bestand somit bereits lange vor dem Aufkommen des Nationalsozialismus ein Lager- und Milieu-übergreifender antisemitischer Konsens. Dieser manifestierte sich im Alltag als kultureller Code, der nicht nur die Zugehörigkeit zu einem spezifischen Milieu wie dem deutschnationalen Bürgertum anzeigte, sondern die bürgerlichen Schichten beinahe in ihrer Gesamtheit mit einschloss. Die Frage nach den Ursachen dieses Phänomens eines „Antisemitismus ohne Juden" wurde schon oft gestellt. Die Zahl der in Salzburg ansässigen Juden lag während der gesamten Zwischenkriegszeit unter 300, was weniger als einem Prozent der Bevölkerung entsprach. Wirtschaftlich zum Teil zwar erfolgreich, befanden sich die Salzburger Juden gesellschaftlich in fast völliger Isolation[11]. Der antisemitische Code war in der Zwischenkriegszeit längst verfestigt und in der Regel für beide Seiten geläufig und verständlich, wie Günter Fellner für Salzburg herausgearbeitet hat: „schon ein Passus in den (Vereins-)Statuten, eine Geste, ein Blick, der Tonfall konnten klarstellen, was erwünscht oder nicht erwünscht, wer willkommen oder nicht willkommen war“[12].

Zwei Beispiele aus dem damaligen Alltagsleben sollen diese Atmosphäre veranschaulichen: Als sich der Gnigler Kaufmann Alexander Haidenthaller im Jahr 1907 mit dem Gerücht konfrontiert sah, er besorge sich Kommissionsware zum Weiterverkauf bei einer jüdischen „Schundfirma, vor der jeden anständigen Konsumenten eckelt“, verfiel er in Panik. Den vermeintlichen Ruin seines Geschäfts vor Augen, zog er sogar Dementis in Form teurer Annoncen in allen Salzburger Zeitungen in Betracht. Zu seiner großen Erleichterung verflüchtigte sich das Gerücht aber wieder, das ohnehin nur auf dem bösartigen Tratsch einer einzigen Kundin beruht hatte[13].

Die systematische Diffamierung jüdischer Geschäftsleute war in der Zwischenkriegszeit ein Markenzeichen des berüchtigten „Eisernen Besens“, des von 1923 bis 1932 in Salzburg erscheinenden Organs des „Antisemitenbundes“. Dieses Hetzblatt, das zu Recht als Vorläufer des späteren „Stürmers“ gilt, veröffentlichte regelmäßig auf seiner Titelseite einen so genannten „Judenkataster“ mit den Namen jüdischer Geschäftsleute, damit die „Volksgenossen“ wissen, „welche Geschäfte sie zu meiden haben“[14].

Judenkataster

enthaltend die bis jetzt in unserem Blatte veröffentlichten Banken, Geschäftsleute, Agenturen, Aerzte und Rechtsanwälte jüdischer (fremdrassiger) Volkszugehörigkeit in:

Salzburg Stadt:

Abrahamer Leon	Kleiderhaus „zum Matrosen“	Mirabellplatz 6.
Agbern Severin	Filialleiter	Franz Josefstraße 27.
Aninger Heinrich	Kaufmann	Siegmund Haffnergasse 7.
Baumann Samuel	Rheinischer Mehlexport	Hotel Bristol, 2. Stock, Z. 51.
Bäck Ernst	Agentur	Haydnstraße 2.
Bernheim Siegmund	Agentur	Makartplatz 7.
Bondy Arthur	Agent	Neutorstraße 20.
Bonyhadi Daniel	Gen.-Agentur der Viktoria	Westbahnstraße 4.
Bonyhadi Manfred	Gesellschafter d. Fa. Fuchs u. Co	Mirabellplatz 6.
Dachinger Johann	Kaufmann	Paris Lodronstraße 5.
Eisenberg Arthur	abgebaut	Paris Lodronstraße 5.
Eisenberg S.	Kaufhaus (Alleinzeichnungsberechtigt	
Eitel Fritz, Schuhhaus	Schuhjude Pasch)	Mirabellplatz.
Engländer Rosa	in Konkurs	Griesgasse 17.
Ergelet Marianne	Baronin	Arenbergstraße 2.
Fischer und Aninger	Galanteriewaren	Siegmund Haffnergasse 7.
Felden Ferdinand	Wiener Modehaus	Bismarckstraße 14.
Fischer Ludwig	Kaufmann	Franz Josefstraße 12.
Fränkel Alfred	Schuhgeschäft	Dreifaltigkeitsgasse 9.
Fuchs Isidor	Kaufmann	Mirabellplatz 6.
Fuchs Leopold	Reisender	Westbahnstraße 6/46.
Fürst Rudolf	Kaufmann	Linzergasse 5.
Gans Adolf	Bettfedernhandlung A.-G.	Hagenauerplatz 4.
Gewah	Kaufhaus	Linzergasse 57.
Glasel Fritz	Agent	Gaswerkgasse 14.
Gerstenfeld Baruch	Handel mit Metall	Elisabethstraße 47.
Gerstenfeld Moses Schmerl	Schuhmacher	Elisabethstraße 47.
Goldring Bernhard	Gesellschafter der I. Salzburger Spodium- und Leimfabrik Proksch & Co.	Salzburg.
Haas Leopold	Filiale Salzburg, Gummiwarenhandlung	Platzl 2.
Herzka Josef, Dr.	Arzt	Wolf Dietrichstraße 18.
Hiller-Schönaich	Landesamtsdirektor	Landesregierung.
Huppert Karl	Kanditen	Rupertgasse 2.
Jakoby Adolf	Kaufmann	Hubert Sattlergasse 13.
Jellinek Johann, Dr.	Arzt	Dreifaltigkeitsgasse 1.
Internationale Transport A.-G (Generaldirektor Ornstein) Stammhaus Wien	Filiale Salzburg	Waagplatz 4.
Keller Leo	Agent	Linzergasse 8.
Klüger Rebekka	Private	Lasserstraße.
Köbl Nathan	Weinhandel	Lasserstraße 11, 1. St.
Köhler Max	Schneidermeister	Dreifaltigkeitsgasse 3.
Kohn Amalie	Kaufmannswitwe	Getreidegasse 24.
Kohn Artur	Buchbinder, arbeitslos	Maxglan.
Kohn Hermann	Koschere Restauration	Wolf Dietrichstraße 14.
Krasny Maximilian	Buchhalter	Steingasse 35.
Kurz Theodor	Kaufhaus „zum Touristen“	Linzergasse 28.
Länderbank	Expositur	Getreidegasse 1.
Lala Isidor	Kaufmann	Imbergstraße 10, 1. St.
Laufer Berthold	Schuhhaus „Hans Sachs“	Linzergasse 28.
Laufer Hermann	Direktor	Paris Lodronstraße 5.
Heinrich Lederer	Agentur und Kommission	Auerspergstraße 14.
Max Lederer	Agentur und Kommission bei Firma Lederer	Auerspergstraße 14.
Leinkauf Josef	Speditionsfirma, Fil. Salzburg	Rupertgasse 7.
Levi Albert	Kurzwaren en gros	Westbahnstraße 12.
Morawetz Ferdinand*)	Zeitungsverschleiß	Linzergasse 2.
Nallos Jenny	Private	Franz Josefstraße 12.
Neuer Fritz	Weingroßhandlung	Müllner Hauptstraße 7.
Neuwirth Hella	Private	Rudolfskai 52.
Neuwirth Isidor	Reisender	Rudolfskai 52.
Neuwirth Max	Reisender	Arenbergstraße 38.
Ornstein Luser Nisson	Kaufmann	Getreidegasse 24.
Ornstein Robert	Kaufmann	Getreidegasse 24.
Palmers Ludwig	Strumpfwaren	Westbahnstraße 3, Judengasse.
Pasch Friedrich	Schuhhandlung	Dreifaltigkeitsgasse 20.
Pick Arnold	Kaufmann	Goldgasse 12.
Pick u. Grüner	Lederhandlung	Wolf Dietrichstraße 2.
Pilz Franz u. Co.	G. m. b. H., Schuhwarenhandlg.	Dreifaltigkeitsgasse 9.
Pirak Leopold	Kaufmann	Wolf Dietrichstraße 2.
Pollak Albert	Antiquar	Westbahnstraße 2.
Pollak Anna	Tröblerei	Franz Josefstraße 1.
Pollak Julius, Dr.	Rechtsanwalt	Makartplatz 8.
Pollak Karoline	Private	Westbahnstraße 2.
Pollak Ludwig	Oberrechnungsrat i. P.	Elisabethstraße 1.
Popper Wilhelm	Agentur	Franz Josefstraße 8.
Posthorn Wittold	Kaufmann	Ernst Thunstraße 7.
Posthorn Sophie	Private	Ernst Thunstraße 7.
Quastler Mischko u. Co.	Juwelenhandel	Linzergasse 49.
Roders Paul	Beamter	Hotel Bristol.
Rolt, Dr.	Oberstabsarzt	Arenbergstraße 25.
Rosenberg Emanuel	Schneidermeister	Siegmund Haffergasse 3.
Rotschild M. J.	Holzeinkaufsrepräsentanz	Faberstraße 20.
Rothschild M. J. u. Co.	Offene Handelsgesellschaft, Holzrepräsentanz	Giselakai 43.
Sohla Ernst	Kaufmann	Franz Josefstraße 6, 1. St.
Scheck Max	Kaufmann	Schallmooser Hauptstraße 6a.
Schenker u. Co., Internationale Transporte (Inhaber Dr. Karpeles), Stammhaus Wien	Filiale Salzburg	Waagplatz 4.
Schließer Moritz	Agent	Giselakai, Hotel Stein, 4. St.
Schneider Karl	Kaufmann	Linzergasse 8.
Schneider u. Weinstein	Wirkwarenhandel	Wolf Dietrichstraße 4.
Schönhorn Josef	bei Kaufmann Löwy	Faberstraße 7.
Schreckenstein Albert	Landwirtschaftliche Maschinenhandlung	Paris Lodronstraße 5.
Schreckenstein Irma		Paris Lodronstraße 5.
Schwarz Paul, Dr.	Rechtsanwalt	Purtschellerstraße 12.
Schwarz Samuel Löbl	Warenhaus	Ludwig Viktorplatz 12.
Schwarz Walter	Kaufmann	Purtschellerstraße 12.
Spiegel Bela	Antiquar	Griesgasse 25.
Stein Hugo	Agent	Paris Lodronstraße 22.
Süß Irma	Kaufmanns-Witwe	Siegmund Haffnergasse 14.
Skutetzky Robert	Inh. d. Firma Schreckenstein	Paris Lodronstraße 15, 1. Stock.
Trakl & Co.	Schuhhaus „Mercedes“	Linzergasse 30.
Trebitsch Josef	Hadernhandlung	Petersbrunnstraße 14.
Dr. Ullrich	Bezirksrichter	Kajetanerplatz.
Wasserzug Karl	Kaufmann	Paris Lodronstraße 22.
Watzner Hans	Reisender	Bayerhammerstraße 12.
Weinstein Rudolf	Kaufmann	Gabelsbergerstraße 30.
Weiß Josef, Dr.	Advokat	Siegmund Haffnergasse 5.
Wiener Bankverein	Expositur	Salzburg, Rathausplatz 4.
Winkler Hermine	Private	Lessingstraße 6.
Wittlin Salomon	Juwelenhandel	Linzergasse 48.
Zweig Stephan	Schriftsteller	Kapuzinerberg 5.

„Judenkataster“ (Ausschnitt), 1926 veröffentlicht in der Antisemitischen Zeitschrift „Der eiserne Besen“ (Orig. und Reproduktion: UB Salzburg).

Das zweite Fallbeispiel stammt aus der familiären Überlieferung des Verfassers, dessen Mutter während der 1920er Jahre den aus Wien stammenden jüdischen Musikkritiker und Komponisten Hermann Josef Ullrich kennen gelernt hatte, der damals als Richter am Salzburger Landesgericht tätig war[15]. Durch diese Bekanntschaft eröffneten sich der jungen Frau nach eigenem Eingeständnis intellektuelle Perspektiven weit über das provinzielle Umfeld hinaus. Der Abbruch dieser Beziehung erfolgte allerdings schon bald und zwar unter dem Druck des deutschnationalen Herkunftsmilieus, das nicht bereit war, diesen Verstoß gegen den antisemitischen Grundkonsens zu dulden.

Antisemitische Einstellungen waren vor 1938 im gesellschaftlichen Leben Salzburgs allgegenwärtig und antisemitische Polemik zählte darüber hinaus auch zum gängigen Repertoire der politischen Rhetorik mit Ausnahme jener der Sozialdemokraten. Dennoch boten die Strukturen des Rechtsstaats für die jüdische Bevölkerung eine weitgehende Garantie vor Gewalt im engeren physischen Sinn und auch den Schutz des Eigentums[16]. Dies sollte sich erst mit der Machtergreifung der Nationalsozialisten ändern. Dann allerdings erwies sich, dass Jahrzehnte der Intoleranz den Boden vorbereitet hatten, für jene Haltung der Akzeptanz, vielfach sogar der vorbehaltlosen Zustimmung, mit der die Bevölkerung 1938 auf die vollständige Entrechtung und Vertreibung der jüdischen Bevölkerung durch die neuen Machthaber reagierte.

4. Kommunalpolitische Entwicklung 1918 bis 1934

Während es im Bereich der Ideologien, Mentalitäten und Einstellungen nicht schwerfällt, langfristig wirksame Kontinuitäten festzustellen, war die politische Entwicklung auf regionaler Ebene zwischen 1918 und 1938 durch Diskontinuitäten und Brüche geprägt.

Im November 1918 ging das bürgerliche Zeitalter unwiderruflich auch in Salzburg zu Ende. Mit dem Untergang des – gerade von den Deutschnationalen so oft geschmähten – habsburgischen Staats verlor das bürgerliche Sekuritätsgefühl seinen Bezugspunkt. Der Traum von einer Vorherrschaft der Deutschen in der Habsburgermonarchie war ausgeträumt, die wirtschaftliche Situation desaströs. Die Identifikation mit dem neuen österreichischen Staat war gering, vor allem mangelte es am Vertrauen in die wirtschaftliche Lebensfähigkeit der kleinen Republik.

Der ‚Umsturz' des alten Systems im November 1918 vollzog sich in der Provinzstadt Salzburg fast reibungslos und ohne spektakuläre Anteilnahme der Bevölkerung, deren Kräfte sich angesichts schwerwiegender Versorgungsmängel und eines inflationären Anstiegs der Lebenshaltungskosten auf den Kampf ums tägliche Überleben konzentrierten[17]. Die politischen und ökonomischen Hoffnungen des Salzburger Bürgertums waren auf einen Anschluss an das Deutsche Reich gerichtet. Otto Reuter, Vorstand der Filiale der österreichisch-ungarischen Bank in Salzburg, notierte am 12. November 1918 in sein Tagebuch: *Ein welthistorisches Datum! Der Geburtstag der deutschösterreichischen Republik! Anschluss Deutschösterreichs an Deutschland! Der Jugendtraum jedes deutschfühlenden Österreichers ist in Erfüllung gegangen! Die Nationalversammlung in Berlin hat Deutschösterreich als integrierenden Bestandteil des Deutschen Reichs erklärt. Protektion und Cliquenwesen werden jetzt eingedämmt werden!*[18]

Offizielle Abstimmungskarte für die „Anschluß"-Abstimmung am 29. Mai 1921 (Orig. und Foto: AStS).

Bürgermeister
Max Ott (1912–1919)
mit der in seiner
ersten Amtsperiode
1913 gestifteten
Bürgermeisterkette
(Foto: AStS).

Das von den Siegermächten im Friedensvertrag von St. Germain dekretierte Anschlussverbot wurde in Salzburg von sämtlichen politischen Parteien als inakzeptabel abgelehnt. Politik und Wirtschaft konzentrierten ihre Zukunftshoffnungen auch weiterhin auf eine Integration in den deutschen Wirtschaftsraum. Kein Wunder also, dass das von allen Parteien mitgetragene Plebiszit vom Mai 1921 in Stadt und Land Salzburg ein überwältigendes Votum für den Anschluss an Deutschland ergab[19]. Die Abstimmung blieb auf politischer Ebene zwar ohne praktische Konsequenz. Ressentiments gegen den österreichischen Staat einerseits und eine starke Affinität zum großen deutschen Nachbarn andererseits kennzeichneten das regionale politische Klima jedoch bis hin zur deutschen Okkupation vom März 1938, wobei die Kontinuität und die Intensität des Anschlussgedankens im nationalen Lager naturgemäß am stärksten ausgeprägt war. Auch Otto Reuter, nunmehr Leiter der Filiale der Nationalbank, distanzierte sich 1927 von der jungen Republik: [...] *man muss wohl zugeben, dass sich das neue System schlecht bewährt hat. Man sehnt sich leider erfolglos nach der alten Ordnung der Vorkriegszeit zurück. Das republikanische Deutschösterreich wird durch Parteiwirtschaft, Dilettantismus, Korruption und durch eine Reihe von Inkompatibilitäten schlecht geführt*[20].

Auf kommunaler Ebene hatte sich der ‚Umsturz' des Herbstes 1918 in geregelten Bahnen vollzogen. Der Demokratisierungsschub auf gesamtstaatlicher Ebene gab den Anstoß zur Reform des kommunalen Privilegienwahlrechts. Der seit 1912 amtierende Bürgermeister Max Ott, ein Repräsentant des bis dahin in der Gemeindepolitik dominierenden deutschfreiheitlichen Bürgerklubs – von den politischen Gegnern despektierlich „Kranzlmarktpolitiker" genannt – übertrug die Führung der Amtsgeschäfte bereits im November an seinen Stellvertreter. 1919 erfolgte endlich die längst überfällige Anpassung der Gemeindewahlordnung an das Verhältniswahlrecht.

Das Wahlergebnis bei den ersten Gemeinderatswahlen neuen Stils war insofern überraschend, als nun nicht nur die eklatante Benachteiligung der Sozialdemokraten durch das alte Privilegienwahlrecht offenkundig wurde, sondern auch jene der Christlichsozialen. Mit 36,5 Prozent Stimmenanteil errangen die Christlichsozialen vor den Sozialdemokraten (28,6 Prozent) und den deutschfreiheitlichen Gruppierungen (zusammen 26 Prozent) die Führungsposition in der Stadt[21]. Die erstmals wahlberechtigten Frauen trugen offenkundig entscheidend zum überraschenden Wahlsieg der Christlichsozialen bei[22].

Im Wahlergebnis von 1919 fand die soziale Struktur der Stadt endlich einen adäquaten Ausdruck im politischen Kräfteverhältnis. Christlichsoziale, Deutschnationale und Sozialdemokraten standen einander auf der politischen Bühne von nun an in annähernd gleicher Stärke gegenüber. Diese für Salzburg typische Ausgewogenheit der drei politischen ‚Lager' sollte sich seit der Wahl von 1919 in bemerkenswerter Kontinuität über alle historischen Brüche hinweg bis weit in die Zweite Republik erhalten. In der Rangordnung der drei Lager kam es freilich mehrfach zu Verschiebungen. So sollten die Sozialdemokraten bei den Gemeinderatswahlen von 1927 erstmals die Christlichsozialen überflügeln, ein Positionswechsel, der sich – allerdings erst nach 1945 – infolge der Eingemeindung der Arbeitervororte Gnigl/Itzling und Maxglan verfestigte. Das ‚nationale' Lager fand zwar 1920 unter dem Mantel der Großdeutschen Volkspartei zu einer labilen organisatorischen Einheit, der sich nur die Nationalsozialisten am rechten radikalen Rand des politischen Spektrums entzogen[23]. Die alten Fraktionen des ‚nationalen Lagers' führten innerhalb der Großdeutschen Partei jedoch nach wie vor ein Eigenleben, so dass Unbeständigkeit und Unberechenbarkeit zu den Charakteristika großdeutscher Kommunalpolitik zählten, ehe sich seit den Gemeinderatswahlen von 1931 das Aufgehen des großdeutschen Lagers in der NSDAP immer deutlicher abzeichnete. Typisch für das politische System auf kommunaler Ebene war schließlich von Anbeginn der Republik an ein hohes bürgerliches Protestpotential, das sich zwar vom existierenden Drei-Lager-System nicht vertreten fühlte, seiner politischen Grundeinstellung nach jedoch eher ‚nationale' als christlichsoziale Präferenzen aufwies[24].

Josef Preis, Bürgermeister 1919–1927 und dann bis 1934 Vizebürgermeister, Aufnahme aus dem Jahr 1933 (Foto: AStS, A. Bergthaller).

Eine soziale Segmentierung der Wählerschaft nach Wohnvierteln war im damaligen Stadtgebiet nur in geringem Ausmaß gegeben. In Lehen, Schallmoos und der Elisabethvorstadt sowie auch in einigen Wahlsprengeln der linken Altstadt lagen die Sozialdemokraten zwar vor den anderen Parteien, während christlichsoziale Wähler in weiten Teilen der Altstadt, im Nonntal sowie in der Riedenburg und die Großdeutschen in der von den Beamten bevorzugten gründerzeitlichen Neustadt überproportional vertreten waren[25]. Im Grunde bestand in den vielen städtischen Quartieren jedoch eine ausgewogene Durchmischung der sozialen Schichten.

Die Arbeiterschaft konzentrierte sich zu dieser Zeit noch in den Umlandgemeinden Gnigl/Itzling und Maxglan, wo das Verhältniswahlrecht die Sozialdemokraten mit eindeutigen Mehrheiten in den Gemeindestuben ausstattete. Dank der Massierung von Eisenbahnern und Arbeitern im „Salzburger Ottakring", wie Itzling mitunter auch genannt wurde, entfielen bei den Gemeinderatswahlen von 1919 in der Gemeinde Gnigl/Itzling nicht weniger als 18 von 24 Gemeinderatsmandaten auf die Sozialdemokraten[26]. Etwas schwächer war ihre Position in Maxglan. Hier errangen die Sozialdemokraten 1919 nur die relative, bei den Gemeinderatswahlen von 1922 sowie 1928 und 1931 dann jedoch absolute Mehrheiten im Gemeinderat[27].

Neuer Bürgermeister nach der Gemeinderatswahl 1919 wurde der christlichsoziale Spitzenkandidat Josef Preis, ein Färbermeister, der seine politische Heimat in der christlichen Arbeiterbewegung hatte[28]. Im Gemeinderat saßen nun nicht mehr nur die Honoratioren des alten Kurienwahlrechts, sondern Angehörige des Öffentlichen Diensts sowie hauptberufliche Parteifunktionäre und Angestellte von Interessensvertretungen[29]. Während die

Deutschfreiheitlichen den alten Zeiten nachtrauerten und durch ein zeitweiliges Bündnis mit den Nationalsozialisten, die seit 1919 im Gemeinderat vertreten waren, ihre Position zu stärken versuchten, bildete sich unter dem Eindruck sachpolitischer Zwänge allmählich ein relativ stabiler Fundamentalkonsens zwischen Christlichsozialen und Sozialdemokraten heraus. Vor allem auf dem wichtigsten Feld der kommunalen Selbstverwaltung, den Gemeindefinanzen, herrschte weitgehende Übereinstimmung.

Entscheidend für die Ausbildung einer informellen ‚Großen Koalition' auf Gemeindeebene war zweifellos Landeshauptmann Dr. Franz Rehrl, der als Exponent des demokratisch-republikanischen Flügels innerhalb der christlichsozialen Partei bis 1934 auf Landesebene immer wieder zu „pragmatisch formulierten Modernisierungskompromissen" mit der Sozialdemokratischen Partei fand[30]. Entscheidend gefördert wurde die regionale Konsensdemokratie durch den auf Landes- wie Gemeindeebene institutionalisierten Parteienproporz, der sich bekanntlich in der Stadt bis in die Gegenwart erhalten hat.

In der Gemeinde waren die politischen Gewichte allerdings weniger deutlich zugunsten der Christlichsozialen verteilt als auf Landesebene, auch verfügte Bürgermeister Preis nicht über die charismatische Ausstrahlung

Landeshauptmann Dr. Franz Rehrl bei der Abnahme einer Truppenparade am 21. April 1936 am Residenzplatz (Foto: AStS, Fotoarchiv Franz Krieger, Film 51).

Scherzhauserfeld-Siedlung mit der von Architekt Paul Geppert d. Ä. geplanten Wohnanlage „Lindenhof", Luftbild um 1930 (Foto: AStS, Fotosammlung).

von Rehrl. Als Christlichsozialer nach dem Vorbild Luegers und Kunschaks war Preis nicht nur ein überzeugter Antisemit, sondern auch ein Mann des sozialen Ausgleichs, der sich bemühte, die Interessen von Arbeitnehmern wie auch kleinen Händlern und Gewerbetreibenden zu vertreten. Der eigentlich starke Mann innerhalb der christlichsozialen Fraktion im Gemeinderat war jedoch nicht Preis, sondern Vizebürgermeister Dipl.-Ing. Richard Hildmann, der als Chef des Finanzressorts die wesentlichen Punkte des christlichsozialen Kommunalprogramms in die Tat umsetzte[31]. Dabei ging es vor allem um eine langfristige Sicherung der städtischen Energieversorgung durch den Bau des Strubklammkraftwerks sowie eine Ankurbelung der Bauwirtschaft durch Errichtung von Gemeindewohnanlagen.

Eine Reihe architektonisch gelungener kommunaler Wohnbauten zeugt noch heute vom außergewöhnlichen Engagement der Gemeinde auf dem Gebiet der Wohnungsversorgung. Nach dem Ersten Weltkrieg war der private Wohnbau de facto zum Erliegen gekommen, so dass es auch in Städten mit bürgerlicher Mehrheit wie Salzburg keine Alternative zum kommunalen Engagement im Wohnbau gab[32]. Insgesamt wurden von der Stadtgemeinde zwischen 1921 und 1930 700 Wohnungen errichtet, so dass unter Einbeziehung auch älterer kommunaler Wohnobjekte Anfang der 1930er Jahre „jeder achte Einwohner der Stadt in einem städtischen Hause" wohnte[33].

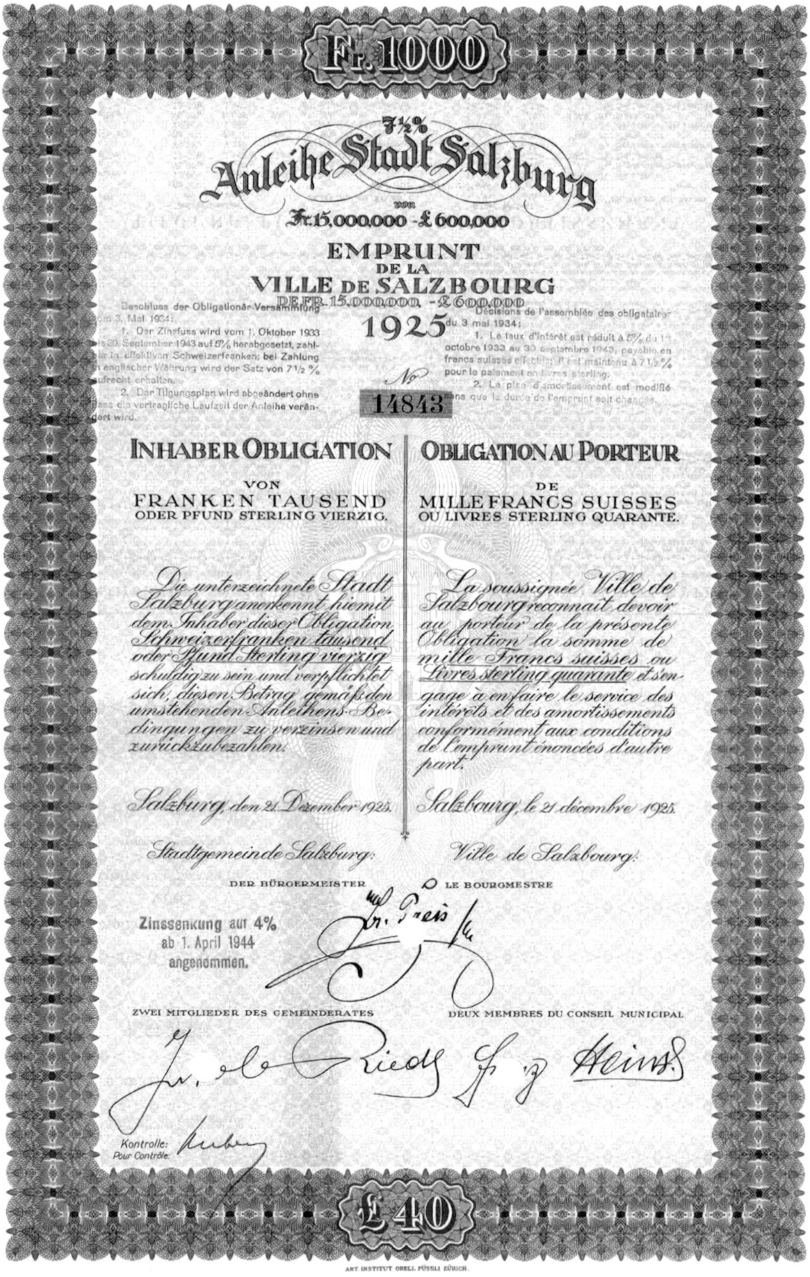
Fr. 1000

7½%

Anleihe Stadt Salzburg

von

Fr. 15,000,000 - £ 600,000

EMPRUNT
DE LA
VILLE DE SALZBOURG
DE FR. 15,000,000 - £ 600,000

1925

Beschluss der Obligationär-Versammlung
om 3. Mai 1934:
1. Der Zinsfuss wird vom 1. Oktober 1933
is 30. September 1943 auf 5% herabgesetzt, zahl-
ar in effektiven Schweizerfranken; bei Zahlung
n englischer Währung wird der Satz von 7½ %
ufrecht erhalten.
2. Der Tilgungsplan wird abgeändert ohne
ass die vertragliche Laufzeit der Anleihe verän-
dert wird.

Décisions de l'assemblée des obligataire
du 3 mai 1934:
1. Le taux d'intérêt est réduit à 5% du 1er
octobre 1933 au 30 septembre 1943, payable en
francs suisses effectifs; il est maintenu à 7½%
pour le paiement en livres sterling.
2. Le plan d'amortissement est modifié
ans que la durée de l'emprunt soit changée.

No 14843

INHABER OBLIGATION
VON
FRANKEN TAUSEND
ODER PFUND STERLING VIERZIG.

Die unterzeichnete Stadt Salzburg anerkennt hiemit dem Inhaber dieser Obligation Schweizerfranken tausend oder Pfund Sterling vierzig schuldig zu sein und verpflichtet sich, diesen Betrag gemäß den umstehenden Anleihens-Bedingungen zu verzinsen und zurückzubezahlen.

Salzburg, den 21. Dezember 1925.

Stadtgemeinde Salzburg:

OBLIGATION AU PORTEUR
DE
MILLE FRANCS SUISSES
OU LIVRES STERLING QUARANTE.

La soussignée Ville de Salzbourg reconnaît devoir au porteur de la présente Obligation la somme de mille Francs suisses ou Livres sterling quarante et s'engage à en faire le service des intérêts et des amortissements conformément aux conditions de l'emprunt énoncées d'autre part.

Salzbourg, le 21 décembre 1925.

Ville de Salzbourg:

DER BÜRGERMEISTER — LE BOURGMESTRE

Zinssenkung auf 4%
ab 1. April 1944
angenommen.

ZWEI MITGLIEDER DES GEMEINDERATES — DEUX MEMBRES DU CONSEIL MUNICIPAL

Kontrolle:
Pour Contrôle:

£ 40

ART. INSTITUT ORELL FÜSSLI ZÜRICH.

Schweizer-Anleihe der Stadt Salzburg, datiert 21. Dezember 1925 (Orig. und Foto: AStS).

Josef Witternigg (1881–1937) als Redner bei einer 1. Mai-Kundgebung Anfang der 1930er Jahre (Foto: AStS, Archiv des Karl-Steinocher-Fonds).

Die Leistungen der Gemeinde auf dem Gebiet der Wohnungsfürsorge lassen sich somit in quantitativer wie auch qualitativer Hinsicht mit jenen des Roten Wien der Zwischenkriegszeit vergleichen[34]. Auch in den später eingemeindeten sozialdemokratischen Vorortgemeinden Maxglan und Gnigl/Itzling wurden in den 1920er Jahren eine Reihe von Gemeindewohnbauten errichtet[35].

Die kommunalen Investitionen wurden durch Anleihen und kommunale Abgaben finanziert. Vor allem in bürgerlichen Kreisen stieß die christlichsoziale Finanzwirtschaft auf heftigen Widerspruch. Insgeheim gefördert durch die Großdeutschen sammelte sich das bürgerliche Protestpotenzial im Vorfeld der Gemeinderatswahlen von 1927 im „Wirtschaftlichen Ständebund“, dessen Wahlkandidatur entscheidend zum Verlust der relativen christlichsozialen Mehrheit im Gemeinderat und damit auch des Bürgermeisteramts für Josef Preis beitrug[36].

Wahlsieger waren die Sozialdemokraten, die zwar die relative Mehrheit errangen, von sich aus aber nur geringe Neigung zeigten, gegen eine bürgerliche Mehrheit im Gemeinderat die Führung der Stadtverwaltung zu übernehmen. Da Sozialdemokraten wie auch Großdeutsche in antiklerikaler Eintracht eine Wiederwahl von Josef Preis ablehnten, kehrte Max Ott, der seit 1919 keine Gelegenheit zur Kritik an der Stadtverwaltung ausgelassen hatte, im Alter von 73 Jahren als Kompromisskandidat ins Bürgermeisteramt zurück[37]. Gewählt nur mit dreizehn Stimmen bei 27 Enthaltungen war Ott in seiner Amtsführung auf die gedeihliche Zusammenarbeit mit Sozialdemokraten und Christlichsoziale angewiesen. Die Großdeutschen verfolgten hingegen auch als „Bürgermeisterpartei“[38] ihre alte Doppelstrategie, im

Gemeinderat zwar den verschiedenen notwendigen Maßnahmen zuzustimmen, gleichzeitig jedoch über nationale Vorfeldorganisationen den Protest gegen die Stadtverwaltung zu schüren.

Anders als bei Christlichsozialen und Großdeutschen lässt sich die Klientel der Sozialdemokraten klar umschreiben, denn es waren vor allem Arbeiter, die im sozialdemokratischen Milieu verankert waren. Dominanter sozialdemokratischer Gemeindepolitiker war der Multifunktionär Josef Witternigg, der seine Partei als temperamentvoller Redner und unermüdlicher Agitator auch in Landtag und Nationalrat vertrat[39]. Berüchtigt wegen seiner klassenkämpferischen Attacken[40] erwies sich Witternigg in Sachfragen stets als konsensfähiger Realpolitiker, dessen Partei regelmäßig die Zustimmung zu den Sparhaushalten des großdeutschen Bürgermeisters Ott bekundete[41]. Dieser gestand offen ein, *dass gegen die Sozialdemokraten nicht gearbeitet werden könne* und es *sein Bestreben stets gewesen* sei, *die Parteien zu einer Aktionsgemeinschaft zusammen zu bringen*[42]. Auf der Straße mehrten sich Ende der 1920er Jahre jedoch die Anzeichen für eine zunehmende Radikalisierung des politischen Klimas. Auf den Aufmarsch der Heimwehren in der Salzburger Innenstadt am 6. Oktober 1929 reagierten die Sozialdemokraten ihrerseits am 12. November mit einer großangelegten Republikfeier, bei der auch Formationen des Republikanischen Schutzbundes mit marschierten[43].

Aufmarsch anlässlich der großen Heimwehrtagung am 6. Oktober 1929 (Foto: AStS, Fotoarchiv Franz Krieger, Neg. G 36).

Republikanischer Schutzbund, Bataillon I (Salzburg-Stadt), 1. Zug, 1930, bei einer Übung auf dem Gaisberg (Foto: AStS, Archiv des Karl-Steinocher-Fonds).

Obwohl sich die Finanzlage der Stadt seit 1928 ständig verschlechterte und sich die Verwaltung des kommunalen Haushalts immer schwieriger gestaltete, hielt der Konsens von Sozialdemokraten und Christlichsozialen in Sachfragen letztlich bis zum Februar 1934. Kampfabstimmungen waren eine Seltenheit. Nur in kulturellen Belangen bildete sich mitunter ein antiklerikales Kartell, wie etwa 1930 beim gemeinsamen Beschluss von Sozialdemokraten, Großdeutschen und Nationalsozialisten zur Errichtung eines Krematoriums am Kommunalfriedhof[44].

Rauer wurde das Klima nach den Gemeinderatswahlen von 1931, den letzten in der Ersten Republik, bei der die Christlichsozialen ihre Position zu halten vermochten, während Sozialdemokraten sowie Großdeutsche Verluste hinnehmen mussten. Gewinner der Wahlen waren die erstmals kandidierenden Nationalsozialisten der Hitler-Richtung, die mit dem Anspruch in die Wahl gezogen waren, das Rathaus von den ‚Systemparteien' gründlich zu säubern[45]. Die vier Nationalsozialisten traten im Braunhemd und mit Hitlergruß auf und machten den Gemeinderat zum Schauplatz antisemitischer Hetztiraden, deren bevorzugtes Ziel das jüdische Kaufhaus Schwarz war[46]. Wortführer der Nationalsozialisten war der Buchhalter Franz Wintersteiner, dessen provokative Äußerungen in der Budgetsitzung des Gemeinderates im März 1932 von den Sozialdemokraten so vehement zurückgewiesen wurden, dass „die Nationalsozialisten und ihr Anhang auf der Galerie den Sitzungssaal verließen"[47]. Ebenso wie in der Stadt Salzburg konnten die Nationalsozialisten auch in Maxglan ihren Anteil bei der Gemeinderatswahl von 1931 fast verdoppeln. Mit einem Stimmenanteil von 49 Prozent lagen die Sozialdemokraten hier aber nach wie vor unangefochten an der Spitze[48].

Der eigentliche Durchbruch zu einer Massenpartei gelang den Nationalsozialisten in der Stadt Salzburg zwischen 1931 und 1932. Von 9,2 Prozent bei der Gemeinderatswahl 1931 stieg ihr Stimmenanteil auf 28,9 Prozent bei der Landtagswahl im April 1932. Während Christlichsoziale und Sozialdemokraten mit jeweils 29 Prozent Stimmenanteil nur mehr knapp voraus lagen, sahen sich die Großdeutschen mit 4,6 Prozent von der politischen Bühne hinweggefegt[49]. Es bedarf keiner Wählerstromanalyse um zu erkennen, wohin die ehemaligen großdeutschen Wähler abgewandert waren.

Der Handlungsspielraum der kommunalen Wirtschafts- und Finanzpolitik war zu diesem Zeitpunkt bereits äußerst gering geworden. Fremdenverkehr und Bauwirtschaft wurden von der 1929 einsetzenden Großen Depression unmittelbar und rasch getroffen, was wiederum zur Folge hatte, dass die Arbeitslosigkeit in den folgenden Jahren sehr stark zunahm[50]. Angesichts der Weltwirtschaftskrise wurde der Ruf nach dem Anschluss in der Bevölkerung immer lauter. Vor allem in Salzburger Wirtschaftskreisen war die Ansicht verbreitet, dass „nur die Eingliederung in das deutsche Wirtschaftsgebiet, in den großen Wirtschaftskörper Deutschland" eine Lösung der nationalen und vor allem der regionalen Wirtschaftsprobleme bringen könne[51].

Infolge des konjunkturellen Abschwungs verschlechterte sich auch die Haushaltslage der Stadt: Im Zeitraum 1931–1934 gingen die Bundesüberweisungen um 60 Prozent zurück, zudem sanken die Erträgnisse der Fürsorgeabgabe um 37 Prozent, der Fremdenzimmerabgabe um 69 Prozent und jene der Kinoabgabe um 50 Prozent. Den rückläufigen Einnahmen standen auf der anderen Seite jedoch nur schwer zu reduzierende Ausgabenposten gegenüber: zum einen belasteten Zinsendienst und Schuldentilgung den städtischen Haushalt, zum anderen waren die Aufwendungen im Sozialbereich beträchtlich gestiegen. Als Folge dieser Entwicklung war die Verschuldung gegenüber 1925, als sie ca. zwei Millionen Schilling betragen hatte, im Jahr 1933 bereits auf fast 20 Millionen Schilling gestiegen[52].

5. Die Gemeinde im „Christlichen Ständestaat“

Nicht nur in Salzburg, sondern auch aus den Landtagswahlen in einigen weiteren Bundesländern, gingen die Nationalsozialisten 1932 als Sieger hervor, was vor allem aus der Perspektive der regierenden Christlichsozialen ein bedrohliches Szenario für zukünftige Wahlgänge darstellte[53]. Bundeskanzler Dollfuß nutzte vor diesem Hintergrund die so genannte „Selbstausschaltung“ des Nationalrats am 4. März 1933 als Vorwand für eine schrittweise Eliminierung aller demokratischen Strukturen zunächst auf Bundesebene.

Auf der Ebene von Stadt und Land blieb das demokratische System vorerst noch funktionsfähig. Die Salzburger Sozialdemokraten ließen die schleichende Aushöhlung von Mitbestimmungsrechten etwa im Bereich der Arbeiterkammer ohne nennenswerten Widerstand über sich ergehen. Angesichts der Machtergreifung Hitlers im benachbarten Deutschen Reich und unter dem Eindruck einer bedrohlichen Zunahme nationalsozialistischer Aktivitäten im Bundesland Salzburg, bestand unter den sozialdemokratischen Führern nach wie vor die Hoffnung, die Christlichsozialen wenigstens auf regionaler Ebene zur Bildung einer gemeinsamen Front gegen die nationalsozialistische Herausforderung zu gewinnen.

Die NSDAP hatte zu diesem Zeitpunkt ihre Basis bereits weit über das bürgerlich-deutschnationale Segment der Salzburger Bevölkerung hinaus auch auf Teile der Arbeiterschaft und Angestellten ausgedehnt. Für 1932 nennt eine Publikation der Deutschen Arbeitsfront NS-Betriebszellen unter anderem in den Eisengroßhandlungen Steiner und Roittner, bei der Firma Gehmacher, bei dem Busunternehmen Albus, im Bereich der städtischen Betriebe, bei der Ischler Bahn, in der Bayernbank, bei der Bausparkasse Wüstenrot, in der Arbeiter-Unfallversicherung sowie in der Polizeidirektion und im Steueramt, wobei davon auszugehen ist, dass die Implementierung von NS-Strukturen auf betrieblicher Ebene von einem Teil der Unternehmen gefördert wurde[54].

Gegenüber der von Hitler-Deutschland gesteuerten Gewalttaktik der österreichischen NSDAP, welche nach dem österreichweiten Verbot der NSDAP am 19. Juni 1933 in offenen Terror ausartete, blieben die Repressionsmaßnahmen des Staatsapparats weitgehend wirkungslos. Nicht selten durch Sympathisanten im Sicherheitsapparat vor bevorstehenden Verhaftungen und Hausdurchsuchungen gewarnt, entzogen sich die nationalso-

Die Salzburger NSBO am 1. Mai 1933 in Bad Reichenhall (Foto aus: Mühlau, Von der NS-Betriebszellen-Organisation zur DAF, 1939; Reproduktion: AStS).

zialistischen Aktivisten dem Zugriff der Behörden durch Flucht über die nahe Grenze. Destabilisierung von Wirtschaft und Gesellschaft war das deklarierte Ziel des nationalsozialistischen Terrors. War der Fremdenverkehr schon durch die am 27. Mai 1933 von der deutschen Regierung verhängte ‚Tausend-Mark-Sperre' schwer getroffen[55], so sollten ‚Böller'-, Sprengstoff- und Tränengas-Anschläge einen Zustand allgemeiner Verunsicherung herbeiführen, wobei Tote und Verletzte bewusst in Kauf genommen wurden. Im Winter und Frühjahr 1934 erreichte die nationalsozialistische Terrorwelle ihren Höhepunkt. Besonderes Aufsehen erregte ein gegen Erzbischof Ignaz Rieder gerichteter Sprengstoffanschlag, der das erzbischöfliche Palais schwer beschädigte[56].

Parallel zu den äußeren Formen der Eskalation der politischen Konflikte vollzog sich 1933 in der Landeshauptstadt eine rapide Polarisierung der politischen Gruppierungen, die von einem ebenso raschen Verfall der Machtpositionen der demokratisch orientierten Kräfte begleitet war. Nachdem die Landtagswahlen vom 24. April 1932 in der Stadt Salzburg eine drastische Verschiebung der Wählerpräferenzen gegenüber den Gemeinderatswahlen 1931 gezeigt hatten, stellten vor allem die Nationalsozialisten, aber auch die Heimwehren, ja sogar die Salzburger Handelskammer die Legitimationsbasis der Stadtverwaltung in Frage. Da die Kritik stets auch gegen die antiquierte Stadtverfassung gerichtet war, ergriff die Landesregierung Mitte 1933 durch die Vorlage eines neuen Gemeindestatuts von sich aus die Initiative zu einer durchgreifenden Reform der Stadtverwaltung[57]. Die Zu-

Bürgermeister Max Ott, zweite Amtsperiode 1927–1935 (Foto: AStS).

stimmung von Gemeinderat und Landtag zum neuen Statut im Jänner 1934 lässt sich als letztes, wenn auch vergebliches Lebenszeichen aller demokratischen Kräfte in Stadt und Land Salzburg interpretieren.

Als dann am Morgen des 12. Februar 1934 in Linz die ersten Schüsse fielen und in weiterer Folge in Wien und vereinzelt auch in anderen Teilen Österreichs heftige Kämpfe zwischen Sozialdemokraten einerseits und Exekutive, Bundesheer und Heimwehren andererseits entbrannten, verharrte die Führung der Salzburger Sozialdemokraten in resignativer Passivität. Während ein Teil der Schutzbundaktivisten vergeblich auf das erhoffte Zeichen zum Widerstand wartete, ließ sich die Parteiführung widerstandslos im Parteilokal in der Paris-Lodron-Straße verhaften. Abgesehen von einem zweistündigen Eisenbahnerstreik und einigen effektlosen Anschlägen auf das Stromnetz blieb es in Salzburg daher ruhig[58].

Zugleich mit dem österreichweiten Verbot der Sozialdemokratischen Partei und aller ihr nahestehenden Verbände, Genossenschaften und Vereine erfolgte die Eliminierung der sozialdemokratischen Mandatare aus den politischen Gremien, wodurch auch die 14 sozialdemokratischen Gemeinderäte ihre Mandate verloren. Landeshauptmann Rehrl versuchte im Fall der Landeshauptstadt dennoch den Anschein von politischer Kontinuität aufrechtzuerhalten. Während die Gemeindevertretungen von Maxglan und Gnigl/Itzling ebenso wie die der übrigen sozialdemokratischen Hochburgen im Lande aufgelöst wurden und Regierungskommissare an die Spitze der Kommunalverwaltung traten, blieben der greise Bürgermeister Max Ott und der Salzburger Rumpfgemeinderat vorerst als Relikte aus vergangenen demokratischen Zeiten im Amt.

Der Großdeutsche Ott biederte sich dem siegreichen autoritären Regime anlässlich einer „Trauerkundgebung" im Salzburger Gemeinderat mit einer Diffamierung jener Partei an, die ihm nicht nur wenige Jahre zuvor die Rückkehr ins Bürgermeisteramt ermöglicht hatte, sondern zudem in den schwierigen Jahren der Weltwirtschaftskrise im Gemeinderat stets ein hohes Maß an Kooperationsbereitschaft gezeigt hatte: *So ist uns denn das Furchtbarste nicht erspart geblieben, der Kampf um Sein oder Nichtsein gegen jene Volksgenossen, welche in wahnwitziger Verblendung – die Frucht jahrzehntelanger teuflischer und systematischer Verhetzung – nunmehr zum letzten Schlage ausholten, um Österreich in die Arme des Bolschewismus zu führen und damit das Endziel zu verwirklichen, auf das ihr ganzes Sinnen und Trachten seit je gerichtet war.* [...] *Österreich ist nun frei, zum ersten Mal frei von jenen inneren Feinden, die seinem Wiederaufbau so sehr im Wege gestanden sind.*[59]

Das nach den Februarereignissen etablierte Provisorium hatte mehr als ein Jahr Bestand. Landeshauptmann Rehrl nutzte die Übergangsphase zu einer Neuordnung des Gemeindewesens unter autoritären Vorzeichen. Dabei ging es vor allem um die Lösung der Eingemeindungsfrage, die bis dahin teils an der ablehnenden Haltung der betroffenen Gemeinden (Aigen), teils am Widerstand der bürgerlichen Gemeinderatsfraktionen gegen eine Integration der Arbeiterbevölkerung von Maxglan und Gnigl/Itzling in den Stadtverband gescheitert war. Mit Wirksamkeit vom 1. Juli 1935 wurden die Gemeinden Maxglan und Gnigl/Itzling fast zur Gänze sowie Teile von Aigen, Morzg, Siezenheim, Leopoldskron, Bergheim und Hallwang in das Gebiet der Stadt Salzburg einbezogen, wodurch sich das Stadtgebiet von 8,79 km² auf 24,9 km² vergrößerte und die Einwohnerzahl von 40.232 auf 63.275 anstieg[60]. Gänzlich der Auflösung verfielen die Gemeinden Maxglan und Gnigl/Itzling, deren Bedienstete, Liegenschaften, aber auch Schulden, von der Stadtgemeinde übernommen wurden[61]. Für die beiden ‚armen' Arbeitergemeinden bedeutete dies die Rettung vor dem finanziellen Zusammenbruch. In Maxglan etwa waren die Armenlasten innerhalb von fünf Jahren auf das Zehnfache gestiegen, so dass sie 1935 bereits 84 Prozent der normalen Gemeindeeinnahmen beanspruchten[62].

Parallel zur Lösung der Eingemeindungsfrage erfolgte durch den Landtag auch eine Neuordnung des Stadtrechts auf ständischer Grundlage[63], so dass im Juli 1935 für das nunmehrige ‚Groß-Salzburg' tatsächlich eine neue Epoche anbrach. Die ständestaatliche Stadtverfassung brachte zum einen eine deutliche Heraushebung der Position des Bürgermeisters, zum anderen eine weitere Einschränkung der Gemeindeautonomie gegenüber der Landesregierung, der das Recht der Amtsenthebung von Bürgermeister und Stadträten sowie der Auflösung des Gemeindetags zustand. Dieses nach dem Verfassungsübergangsgesetz 1934[64] von der Landesregierung aus Vertretern der ‚Berufsstände' nominierte Gremium trat zwar an die Stelle des Gemeinderats, besaß faktisch aber keinerlei Kontrollrechte. Damit waren die letzten Restbestände der alten Gemeindeautonomie beseitigt. An ihre Stelle trat eine „von der zivilen Verwaltung beherrschte und bestimmte Struktur der kommunalen Verwaltungsführung"[65].

Nun endlich erfolgte auch in personeller Hinsicht der Bruch mit der Vergangenheit. Max Ott, der seit 1928 eine außergewöhnliche Anpassungsfähigkeit an die sich mehrfach wandelnden politischen Verhältnisse an den Tag gelegt hatte, musste das Amt des Bürgermeisters an Hildmann übergeben. Nur nebenbei sei zur ambivalenten Persönlichkeit von Max Ott erwähnt, dass dessen Tochter Berta mit Heinrich Schönberg, dem Bruder des Komponisten Arnold Schönberg, verheiratet war. Heinrich Schönberg lebte von 1917 bis 1938 mit seiner Familie im Haus des Schwiegervaters in der Chiemseegasse. Nach der Machtergreifung der Nationalsozialisten musste die Familie Schönberg ihre in unmittelbarer Nachbarschaft der nunmehrigen NS-Landesregierung gelegene Wohnung allerdings verlassen. Heinrich Schönberg verstarb 1941 aufgrund einer Verletzung, die er sich in Gestapohaft zugezogen hatte. Wenig später schreibt Berta Schönberg in einem Brief, der im September 1941 durch die Zensur zu Arnold Schönberg nach Amerika gelangte: „Das Schönste an Salzburg sind Berg und Tal, das weniger schöne die Menschen"[66]. Seit kurzem erinnert in der Chiemseegasse ein „Stolperstein" an Heinrich Schönberg.

„Stolperstein" für Heinrich Schönberg (Foto: AStS).

Bürgermeister
Dipl.-Ing. Richard
Hildmann 1935–1938,
Foto Traub 1935
(Foto: AStS).

Gemeinsam mit Max Ott schied auch Vizebürgermeister Preis aus dem politischen Leben aus. Von den dreizehn christlichsozialen Gemeinderäten des Jahres 1931 befanden sich nur mehr zwei unter den 36 neuernannten Mitgliedern des Gemeindetags[67]. In der Eröffnungssitzung des neuen Gemeindetages am 11. Juli 1935 versprach Hildmann, die seit Februar 1934 *mit Erfolg zum Wohle und Gedeihen der Stadt Salzburg eingeschlagene Linie mit aller Tatkraft auch in Zukunft zu verfolgen. Die alleinige Richtschnur der Gemeindeverwaltung ist eben das Wohl der Allgemeinheit, zum Unterschied von früher, wo auch Parteiinteresse die Erwägungen oft beeinflußte.*[68] Selbst die ‚Salzburger Chronik' sah den Gemeindetag aber mit dem Makel fehlender demokratischer Legitimation behaftet[69]. Die auf die Zeit nach der Institutionalisierung des Ständestaates verschobene freie Wahl der berufsständischen Vertreter fand jedoch nicht einmal auf kommunaler Ebene statt, so dass das ‚ständische' Prinzip bis zum Ende des Regimes vom ‚autoritären' Prinzip überlagert blieb.

Die Ständestaatsära kann man vom Gesichtspunkt der Kommunalpolitik durchaus als eine „Ära Hildmann" bezeichnen[70]. Als Bürgermeister setzte Hildmann den von ihm bereits im März 1934 als Stadtrat begonnenen Sparkurs ohne Rücksicht auf die sozialen Lasten der wirtschaftlichen Rezession fort. Grundlage seines Handelns war „ein äußerst restriktives, auf sparsamste Gestaltung des städtischen Haushaltes ausgerichtetes Konzept der Amtsführung, unter weitgehendem Verzicht auf den Gewinn irgendwelcher Popularität"[71]. Vorrangiges Ziel der Finanzpolitik der folgenden Jahre waren eine ausgeglichene Budgetierung sowie die Verminderung der seit 1929 bedenklich angewachsenen kommunalen Verschuldung.

Eine weitere schwere Belastung stellte 1935 die Übernahme der Gemeindeschulden von Maxglan, Gnigl und Morzg in der Höhe von 3,247 Millionen Schilling dar. Dank der eisernen Sparpolitik Hildmanns stieg die kommunale Schuld jedoch nur um etwas mehr als 2,5 Millionen Schilling, und auch diese Mehrverschuldung wurde innerhalb von zwei Jahren wieder abgebaut[72]. Der Schuldenabbau war freilich durch Einsparungen auf fast allen Gebieten der kommunalen Verwaltung teuer erkauft. Radikal gesenkt wurden vor allem die Personalkosten, deren Anteil am städtischen Haushalt von 1931 bis 1937 um ein Drittel zurückging, sowie der Ausgabenanteil für das Unterrichtswesen, Kunst und Kultur, der eine Kürzung von ca. 40 Prozent hinnehmen musste[73]. Ebenfalls von drastischen Ausgabenkürzungen betroffen waren die Aufwendungen für Straßenbeleuchtung, Straßenreinigung und öffentliche Anlagen sowie für den Sozialbereich.

Einen kräftigen Anstieg verzeichneten dagegen ab 1933 die Aufwendungen für das Sicherheitswesen sowie die an den Bund abzuführenden Abgabenanteile. Hildmann sah sich daher nicht ganz zu Unrecht von der Bundesregierung um die Früchte seiner Einsparungspolitik betrogen. Während Landeshauptmann Rehrl auf Landesebene mit einer antizyklischen Wirtschaftspolitik den Auswirkungen der Weltwirtschaftskrise entgegenzusteuern versuchte, blieb die kommunale Finanzpolitik auf die Durchsetzung eines harten ‚Sanierungsprogramms' beschränkt, das „zu einem überproportionalen Schrumpfungsprozeß im Bereich der investiven Aufwendungen führte".[74] Betroffen davon war vor allem die regionale Bauwirtschaft, die seit dem Ende der Gemeindewohnbauprogramme vergeblich auf kommunale Aufträge hoffte. Das einzige große Investitionsprojekt, an dem sich auch die Stadt maßgeblich beteiligte, war 1937 der neuerliche Umbau des Festspielhauses durch Clemens Holzmeister. Gleichzeitig wurde freilich das Stadttheater (heute Landestheater) im Zuge der kommunalen Sparpolitik geschlossen.

Auch der Fremdenverkehr, der zweite Leitsektor der regionalen Wirtschaft, befand sich in einer kritischen Lage. Nachdem die Nächtigungszahlen bereits seit 1928 infolge der Weltwirtschaftskrise stark rückläufig waren, stürzte die bereits erwähnte ‚Tausend-Mark-Sperre' die Salzburger Fremdenverkehrswirtschaft in eine Existenzkrise. Immerhin wurde der Ausfall der deutschen Gäste durch gezielte Förderungs- und Werbemaßnahmen in anderen Ländern allmählich wieder wett gemacht[75]. So meldete die „Salzburger Chronik“ zu Beginn des Jahres 1938, dass die Gästemeldungen für das Jahr 1937 über jenen des Jahres 1932 liegen würden, *als es noch keine Grenzsperre im deutschen Reiseverkehr, sowie keine Devisenbeschränkungen gab*[76]. Tatsächlich war es in den Vorjahren gelungen, den Ausfall deutscher Gäste durch eine beträchtliche Zunahme von Besuchern aus der Tschechoslowakei, Großbritannien, den USA und Frankreich wettzumachen. Vor allem war Salzburg in den letzten Jahren vor dem Anschluss während der Sommermonate dank der Festspiele ein Anziehungspunkt von internationalem Rang. Ein zahlungskräftiges Publikum aus Amerika und Westeuropa verlieh den letzten Festspielsommern vor dem Anschluss einen besonderen Glanz.

Jedermann-Aufführung im Festspielsommer 1937 (Foto: AStS, Fotoarchiv Franz Krieger, Film 50).

Das internationale Flair kontrastierte freilich mit einer zunehmenden Verarmung breiter Bevölkerungsschichten, welche die für amerikanische Dollarmillionäre arrangierten Trachtenschauen und Sommerfeste ebenso als Provokation empfanden, wie das von der Werbung propagierte Bild Salzburgs als „einer österreichischen Insel der Schönheit [...]“[77]. Hinzu kam, dass die Festspiele seit der Machtergreifung Hitlers im Deutschen Reich eine politische Dimension gewonnen hatten, und zwar „als Gegen-Bayreuth, mit dem Antifaschisten Arturo Toscanini als weltberühmtem Aushängeschild“[78]. Die ‚nationale Opposition‘ hielt sich vom Festspieltreiben daher fern, sah sie darin doch nicht ganz zu Unrecht eine „Art von internationaler Demonstration gegen das Dritte Reich“[79].

Arbeitslosigkeit und materielle Not kennzeichneten in der Ära des Ständestaats die soziale Lage eines wesentlichen Teils der städtischen Bevölkerung. In der Volkszählung von 1934 scheinen in der Stadt Salzburg von 13.909 Berufstätigen (Selbständige und Beamte nicht eingerechnet) 3621 (= 26 Prozent) als arbeitslos auf[80]. Besonders stark betroffen von der Rezession waren das Baugewerbe sowie eine Reihe weiterer vor allem handwerklicher Berufssparten, in denen die Arbeitslosenraten schwindelerregende Werte erreichten[81]:

Baugewerbe (Maurer, Zimmerleute, Maler etc.)	73 Prozent
Spengler	73 Prozent
Tapezierer	68 Prozent
Tischler	67 Prozent
Schlosser	60 Prozent
Hilfsarbeiter (ohne Berufszuordnung)	49 Prozent
Bäcker	39 Prozent

Kaum besser gestaltete sich die Situation im Gastgewerbe, das unter der „1000-Mark-Sperre" schwer zu leiden hatte: von den 441 Kellnern/Kellnerinnen waren 233 (53 Prozent) arbeitslos. Vergleichszahlen für die 1935 eingemeindeten Vororte stehen leider nicht zur Verfügung. Angesichts des hohen Arbeiteranteils in Maxglan und Gnigl/Itzling ist jedoch davon auszugehen, dass die Arbeitslosenraten hier noch höhere Werte erreichten als in der Stadt Salzburg.

Die Hilfeleistungen der Stadtgemeinde beschränkten sich in der „Ära Hildmann" zum einen auf Beiträge zur „produktiven Arbeitsbeschaffung" im Rahmen des Freiwilligen Arbeitsdienstes, der etwa bei der Regulierung der Glan in den Jahren nach 1934 zum Einsatz gelangte[82], zum anderen auf Zuschüsse, Beihilfen bzw. direkte Dienst- und Sachleistungen an die Armen. Die progressive Verelendung spiegelt sich in einer rapiden Vermehrung der kommunalen Fürsorgeempfänger. So stieg die Zahl der Ende 1935 eingeführten „Fürsorgebücher" innerhalb eines Jahres von 5296 auf 7631, was zum einen darauf zurückzuführen war, dass die Zahl der ausgesteuerten Arbeitslosen mit Fortdauer der Rezession nach wie vor zunahm. Zum anderen lässt sich die kontinuierliche Mehrbelastung des kommunalen Armenwesens auf die Kürzung der staatlichen Notstandsaushilfezahlungen sowie auf den Zuzug verarmter Menschen aus anderen Gemeinden zurückführen[83].

Wie ich arbeitslos geworden bin – erinnert sich ein Itzlinger Arbeiter – *da habe ich neun Wochen die volle Unterstützung gekriegt: Das waren 12 Schilling in der Woche. Dann habe ich 7 Schilling gekriegt. Und dann bin ich ausgesteuert worden.*[84]

Nicht zuletzt hatte die Stadtgemeinde ab 1935 auch die Kosten der Armenversorgung in den ehemals selbständigen Gemeinden Maxglan und Gnigl/Itzling zu tragen, wobei sich die Armenlasten von Maxglan zum Zeitpunkt der Eingemeindung 1935 auf 84 Prozent der normalen Gemeindeeinnahmen beliefen[85]. Die über Jahre andauernde wirtschaftliche Rezession wirkte sich unmittelbar auf das soziostrukturelle Verhalten der städtischen Bevölkerung aus: so sank die Zahl der jährlichen Eheschließungen ebenso wie jene der Geburten bis 1936 auf den Tiefststand der Zwischenkriegszeit. Steigende Tendenz wies dagegen die Selbstmordrate auf[86].

Die Unzulänglichkeit der Sozial- und Wirtschaftspolitik, die sich vor allem in einer anhaltend hohen Arbeitslosenrate manifestierte[87], trug ohne Zweifel entscheidend zur Destabilisierung des Ständestaatsregimes bei. Gerade im grenznahen Salzburg bot sich der Vergleich mit der dynamischen Entwicklung im benachbarten Deutschen Reich an, wo die NS-Herrschaft unter kriegswirtschaftlichen Vorzeichen einen beschleunigten Modernisierungsschub in Gang gesetzt hatte. Wallfahrten illegaler Nationalsozialisten auf den Obersalzberg waren Teil des – auch von Erich Kästner beschriebe-

Landeshauptmann Dr. Franz Rehrl begrüßt den deutschen Gesandten Franz von Papen bei der Jedermann-Aufführung (Foto: AStS, Fotoarchiv Franz Krieger, Film 50, 1937).

nen – „kleinen Grenzverkehrs“, der seit dem Juliabkommen 1936 zwischen dem Schuschnigg-Regime und dem Dritten Reich wieder möglich war.

Den Trägern des autoritären Systems gelang es nach 1934 nicht, die Kluft zu den in die Illegalität abgedrängten politischen Gruppierungen zu verringern. Polizeiliche Repression sollte den Widerstand sozialdemokratisch wie auch nationalsozialistisch eingestellter Bevölkerungsteile brechen, wobei sich der Machtapparat letztlich im Kampf gegen die Untergrundorganisationen der Arbeiterbewegung als effizienter erwies als bei der Verfolgung der von Deutschland tatkräftig unterstützten nationalsozialistischen ‚Illegalen‘. Besonders verhasst machte sich das Ständestaatsregime durch seine enge Allianz mit der katholischen Kirche, welche zum Teil durchaus „gegenreformatorische“ Züge aufwies. Auf Anweisung von Bürgermeister Hildmann musste jede Austrittserklärung aus der katholischen Kirche dem zuständigen Pfarramt mitgeteilt werden, wodurch sich die Möglichkeit ergab, auf Austrittwillige Druck auszuüben[88].

Das alte sozialdemokratische Milieu – vor allem in den Vororten Maxglan und Itzling – blieb zwar in den Jahren der Unterdrückung weitgehend intakt. Die Enttäuschung über die passive Haltung der sozialdemokratischen Parteiführung im Februar 1934 hatte aber vor allem die jüngeren Parteimitglieder radikalisiert, die sich nun zum Teil der bis dahin bedeutungslosen KPÖ anschlossen. Das Widerstandspotential der durch Verhaftungen, Anhaltungen und Prozesse geschwächten Linken war insgesamt jedoch gering. Zu einer letzten Manifestation sozialdemokratischen Selbstbewusstseins kam es am 2. März 1937 beim Begräbnis von Josef Witternigg, als 2000 Menschen den mit roten Blumen geschmückten Sarg begleiteten und Franz Peyerl, sozialistischer Landesparteivorsitzender der Zeit nach 1945, die Grabrede hielt[89].

Während die linken Untergrundorganisationen für die Polizeibehörden durch ihre Eingebundenheit in ein nach außen klar abgegrenztes soziales Milieu leicht überschaubar waren, rekrutierten sich die illegalen Nationalsozialisten aus allen sozialen Schichten. Dazu kam, dass Teile des Sicherheitsapparats bereits von nationalsozialistischem Gedankengut infiltriert waren. Erschwert wurde die Kontrolle nationalsozialistischer Aktivitäten außerdem durch den fließenden Übergang „von illegal operierenden Nationalsozialisten zum legalen ‚nationalen‘ Segment des politischen Lebens in Salzburg“[90].

Die illegale NSBO der Firma R. Kiesel (Foto aus: Mühlau, Von der NS-Betriebszellen-Organisation zur DAF, 1939; Reproduktion: AStS).

Bis zum so genannten „Juliputsch“ 1934 zielte die nationalsozialistische Taktik auf den gewaltsamen Sturz des autoritären Regimes in Österreich. Am 25. Juli 1934 blieb es in der Landeshauptstadt ruhig. Im Gemeindegebiet von Liefering kam es allerdings zu einem Gefecht der Exekutive mit zwanzig bewaffneten Nationalsozialisten, bei dem drei Heimwehrmänner getötet wurden. Noch blutiger verliefen die Auseinandersetzungen im benachbarten Flachgau, wo es vor allem in Lamprechtshausen und Seekirchen zu Kampfhandlungen kam[91].

Die Niederschlagung des Putschversuchs verschaffte dem Ständestaatsregime eine Atempause. Die äußerliche Ruhe war jedoch trügerisch. Nach dem Scheitern des Terrors konzentrierten sich die Nationalsozialisten auf eine Strategie der Unterwanderung und Zersetzung des Regierungsapparats, die sich für den Bestand des österreichischen Staats letztlich als bedrohlicher erweisen sollte als Waffengewalt[92]. Das politische Gewicht verlagerte jetzt sich auf die Seite der respektablen bürgerlichen Nationalsozialisten. Getarnte Stützpunkte der Nationalsozialisten in der Stadt waren u. a. der Deutsche Turnverein, die Bausparkasse Wüstenrot[93], aber auch die Evangelische Gemeinde und das städtische Elektrizitätswerk. Ungehindert trafen sich politisch Gleichgesinnte im Cafe Glockenspiel zum Meinungsaustausch[94].

Die Querverbindungen zwischen der illegalen NSDAP und den deutschnationalen Honoratioren wurden bislang für den Bereich Stadt Salzburg noch nicht im Detail untersucht. Auch fehlen für die Stadt Salzburg empirische Untersuchungen zur Mitgliederstruktur der illegalen NSDAP, wie sie z. B. Laurenz Krisch für Bad Gastein oder Thomas Dostal für Linz angestellt hat[95]. Viele Indizien deuten aber auf netzwerkartige Verbindungen zwischen der illegalen NSDAP und den traditionellen Eliten und damit auch zum Staatsapparat und den Berufsverbänden. Dass auch die Kommunalverwaltung von illegalen Nationalsozialisten durchsetzt war, erwies sich bereits im Juli 1934, als der Magistratsbeamte Dr. Franz Lorenz verhaftet und seiner Funktionen enthoben wurde[96]. Lorenz sollte nach dem Anschluss das Amt des „Bürgermeisters" (= Stellvertreter des Oberbürgermeisters) bekleiden.

Das Konzept der Regierung Schuschnigg, den Nationalsozialismus durch das Juliabkommen 1936 vertraglich in das System des Ständestaats einzubinden, war letztlich zum Scheitern verurteilt. Während einerseits die polizeistaatliche Repression nationalsozialistischer Agitation unermüdlich, wenn auch mit geringem Erfolg fortgeführt wurde, trat andererseits das nationale Lager im öffentlichen Leben immer selbstbewusster in Erscheinung. Spätestens seit der Jahreswende 1937/38 machte sich auch in Salzburg ein rasch voranschreitender Erosionsprozess des Ständestaatsregimes bemerkbar. Anfang Januar 1938 versammelten sich unter dem Deckmantel des Volkspolitischen Referats der Vaterländischen Front die Untergrundfunktionäre der Nationalsozialistischen Betriebszellen-Organisation im Gasthaus „Schwarzes Rössel"[97]. Am 6. Jänner 1938 berichtete das „Salzburger Volksblatt" zwar noch von der Verurteilung von 19 meist jugendlichen Salzburger SA-Männern zu geringfügigen Haftstrafen durch ein Schöffengericht. Zugleich wurde aber auch eine Ballveranstaltung der deutschnationalen studentischen Verbände im Hotel Österreichischer Hof angekündigt[98]. Ebenfalls im Januar 1938 wurde von den Ständestaatsbehörden das Turnen von Jugendlichen beim nationalen Salzburger Turnverein verboten[99] sowie sämtliche Schulortsgruppen des Deutschen Schulvereines Südmark aufgelöst[100]. Gestattet wurde hingegen eine vom Bund der Reichsdeutschen veranstaltete Feier zum fünften Jahrestag der nationalsozialistischen „Machtergreifung" im großen Saal des Mozarteums für „alle Reichsdeutschen aus Stadt Salzburg und Umgebung", auf der die Kreisleiter von Traunstein und von Salzburg Ansprachen hielten[101]. Wie die Polizei einem bei einer Hausdurchsuchung gefundenen Tätigkeitsbericht der NSDAP entnehmen konn-

Schlusskundgebung des „Nationalen Fackelzuges" vom 21. Februar 1938 am Salzburger Residenzplatz (Foto: AStS, Fotoarchiv Franz Krieger, Film 101).

te, zählte die illegale NSDAP in der Stadt Salzburg zu diesem Zeitpunkt 1100 Mitglieder[102].

Statt der Zähmung des innenpolitischen Gegners verstärkte sich die zunächst unauffällige, dann aber offenkundige Infiltration des österreichischen Staates, die schließlich im Februar 1938 in eine kurzfristige Doppelherrschaft von Ständestaat und NSDAP einmündete. Mit dem Berchtesgadener Abkommen vom 12. Februar 1938 erfolgte in Österreich die De-facto-Legalisierung der nationalsozialistischen Opposition. „Der Druck des Regimes war von diesem Tag an fühlbar im Schwinden begriffen", heißt es in einer Salzburger NS-Schrift von 1939[103]. Zwar bemühte sich die österreichische Bundesregierung unter Bundeskanzler Schuschnigg zunächst noch verzweifelt, die wahre Dimension des Abkommens zu verheimlichen. Hitlers Reichstagsrede vom 20. Februar, in der er den Schutz des Reichs über zehn Millionen Deutschen jenseits der Grenzen verkündete, ließ jedoch keinen Zweifel, dass die Stunde der österreichischen Nationalsozialisten gekommen war. Ernst Hanisch hat die sich auch in Salzburg Ende Februar/Anfang März 1938 überstürzenden Ereignisse bereits ausführlich geschildert. Angeführt vom illegalen Gauleiter Anton Wintersteiger marschierten am 21. Februar zwischen 13.000 und 19.000 Nationalsozialisten mit „lodernden Fackeln" und mit „loderndem Herzen" in Salzburgs Straßen. Höhepunkt der Demonstrationen war eine ‚Freudenkundgebung' auf dem Residenzplatz. Am 25. Februar veranstaltete die ‚Vaterländische Front' eine Gegenkundgebung, an der angeblich 24.000 Salzburger teilnahmen[104].

Die vom Ständestaatsregime angestrebte ‚Konzentration aller Patrioten' kam jedoch zu spät. Schuschniggs am 9. März angekündigte und für den 13. März geplante Volksabstimmung war ein „letzter Verzweiflungsakt", der das Ende des Regimes nur beschleunigte. Hitlerdeutschland bewertete das Vorhaben als Bruch des Berchtesgadener Abkommens und drohte bei Beibehaltung des Abstimmungstermins mit militärischen Maßnahmen. International isoliert und im Inneren nicht mehr Herr der Lage trat Schuschnigg am Abend des 11. März zurück. In der darauffolgenden Nacht vollzog sich die Machtergreifung der Nationalsozialisten auch in Salzburg.

6. Resümee

Jede Beschäftigung mit der Epoche des Nationalsozialismus wirft aufs Neue die Frage auf, wie es zu diesem Zivilisationsbruch kommen konnte. Auch wenn sich die Ergebnisse der deutschen Sonderwegdebatte, die für das politische Erstarken der Nationalsozialisten in der Weimarer Zeit das Fehlen einer wirklichen politischen und gesellschaftlichen Revolution im 19. Jahrhundert verantwortlich machte, nicht ohne weiteres auf Österreich übertragen lassen, so ist doch davon auszugehen, dass auch im Fall von Österreich nur Langzeitszenarien erklären, warum die durchaus vorhandenen Ansätze einer durch bürgerliche Werte und Normen geprägten Zivilgesellschaft in den 1930er Jahren verloren gingen. Die schleichende Vergiftung zivilgesellschaftlicher Werte – das zeigt auch das Fallbeispiel von Salzburg – begann ohne Zweifel bereits im politischen Treibhausklima der durch den Nationalitätenkonflikt zerrütteten Habsburgermonarchie.

Die letztlich entscheidenden Weichenstellungen erfolgten allerdings erst unter dem Einfluss der wirtschaftlichen und politischen Krisen der Zwischenkriegszeit. Auch im Salzburger Gemeinderat gerieten jene politischen Kräfte, die auf dem Boden des demokratischen Systems standen, zunehmend in die Defensive: *In der Öffentlichkeit wird immer wieder darauf hingewiesen,* beklagte sich 1932 der Sozialdemokrat Josef Witternigg, *dass an den derzeitigen Verhältnissen die schlechte Verwaltung durch die Demokratie schuld sei, dass diese aber auf einer Trümmerstätte ein schweres Arbeiten hat, wird verschwiegen*[105].

Kundmachung

des Landeshauptmannes von Salzburg

über die

Durchführung einer Volksbefragung am Sonntag, den 13. März 1938, im Lande Salzburg.

Das österreichische Bundesvolk wird zufolge der im Sinne der Artikel 93 und 117, Absatz 1, der Verfassung 1934 erteilten Weisungen des Bundeskanzlers zur Abstimmung über folgende Fragen:

„Für ein freies und deutsches, unabhängiges und soziales, für ein christliches und einiges Oesterreich, für Frieden, Arbeit und die Gleichberechtigung aller, die sich zu Volk und Vaterland bekennen“

gerufen.

Die Befragung erfolgt durch Abgabe von Stimmzetteln. Die zustimmende Antwort ist durch Abgabe eines Stimmzettels mit der Aufschrift „Ja“, die ablehnende Antwort durch Abgabe eines Stimmzettels mit der Aufschrift „Nein“ zu geben. Andere oder leere Stimmzettel sind ungültig. Dem Abstimmenden steht es frei, seinen Stimmzettel in einem Briefumschlag abzugeben.

Die Abstimmung findet Sonntag, 13. März 1938, in der Zeit von 6 Uhr bis 17 Uhr statt. Die Bezeichnung der Abstimmungslokale und der zugehörigen Abstimmungssprengel obliegt dem Bürgermeister (Regierungskommissär) der Ortsgemeinde. Die Kundmachung hierüber ist in der Stadt Salzburg in der Tagespresse einzuschalten und an den öffentlichen Anschlagestellen, in den anderen Ortsgemeinden an den Amtstafeln und in allen Ortschaften augenfällig und in entsprechender Anzahl anzuschlagen.

Zur Abgabe eines Stimmzettels sind alle Bundesbürger, die spätestens im Jahre 1914 geboren sind und im Abstimmungsort wohnen, zuzulassen, wenn sie sich hierüber durch die Mitgliedskarte zur Vaterländischen Front oder durch andere Dokumente (Erkennungskarte oder andere Personaldokumente, Meldeschein) ausweisen. Der Nachweis kann erlassen werden, wenn der betreffende Bundesbürger hinsichtlich dieser Eigenschaften der Kommission bekannt ist.

Wenn die Prüfung der vorgelegten Personalausweise so viel Zeit erfordert, daß die reibungslose Durchführung der übrigen Stimmabgaben dadurch behindert würde, ist der Abstimmende zu verhalten, das Abstimmungslokal vorläufig zu verlassen und vor Ablauf der Abstimmungszeit neuerlich zu erscheinen.

In der Stadt Salzburg und allen Ortsgemeinden mit einer Einwohnerzahl nach der letzten Volkszählung von mehr als 3000 Einwohnern sind die Abstimmenden in ein Verzeichnis fortlaufend einzutragen und ist die Abstimmung auf dem vorgelegten Personalausweis ersichtlich zu machen.

Für die öffentlichen Beamten und Lehrer im Gebiete der Stadt Salzburg, der Stadt Hallein, der Stadt Zell am See und den Marktgemeinden St. Johann i. Pg. und Tamsweg findet die Volksabstimmung bereits am Samstag, den 12. März 1938, am Dienstort statt. Sie wird in der Stadt Salzburg im Landtagssitzungssaal, Chiemseehof, 3. Stiege, 1. Stock, von 8 bis 17 Uhr durchgeführt. Am Sitze der Bezirkshauptmannschaften Hallein, St. Johann i. Pg., Zell am See und Tamsweg wird die Abstimmung der öffentlichen Beamten und Lehrer in dem vom Bezirkshauptmann bezeichneten Lokal von 8 bis 17 Uhr vorgenommen.

Im Gebäude eines jeden Abstimmungslokales und in seiner Umgebung ist am Abstimmungstag jede Art von Werbung, insbesondere durch Ansprachen, Verteilung von Aufrufen usw. verboten.

Für Samstag, den 12. März und Sonntag, den 13. März 1938, wird auf Grund des § 14, Abs. 2, des Verfassungsübergangsgesetzes 1934, im Lande ein allgemeines Alkoholverbot erlassen.

Salzburg, am 9. März 1938.

Der Landeshauptmann:

Dr. Rehrl

Kundmachung der Volksbefragung am 13. März 1938, datiert 9. März 1938 (Original und Foto: AStS, Tagebuch Josef Hummel).

In der ab 1933 eskalierenden Auseinandersetzung zwischen Nationalsozialismus und Austrofaschismus blieb für demokratische Lösungsmodelle kein Spielraum mehr. Angesichts der tiefen sozioökonomischen Einbrüche im Gefolge der Weltwirtschaftskrise bildete sich in weiten Teilen der Bevölkerung eine Erwartungshaltung heraus, welche die Erlösung von der Krise nicht von der Demokratie oder gar vom autoritären Experiment des Dollfuß/Schuschnigg-Regimes erhoffte, sondern vom Nationalsozialismus, dem es im benachbarten Deutschland scheinbar gelungen war, die Wechselwirkungen von sozialer Destabilisierung und Wirtschaftskrise in den Griff zu bekommen. Die propagandistisch überaus wirksam verbreitete Verheißung von sozialem Frieden und allgemeinem Wohlstand in einem nationalsozialistischen Großdeutschland ließ folglich im März 1938 auch große Teile der nicht nationalsozialistischen Bevölkerungsmehrheit in den Jubel des Anschlussgeschehens einstimmen. Der offenkundige Unrechtscharakter des Regimes, dessen Repressionsapparat sich vom Tag des Anschlusses an gegen politische Gegner, „Volksverräter“, als „minderwertig“ Definierte, vor allem aber gegen jüdische Mitbürger richtete, wurde dagegen erfolgreich verdrängt.

Anmerkungen

1 Kurt Tweraser, Zusammenfassung, in: Fritz Mayrhofer und Walter Schuster (Hg.), Nationalsozialismus in Linz. Bd. 2, Linz 2001, S. 1591–1629, hier S. 1592.
2 Gerhard Plasser, Die Stadt Salzburg am Ende der Monarchie, in: Historischer Atlas der Stadt Salzburg (Schriftenreihe des Archivs der Stadt Salzburg, 11), Salzburg 1999, Blatt I/14.
3 Vgl. Michael P. Steinberg, Ursprung und Ideologie der Salzburger Festspiele, 1890–1938, Salzburg–München 2000.
4 Stefan Zweig, Die Welt von gestern. Erinnerungen eines Europäers, Leck 1992, S. 394 f.
5 Ernst Hanisch, Provinzbürgertum und die Kunst der Moderne, in: Ernst Bruckmüller u. a. (Hg.), Bürgertum in der Habsburgermonarchie, Wien– Köln 1990, S. 127–139, hier S. 135.
6 Heinz Dopsch und Robert Hoffmann, Salzburg. Die Geschichte einer Stadt, 2. aktualisierte Auflage, Salzburg 2008, S. 449.
7 Vgl. Robert Hoffmann, Gab es schönerianisches Milieu? Versuch einer Kollektivbiographie von Mitgliedern des „Vereins der Salzburger Studenten in Wien", in: Bruckmüller u. a. (Hg.), Bürgertum (wie Anm. 5), S. 275–298.
8 Michael Wladika, Hitlers Vätergeneration. Die Ursprünge des Nationalsozialismus in der k. u. k. Monarchie, Wien [u. a.] 2005.
9 Robert Hoffmann, Das Salzburger Jahndenkmal im ideologischen und zeithistorischen Kontext, in: Salzburg Archiv 30 (2005), S. 321–334.
10 Salzburger Volksblatt, 1900, Nr. 236; vgl. a. Dopsch/Hoffmann, Salzburg (wie Anm. 6), S. 481; Ewald Hiebl, German, Austrian or ‚Salzburger'? National identities in Salzburg c.1830–70, in: Laurence Cole (Ed.), Different Paths to the Nation. Regional and National Identities in Central Europe and Italy, 1830–70, Basingstoke–New York 2007, S. 100–121.
11 Interviews mit vor 1938 in Salzburg ansässigen Juden haben in dieser Hinsicht ein übereinstimmendes Bild ergeben. Vgl. Daniela Ellmauer, Helga Embacher und Albert Lichtblau (Hg.), Geduldet, verschmäht und vertrieben. Salzburger Juden erzählen, Salzburg 1998.
12 Günter Fellner, Judenfreundlichkeit, Judenfeindlichkeit. Spielarten in einem Fremdenverkehrsland, in: Robert Kriechbaumer (Hg.), Der Geschmack der Vergänglichkeit. Jüdische Sommerfrische in Salzburg (Schriftenreihe des Forschungsinstituts für politisch-historische Studien der Dr.-Wilfried-Haslauer-Bibliothek, Salzburg, Bd. 14), Wien–Köln–Weimar 2002, S. 59–126, hier S. 101.
13 AStS, Tagebuch Alexander Haidenthaller. Bd 2, S. 345 f., Eintrag vom 8. 6. 1907.
14 Der eiserne Besen, 10. 9 1923, zit. n. Gert Kerschbaumer, Die Erste Republik und der Ständestaat, in: Marko M. Feingold (Hg.), Ein ewiges Dennoch. 125 Jahre Juden in Salzburg, Wien–Köln–Weimar 1993, S. 131–170, hier S. 161; vgl. auch: Günter Fellner, Antisemitismus in Salzburg 1918–1938 (Veröffentlichungen des Historischen Instituts der Universität Salzburg, Bd. 15), Wien–Salzburg 1979, S. 141–158.
15 Für weiterführende Hinweise zur Person von Hermann Josef Ullrich (1888–1982), der von 1919 bis 1927 in Salzburg wohnhaft war und neben seiner richterlichen Tätigkeit Konzertkritiken für die sozialdemokratische „Salzburger Wacht" verfasste, danke ich Gert Kerschbaumer.
16 Fellner, Judenfreundlichkeit, Judenfeindlichkeit (wie Anm. 12), S. 98.
17 Vgl. Gottfried Köfner, Hunger, Not und Korruption. Der Übergang Österreichs von der Monarchie zur Republik am Beispiel Salzburgs, Salzburg 1980, S. 146–152.
18 Otto Reuter, Erinnerungen aus meiner Dienstzeit während des Krieges in meiner Eigenschaft als Vorstand der Filiale der Österreichisch-ungarischen Bank in Salzburg vom 1. August 1914–31. Dezember 1918, Privatbesitz.

19 Abschlussbericht zur Anschlussdebatte im Salzburger Landtag, in: ROLAND FLOIMAIR (Hg.), Von der Monarchie zum Anschluß. Ein Lesebuch zur Geschichte Salzburgs, Salzburg 1993, S. 167–170.

20 REUTER, Erinnerungen (wie Anm. 18).

21 EMMI KHAKZADEH, Gemeinderatswahlen in der Stadt Salzburg 1919–1934. Hausarbeit aus Geschichte (masch.), Salzburg 1979, S. 48.

22 ERNST HANISCH, Im Zeichen des Allgemeinen Wahlrechts, in: HEINZ DOPSCH und HANS SPATZENEGGER (Hg.), Geschichte Salzburgs – Stadt und Land. Bd. II/4, Salzburg 1991, S. 2377–2390, hier S. 2379.

23 Vgl. allg. ERNST HANISCH, Zur Frühgeschichte des Nationalsozialismus in Salzburg (1913–1925), in: MGSL 117, Salzburg 1977, S. 371–410.

24 Vgl. ebenda, S. 2378.

25 Das Stimmenergebnis nach Wahlsprengeln, Salzburger Wacht, 14. 7. 1919.

26 INGRID BAUER, Arbeiteralltag und Arbeiterkultur in Itzling: 1860 bis 1945, in: DIESELBE und WILHELM WEITGRUBER, 1895–1985 Itzling, Salzburg 1985, S. 39–96, hier S. 54; FRIEDRICH STEINKELLNER, Die Gemeinde Maxglan vom Kriegsende 1918/19 bis zur Eingemeindung 1935, in: Maxglan. Ein Salzburger Stadtteil, Salzburg 1990, S. 81–98, hier S. 82 f.

27 STEINKELLNER, Die Gemeinde Maxglan (wie Anm. 26), S. 82 f.

28 Zur zusammenfassenden Bewertung der Persönlichkeit von J. Preis sowie des christlichsozialen Wirkens im Gemeinderat nach 1918 s. FRANZ SCHAUSBERGER, Eine Stadt lernt Demokratie. Bürgermeister Josef Preis und die Salzburger Kommunalpolitik 1919–1927, Salzburg 1988, S. 11–15.

29 HANISCH, Im Zeichen des allgemeinen Wahlrechts (wie Anm. 22), S. 2380; vgl. KURT TWERASER, Der Linzer Gemeinderat 1914–1934. Krise der parlamentarischen Demokratie, in: Historisches Jahrbuch der Stadt Linz 1980, S. 199–274, hier S. 273.

30 ERNST HANISCH, Die Erste Republik, in: HEINZ DOPSCH und HANS SPATZENEGGER (Hg.), Geschichte Salzburgs – Stadt und Land. Band II/2, Salzburg 1988, S. 1057–1120, hier S. 1069.

31 Vgl. ebenda, S. 111–127.

32 Ebenda, S. 116–118.

33 JOSEF PREIS, Bauwesen, in: ERWIN STEIN (Hg.), Die Städte Deutschösterreichs. Bd. VIII: Salzburg, Berlin–Friedenau 1932, S. 152–156, hier S. 155.

34 HANISCH, Im Zeichen des allgemeinen Wahlrechts (wie Anm. 22), S. 2385.

35 Tätigkeitsbericht über die dreijährige Funktionsperiode 1925–1928 der sozialdemokratischen Gemeindevertretungs-Mehrheit von Gnigl, Salzburg 1928; EDUARD BAUMGARTNER, Die Arbeit der Sozialdemokraten in den Gemeinden Salzburgs und die Hemmnisse dieser Arbeit, Salzburg 1931.

36 SCHAUSBERGER, Eine Stadt lernt Demokratie (wie Anm. 28), S. 68–71.

37 Vgl. JOSEF KAUT, Der Steinige Weg. Geschichte der sozialistischen Arbeiterbewegung im Lande Salzburg, 2. Aufl., Salzburg 1982, S. 113; SCHAUSBERGER, Eine Stadt lernt Demokratie (wie Anm. 28), S. 76–78; s. a. RICHARD VOITHOFER, Drum schließt Euch frisch an Deutschland an. Die Großdeutsche Volkspartei in Salzburg 1920–1936 (Schriftenreihe des Forschungsinstitutes für politisch-historische Studien der Dr.-Wilfried-Haslauer-Bibliothek, Salzburg, Bd. 9), Wien–Köln–Weimar 2000; FRANZ BUBENDORFER, Bürgermeister in vier Staatsformen. Max Ott und seine Zeit. Kultur- und geisteswiss. Diss. (masch.), Salzburg 2008.

38 AStS, Gemeinderatssitzungsprotokoll v. 22. 3. 1932.

39 Zu Dobler und Witternigg s. KAUT, Der steinige Weg (wie Anm. 37), S. 260 u. 270.

40 Vgl. SCHAUSBERGER, Eine Stadt lernt Demokratie (wie Anm. 28), S. 57.

41 AStS, Gemeinderatssitzungsprotokoll v. 27. 2. 1931.

42 AStS, Gemeinderatssitzungsprotokoll v. 5. 3. 1928.

43 FLOIMAIR (Hg.), Von der Monarchie zum Anschluß (wie Anm. 19), S. 198–201.

44 AStS, Gemeinderatssitzungsprotokoll v. 27. 10. 1933; ERNST ZIEGELEDER, Hundert Jahre Kommunalfriedhof, Salzburg 1980 (Schriftenreihe „Kulturgut der Heimat" 8), S. 34 f.

45 Hanisch, Im Zeichen des allgemeinen Wahlrechts (wie Anm. 22), S. 2387; Franz Schausberger, Alle an den Galgen! Der politische „Takeoff" der „Hitlerbewegung" bei den Salzburger Gemeindewahlen 1931 (Schriftenreihe des Forschungsinstitutes für politisch-historische Studien der Dr.-Wilfried-Haslauer-Bibliothek, Salzburg, Bd. 26), Wien–Köln–Weimar 2005.
46 Hanisch, Im Zeichen des allgemeinen Wahlrechts (wie Anm. 22), S. 2388.
47 AStS, Gemeinderatssitzungsprotokoll v. 22. 3. 1932; Kaut, Der Steinige Weg (wie Anm. 37), S. 131.
48 Steinkellner, Die Gemeinde Maxglan (wie Anm. 26), S. 83; vgl. Dirk Hänisch, Die österreichischen NSDAP-Wähler. Eine empirische Analyse ihrer politischen Herkunft und ihres Sozialprofils (Boehlaus zeitgeschichtliche Bibliothek, Bd. 35), Wien–Köln–Weimar 1998, S. 91.
49 Schausberger, Eine Stadt lernt Demokratie (wie Anm. 28), S. 139.
50 Christian Dirninger, Determinanten und Strukturmerkmale der Wirtschaftsentwicklung im 20. Jahrhundert, in: Chronik der Salzburger Wirtschaft, Salzburg 1988, S. 183–234, hier S. 196.
51 Salzburger Handelsnachrichten, 1930, zit. nach ebenda, S. 197
52 Dopsch/Hoffmann, Salzburg (wie Anm. 6), S. 535.
53 Vgl. Franz Schausberger, Ins Parlament, um es zu zerstören: das „parlamentarische" Agi(ti)eren der Nationalsozialisten in den Landtagen von Wien, Niederösterreich, Salzburg und Vorarlberg nach den Landtagswahlen 1932 (Schriftenreihe des Forschungsinstituts für politisch-historische Studien der Dr.-Wilfried-Haslauer-Bibliothek, Salzburg, Bd. 1), Wien–Köln–Weimar 1995.
54 Sepp Mühlau, Von der NS-Betriebszellen-Organisation zur Deutschen Arbeitsfront. Gau Salzburg [1939], S. 12.
55 Oskar Dohle, Unruhige Grenze – unruhige Nachbarn: Salzburg und Bayern 1918–1938 vor dem Hintergrund des Aufstiegs der NSDAP, in: Fritz Koller und Hermann Rumschöttel (Hg.), Vom Salzachkreis zur EuRegio, München, Salzburg 2006, S. 257–286, hier S. 270–273.
56 Vgl. Rudolf G. Ardelt, Die Ära des „Christlichen Ständestaates" (1934–1938), in: Dopsch/Spatzenegger (Hg.), Geschichte Salzburgs II/4 (wie Anm. 22), S. 2391–2426, hier S. 2394–2396; Gerhard Botz, Gewalt in der Politik. Attentate, Zusammenstöße, Putschversuche, Unruhen in Österreich 1918–1934, 2. Aufl., München 1983, S. 361–363.
57 Vgl. Schausberger, Eine Stadt lernt Demokratie (wie Anm. 28), S. 141.
58 Erika Thurner, Der 12. Februar 1934 in Salzburg aus der Sicht von Zeitzeugen, in: Mitteilungen des Karl-Steinocher-Fonds zur Erforschung der Geschichte der Arbeiterbewegung im Lande Salzburg, Heft 4/5/6, Juli 1984, S. 16–30, S. 24 f.
59 AStS, Gemeinderatssitzungsprotokoll v. 26. 2. 1934.
60 Christoph Braumann, Stadtplanung in Österreich von 1918 bis 1945 unter besonderer Berücksichtigung der Stadt Salzburg (Schriftenreihe des Instituts für Städtebau, Raumplanung und Raumordnung 21), Wien 1986, S. 73.
61 Vgl. Guido Müller, Der lange Weg zu den Eingemeindungen, in: Heinz Dopsch (Hg.), Vom Stadtrecht zur Bürgerbeteiligung. 700 Jahre Stadtrecht von Salzburg (Jahresschrift des Salzburger Museum Carolino Augusteum 33), Salzburg 1987, S. 329–336, hier S. 334.
62 Vgl. auch Steinkellner, Die Gemeinde Maxglan (wie Anm. 26), S. 88 f.
63 Stadtrecht der Landeshauptstadt Salzburg v. 6. 7. 1935, LGBl. 39/1935.
64 BGBl. 75/1934, § 39.
65 Ardelt, „Christlicher Ständestaat" (wie Anm. 56), hier S. 2405.
66 Berta Schönberg an Arnold Schönberg, 9. 9 1941, Arnold Schönberg Center, Wien.
67 Vgl. Schausberger, Eine Stadt lernt Demokratie (wie Anm. 28), S. 197 ff.
68 (Richard Hildmann), Ansprache des Bürgermeisters bei der Eröffnungssitzung des neuen Gemeindetages am 11. Juli 1935, Salzburg 1935, S. 2.
69 Salzburger Chronik, 11. 7. 1935.

70 Ardelt, „Christlicher Ständestaat“ (wie Anm. 56), S. 2411.
71 Ebenda, S. 2412.
72 Isabella Kellner und Eva Kuchner, Erstellung eines quantitativen Befundes der kommunalen Finanzen von 1919 bis 1945. Seminararbeit am Institut für Geschichte (masch.), Salzburg 1990, S. 16 f.
73 Ebenda, S. 29.
74 Ardelt, „Christlicher Ständestaat“ (wie Anm. 56), S. 2417.
75 Christian Dirninger, Wandel und Konstanz der Wirtschaftsstruktur im 20. Jahrhundert, in: Dopsch (Hg.), Vom Stadtrecht zur Bürgerbeteiligung (wie Anm. 61), S. 274–301, hier S. 285.
76 Salzburger Chronik, 18. 1. 1938.
77 Bruno Walter, in: Salzburger Illustrierte, I, Nr. 4, 4. 7. 1936, zit. nach Ulrike Kammerhofer-Aggermann, Kulturmetropole Salzburg. Der Festspieltourismus der Zwischenkriegszeit, in: Hanns Haas, Robert Hoffmann und Kurt Luger (Hg.), Weltbühne und Naturkulisse. Zwei Jahrhunderte Salzburg-Tourismus, Salzburg 1994, S. 113–199, hier S. 118.
78 Ernst Hanisch, Wirtschaftswachstum ohne Industrialisierung. Fremdenverkehr und sozialer Wandel in Salzburg 1918–1938, in: Haas/Hoffmann/Luger (Hg.), Weltbühne und Naturkulisse (wie Anm. 77), S. 104–112, hier S. 109.
79 Peter Broucek (Hg.), Ein General im Zwielicht. Die Erinnerungen Edmund Glaises von Horstenau. Bd. 2 (Veröffentlichungen der Kommission für Neuere Geschichte Österreichs 67 u. 70), Wien–Köln–Graz 1983, S. 111.
80 Eigene Berechnungen auf der Grundlage der Angaben in: Die Ergebnisse der österreichischen Volkszählung vom 22. März 1934. Salzburg (Statistik des Bundesstaates Österreich, Heft 6), Wien 1935, S. 48–73.
81 Ebenda.
82 Vgl. Guido Müller, Die Glan wird gebändigt, in: Maxglan (wie Anm. 26), S. 121–124.
83 Der Haushaltsplan 1937 der Stadt Salzburg, in: Salzburger Volksblatt, 18. 12. 1936, zit. nach Ardelt, „Christlicher Ständestaat“ (wie Anm. 56), S. 2419.
84 Ingrid Bauer, Arbeiteralltag und Arbeiterkultur in Itzling: 1860 bis 1945, in: Dieselbe/Weitgruber, 1895–1985 Itzling (wie Anm. 26), S. 39–96, hier S. 85.
85 Steinkellner, Die Gemeinde Maxglan (wie Anm. 26), S. 89.
86 Ardelt, „Christlicher Ständestaat“ (wie Anm. 56), S. 2419.
87 Auch im Bundesland Salzburg zeichnete sich bis 1936 keine Entspannung am Arbeitsmarkt ab. Im Januar 1936 erreichte die Zahl der vorgemerkten Arbeitslosen den zweithöchsten Wert der Zwischenkriegszeit. Statistisches Handbuch für den Bundesstaat Österreich. Bd. 17, Wien 1937, S. 147.
88 AStS, Nachlass Jenal, Tagebuchnotizen, Eintrag v. 11. 2. 1935.
89 Ardelt, „Christlicher Ständestaat“ (wie Anm. 56), S. 2423.
90 Ebenda, S. 2424.
91 Dohle, Unruhige Grenze (wie Anm. 55), S. 279.
92 Hanisch, Die Erste Republik (wie Anm. 30), S. 1120.
93 Karl Stuhlpfarrer, Zum Problem der deutschen Penetration Österreichs, in: Das Juliabkommen von 1936 (Veröffentlichungen der Wissenschaftlichen Kommission des Theodor-Körner-Stiftungsfonds und des Leopold-Kunschak-Preises zur Erforschung der österreichischen Geschichte der Jahre 1927 bis 1938, Bd. 4), Wien 1977, S. 315–327, hier S. 322 f.
94 Broucek (Hg.), Ein General im Zwielicht (wie Anm. 79), S. 108.
95 Laurenz Krisch, Zersprengt die Dollfußketten. Die Entwicklung des Nationalsozialismus in Bad Gastein bis 1938 (Schriftenreihe des Forschungsinstitutes für politisch-historische Studien der Dr.-Wilfried-Haslauer-Bibliothek, Salzburg, Bd. 19), Salzburg 2003, S. 207–220; Thomas Dostal, Das „braune Netzwerk“ in Linz. Die illegalen nationalsozialistischen Aktivitäten zwischen 1933 und 1938, in: Mayrhofer/Schuster (Hg.), Nationalsozialismus in Linz (wie Anm. 1), Bd. 1, S. 21–136.
96 AStS, Nachlass Jenal, Tagebuchnotizen, Eintrag v. 26. 7. u. 17. 10. 1934; Lorenz

gelang die Flucht ins Deutsche Reich, wo er bis zum Anschluss verblieb. Salzburger Volksblatt, 16. 3. und 21. 3. 1938.

97 Mühlau, NS-Betriebszellen-Organisation (wie Anm. 54), S. 94.

98 Salzburger Volksblatt, 6. 1. 1938.

99 Salzburger Volksblatt, 20. 1. 1938.

100 Salzburger Volksblatt, 25. 1. 1938.

101 Salzburger Volksblatt, 29. 1. und 31. 1. 1938.

102 Ernst Hanisch, Gau der guten Nerven. Die nationalsozialistische Herrschaft in Salzburg 1938–1945, Salzburg–München 1997, S. 19.

103 Mühlau, NS-Betriebszellen-Organisation (wie Anm. 54), S. 94.

104 Hanisch, Gau der guten Nerven (wie Anm. 102), S. 19–23; s. a. den Beitrag von Peter F. Kramml in diesem Band.

105 AStS, Gemeinderatssitzungsprotokoll v. 22. 3. 1932.

Oskar Dohle

Bomben, Böller, Propaganda

Der Aufstieg der NSDAP in Salzburg 1918–1938

1. Die politische Situation in der Zwischenkriegszeit in Salzburg im Überblick

Drei große ideologische Lager, nämlich die katholisch orientierten Christlichsozialen, die Sozialdemokraten sowie die organisatorisch zersplitterten Deutschnationalen prägten das politische Leben im Jahrzehnt nach Ende des Ersten Weltkrieges. Dieses Gefüge hatte seine Wurzeln noch in der k. u. k. Monarchie, in der auch eine Vielzahl der wichtigen Entscheidungsträger ihre politische Prägung erlebte.

Die dominierende Stellung der Salzburger Christlichsozialen, die Ende November 1918 neu gegründet worden waren, zeigt sich recht deutlich in den Landtagswahlergebnissen (Tab. 1). Vor allem in der Anfangsphase, bis eine eigenständige Parteiintelligenz als neue Führungselite herangewachsen war, spielte der katholische Klerus in den politischen Entscheidungsgremien der Christlichsozialen eine überproportional große Rolle[1]. Die Partei stützte sich auch organisatorisch auf die katholische Kirche und ihre Vereine und Gliederungen. Damit erreichte sie gerade in den ländlichen Gebieten einen Großteil der zumeist bäuerlichen Bevölkerung, die auch das Gros der Wähler ausmachte. Die Einbindung des urbanen Bürgertums gelang nur in vergleichsweise geringem Maße, und innerhalb der sozialdemokratisch dominierten Arbeiterschaft blieb ihr Einfluss nur marginal. Die wichtigste politische Persönlichkeit im Salzburg zwischen den beiden Weltkriegen war Landeshauptmann Dr. Franz Rehrl (1922–1938). Bemerkenswert ist der Umstand, dass er, im Unterschied zu anderen Bundesländern, über das Jahr 1934 hinaus im Amt blieb. Die Amtszeit im Ständestaat war geprägt

Tab. 1.: **Ergebnisse der Landtagswahlen im Bundesland Salzburg in der Ersten Republik**[2]

6. April 1919:	**Stimmen**	**Prozent**	**Mandate / Reg.-Sitze**
Christlichsoziale	36.863	45,35	19 / 5
Sozialdemokraten	24.107	29,66	12 / 3
Großdeutsche[3]	17.320	21,31	8 / 2
Pinzgauer Wirtschaftspartei	2.995	3,68	–
9. April 1922:			
Christlich-Nationale Wahlgemeinschaft[4]	54.895	56,66	13 / 3
Sozialdemokraten	33.082	34,15	10 / 2
Großdeutsche	8.899	9,19	2 / 1
3. April 1927:			
Christlichsoziale	54.661	48,02	13 / 3
Sozialdemokraten	36.606	32,07	9 / 2
Großdeutsche und Nationalsozialisten	13.110	11,54	3 / –
Landbund	8.004	7,03	1 / 0
Wirtschaftsständebund	1.521	1,34	–
24. April 1932:			
Christlichsoziale	44.013	37,94	12 / 3
Sozialdemokraten	29.810	25,69	8 / 2
Großdeutsche	2.050	1,77	–
Kommunisten	3.127	2,70	–
NSDAP	24.125	20,79	6 / 1
Unabhängige, Bauernbund, Ständevertretung	7.361	6,34	–
Heimatschutz	5.530	4,77	–

von seinem überaus geschickten Agieren, das ihm immer wieder gewisse politische Freiräume verschaffte, auch wenn er sich letztlich den zentralistischen Bestrebungen des autoritären Regimes nicht völlig entziehen konnte. Äußere Höhepunkte dieser Jahre waren die Eröffnung der Großglockner Hochalpenstraße, im August 1935, und der 1937 erfolgte Umbau des Festspielhauses.

Die Sozialdemokraten konnten auf eine funktionierende Organisation zurückgreifen, die noch auf die Jahre vor dem Ersten Weltkrieg zurückging[5]. Vor allem der Großraum der Stadt Salzburg, die wichtigen Eisenbahnknotenpunkte sowie die Bergbau- und Industriestandorte waren Zentren der

Arbeiterbewegung. In den agrarisch dominierten Gebirgsregionen konnten sie nie wirklich Fuß fassen. Unmittelbar nach Kriegsende 1918 gelang es der Parteiführung, ein Übergreifen der bayerischen Rätediktatur zu verhindern – die Kommunisten blieben auch weiterhin politisch bedeutungslos. Die Übernahme von Mitverantwortung in entscheidenden Belangen (z. B. Vorsitz im Ernährungsausschuss des Landtages) sowie die auch auf Seiten der Sozialdemokratie bis 1934 bestehende personelle Kontinuität in der Parteiführung (Landesvertrauensmann Robert Preußler, Parteisekretär Josef Witternigg) trugen wesentlich zum Entstehen eines konsensualen politischen Klimas bei. Salzburg blieb dann von den Ereignissen im Februar 1934 unberührt, und selbst die verhaftete sozialdemokratische Parteispitze kam auf Intervention von Landeshauptmann Rehrl rasch wieder frei und blieb danach weitgehend unbehelligt[6]. Die nach 1934 in die Illegalität gedrängte Sozialdemokratie setzte auch in Stadt und Land Salzburg ihre politische Agitation fort, beispielsweise durch das Verteilen von Flugblättern, doch standen ihre Aktivitäten weitgehend im Schatten der immer radikaler und gewalttätig auftretenden illegalen Nationalsozialisten.

Das deutschnationale Lager präsentierte sich sehr uneinheitlich und zersplittert und konnte keine wirkliche Massenbasis in der Bevölkerung aufbauen. Die Großdeutschen schafften nach dem Ende der Monarchie die Transformation von einer reinen Honoratiorenpartei hin zu einer Wählerpartei nicht. Weder die 1920 gegründete „Großdeutsche Volkspartei", die sich an das nationale städtische Bürgertum wandte, noch der „Landbund", dessen Zielgruppe die großdeutsch gesinnten Bauern waren, konnte sich bei Wahlen durchsetzen[7]. Ideologische Grundlage für die „Großdeutsche Volkspartei" bildete das beim gesamtösterreichischen Gründungsparteitag 1920 beschlossene „Salzburger Programm"[8].

Erst das massive Auftreten der Nationalsozialisten als Folge ihrer Wahlerfolge Anfang der 1930er Jahre änderte die politischen Machtverhältnisse in Salzburg grundlegend, da sie sich mit ihrer radikalen und antidemokratischen Linie nicht in den bislang bestehenden Konsens der Parteien einbinden ließen, hatten sie ja grundsätzlich den Sturz des herrschenden Systems zum Ziel.

2. Die Anfänge der Nationalsozialisten in Salzburg

Auch die NSDAP hatte ihre Wurzeln noch in der Habsburgermonarchie. Die am 25. Oktober 1913 gegründete „Deutsche Arbeiterpartei" („DAP") Salzburgs fand aber vorerst vergleichsweise wenig Anhänger unter der Arbeiterschaft[9]. Erst die immer prekärer werdende Versorgungslage gegen Ende des Ersten Weltkrieges verschaffte ihr größeren Zulauf. Noch vor Kriegsende, 21. Juni 1918, genehmigte die k. k. Landesregierung die von Hans Wagner am 15. Juni 1918 eingebrachten Satzungen des „Landesvereines der Deutschen national-sozialistischen Arbeiterpartei" in Salzburg[10]. Grundsätzlich handelte es sich bei den eingereichten Vereinsstatuten um die inhaltlich unveränderten Satzungen des „Bezirksvereines der Deutschen Arbeiterpartei". Lediglich das Wort „Bezirksvereinsleitung" wurde in den 16 Paragraphen durch „Landesvereinsleitung" ersetzt, und seine „Wirksamkeit" erstreckte der neue Verein nunmehr auf das ganze Land Salzburg. Über die Ziele der Partei heißt es in § 2 der Satzungen:[11] *Der Zweck des Vereines ist die Zusammenfassung aller deutschen Arbeitnehmer zur gemeinsamen Vertretung ihrer nationalen, politischen, wirtschaftlichen und kulturellen Interessen.* Mitglied konnte nach § 4 *jeder großjährige Deutsche werden, ohne Unterschied des Berufes.* Von einer Mitgliedschaft ausgenommen waren nur *Ausländer, Frauen und Minderjährige.* Bemerkenswert ist, dass zwar Frauen die Mitgliedschaft verwehrt blieb, ein eigener „Arierparagraph", der Juden explizit ausschloss, jedoch nicht vorkommt.

Die Nationalsozialisten entsandten mit Leopold Schaschko und Hans Wagner auch zwei Vertreter in die im November 1918 einberufene provisorische Landesversammlung. Leopold Schaschko wurde am 20. August 1880 in Desselbrunn bei Vöcklabruck geboren und schlug eine Berufslaufbahn bei den k. k. Staatsbahnen bzw. später bei den Österreichischen Bundesbahnen ein[12]. 1919 gründete er die „Deutsche Verkehrsgewerkschaft Salzburg", deren Vorsitzender er bis 1930 blieb. 1925 wurde er Obmann des „Reichsbundes der Deutschen Eisenbahner in Österreich". 1926 trat er der NSDAP bei und betätigte sich nach deren Verbot 1933 auch in der Illegalität, beispielsweise bis 1938 als deren Organisationsleiter. 1918/19 gehörte er der provisorischen Landesversammlung an, und von Mai 1932 bis Juni 1933 gehörte er als stellvertretender Clubobmann der NSDAP dem Salzburger Landtag an. 1938 wurde er nach dem „Anschluß" Gaubeauftragter der NSV

Antrag des „Landesvereines der Deutschen national-sozialistischen Arbeiterpartei“ um Genehmigung (SLA, LRA 1910/19 VI D 8/1918; Reproduktion: SLA).

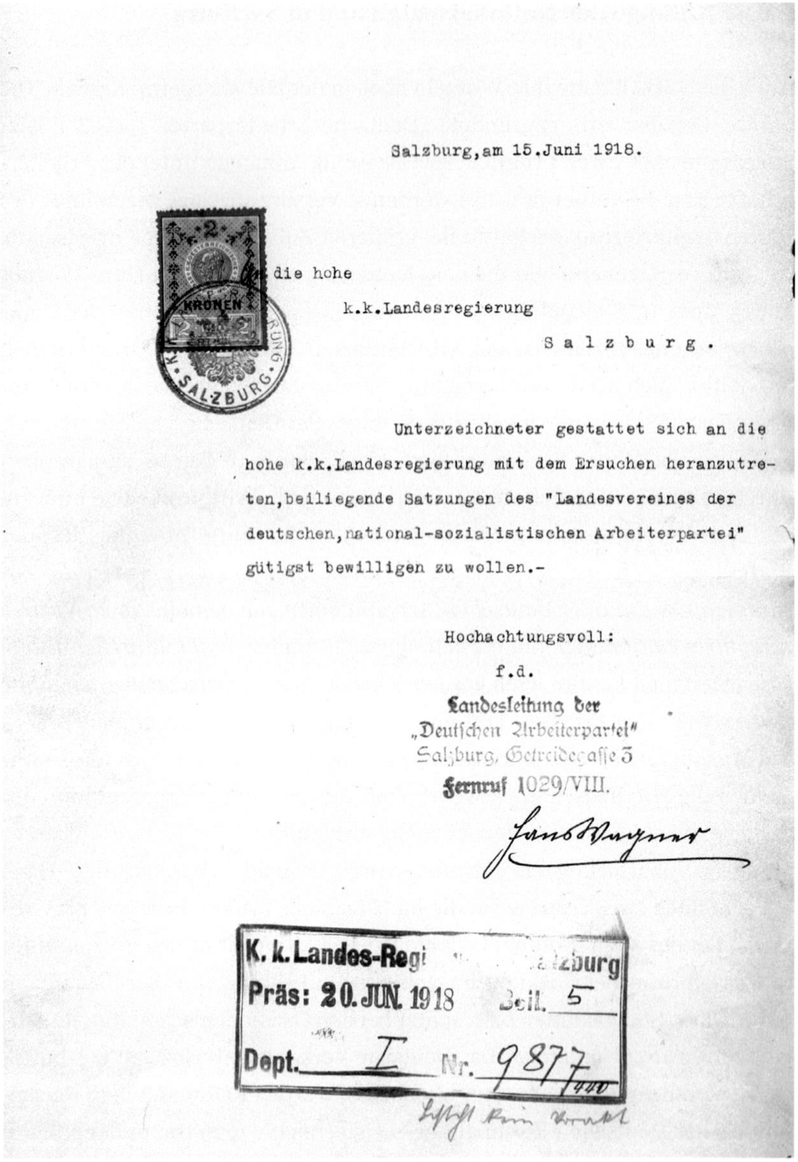

Salzburg, am 15. Juni 1918.

An die hohe

k.k. Landesregierung

S a l z b u r g .

Unterzeichneter gestattet sich an die hohe k.k. Landesregierung mit dem Ersuchen heranzutreten, beiliegende Satzungen des "Landesvereines der deutschen, national-sozialistischen Arbeiterpartei" gütigst bewilligen zu wollen.-

Hochachtungsvoll:

f.d.

Landesleitung der
„Deutschen Arbeiterpartei“
Salzburg, Getreidegasse 3
Fernruf 1029/VIII.

K. k. Landes-Reg... Salzburg
Präs: 20. JUN. 1918 Beil. 5
Dept. I Nr. 9877/440

in Salzburg und Mitglied des Gaugerichtes. Leopold Schaschko starb am 27. Juni 1952 in Salzburg.

Der am 16. Oktober 1891 in Wien geborene, ursprünglich bei den k. k. Staatsbahnen als Telegrafenbediensteter beschäftigte Hans Wagner übersiedelte 1911 nach Salzburg, wo er im darauffolgenden Jahr die Zeitung „Deutscher Volksruf" gründete, als dessen Herausgeber er 1912 bis 1914 und nach der Rückkehr aus dem Krieg 1918 bis 1920 tätig war. Von 1918 bis 1920 war er Landesparteiobmann der „Deutschen national-sozialistischen Arbeiterpartei". 1918 bis März 1921 gehörte er dem Salzburger Landtag an[13]. Seine Parteifunktion legte er im Zuge eines Gerichtsverfahrens wegen illegalem Handel mit Zigaretten und Papier nieder. Nachdem er vom Gericht freigesprochen wurde, war er bis zu seiner Rückkehr nach Wien 1925 als Kaufmann in Salzburg tätig. In seiner Geburtsstadt arbeitete er ab 1928 bei der Gebietskrankenkasse und betätigte sich weiterhin politisch für die Nationalsozialisten. Obwohl er 1938 bis 1940 Kreisredner der „Deutschen Arbeitsfront" war, konnte er erst 1943 der NSDAP beitreten. Hans Wagner starb am 1. Oktober 1957 in Wien.

Bei den Wahlen zur konstituierenden Nationalversammlung, am 16. Februar 1919, gelang den Nationalsozialisten in Salzburg mit 7,14 Prozent ein im bundesweiten Vergleich überdurchschnittlicher Erfolg. In der Landeshauptstadt erreichten sie sogar 13,95 Prozent der Stimmen und in Straßwalchen wurden sie stimmenstärkste Partei[14]. An diesen Erfolg konnten sie bei den Landtagswahlen Anfang April 1919, bei denen sie in einer Listengemeinschaft mit anderen deutschnationalen Gruppierungen kandidierten, nicht mehr anschließen. Die NSDAP erreichte nur 3,33 Prozent (2 Mandate) der Stimmen. Dies kann als Indiz für die beginnende Konsolidierung der gesellschaftlichen und wirtschaftlichen Situation nach Ende der unmittelbaren Nachkriegszeit gewertet werden. Damit verloren radikale politische Strömungen Wählergunst. Zudem spielte zweifellos die Bekanntheit lokaler Kandidaten aus den etablierten politischen Parteien für die Wählerentscheidung auf Landesebene eine Rolle – hier fehlte es den Nationalsozialisten als vergleichsweise junge und kleine politische Gruppierung an den nötigen personellen Ressourcen.

Salzburg hatte auf Grund seiner geographischen Lage bereits in den Anfangsjahren große Bedeutung für die Nationalsozialisten – nicht zufällig fand hier am 8. und 9. August 1920 die erste zwischenstaatliche, überregionale Tagung aller nationalsozialistischen Gruppierungen statt, bei der Adolf Hitler, der nominell erst am 29. Juli 1921 den Parteivorsitz übernahm, als Redner auftrat[15]. Durch seine Radikalität geriet Hitler in einen gewissen Gegensatz zu anderen, prominenten Nationalsozialisten, die einer *langsamen, aber tiefschürfenden Propaganda das Wort redeten*, wie der aus Düsseldorf stammende Delegierte Ing. Brunner, oder die *Bedeutung der Organisation des deutschen Willens auf berufsständiger Gliederung* hervorhoben, wie dies der Vertreter der württembergischen Arbeiterpartei Schöll tat[16]. Hitler betonte hingegen im Hinblick *auf die sprunghafte Entwicklung der nationalsozialistischen Partei in Deutschland*, dass es *notwendig sei, theoretische Erkenntnisse durch eine Massenbewegung in tätige Kraft umzusetzen.*

Adolf Hitler (mit Kreis markiert) bei der zwischenstaatlichen Tagung der Nationalsozialisten am 8. und 9. August 1920 in Salzburg (Foto aus: Rohrwig, Freiheitskampf, 1942; Reproduktion: SLA).

Noch einmal kam Hitler, „Führer der bayerischen Nationalsozialisten", in diesem Jahr als politischer Redner nach Salzburg, nämlich am 1. Oktober 1920 bei der Wählerversammlung der Nationalsozialisten im städtischen Kurhaus. In seiner rund dreistündigen Rede widmete er sich unter anderem den Bestimmungen des Versailler Friedensvertrages bzw. den sich daraus ergebenden Reparationsforderungen und sprach in diesem Zusammenhang vom *fortwirkenden Willen der Entente, Deutschland zu erwürgen.*[17] Zusammenfassend meinte er: *Die Erkenntnis der tiefen völkischen und*

wirtschaftlichen Erniedrigung Deutschlands sei die Veranlassung gewesen, dass sich im Reiche die nationalsozialistische Partei gebildet hat. Am darauffolgenden Tag trat er noch bei einer Versammlung in Hallein auf, die jedoch von sozialdemokratischen Arbeitern unter Bürgermeister Anton Neumayr massiv gestört wurde[18].

Ein bundesweiter, österreichischer Parteitag, der vom 12. bis 15. August 1923 in Salzburg stattfand, und bei dem neben Hermann Göring auch Adolf Hitler als Redner auftrat, markierte einen ersten politischen Höhepunkt der Nationalsozialisten. Die Beratungen selbst fanden im Chiemseehof statt und waren geprägt von einer sehr straffen, militärischen Organisation durch die als Ordner eingesetzte SA. Es zeigte sich jedoch bei dieser Veranstaltung die tiefe Zerrissenheit der Bewegung, die anlässlich der Diskussion um die Teilnahme bei bundesweiten Wahlen besonders deutlich zu Tage trat[19]. *Das Ergebnis war der Befehl Hitlers, sich an den Wahlen nicht zu beteiligen*[20] – jene Richtung, die für einen gewaltsamen Umsturz war, konnte sich somit durchsetzen.

Von dieser Uneinigkeit war freilich wenig zu spüren, als Hitler am 14. August 1923 in der gedeckten Felsenreitschule vor hunderten Sympathisanten sprach und abermals im Hinblick auf die herrschenden politischen und wirtschaftlichen Verhältnisse in Deutschland meinte: *Man ist schon beglückt, wenn man einen Reichskanzler hat, bei dem man nicht, das Prototyp* [sic!] *eines Einbrechers oder Idioten sieht.*[21] Aus diesen Ausführungen geht sehr deutlich die Ablehnung jeglicher demokratischer Institutionen durch die Nationalsozialisten und ihres „Führers" hervor.

Nach außen hin demonstrierte die NSDAP freilich trotz aller Uneinigkeit in eindrucksvollen Massenaufmärschen Stärke und Geschlossenheit. Sichtbares Zeichen dafür war die Fahnenweihe der Salzburger SA, die am 12. August 1923 auf dem Residenzplatz stattfand, und bei der Hermann Göring neben Salzburger SA-Männern auch vor einer Abordnung bayerischer SA-Männer eine Rede hielt[22]. Wie improvisiert die Nationalsozialisten damals auch bei derartigen Demonstrationen noch auftraten zeigt sich im Umstand, dass die meisten Teilnehmer an dieser Kundgebung noch in ihren alten k.(u.)k. Uniformen, viele mit Stahlhelm, aus dem Ersten Weltkrieg aufmarschierten. Eine einheitliche Uniform der SA gab es damals noch nicht. Auch die bayerischen SA-Männer marschierten zumeist noch in den deutschen Uniformen des Ersten Weltkrieges.

„Weihe“ der Salzburger SA-Fahne durch Hermann Göring am 12. August 1923 am Residenzplatz (Foto aus: Rohrwig, Freiheitskampf, 1942; Reproduktion: SLA).

3. Der „Hitlerputsch“ in München 1923 und seine Folgen für Salzburg

Nicht nur auf Grund seiner Nähe zur Grenze, sondern auch durch die Tatsache, dass enge personelle und wirtschaftliche Kontakte, die auch finanzielle Zuwendungen beinhalteten[23], zu den deutschen Nationalsozialisten bestanden, brachten es mit sich, dass Salzburg in besonderer Weise von den Auswirkungen des gescheiterten Putschversuches von Hitler und seinen Anhängern am 9. November 1923 betroffen war.

Bereits bei seiner erwähnten Rede in der Felsenreitschule am 14. August 1923 im Rahmen des Parteitages sprach er recht unverhohlen von einem möglichen gewaltsamen Vorgehen, als er ankündigte, dass die Sturmtruppen *vielleicht schon in wenigen Tagen gezwungen sein können, auf die Wallstatt zu treten*[24].

Spätestens im Herbst dieses Jahres verdichteten sich dann in Bayern die Gerüchte über bevorstehende gewalttätige Aktionen. In Wien rechneten die zuständigen Behörden bereits Anfang Oktober 1923 *mit der Möglichkeit von Unruhen größeren Umfangs in Deutschland* und, *dass zahlreiche Personen, die den Unruhen entgehen oder die sich vor dem Zugriff der siegenden Partei retten wollen, nach Österreich flüchten wollen*. Daher befahl das

Bundeskanzleramt *zwecks Verhinderung des unbefugten Grenzübertritts politischer Flüchtlinge und des Zuzuges arbeitsloser Personen* eine verstärkte Überwachung der Staatsgrenze zu Bayern. Zudem befürchtete man im Zusammenhang mit dem gerade laufenden Wahlkampf für die Nationalratswahl am 21. Oktober, dass unter den Flüchtlingen *nicht einwandfreie Elemente* das *Asylrecht missbrauchen* würden um sich politisch zu betätigen, und überdies *dürften sich österreichische Gesinnungsgenossen der in Deutschland miteinander um die Herrschaft ringenden radikalen Parteien einzeln oder in größeren Gruppen nach Deutschland begeben, um sich dort an dem Kampfe der Parteien zu beteiligen.*[25] Bemerkenswert ist, dass man sich bei den zuständigen österreichischen Behörden zu diesem Zeitpunkt noch nicht im Klaren war, von welcher politischen Richtung die Umsturzpläne ausgehen könnten. Auch der Salzburger Polizeidirektor Hofrat Otto Steinhäusl ging in seiner Reaktion auf Berichte in der linksgerichteten Zeitschrift „Die Stunde“, wonach Hitler einen *Handstreich auf Salzburg* plane, von einer Unterstützung der *Bruderpartei in Deutschland* seitens heimischer Nationalsozialisten durch die *Entsendung von Sturmtruppen* aus – die eher vagen Angaben über angebliche Einmarschpläne in Österreich hielt er freilich zurecht für *glatt erfunden*[26].

In den Tagen des gescheiterten Umsturzversuches Hitlers in München, am 8. und 9. November 1923, blieb es in Salzburg ruhig, obwohl die Nationalsozialisten angeblich in ihrem damaligen Parteiheim im Schatzdurchgang in der Altstadt versammelt waren und *marschbereit* auf den Befehl warteten, *nach Bayern einzurücken*[27]. In den zeitgenössischen Tageszeitungen wurde zwar ausführlich auf die Ereignisse in Bayern eingegangen, Berichte über öffentliche Reaktionen in Salzburg fehlen jedoch[28]. Die bestehende, verstärkte Überwachung der Grenze konnte ein Übergreifen von Unruhen auf österreichisches Staatsgebiet verhindern, und zudem blieben in den grenznahen Landkreisen größere gewalttätige Aktionen der Nationalsozialisten aus[29]. Landeshauptmann Dr. Franz Rehrl forderte dennoch am 9. November zur *Aufrechterhaltung von Ruhe und Ordnung* und zur Verhinderung von *unbefugten Grenzübertritten an der salzburgisch-bayerischen Grenze* 40 Reiter des Bundesheeres als Unterstützung der Gendarmerie an[30].

Die intensivierten Sicherungsmaßnahmen konnten allerdings die Flucht einiger namhafter, am Putschversuch in München beteiligter Nationalsozialisten, wie Hermann Esser, Alfred Rosenberg oder Gerhard Roßbach nicht verhindern. Salzburg entwickelte sich in der Folge zu einer Zentrale für die NS-Propaganda[31] und auf Grund seiner Grenznähe zu einem beliebten Rückzugsgebiet geflüchteter Nationalsozialisten. Illegale Zeitungen, wie „Großdeutschland", „Der Jungdeutsche" oder der „Mainzer Volksbote", die sich zumeist inhaltlich nur geringfügig vom „Volksruf", der Zeitung der Salzburger Nationalsozialisten, unterschieden, wurden hier gedruckt und anschließend nach Bayern geschmuggelt. Dies wurde bald den zuständigen Stellen in München bekannt, denn am 12. Jänner 1924 wandte sich der bayerische Ministerpräsident Eugen von Knilling deshalb brieflich an Landeshauptmann Rehrl und unterrichtete ihn, dass *sich ein Teil der wegen des Putsches vom 8. 11. 1923 verfolgten Personen nach Salzburg geflüchtet* habe und, dass diese Stadt *einer der Hauptsitze zur Fortführung der Propaganda der revolutionären Kampfbewegung* geworden sei. Daher ersuchte er ihn, *der Fortsetzung dieses landesverräterischen Treibens* [...] *in irgend einer Weise entgegenzuwirken*[32]. Auf eine diesbezügliche Anfrage des Landeshauptmannes nannte der Salzburger Polizeidirektor wenige Tage später neben den oben erwähnten Zeitungen die Namen der von der Staatsanwaltschaft München gesuchten, geflüchteten deutschen Nationalsozialisten Max Neunzert, Hermann Esser, Alfred Hoffmann und Gerhard Roßbach, die sich in der Landeshauptstadt aufhielten oder vorübergehend aufgehalten hatten[33]. In seinem am 24. Jänner 1924 konzipierten Antwortschreiben an Ministerpräsident v. Knilling bestätigte Landeshauptmann Franz Rehrl den Aufenthalt von Personen, die in die Geschehnisse rund um den Hitlerputsch involviert waren, er bestritt jedoch, dass Stadt und Land Salzburg *ein Hauptsitz der Propaganda der Putschisten* geworden sei. Bezüglich der Propagandaschriften meinte er, dass es für die österreichischen Behörden nach dem Pressegesetz keine Handhabe gäbe, *um gegen die Herausgeber, Drucker und Verbreiter der Zeitungen wegen des inkriminierten Inhaltes einzuschreiten*, jedoch sicherte er den bayerischen Behörden zu, sie über das Erscheinen derartiger Druckwerke in Kenntnis zu setzen[34].

Bei den Aktivitäten der geflüchteten Nationalsozialisten kam dem vor allem bei jugendlichen Sympathisanten überaus populären Gerhard Roßbach eine führende Rolle zu. Dieser gut aussehende, junge Frontoffizier war ein blendender Redner, dem es immer wieder gelang, die Zuhörer in seinen Bann zu ziehen. Er war es auch, der bei der SA das so genannte „Braunhemd" als Teil der Uniform einführte[35]. Erstmals trat die SA mit ihrer neu-

Heldenehrung der SA vor dem Rainer-Obelisk am Salzburger Kommunalfriedhof anlässlich des Parteitages der österreichischen NSDAP („Erster Braunhemdenparteitag Großdeutschlands") vom 1. bis 3. August 1924 (Foto aus: Rohrwig, Freiheitskampf, 1942; Reproduktion: SLA).

en, einheitlichen Adjustierung beim Parteitag der österreichischen NSDAP auf, der vom 1. bis 3. August 1924 in Salzburg abgehalten wurde. Später wurde dieser daher von der NS-Propaganda als „Erster Braunhemdenparteitag Großdeutschlands"[36] bezeichnet. 1926 kehrte Roßbach, der durch seinen langen Aufenthalt in Salzburg nach und nach an Einfluss verloren hatte, nach Deutschland zurück[37].

4. Das Ende der Spaltung – die „Hitlerbewegung" setzt sich durch (1926–1931)

Nach dem gescheiterten Putsch 1923 trug nicht nur ihre innerparteiliche Uneinigkeit wesentlich dazu bei, dass die Nationalsozialisten vorerst nur eine Randerscheinung in der Landespolitik darstellten. Es fehlte ihnen auch das nötigen Kapital für eine erfolgreiche Propaganda. Daran konnte auch der Umstand nichts ändern, dass sie mit Hans Prodinger im Rahmen der „Christlich-Nationalen Wahlgemeinschaft" weiterhin mit einem Abgeordneten im Landtag vertreten waren[38]. Die Kontakte nach Deutschland blieben weiterhin sehr eng, so traf sich im Mai 1924 eine von Hans Prodinger geführte Salzburger Delegation mit Hitler in seiner Festungshaft in Landsberg, und im September 1925 besuchte ihn eine Abordnung der Halleiner

SA am Berghof[39]. Selbst vom Parteitag des Jahres 1924, der von der Uneinigkeit der einzelnen Richtungen innerhalb der Nationalsozialisten geprägt war, ging eine Grußadresse an Adolf Hitler. Bezeichnend für das herrschende Machtvakuum während Hitlers Haft ist, dass auch an General Ludendorf eine Grußadresse geschickt wurde[40].

Erst nachdem Hitler im Februar 1925 in Deutschland wieder weitgehend die Kontrolle über die während seiner Festungshaft in eine existenzielle Krise geratene und weitgehend zerfallene NSDAP übernommen hatte, konnte er auch in Österreich daran gehen, die Nationalsozialisten seinem Führungsanspruch unterzuordnen. Anfang Mai 1926 unterstellte sich die unter der Führung von Richard Suchenwirth neu gegründete Gruppierung bedingungslos der deutschen Führung[41]. Bereits am Parteitag der NSDAP im Juli 1926 in Weimar erfolgte die Anerkennung der Gruppe unter Suchenwirth als österreichische nationalsozialistische Bewegung. Die anderen Strömungen verloren damit ihre von Hitler ausgehende Legitimität. Am 12. August 1926 fand dann schließlich in Passau eine gemeinsame Tagung der deutschen und österreichischen Nationalsozialisten statt, bei der der endgültige Zusammenschluss der österreichischen und deutschen Hitlerbewegung beschlossen wurde[42]. Dies bedeutete jedoch noch kein Ende der innerparteilichen Querelen, und auch der Parteitag im „Gasthof zur Krone" in Freilassing am 3. August 1927 brachte keine endgültige Klärung der Situation[43]. Erst der Aufstieg Hitlers in Deutschland sicherte der ihm ergebenen Fraktion die endgültige Vormachtstellung.

Salzburg stellte ebenfalls keine Ausnahme dar, obwohl sich die NSDAP („Hitlerbewegung") am 26. September 1926 bei der Neugründung ihrer Ortsgruppe im „Gasthaus zur goldenen Sonne" in der Gstättengasse neu formierte[44] – ein Umstand, der auf Grund der vielen personellen und ideologischen Kontinuitäten keinen wirklichen Bruch mit den alten Parteistrukturen bedeutete[45]. Dieser neuen Gruppe war vorerst kein Erfolg beschieden, denn 1926 umfasste sie lediglich 120 Mitglieder. Insgesamt hatte die NSDAP im Sommer 1926 österreichweit rund 4500 Mitglieder[46]. Als die Salzburger Nationalsozialisten 1927 ein eigenes Parteilokal in der Pfeifergasse 5 mieteten, betrug die Mitgliederzahl nach eigenen Angaben nur noch 80[47].

Salzburg, Tirol und Vorarlberg wurden wegen der geringen Mitgliederzahl (insgesamt 232) daher organisatorisch zum „Westgau" vereinigt[48]. Nur

Gedenktafel an die Gründungsversammlung der NSDAP am Gasthof „Zur goldenen Sonne“ an der Gstättengasse, enthüllt anlässlich der 20-Jahr-Feier 1938 (Foto: AStS, Fotoarchiv Franz Krieger, Film 165).

Schaukästen in der ersten Geschäftsstelle der NSDAP in Salzburg, Pfeifergasse 5, im Jahr 1927 (Foto aus: Rohrwig, Freiheitskampf, 1942; Reproduktion: SLA).

Der eiserne Besen

Ein Blatt der Notwehr.

Erscheint jeden Freitag. — Eigentümer und Herausgeber: Deutschösterreichischer Schutzverein „Antisemitenbund", Gauleitung Salzburg. — Sprechstunden an Werktagen von 10—12 und 4—6 Uhr. — Brauchbare Beiträge sehr erwünscht, werden aber nicht vergütet, Aufsätze nicht zurückgesandt. — Schriftleitungsschluß: Mittwoch vormittags. — Konto bei der Salzburger Sparkassa Nr. 201.

Schriftleitung und Verwaltung: Salzburg, Judengasse 12/II Fernruf: 764/8.

Bezugspreis: Vierteljährig 2.— Schilling, Goldmark 2.—, tschechisch K 15.—. Einzelfolgen: 20 Groschen, Goldmark 2.20, tschech. K 1.50. Die Entrichtung der Bezugsgebühren hat vierteljährig im vorhinein zu erfolgen. — Anzeigenpreis: Die achtmal gespaltene Millimeterzeile 5 Gr., im Text 50 Prozent Aufschlag. — Ankündigungen von Juden oder Judenstämmlingen werden nicht angenommen.

Keiner politischen Partei zuliebe. Dem deutschen Volke zum Nutzen.

7. Jahrgang. Freitag, den 12. März 1926 Folge 10

Salzburg!

Wie Juda es verwandeln möchte! Wenn „Der eiserne Besen" nicht wär'!

Das ist unser **Wien**, die Stadt der Lieder am blauen Donaustrom, wo das Judenvolk mit seinem **ekelerregenden Aeußeren** und **niederträchtigen Inneren** herumwatschelt und dominiert. **Links das Ghetto** der Judeninsel Leopoldstadt und **rechts** das Treiben auf dem **Franz Josefskai und Salzgries**, genau so, als ob die alte tausendjährige Stadt am Nibelungenstrom **die Residenz der Wüstensöhne Zions** wäre. Nicht nur, daß sie mit ihrem verwerflichen Gemauschel die ganze **öffentliche Meinung** ausschließlich beeinflußen und ihrem Diktate zu gehorchen ist, hat diese Judenbrut **das ganze wirtschaftliche Leben unterjocht** und das brave **Wienertum sich botmäßig gemacht.** Dort, wo einst **deutscher Wohlstand** herrschte, wo **echte Gemütlichkeit** zuhause war, wo **das Herz jubelte** und **helles Lachen** in alle Welt hinausdrang, ist heute **Mutter Sorge** mit allem **Jammer**, ist **Not** und **Elend, Hunger** und **Verzweiflung** in alle arischen Kreise gedrungen, weil das **Volk des Vertrauens** und der **Leichtlebigkeit** den jüdischen **Wolf, Bär** und **Löwe** in seinem Schafkleide nicht zu erkennen vermochte, sich **nicht rechtzeitig vorsah**, sondern **freiwillig, ohne Gegenwehr**, sich die **Henkersschlinge** um den Hals legen ließ.

Noch heute heißt es in weitesten Wiener Bevölkerungskreisen: **„Verkaufts mei Gwand, i fahr in Himmel, denn so hams unsere Alten gmacht und wir, wir machens nach!"** Das ist so die richtige Stimmung, welche das mit **List** und **Bestialität** arbeitende, auf die **Alleinherrschaft** zustrebende **Judentum** braucht. Das Wienertum wird in **Arglosigkeit** gelullt, in **Traumzustände** versetzt und ihm dabei **die Haut über die Ohren gezogen. Die männliche Jugend wird in Morast und Sumpf gezogen,** um dann dem Verbrechen in die Arme geschleudert zu werden. **Frauen und Töchter** sind täglich einer **Massenschändung** ausgesetzt, dieweilen **Männer und Brüder** an den jüdischen Karren gespannt und in ihren freien Stunden **noch** als **Schutzgarde** für ihre Vernichter und Peiniger benützt werden. Wien, die einst glänzende Stadt deutscher Kultur, ist zu einem **Sodoma und Gomorrha** geworden, in welchem jüdisch-asiatische Verworfenheit **Orgien** feiert, und vom stolzen gotischen **Rathaus** weht unentwegt die **Flagge** Judas Ischariots mit dem **blauen Zionsstern** im weißen Felde! Judäa feiert ihre gemeinsten Triumphe auf heiligem deutschen Boden!

Salzburger und Salzburgerinnen!

Dieses Schicksal **soll und muß** unserem schönen Alpenlande und der **Mozartstadt** erspart bleiben, und koste es was es wolle. Schon sind die **Schwarz, Löwy,** Ornstein, **Kohn, Rosenfeld, Pasch, Lanser, Palmers-Perlhefter, Kurz, Haas, Rosenberg, Weinstein** und **Kohnsorten** bei uns eingedrungen und dank der **Gleichgiltigkeit** der bodenständigen Bevölkerung zu **Wohlstand und Reichtum** gelangt. **Sprungbereit stehen in Wien viele Tausende echt polnische Semiten,** um sich wie Aasgeier auf das Land zu stürzen, sich in den Städten und Märkten der Provinz einzunisten und auch auf diese ihr Vernichtungswerk auszudehnen. Viele Stadttore sind dank der **politischen Geschlechtslosigkeit arischer Volkskreise** und **infolge heimtückischen Verrates von Renegaten** bereits von den jüdischen Kolonnen gesprengt worden. Selten wird dem Vordringen der verpesteten Asiaten **Widerstand** geleistet und ein Abwehrkampf planmäßig vorbereitet, weil unser Volk — Gott seis geklagt — kampfmüde und verdrossen ist, weil es in sich **zerspalten**, den Mut zur entscheidenden Tat nicht aufbringt.

Möge sich diese geistige Müdigkeit bald überleben und ähnlich wie bei uns in **Salzburg** eine Stimmung **auslösen**, die jede leiseste Handlung, welche das **arische Gemeinwohl schädigt, als erbärmlichen, unverzeihlichen Verrat an Volk, Heimat und Vaterland an den Pranger stellt.**

Das schöne Land und die Stadt als Perle Mitteleuropas war wie viele andere Gegenden Oesterreichs, nach der **jüdischen Novemberrevolte von 1918**, das Ziel ihrer Eroberung und **Juda wollte in der alten bischöflichen Residenz Salzburgs ihre Landessynagoge** aufrichten.

Ein **jüdischer Halbnarr und Haderhändler**, umgeben von einer Schar verbrecherischer **Morgenländler**, führte die Marxistentruppen durch die **Mozartstadt** und versprach prahlend, dieselbe niederzuhalten.

Ein anderer **galizischer Judenbube** wurde an die Spitze roter **Wirtschafts-Kampf-Unternehmungen** gestellt, um **das deutsch-christliche Geschäftsleben zu zerstören** und seinen **Willen** zur **alleinigen Macht** zu erheben.

Aber wie alles schließlich ein Ende finden muß und auch die Gestrüppe Zions nicht in den Himmel wachsen, fand sich für diese übermütigen Judenbengel ein Mittel, um sie zu den Toren der Stadt und deren Mauern hinauszutreiben.

Her mit einem „Eisernen Besen" wurde lange genug gerufen, bis er endlich herbeigeschafft und rücksichtslos in Bewegung gesetzt wurde. Hei, war das ein **Gezeter und Gemauschel, ein Geschrei und Getrampel,** als ob ganz Palästina mit einem Male verrückt geworden wäre. Inmitten dieses

Volksgenossen! Kaufet keine italienischen Waren! Reiset nicht nach Italien! Denket an Südtirol

Die antisemitische Zeitschrift „Der eiserne Besen", herausgegeben vom Deutschösterreichischen Schutzverein „Antisemitenbund", Ausgabe vom 12. März 1926 (Orig. und Reproduktion: UB Salzburg).

durch die Listengemeinschaft mit den Großdeutschen bei der Landtagswahl 1927 hatten die Nationalsozialisten auch in der bis 1932 dauernden Legislaturperiode mit Nikolaus Schlam, Hüttenmeister in der Saline Hallein, einen eigenen Vertreter im Salzburger Landtag[49]. Dieser trat häufig bei den zumeist nur spärlich besuchten öffentlichen Versammlungen auf und kritisierte dort in scharfer Form die Politik der Landesregierung[50].

Einen guten Einblick in die interne Situation der Nationalsozialisten bietet der „Staatspolizeiliche Tätigkeitsbericht für das Jahr 1928", in dem sich der Niedergang der als „Mutterpartei" bezeichneten „Schulzgruppe", die nun keine Unterstützung von der deutschen NSDAP mehr bekam, widerspiegelt:[51]

> *Nationalsozialistische deutsche Arbeiterpartei (Hitlerbewegung): Diese Partei ist im Verhältnis zur gleichnamigen Partei (Schulzgruppe oder Altnazionalsozialisten) von der sie sich im Jahre 1927 loslöste, in unbestrittenem Aufstiege. Sie hielt eine Anzahl reklamhaft aufgemachter öffentlicher Versammlungen und gründete im Berichtsjahre eine Ortsgruppe Salzburg des Verbandes „Hitlerjugend nationalsozialistische Jugendarbeit Österreichs". Das Parteiblatt „Der eiserne Besen" wurde unablässig in den Dienst der Parteisache gestellt.* [...] *Nationalsozialistische deutsche Arbeiterpartei (Schulzgruppe): Die Mutterpartei befindet sich im Verhältnis zur Hitlergruppe in auffallendem Niedergange. Sie ist 1928 öffentlich nicht hervorgetreten und waren auch ihre Monatsversammlungen durchwegs schlecht besucht.*

Die katastrophale Wirtschaftslage Anfang der 1930er Jahre, der die etablierten Parteien weitgehend ohne Lösungskonzept gegenüberstanden sowie die aggressive, nicht mehr konsensorientierte Agitation gegenüber den politischen Gegnern begünstigten auch in Salzburg den Aufstieg der NSDAP, die durch die Erfolge Hitlers im benachbarten Deutschland zusätzlichen Rückenwind bekam. Bei Parteiveranstaltungen, bei denen in beleidigendem Ton gegen die Landesregierung und ihre Politik agiert wurde, kam es vermehrt zu gewalttätigen Auseinandersetzungen mit politischen Gegnern, wie am 10. Oktober 1930 bei einer Wählerversammlung in Hallein[52]. Prominente deutsche Nationalsozialisten traten auch vermehrt als Redner in Erscheinung. So sprach am 8. April 1930 der *bayerische Landtagsabgeordnete* Heinrich Himmler im städtischen Kurhaus in Salzburg vor rund

370 Teilnehmern, unter ihnen ca. 20 uniformierte SA-Männer aus dem bayerischen Traunstein, zum Thema *Schwarz und Rot machen die deutsche Heimat tot*[53].

Bei den Gemeinderatswahlen am 29. März 1931 gelang den Nationalsozialisten, zu deren Wahlkampfversammlungen nicht selten bis zu 1000 Besucher gekommen waren[54], in der Landeshauptstadt mit 1877 Stimmen (9,21 Prozent / 4 Mandate) ein beachtlicher Erfolg[55]. Damit konnten sie 817 Stimmen oder drei Mandate dazu gewinnen[56]. Das beste Ergebnis erzielten sie in Zell am See mit 31,9 Prozent der abgegebenen Stimmen[57]. Zur Relativierung dieses Erfolges sollte jedoch in Betracht gezogen werden, dass die NSDAP nur in 29 der 157 Salzburger Gemeinden zur Wahl antrat[58]. Die konkurrierende „Deutsche nationalsozialistische Arbeiterpartei", also die „Schulz-Richtung", kandidierte nur noch in der Stadt Salzburg und in Golling[59]. In der Landeshauptstadt konnte sie aber immerhin noch 897 Stimmen (4,40 Prozent / 1 Mandat) auf sich vereinen[60]. Vorher hatten sie aber über drei Mandate in der Gemeindevertretung der Landeshauptstadt verfügt[61]. Die fehlende Wählerbasis auf dem Lande war Folge des fortschreitenden Einigungsprozesses, der durch die konkurrierende, von Deutschland unterstützte NSDAP vorangetrieben wurde. Diese Entwicklung hatte sich schon im Herbst 1929 abgezeichnet, denn in einem Bericht der Ortsgruppe Salzburg an die für sie zuständige Gauleitung in Innsbruck wurde festgestellt:[62] *In der Stadt* [Salzburg, O. D.] *selbst haben die Schulzleute nur sehr wenig Anhänger, jedoch verfügen sie im Lande noch über einige stärkere Gruppen, deren Mitglieder teilweise sehr verlässlich sind und nur auf die Einigung warten.*

5. Die Massenpartei – die NSDAP von den Landtagswahlen 1932 bis zum Verbot 1933

Der endgültige Durchbruch zur Massenpartei gelang der NSDAP bei der Landtagswahl im April 1932. Ein Spiegel dieser Entwicklung ist die Gründung zahlreicher Ortsgruppen in Stadt und Land Salzburg ab den frühen 1930er Jahren. In der heutigen Landeshauptstadt sind dafür zum Beispiel Maxglan[63] (22. 9. 1930, Umwandlung der bisherigen Sektion in eine eigene Ortsgruppe), Aigen[64] (1931), Gnigl[65] (1931) und Morzg (1931)[66] zu nennen.

Zentrale Elemente im Wahlkampf der Nationalsozialisten waren, abgesehen von einem radikalen Antisemitismus und der immer wiederkehrenden Forderung nach einem Anschluss Österreichs an Deutschland, die Betonung sozialer Fragen sowie das Aufdecken zahlreicher angeblicher Skandale und Korruptionsfälle unter ihren politischen Gegnern. Diesen drohten sie überdies ganz offen mit Gewalt oder gaben sie der Lächerlichkeit Preis. So meinte der Kreisleiter Franz Piseky aus Salzburg am 6. März 1932 bei einer Wahlversammlung der Ortsgruppe Gnigl:[67]

> *Ganz große Volksbetrüger und Volksbestehler* [...] *stolzieren heute ungeschoren in den Gassen, während man Arme, die sich aus Not etwas zuschulden kommen ließen, unbarmherzig zur Verantwortung zieht. Bei dem Sieg der Nationalsozialisten werden diese Übel mit der Wurzel ausgerottet und mit diesem Parasitengesindel scharfe Abrechnung gehalten.*

Am Ende seiner Ausführungen nannte Piseky als Ziele seiner Partei die *Befreiung Deutschlands und die Gründung des III. Reiches.* Dabei ging er, fast ein Jahr vor der so genannten „Machtergreifung" Hitlers in Deutschland, sehr offen und ohne Beschönigungen auf die Aufgaben ein, die dabei der österreichischen NSDAP zufallen würden, nämlich *den vermutlich aus diesem Anlasse aus Deutschland nach Österreich zuströmenden und hier Asylrecht suchenden, landfremden Elementen den Aufenthalt zu verleiden, da sie wahrscheinlich glauben, hier ihre schädliche Tätigkeit für das deutsche Volk fortsetzen zu können.*

Landeshauptmann Franz Rehrl und sein angegriffener Gesundheitszustand waren häufig das Ziel der verbalen Attacken. Bei einer Wahlveranstaltung, am 22. April 1932 in Krimml, wurde er vom Redner als *Franzl der Kleine, der dicke Herr Landeshauptmann*, der sich Bad Düsseldorf, *das teuerste Bad Deutschlands*, für seinen Krankenurlaub ausgesucht habe, bei dem er *täglich 50 Mark, welche er sich von der Krankenkasse auszahlen ließ, verbrauchen könne* diffamiert[68]. Die Gewaltbereitschaft manifestierte sich auch durch die Anwesenheit von militärisch diszipliniert auftretenden, uniformierten und häufig mit Knüppeln bewaffneten Parteiformationen der NSDAP („SA", „HJ") als „Ordnerdienst" bei Wahlveranstaltungen. Häufig kam es zu brutalen, gewalttätigen Auseinandersetzungen mit Aktivisten anderer Parteien, vornehmlich mit ebenfalls gut organisierten sozialdemokratischen Arbeitern, die zahlreiche Verletzte auf beiden Seiten forderten[69].

Dass die Nationalsozialisten auch abseits von politischen Veranstaltungen mit Gewalt rechneten, zeigen paramilitärische Vorbereitungen, wie eine als „Stabsspiel" bezeichnete Geländeübung, welche die NSDAP-Salzburg in der Nacht vom 20. auf 21. August 1932 im Raum Gnigl-Maierwies durchführte[70].

Nationalsozialistisches Propagandamaterial und Flugblätter für die Wahl 1932 (SLA, Landesgericht Salzburg Vr-1933/1041 und Vr-1935/601-750; Foto: SLA).

Der Wahlerfolg bei den Landtagswahlen im April 1932 brachte die Nationalsozialisten jedoch in ein Dilemma, da sie, die vehement den Sturz des von ihnen abgelehnten herrschenden Systems betrieben, nunmehr mit Landesrat Dr. Franz Ropper einen Vertreter in der Landesregierung stellten und somit landespolitisch Mitverantwortung übernehmen mussten. Die von den übrigen Parteien festgelegte Ressortverteilung sorgte allerdings dafür, dass keine zentralen Agenden in die Zuständigkeit des NS-Landesrates kamen[71]. So waren beispielsweise bei den „Straßenangelegenheiten" die Gaisbergstraße und die Großglockner-Hochalpenstraße ausgenommen – die

Zuständigkeit behielt sich der Landeshauptmann hier selbst vor[72]. Bei den Landtagsdebatten fielen die Nationalsozialisten wiederholt durch ihre radikale und die persönliche Integrität der von ihnen angegriffenen Personen missachtenden Äußerungen auf, die im krassen Gegensatz zu den bislang gebräuchlichen politischen Gepflogenheiten standen[73]. Die Erfolge hatten 1932 innerparteilich zur Folge, dass die Salzburger NSDAP in der Parteiorganisation wieder den Status eines eigenen „Gaues" erhielt – Karl Scharitzer wurde Gauleiter. Die zunehmende Akzeptanz, nicht nur innerhalb der städtischen Bevölkerung, zeigt sich auch in der Anzahl der Ortsgruppen, die binnen eines Jahres, von Mai 1932 bis April 1933, von 23 auf 123 anstieg[74].

Schon im Herbst 1932 ereigneten sich erste bewaffnete Auseinandersetzungen zwischen den Parteigängern Hitlers und ihren politischen Gegnern. So kam es am Abend des 3. Oktober 1932 im Gemeindegebiet von Lamprechtshausen zu einer Schießerei zwischen Nationalsozialisten, die mit Autobussen von einem „Grenztreffen" in Braunau zurückreisten, und angeblich kommunistischen Angreifern. Dieser Zwischenfall verlief noch glimpflich, denn obwohl 30 bis 40 Schüsse gewechselt wurden, gab es dem Bericht des örtlichen Gendarmeriepostens zufolge weder Verletzte noch Sachschaden[75].

Nach der Machtübernahme Hitlers, am 30. Jänner 1933, verstärkten die an sich noch als legale politische Gruppe zugelassenen Nationalsozialisten in ganz Österreich ihre teilweise gewalttätigen Propagandamaßnahmen. Hakenkreuzschmierereien an markanten Gebäuden oder das Anbringen von Hakenkreuz-Fahnen und -Transparenten waren auch in Salzburg häufig eingesetzte Mittel der NS-Sympathisanten, um Aufsehen zu erregen. Fast schon kurios mutete eine Propagandaaktion in Liefering an, wo mit Jauche ein Hakenkreuz in eine Wiese „gedüngt" wurde[76]. Da dort infolge der Düngung das Gras höher wurde bzw. schneller wuchs, zeichnete sich vor der Heumahd im Sommer in der betreffenden Wiese ein Hakenkreuz ab.

Weniger harmlos waren Vorkommnisse an der Grenze zwischen Salzburg und Bayern, bei denen sogar Schusswaffen zum Einsatz kamen. Besonders neuralgische Punkte waren in diesem Zusammenhang die Grenze am Dürrnberg, bei Großgmain und zwischen Laufen und Oberndorf[77] und entlang der Saalach bei Freilassing. So erschien der Kommandant der Gendarmerie von Laufen nach einer Schießerei, bei der in der Nacht vom 22. auf 23. April 1933 bayerische Nationalsozialisten in Oberndorf einen Sozialdemokraten durch Schüsse schwer verletzt hatten, am darauf folgenden Vormittag am österreichischen Gendarmerieposten des Nachbarortes am anderen Salzachufer und teilte mit, dass die Bewohner der Brückenstraße im Falle von Unruhen in ihren Häusern bleiben sollten, *zumal in Laufen weittragende Geschütze stehen, welche im Falle eines Einmarsches der Kommunisten in Laufen die Brücke und die Brückenstraße in Oberndorf unter Feuer nehmen werden*[78]. Obwohl davon ausgegangen werden kann, dass die Artilleriestellungen in Laufen ebenso wenig der Realität entsprachen wie die Gefahr eines kommunistischen Einmarsches, ist dieser Vorfall jedoch ein Indiz dafür, wie aufgeheizt die Stimmung an der Grenze war, und mit welcher Selbstsicherheit Vertreter deutscher Behörden auftraten, um ihre österreichischen Kollegen einzuschüchtern. Ein weiteres Beispiel dafür ist das Erscheinen deutscher Gendarmen, teilweise in SA-Uniform, am Gendarmerieposten in Großgmain, wo sie am 24. April 1933 die Entfernung eines Plakates verlangten, welches ihrer Meinung nach eine *Verhöhnung der Nationalsozialisten* darstellte. Bei Nichterfüllung ihrer Forderung drohten sie mit einer Sperre des örtlichen Grenzüberganges[79]. Bezeichnend ist in diesem Fall die Reaktion des österreichischen Postenkommandanten, der erklärte, *dass er bereits Auftrag habe, solche aufreizenden Zeitungsausschnitte aus dem Schaukasten zu entfernen.*

Immer wieder kam es an der deutschen Grenze zu willkürlichen Verhaftungen und anschließend zu Misshandlungen österreichischer Staatsbürger. Österreichern wurden auch ohne ersichtlichen Grund die Reisedokumente abgenommen und sie somit an der Einreise nach Deutschland gehindert. Das zunehmend selbstbewusste und gewaltbereite Auftreten auch der Salzburger Nationalsozialisten wäre ohne die personelle und materielle Unterstützung, die sie aus Deutschland erhielten, in einem derartigen Ausmaß nicht möglich gewesen. Die Vorfälle an der Grenze zeigen aber auch den Konfrontationskurs, den das nunmehr nationalsozialistische Deutsche Reich bereits kurz nach der „Machtergreifung" Hitlers im Jänner 1933 gegenüber Österreich einschlug.

Als Reaktion auf diese Terrorwelle, die im Juni 1933 in ganz Österreich einen ersten, blutigen Höhepunkt erreicht hatte, befahl die Bundesregierung neben der Verhaftung prominenter Nationalsozialisten weitreichende Maßnahmen gegen die NSDAP. Beispielsweise wurde Staatsbeamten, Lehrern und Inhabern öffentlicher Ämter die Mitgliedschaft in dieser Partei verboten. Am 19. Juni 1933 forderte ein von Nationalsozialisten verübter Handgranatenanschlag auf unbewaffnete Turner in Krems einen Toten und dreizehn Schwerverletzte[80]. Als Reaktion darauf erließ die Regierung noch am gleichen Tag eine Verordnung, wonach *der Nationalsozialistischen Deutschen Arbeiterpartei (Hitlerbewegung) und dem Steirischen Heimatschutz (Führung Kammerhofer) jede Betätigung in Österreich* untersagt wurde. Das Verbot beinhaltete zudem die *Bildung irgendwelcher Parteiorganisationen* sowie das Tragen *jedweder Parteiabzeichen*[81]. Am 30. Juni 1933 trat der Salzburger Landtag zusammen und beschloss das *Ruhen der Mandate der Nationalsozialistischen Deutschen Arbeiterpartei (Hitlerbewegung) und des Steirischen Heimatschutzes (Führung Kammerhofer)*[82]. Aus formaljuristischen Gründen und wohl auch aus seinem Demokratieverständnis heraus entschied sich der Landeshauptmann jedoch dagegen, einen formellen Mandatsverlust der Nationalsozialisten beschließen zu lassen[83].

6. Salzburg und die „1000-Mark-Sperre"

Parallel zum Terror der Nationalsozialisten verschärfte das Deutsche Reich seinen wirtschaftlichen Druck auf das ohnehin nach dem Zerfall der Habsburgermonarchie mit großen ökonomischen Problemen kämpfende Österreich. Erster Höhepunkt war die Einführung der so genannten „1000-Mark-Sperre" ab 1. Juni 1933, welche deutsche Reichsbürger bei Reisen nach Österreich zur Zahlung einer Gebühr in dieser Höhe verpflichtete[84]. Die Idee, von deutscher Seite her den Tourismus nach Österreich durch protektionistische Maßnahmen zu beschränken, stellte jedoch kein Novum dar, denn bereits ab 22. Juli 1931 hatte die Reichsregierung die Einführung einer Ausreisegebühr für Österreich in der Höhe von 100 Mark verfügt[85], diese Verordnung jedoch einen Monat später, am 22. August 1931, wieder außer Kraft gesetzt[86]. Auch im Frühjahr 1932 gab es ähnliche Überlegungen für die Sommersaison, die jedoch nicht realisiert wurden[87].

Den Vorwand für die „1000-Mark-Sperre", die sich im Frühjahr 1933 bereits durch diplomatische Schritte angekündigt hatte, bildete die Ausweisung von Reichsjustizkommissar Hans Frank, der im Anschluss an seine Teilnahme am NS-Juristentag in Wien, am 13. Mai 1933, eine Propagandareise durch Österreich unternommen hatte[88]. Mit dieser Ausreisegebühr, von der nur der „Kleine Grenzverkehr“ und Geschäftsreisen, nicht jedoch der grenznahe Ausflugsverkehr ausgenommen waren, sollte die österreichische Wirtschaft, die in besonderem Maße auf die Deviseneinnahmen aus dem Fremdenverkehr angewiesen war, zusätzlich geschwächt werden. Die Reaktion Österreichs auf diese Maßnahme, die in den westlichen Bundesländern binnen Wochen zum Ausbleiben von bis zu 80 Prozent der deutschen Urlaubsgäste führte[89], fiel vergleichsweise harmlos aus. Ab 1. Juni 1933 mussten österreichische Staatsbürger, die nach Deutschland reisen wollten, bei der zuständigen Passbehörde eine Ausreisebewilligung beantragen, die mit 5 Schilling vergebührt wurde[90]. Deutschland hielt die Reisebeschränkungen weitere drei Jahre aufrecht. Zu deren Aufhebung führten erst die im Zuge des „Juli-Abkommens“ geschlossenen deutsch-österreichischen Vereinbarungen. Zeitgleich, am 28. August 1936, setzte auch Österreich die 1933 erlassenen Reisebeschränkungen außer Kraft[91].

Die Spannungen zwischen Deutschland und Österreich hatten für den Salzburger Fremdenverkehr außerordentlich schmerzliche Auswirkungen, da neben dem Übernachtungstourismus auch die Tagesausflugsfahrten aus und nach Bayern fast vollständig zum Erliegen kamen. Bereits zu Pfingsten 1933, also noch vor der Verhängung der „1000-Mark-Sperre“, führte die gespannte Situation zwischen beiden Staaten zu einem empfindlichen Rückgang der Autobusausflugsfahrten. Beispielsweise betrug der Umsatzrückgang bei der „Ersten Salzburger Autobusgesellschaft“ („Sag“) bei den zu Pfingsten 1933 verkauften Busfahrkarten im Vergleich zum Vorjahr rund 75 Prozent. Bestimmte Tagesfahrten, wie die „Königssee-Rundfahrt“, die nach Angaben der Firma bisher rund 40 Prozent des Gesamtumsatzes an diesem Feiertagswochenende ausgemacht hatten, entfielen gänzlich[92]. Die geringe Auslastung der sechs Autobusse der „Sag“ hatte zur Folge, dass das Gehalt der Buschauffeure auf die Höhe der Arbeitslosenunterstützung gekürzt werden musste, um ihre Kündigung zu verhindern. Auch bei den Nächtigungsziffern, bei denen 1932 der Anteil der Gäste aus Deutschland 72,4 Prozent betragen hatte, führten die Ereignisse im Sommer 1933 zu einem dramatischen Einbruch[93]. Von 15. bis 31. Juli 1933 verzeichneten die Fremdenmeldungen bei der Bundespolizeidirektion Salzburg im Vergleich zum Vorjahr einen Rückgang von 22.637 auf 13.363 Personen. Die Anzahl der deutschen Besucher ging von 8191 auf nur noch 413 zurück[94]. Versuche, durch verstärkte Werbung und vergünstigte Preise vermehrt Touristen aus anderen Ländern, beispielsweise aus dem englischsprachigen Ausland, nach Salzburg zu bringen, brachten keine nachhaltige Verbesserung der Situation für die heimische Hotellerie.

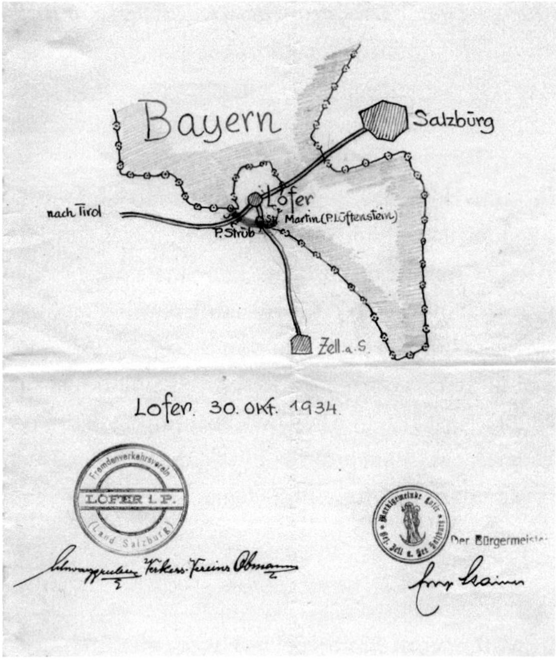

Das geplante Zollausschlussgebiet in der Gegend um Lofer (SLA, RehrlBr 1934/3076, Reproduktion: SLA).

Wirtschaftlich besonders abhängig vom Transit über das „Kleine deutsche Eck" war die Marktgemeinde Lofer, doch wurde von den österreichischen Behörden als Reaktion auf die Reisebeschränkungen Deutschlands ein so genannter „Unbedenklichkeits-Vermerk" für derartige Fahrten verlangt. Dies und die „1000-Mark-Sperre" brachten den Fremdenverkehr, der einen Rückgang um rund 70 Prozent zu verzeichnen hatte, weitgehend zum Erliegen. Als einzigen Ausweg aus diesem Dilemma sahen im Oktober 1934 die Verantwortlichen in der Marktgemeinde und im Verkehrsverein Lofer *eine Rückverlegung der politischen Kontrolle auf die beiden von der Natur aus gegebenen Grenzpässe „Pass Strub" und „Pass Luftenstein" (letzterer beim Ort St. Martin).* Das Gebiet sollte demnach denselben Status erhalten wie das Kleine Walsertal in Vorarlberg[95]. Dort waren 1933 Passkontrollen *unter dem Eindruck der reichsdeutschen Ausreisesteuer, auf dringende Bitte der Bevölkerung* aufgehoben worden[96]. Negative Konsequenzen dieser Maßnahme, deren probeweise Einführung für den Winter 1934/35 angestrebt wurde, sahen die Initiatoren nicht. Sie betonten vielmehr *die bisher, trotz aller Grenzeinflüsse beispielgebende, einwandfreie Einstellung der Loferer Bevölkerung* und, dass *auch bei einer Lockerung der politischen Kontrolle die volle Garantie ihrer angestammten Vaterlandsliebe* gewährleistet sei. Obwohl es nie zur Realisierung des Vorschlages kam, zeigt sie, wie tiefgreifend die Folgen des wirtschaftlichen Druckes durch das Deutsche Reich auf lokaler Ebene waren.

Die Aufhebung der „1000-Mark-Sperre“ am 28. August 1936 kam für die laufende Sommersaison schon zu spät, und auch im darauf folgenden Jahr hielten sich die Einnahmen in Grenzen, da die deutschen Staatsangehörigen nur noch in beschränktem Umfang Devisen für Auslandsreisen ausführen durften. Vor allem der „kleine Grenzverkehr“ war von diesen Maßnahmen betroffen, denn den Bewohnern der grenznahen Kreise war pro Monat nur die Ausfuhr von 10 Reichsmark gestattet[97]. Genaue Überprüfungen der politischen Zuverlässigkeit der Ausreisenden durch die deutschen Behörden trugen ebenfalls nicht gerade dazu bei, Reisen ins benachbarte Österreich zu fördern[98].

7. Propaganda und Gewalt – vom Parteiverbot 1933 zum Juliputsch 1934

Auch Salzburg war von der sich intensivierenden NS-Terror- und -Propagandawelle betroffen, die ein Klima der Unsicherheit schuf und die angespannte innenpolitische Lage weiter aufheizte. Neben der Einschüchterung der politischen Gegner sollte dies vor allem während der Tourismussaison zu einer weiteren Destabilisierung der Lage führen und damit dem Fremdenverkehr, der durch die „1000-Mark-Sperre“ ohnehin in eine existenzielle Krise gestürzt worden war, zusätzlichen Schaden zufügen. Im ganzen Bundesland fanden Hakenkreuzschmierereien statt, auf weithin sichtbaren Berghängen wurden Höhenfeuer in Hakenkreuzform abgebrannt und nunmehr illegale Hakenkreuzfahnen und Transparente mit einschlägigen, politischen Parolen auf markanten Bauwerken angebracht. In Maxglan zum

Beispiel wurden in der Nacht von dritten auf den vierten September 1933 Flugblätter mit regierungsfeindlichen, nationalsozialistischen Parolen aufgeklebt, die dann von den örtlichen Gendarmen entfernt werden mussten[99]. Eine weitere, vergleichsweise harmlose Aktion war auch, wie erwähnt, das Anbringen von Hakenkreuzfahnen, wie jene 3 x 3 Meter große, die am 13. November 1933 von unbekannten Nationalsozialisten auf dem 56 Meter hohen Schlot der ehemaligen Ziegelei in Esch (Gemeinde Hallwang) aufgehängt wurde. Da die Täter dabei zum Teil die im Inneren des Rauchfangs angebrachten Steighaken abbauten, musste zum Herunternehmen der Fahne der örtliche Kaminkehrermeister beauftragt werden – dieser verrechnete dafür dem zuständigen Gendarmeriepostenkommando in Gnigl drei Schilling als Honorar[100]. In Salzburg beschmierten unbekannte Täter in der Nacht zum 21. August 1933 die Außenmauer des Kommunalfriedhofes mit Hakenkreuzen – die Nachforschungen nach den möglichen Urhebern dieser Propagandaaktion blieben auch in diesem Fall ergebnislos[101]. Von anderer Qualität war ein politisch motivierter Bomben- bzw. Bölleranschlag auf die Auslage des Modegeschäftes Ornstein, Getreidegasse 24, der am 24. Juni 1933 nicht unerheblichen Sachschaden anrichtete. Diesmal gelang den zuständigen Behörden die Ausforschung der Täter, die zu mehrwöchigen Arreststrafen verurteilt wurden[102].

Häufig kam es zu Zwischenfällen an der Grenze zu Bayern, wobei, so wie im Frühjahr, die Abschnitte bei Hallein (Dürrnberg), bei Großgmain und zwischen Laufen und Oberndorf sowie die Saalachgrenze bei Freilassing die Brennpunkte der von Deutschland ausgehenden Propaganda darstellten. Neben dem Abbrennen weithin sichtbarer Hakenkreuzfeuer auf deutschem Staatsgebiet oder der Beschimpfung von österreichischen Grenzorganen kamen oftmals auch große Lautsprecher zum Einsatz, mit denen nationalsozialistische Lieder, Hetzreden und Parolen gegen die österreichische Regierung bzw. die Salzburger Landesregierung übertragen wurden. Schießereien, die im Zusammenhang mit derartigen Provokationen stattfanden, sowie Schikanen gegen einreisende Österreicher sorgten dafür, dass sich die Unruhe an der Staatsgrenze nach dem Verbot der NSDAP weiter verstärkte. Überdies wurden immer wieder Gerüchte über bevorstehende deutsche Militäraktionen in Umlauf gebracht, die dazu beitrugen, die Unsicherheit unter den Bewohnern in den grenznahen Gebieten zu steigern, so auch Ende August 1933, als von einem „Konfidenten“ in Liefering-Rott die Mitteilung beim örtlichen Gendarmerieposten einging, dass für den 11. September von Freilassing her der Einmarsch von 200.000 Nationalsozialisten, die dafür bereits in Bayern zusammengezogen worden seien, beginnen würde[103].

Immer wieder versuchten nach Deutschland geflüchtete illegale Nationalsozialisten über die schwer zu kontrollierende Grenze nach Österreich einzusickern, um hier Anschläge durchzuführen oder, wie das beschlagnahmte Material belegt, mitgebrachte Schriftstücke oder Flugblätter zu verteilen. So auch am 15. August 1933, als ein aus Salzburg stammender Nationalsozialist mit seinem Motorrad auf der Münchner Bundesstraße verhaftet wurde, der, von Freilassing kommend, verschiedene illegale Schriften nach Salzburg schmuggeln wollte[104].

Regelmäßig drangen ab dem Sommer 1933 Flugzeuge von Deutschland aus in den österreichischen Luftraum ein und warfen über grenznahen Ortschaften, vornehmlich im Großraum der Stadt Salzburg, NS-Propagandaflugblätter ab. Die erste derartige Grenzprovokation ist für den 14. Juli 1933 aktenkundig[105]. An diesem Tag flog ein „Klemm-Tiefdecker" mit übermaltem Erkennungszeichen und mit einem großen Hakenkreuz auf dem Leitwerk, von Deutschland kommend, über die Landeshauptstadt und warf Flugzettel ab. Bereits seit dem 12. Juli waren auf dem Salzburger Flugplatz zwei Polizeiflugzeuge stationiert, doch konnten diese nichts unternehmen. Eine, mit einem MG bewaffnete Maschine war am Vormittag in Richtung Linz abgeflogen, und die andere konnte nicht starten, da der Motor nicht ansprang. Alleine im Juli 1933 erschienen noch drei weitere Male deutsche Flugzeuge über Salzburg, denen es gelang, ungehindert Propagandamaterial, teilweise sogar über der Innenstadt (21. Juli), abzuwerfen.

Die Flugblätter enthielten häufig Aufrufe der nach dem Verbot der NSDAP nach Deutschland geflüchteten Parteispitze unter Gauleiter Karl Scharitzer und seinem Stellvertreter Herbert Parson, die ihr Hauptquartier im grenznahen Freilassing aufgeschlagen hatten[106].

Neben der Parteiführung setzten sich hunderte Nationalsozialisten nach Deutschland ab, so wie jene Gruppe von rund 80 Personen, die in der Nacht zum 22. August 1933 die Grenze in Richtung Marktschellenberg überschritt[107]. Die Flüchtlinge bildeten den Kern der „Österreichischen Legion", die schon im August 1933 zwischen 3500 und 4000 Mann umfasste – eine Zahl, die später auf 10.000 anstieg[108]. Eine Abordnung der „Legion" nahm im August 1933 sogar am Reichsparteitag in Nürnberg teil[109]. Anfangs wa-

Wehrt Euch!

Volksgenossen, die Ihr Euch nicht dem schwarzen Ausbeutersystem unterwerfen wollt,

Ihr seid vogelfrei!

Das beweist klipp und klar eine Anweisung der Salzburger Polizeidirektion, die wir nachfolgend wortgetreu wiedergeben:

Kontrollinspektor:

Es ist allgemein zu verlautbaren, daß bei Zusammenstößen zwischen Mitgliedern von regierungstreuen Verbänden (Heimwehr, Ostmärkische Sturmscharen, Christlicher Turnverein u. andere) mit anders Gesinnten, seitens der Wache unbedingt erstere zu schützen sind.

Die Amtshandlung ist so durchzuführen, daß die zu Schützenden auch sofort den Eindruck gewinnen, bei der Wache den gesuchten Schutz gefunden zu haben. Es ist jedoch nicht so einzuschreiten, daß die Schutzsuchenden die Empfindung haben könnten, die Amtshandlung richte sich gegen sie selbst.

G. R.

Salzburg, am 5. Juli 1933. Junowicz.

Volksgenossen!

So sieht heute die **Gleichheit aller vor dem Gesetz** aus! Wer mit den Parteien und den Bonzen der vergangenen vierzehn Jahre nicht einverstanden ist und deswegen von den Söldlingen der schwarzen Parteibonzen angepöbelt und überfallen wird, der soll nunmehr auch noch obendrein von Polizei und Gendarmerie niedergeknüppelt werden!

Für aufrechte deutsche Gesinnung haben die Herren einer sogenannten „nationalen" Regierung nur eines übrig: **Den Gummiknüttel!** Damit aber diese **Pfründenkleber ihre Gummiknüttelherrschaft** gegen deutsche Art unter tagtäglichem Bruch der Verfassung weiter aufrecht erhalten können, hat das **schaffende Volk immer neue Steuern und Abgaben** zu bezahlen! Jawohl, zahlen, zahlen, immer neue Steuern zahlen, das ist heute das einzige „Recht" der schaffenden Menschen in Österreich!

Wo aber bleiben die verfassungsgemäß gewährleisteten Rechte aller Staatsbürger, wenn die Polizeidirektion derartig ungeheuerliche Anordnungen herausgeben kann, durch die **der Großteil der Bevölkerung von vornherein recht- und schutzlos** gemacht wird?

Am 21. Juli 1932 von einem Flugzeug über der Salzburger Innenstadt abgeworfenes Flugblatt (Vorder- und Rückseite) der illegalen Gauleitung der NSDAP-Salzburg (SLA, Präs. Akt 1933/15a/6930, Reproduktion: SLA).

Muß da nicht jedes Vertrauen, jedes Rechtsempfinden in allen anständigen Menschen vernichtet werden?

Die Behörden werden wahrscheinlich die Echtheit dieser Verfügung abzustreiten versuchen! Ihre Mühe ist jedoch umsonst, denn wir haben ein Original dieser Anordnung in unseren Händen!

Glaubt den schwarzen Lügenbolden und ihren Helfern nicht mehr länger, denn wer imstande ist, derartig niederträchtige Verfügungen zu veranlassen, der wird auch bedenkenlos in Versammlungen und Zeitungen die gemeinsten Lügen mit eiserner Stirne und hohlem Pathos vorbringen!

Gerade an diesem Beispiel könnt Ihr aber auch ermessen, wie es in Wirklichkeit um die Bombenattentate und all die anderen Übeltaten, die man den Nationalsozialisten in die Schuhe schiebt, bestellt ist!

Der Zweck dieser ganzen schwarzen Lügenhetze wird durch derartige polizeiliche Anordnungen jedem offenbar:

Immer und überall und unter allen Umständen müssen die Nazi die Schuld haben! Denn so wollen es der „Ehrengeneral" Vaugoin und der Geschäftskatholik Fey (der wegen gänzlicher Verarmung die Kirchensteuer nicht mehr bezahlen konnte und daher aus der evangelischen Kirche austrat!!)!

Eine Schande jedoch ist es, daß Österreichs Berufsbeamtentum sich zu solchen Lumpereien mißbrauchen lassen muß! Um seines kargen Verdienstes willen muß heute ein jeder Wachmann **gegen** seine beschworene Pflicht, alle Staatsbürger gleichmäßig zu behandeln, verstoßen, wenn er nicht diese polizeiliche Anordnung mißachten und dadurch um sein Brot kommen will!

Aber dieses mutwillige Treiben der heutigen Zwingherren wird nicht ungestraft bleiben! Jede Unehrlichkeit, jede Vergewaltigung des Volkswillens findet früher oder später doch gerechte Strafe!

Die Herren von heute mögen nur so weiter machen, sie werden die Angeklagten von morgen sein! Am Tag der Abrechnung aber wird es ihnen laut in die Ohren dröhnen:

Ihr habt das Volk vergewaltigt und geknechtet,
ihr habt ihm seine selbstverständlichsten Rechte geraubt,
ihr habt es hungern lassen und es obendrein verspottet!

Gebt Rechenschaft!

Und dieser Tag der Abrechnung wird desto eher kommen, je brutaler und ungerechter die schwarzen Volksunterdrücker heute vorgehen!

Bis zu diesem Tag aber gilt eines:

Wehrt Euch! Rüstet zum Widerstand!

Die Gewaltherrschaft der Christlichsozialen Partei und ihrer Trabanten muß zerschlagen werden, damit unser Volk wieder leben kann!

Durch Kampf zum Sieg!

N.S.D.A.P. Hitlerbewegung Österreichs

Karl Scharizer e. h. Ing. Parson e. h.

ren die österreichischen Nationalsozialisten im „Lager Lechfeld“ nahe Augsburg untergebracht, doch erwies sich dieses für den Winter als ungeeignet, so dass es Anfang November 1934 aufgelöst und die „Legionäre“ auf mehrere Lager in Bayern aufgeteilt wurden. Das größte derartige Lager befand sich in einer ehemaligen Munitionsfabrik in Dachau-Schleißheim, in unmittelbarer Nähe des Konzentrationslagers, dessen Infrastruktur, wie die Küche, teilweise auch mitbenutzt wurde[110]. Die geflohenen Nationalsozialisten erhielten eine militärische Ausbildung, wobei besonderer Wert auf die Vermittlung von Kenntnissen für ihre mögliche Verwendung im Zuge von Terroraktionen gelegt wurde, wie zum Beispiel das Erstürmen von besetzten Gebäuden oder der Umgang mit Sprengstoff[111]. Jene, die in Lagern in Grenznähe, beispielsweise in Freilassing, stationiert waren, wurden zu Propagandaaktionen, wie das Entzünden von Hakenkreuzfeuern, aber auch zum Schmuggeln von politischem Material, Sprengstoff und Waffen, herangezogen. Immer wieder kam es an der Grenze zu Feuergefechten, wobei die auf deutscher Seite eingesetzten Kräfte in den Berichten der österreichischen Gendarmerie in der Regel als „Legionäre“, also Angehörige der Österreichischen Legion, bezeichnet werden. Ob es sich hier tatsächlich immer um Angehörige dieser kasernierten und einer strengen militärischen Ordnung unterliegenden Formation gehandelt hat, darf zumindest bezweifelt werden[112]. Nahe der Grenze, wie im Funtensee-Schutzhaus (südlich vom Königssee), aber auch in Österreich entstanden geheime Waffenlager, die im Falle eines Einmarsches zur Bewaffnung der örtlichen SA dienen sollten. Die schlechte Unterbringung und mangelhafte Ausrüstung, vornehmlich im Winter, die weitgehende Isolierung, das harte Regime der SS-Ausbildner sowie der Umstand, dass rund 10 Prozent der Legionsangehörigen nicht aus politischen, sondern aus wirtschaftlichen oder kriminellen Gründen nach Deutschland geflüchtet waren, führten dazu, dass sich die Stimmung in den Lagern sehr verschlechterte und in einigen Fällen Legionsangehörige sogar dazu bewog, in ihre Heimat zurückzukehren[113].

Die „Legion“ war in erster Linie ein Instrument der Propaganda und des permanenten militärischen Drucks gegenüber dem Nachbarland, der zu einer massiven Verunsicherung führte. So wurde nur auf Grund einer *gerüchteweisen Meldung* eines als Hilfsgendarm eingesetzten Heimwehrmannes, wonach für den nächsten Tag von Berchtesgaden her der Einmarsch der „Österreichischen Legion“ bevorstünde, in der Nacht vom 24. auf 25. Jänner

1934 das Militär-Ortskommando Hallein alarmiert. Dieses schickte daraufhin unverzüglich 20 Mann des Bundesheeres mit zwei Maschinengewehren an die Grenze, die dann allerdings Tags darauf unverrichteter Dinge wieder abzogen, da sich die Meldung als unrichtig erwiesen hatte[114].

Das Verbot der NSDAP im Juni 1933 hatte keine positiven Auswirkungen auf die allgemeine Sicherheitslage, denn die politisch motivierten Anschläge und Propagandaaktionen konnten dadurch naturgemäß nicht verhindert werden – ganz im Gegenteil; die nunmehr vollständig in die Illegalität gedrängten Nationalsozialisten waren nun für die Behörden noch schwerer greifbar.

Hakenkreuzfahne auf dem Kamin des Heizhauses des Salzburger Hauptbahnhofes nahe der Weiserstraße, aufgenommen am 6. April 1934 (Foto: AStS, Fotoarchiv Franz Krieger).

Im Winter 1933/34 häuften sich diese Attentate, die zumeist mit „Papier-Böllern“ durchgeführt wurden und in der Regel nur Sachschäden, wie zersprungene Fensterscheiben, zur Folge hatten. Alleine für Jänner 1934 verzeichnen die „Vorfallenheitsberichte“ der Gendarmerieposten an die jeweiligen Bezirkshauptmannschaften 68 derartige Anschläge, wobei eine auffällige Häufung rund um den 30. Jänner, dem Jahrestag der „Machtergreifung“, festzustellen ist[115]. Bereits terroristische Ausmaße hatten Bombenanschläge gegen Bahnlinien, wie jener am 30. April 1934, als ein Oberleitungsmast in Elsbethen gesprengt werden sollte[116]. Der Versuch misslang jedoch, da die Sprengladung augenscheinlich zu schwach war und nur den Betonsockel beschädigte. Mehrere Schwerverletzte durch herumfliegende Holzteile verursachte hingegen ein Böller, der am 21. April 1934 bei einer Kundgebung des „Salzburger Heimatschutzes“ im Bühnenbereich des Kleinen Festspielhauses detonierte[117]. Bei diesem Anschlag wurde gegen 9 Uhr abends ein Sprengsatz, der in den Doppelboden der Bühne unweit des Rednerpultes eingebaut war, gezündet.

Daneben forderten bewaffnete, gewalttätige Übergriffe von Nationalsozialisten gegen politische Gegner oder Angehörige der Sicherheitskräfte auf beiden Seiten zahlreiche Verletzte. Die österreichischen Behörden reagierten auf diese Terrorwelle mit teilweise drakonischen Strafen – auf den Besitz von Sprengstoff stand beispielsweise die Todesstrafe. Mehr als dreißig Personen wurden in Salzburg im Zusammenhang mit Anschlägen zum Tode verurteilt, allerdings wurde von den Urteilen keines vollstreckt[118].

Zahlreiche Hausdurchsuchungen fanden bei bekannten NS-Sympathisanten statt, bei denen auch immer wieder Waffen und Propagandamaterial gefunden wurden. Bereits im Sommer 1933 setzte eine erste Verhaftungswelle unter jenen Nationalsozialisten ein, die nicht nach Deutschland geflüchtet waren. So wurde auch Herbert Parson, Stellvertreter von Gauleiter Scharitzer, schon am 13. Juni 1933 verhaftet, kam aber bald wieder frei und setzte sich daraufhin ebenfalls ins grenznahe Freilassing ab[119]. Die nach Deutschland geflüchteten Nationalsozialisten wurden ausgebürgert und ihr Vermögen eingezogen. Viele, denen die Flucht nicht gelang, wurden ab Oktober 1933 im „Anhaltelager“ im niederösterreichischen Wöllersdorf inhaftiert[120]. Vergleichsweise strenge Strafen drohten auch beim Verbreiten von NS-Parolen in der Öffentlichkeit – so konnte ein „Heil-Hitler“-Ruf mit bis zu drei Wochen Arrest geahndet werden[121].

In Deutschland war man über die Pläne des österreichischen Sicherheitsapparates zur Bekämpfung der Nationalsozialisten recht gut informiert, da der Nachrichtendienst der NSDAP über ein dichtes Netz von Spitzel verfügte, das detaillierte Angaben über Mannschaftsstärke, Bewaffnung, Ausrüstung, aber auch zur Moral innerhalb der Exekutive lieferte. Daran konnte auch die Verhaftung von Informanten, wie Anfang Juli 1934 jene einer Schreibkraft in der „staatspolizeilichen Abteilung der Bundespolizeidirektion Salzburg" und eines Kriminalbeamten, wenig ändern – in Freilassing waren Gauleiter Scharitzer und sein Stab über jeden Schritt dieser Behörden in Salzburg genau informiert[122]. Als Kurier diente auch der im Sommer 1934 verhaftete Chauffeur des deutschen Generalkonsulats in Salzburg[123].

Da bei den immer mehr überhand nehmenden Hakenkreuzschmierereien die Urheber nur schwer auszuforschen waren, gingen die Behörden dazu über, aus NS-Sympathisanten „Putzkolonnen" zu formieren, die dann die Hakenkreuze abzuwischen hatten[124], wie zum Beispiel jene amtsbekannten Nationalsozialisten, die im November 1933 nach einer derartigen Schmieraktion auf Bäumen in der Hellbrunnerstraße in Salzburg zu Reinigungsarbeiten herangezogen wurden[125]. Damit sollten diese Personen einerseits gedemütigt, andererseits in der Öffentlichkeit diskreditiert werden. In eine ähnliche Richtung ging auch die Praxis, nach Bölleranschlägen, deren Tä-

„Putzkolonne" von NS-Sympathisanten unter Aufsicht von Heimwehrmännern bei der Entfernung von Hakenkreuzschmierereien in Salzburg (Foto aus: Rohrwig, Freiheitskampf, 1942; Reproduktion: SLA).

ter nicht ausgeforscht werden konnten, in der Nähe des Tatortes wohnende Nationalsozialisten zu Schadenersatzzahlungen zu verpflichten.

Alle diese Maßnahmen erreichten in vielen Fällen jedoch das Gegenteil des beabsichtigten Effekts, denn sie erzeugten nur zusätzliche Verbitterung bei den Betroffenen und verstärkten zweifellos ihre Opposition gegen das herrschende Regime. Sie sind aber auch Ausdruck des zunehmenden Unvermögens des autoritären und nicht mehr demokratischen Österreich, dem Nationalsozialismus und dessen Anhängern wirkungsvoll entgegenzutreten oder gar eine Alternative zu bieten.

8. Die blutigen Ereignisse im Juli 1934

Die Terroranschläge der Nationalsozialisten gingen im Frühjahr 1934 mit unverminderter Intensität weiter, und zudem häuften sich in Salzburg die illegalen Grenzübertritte von Angehörigen der „Österreichischen Legion", die neben Propagandamaterial auch Waffen und Ausrüstung ins Land schmuggelten[126].

In Salzburg blieb es am 25. Juli 1934, dem Tag der Ermordung von Bundeskanzler Engelbert Dollfuß, ruhig. Dennoch wurden Angehörige der „ostmärkischen Sturmscharen" noch an diesem Tag zusammengezogen und am Bahnhof und an anderen strategisch wichtigen Punkten in der Stadt, wie Eisenbahn- oder Salzachbrücken, zu Sicherungsaufgaben eingesetzt[127]. Erst am Abend des 27. Juli erteilte Gauleiter Scharitzer von Freilassing aus den Befehl zu gewalttätigen Aktionen[128]. In der Landeshauptstadt selbst fanden keine Kampfhandlungen statt, aber im damals noch zur Gemeinde Wals gehörenden Liefering kam es zu blutigen Zusammenstößen. Dort planten die Nationalsozialisten, von denen einige mit dem Linienbus oder mit dem Fahrrad aus Salzburg gekommen waren, den örtlichen Gendarmerieposten und das Zollamtsgebäude zu besetzen, um den erwarteten Einmarsch der „Österreichischen Legion" vorzubereiten[129]. Im Gasthaus „Hartlwirt" versammelten sich gegen sieben Uhr abends insgesamt 16 bewaffnete Angehörige des SA-Motorsturms Salzburg unter der Führung des Bäckermeisters Franz Martin. Diese Gruppe war für die Besetzung des Gendarmeriepostens vorgesehen. Von diesen Plänen erfuhren die als Hilfsgendarmen eingesetzten örtlichen Heimwehrleute und umstellten das Gebäude. Beim Versuch, die Nationalsozialisten im Gasthaus zu verhaften, kam es im Vorhaus zu einem Schusswechsel, bei dem der örtliche Heimwehrkompanieführer Felix Egger durch einen Pistolenschuss in die Brust getötet wurde[130]. Beim anschließenden Feuergefecht wurden weitere vier Hilfsgendarmen verwundet, von denen zwei, Johann Anglberger[131] aus Liefering und Karl Hackinger aus Maxglan, im Spital wenige Tage später ihren Verletzungen erlagen[132]. Den Nationalsozialisten gelang vorerst die Flucht, ein Großteil von ihnen konnte jedoch bereits wenig später verhaftet werden. Drei „Putschisten" verschwanden vorerst in den nahen Salzach-Auen. In der Dunkelheit verlor diese Gruppe anscheinend im unwegsamen Gelände die Orientierung, denn ihr Anführer durchschwamm die Salzach und wurde in der Gegend von Anthering verhaftet. Er wurde am 7. November 1934 von einem Militärgerichts-Senat in Linz gemeinsam mit einem weiteren SA-Angehörigen, der an den Vorfällen im „Hartlwirt" beteiligt war, zu einer mehrjährigen Gefängnisstrafe verurteilt[133]. Ein weiterer ertrank auf der Flucht in der Salzach – seine Leiche wurde rund zwei Wochen später bei Obernberg am Inn gefunden[134]. Nur einem der drei Flüchtigen gelang es nach Deutschland zu entkommen. In Liefering-Rott lieferten sich Heimwehrformationen bzw. die Gendarmerie ebenfalls ein Feuergefecht mit flüchtenden „Putschisten", das jedoch keine Opfer forderte. Ein überraschend aufziehendes, heftiges Gewitter trug zudem dazu bei, dass die Schießerei relativ bald ein Ende fand[135].

Am selben Abend besetzten in Lamprechtshausen Angehörige der örtlichen SA den Gendarmerieposten und verhafteten Anhänger des Ständestaates[136]. Am nächsten Morgen begannen regierungstreue Kräfte, verstärkt durch Einheiten des Bundesheeres, mit der Besetzung des Ortes. Die sich daraus ergebenden Kampfhandlungen kosteten sieben Putschisten und zwei Soldaten das Leben[137]. Eine weitere Auseinandersetzung, die auf Seiten der Nationalsozialisten drei und auf Seiten des Schutz-Korps einen Toten forderte, fand am Abend des 27. Juli in Seekirchen statt, wo der Gendarmerieposten der Brennpunkt der Kämpfe war[138]. In Mattsee lieferten einander in der Nacht zum 28. Juli Heimwehr und Gendarmerie mit Nationalsozialisten einen heftigen Schusswechsel, der bei den Aufständischen einige Verletzte forderte[139].

Nach Verhängung des Standrechts am 27. Juli[140] setzte eine massive Verhaftungswelle ein, als deren Folge die Anzahl der in Salzburg inhaftierten

Nationalsozialisten bis Ende September auf 689 anstieg. Auf Grund der sich beruhigenden Lage verringerte sich diese Zahl schon bis Mitte Dezember auf 158[141]. Da die vorhandenen Gefängnisse nicht ausreichten, kam das Gros der Inhaftierten auf die Festung Hohensalzburg, wo sie nach eigenen Angaben oftmals Misshandlungen durch das Wachpersonal ausgesetzt waren – ein Umstand, der nach dem „Anschluß" von der NS-Propaganda besonders betont wurde[142]. Daneben bestanden weitere provisorische Haftstätten, beispielsweise das ehemalige Arbeiterheim in Salzburg-Itzling[143]. Diese improvisierten Haftstätten leerten sich allerdings recht rasch, denn noch im Sommer 1934 ging eine Reihe von Sammeltransporten ins Anhaltelager Wöllersdorf[144]. Viele „Putschisten" vom Juli 1934 entzogen sich ihrer Verhaftung durch Flucht nach Deutschland und schlossen sich dort der „Österreichischen Legion" an. Dies hatte für die Betroffenen den Verlust der österreichischen Staatsbürgerschaft zur Folge[145].

Als Behelfsgefängnis für NS-Putschisten genutzte Arrestantenzelle der Salzburger Polizei, zu Propagandazwecken aufgenommen im April 1938 (Foto: AStS, Fotoarchiv Franz Krieger, Film 123).

Entgegen aller Propaganda fehlte auch in Stadt und Land Salzburg jegliche Unterstützung militärischer Art von Deutschland aus, so dass die Kampfhandlungen im Juli 1934 nie über den Charakter begrenzter, lokaler Ereignisse hinausgingen, die nach wenigen Stunden von der Obrigkeit niedergeschlagen werden konnten. Alle Hoffnungen der Nationalsozialisten auf einen möglichen Einmarsch der „Österreichischen Legion" oder regulärer deutscher Truppen erwiesen sich als falsch. Ihr weitgehend unkoordiniertes bundesweites Vorgehen, das im deutlichen Gegensatz zum raschen Eingreifen der durch regierungstreue Wehrverbände und Truppen des Bundesheeres verstärkten Exekutive stand, trug ebenfalls zum raschen Zusammenbruch des Aufstandes bei. Ob das Vorgehen der Staatsgewalt Sympathie und Zustimmung der Bevölkerung genoss und ihr Ansehen stärkte, ist zumindest in Frage zu stellen.

9. Vom „Juli-Putsch" zum „Anschluß" (1934–1938)

Das Scheitern des ohne deutsche Unterstützung gebliebenen und nur mangelhaft vorbereiteten Putsches stürzte die illegale österreichische NSDAP in eine schwere Krise, auch durch den Umstand, dass es den Behörden gelang, die Parteiorganisation vorerst weitgehend zu zerstören. Der Massenexodus von Parteimitgliedern ins Ausland sowie die erwähnten Massenverhaftungen führten zu einer zusätzlichen Schwächung. Hitler, der offiziell jegliche Beteiligung seines Regimes am „Juli-Putsch" leugnete, war vorerst an einer Verbesserung der Beziehungen zu Österreich interessiert. Er wollte und konnte sich nach dem Einmarsch deutscher Truppen in das entmilitarisierte Rheinland in der ersten Märzwoche 1934, bei dem die Westmächte militärisch nicht reagiert hatten, vorerst keine weitere außenpolitische Krise leisten. Äußere Zeichen waren die Einsetzung des ehemaligen Zentrumspolitikers und Katholiken Franz von Papen als deutschen Gesandten in Wien sowie die Auflösung der sich in München befindlichen Landesleitung der österreichischen NSDAP und die Absetzung ihres Chefs Theo Habicht[146]. Der illegale Gauleiter von Salzburg, Karl Scharitzer, verlor nach dem missglückten Aufstand vom Juli 1934 viel von seiner innerparteilichen Macht. Der kommende Mann innerhalb der Salzburger NSDAP war Anton Wintersteiger, der im November 1934 stellvertretender Gauleiter wurde und im September 1936 selbst die Gauleitung übernahm[147].

Trotz der vorübergehenden Zerschlagung der Parteistrukturen und des personellen Aderlasses verübten die Nationalsozialisten auch in Salzburg nach den Juli-Ereignissen weiterhin Anschläge, auch wenn die „Vorfallenheitsberichte" für das zweite Halbjahr 1934 auf einen vorübergehenden Rückgang der Böllerattentate schließen lassen[148]. Am 18. September 1935

Dipl.-Ing. Anton Wintersteiger, Gauleiter der verbotenen NSDAP und nach dem „Anschluß“ kurzzeitig Landeshauptmann und Gauleiter und später Gauleiter-Stellvertreter des Reichsgaues Salzburg (Foto aus: Mühlau, Von der NS-Betriebszellen-Organisation zur DAF, 1939; Reproduktion: AStS).

gelang es den Behörden, Sprengstoffattentate auf führende Persönlichkeiten in Salzburg, wie Erzbischof Sigismund Waitz oder Polizeirat Franz Mayer, zu vereiteln, denen Paketbomben per Post zugeschickt werden sollten. Die Sprengkörper waren als Mustersendungen für „Universalrechenschieber“ getarnt und wurden in Linz aufgegeben. Aufgefallen waren die Pakete dadurch, dass diese Mustersendungen ausnahmslos an in Salzburg wohnhafte Personen gerichtet waren, bei denen es sehr unwahrscheinlich erschien, dass sie einen Rechenschieber benötigten. Als im Aufgabepostamt ein Beamter der Kriminalpolizei eine der Postsendungen öffnete, kam es zu einer Explosion, bei der dieser einen Arm und ein Auge verlor[149]. Unvermindert ging auch die Propagandatätigkeit der Nationalsozialisten, wie das Abbrennen von Hakenkreuzfeuern oder Beschmieren von Gebäuden mit Parolen oder Hakenkreuzen, weiter, jedoch gibt es in den Quellen für den Zeitraum bis Ende 1935 keine Hinweise auf Abwürfe von NS-Flugblättern durch deutsche Flugzeuge über Salzburg[150].

Die Lage an der Staatsgrenze blieb weiterhin gespannt. Immer wieder kam es von deutscher Seite zu Provokationen und zu gewalttätigen, teils bewaffneten Auseinandersetzungen zwischen österreichischen Sicherheitskräften und flüchtenden Nationalsozialisten. Diese wurden in Bayern in so genannten „Flüchtlingsüberprüfungslagern“ interniert, wo eine genaue Überprüfung ihrer politischen Einstellung bzw. der Motive der Flucht erfolgte. Ein solches Lager mit einem durchschnittlichen „Verpflegsstand“ von 40–50

Mann befand sich in Graßlfing (heute: Gemeinde Olching), rund 20 Kilometer von München. Es wurde ausschließlich von Österreichern geleitet, aber zusätzlich von einer Einheit württembergischer SS-Männer bewacht, zumal Flüchtlinge, die aus kriminellen Gründen ihre Heimat verlassen hatten, in Sammeltransporten nach Österreich abgeschoben wurden[151].

Häufig hielten sich Angehörige der „Österreichischen Legion" im Zusammenhang mit Propagandaaktionen illegal in Österreich auf. Einer dieser Nationalsozialisten, der gemeinsam mit einem Komplizen in der Neujahrsnacht 1935 *in der Linzer Gasse ein Hakenkreuz abgebrannt* hatte, ertrank am darauf folgenden Morgen bei Oberndorf in der eiskalten Salzach, als er nach Bayern zurückschwimmen wollte[152]. Dem zweiten Täter gelang die Flucht durch die Salzach. Beim Toten handelte es sich um einen aus der Steiermark stammenden Bäckergehilfen, von dem amtsbekannt war, dass er in *Bayern in der Österreichischen Legion gedient* hatte. Er war schon seit den Weihnachtsfeiertagen 1934 in der Stadt Salzburg und hatte bei seiner dort lebenden Mutter Unterschlupf gefunden.

Das militärische Engagement Italiens in Äthiopien ab Herbst 1935 und die damit verbundene Annäherung an Deutschland hatte zur zunehmenden außenpolitischen Isolierung Österreichs geführt. Konfrontiert mit dieser neuen Situation sah sich die Regierung Schuschnigg zu einer Änderung ihrer Politik gegenüber den Nationalsozialisten gezwungen. Eine Folge davon war das „Juli-Abkommen" (11. 7. 1936), in dem „die deutsche Reichsregierung die volle Souveränität des Bundesstaates Österreich" anerkannte[153]. Im Gegenzug verpflichtete sich der Ständestaat im nicht für die Öffentlichkeit bestimmten „Gentleman-Agreement" unter anderem zu einer Außenpolitik im Sinne Berlins sowie zu weitreichenden Konzessionen gegenüber den Nationalsozialisten im Inland. Demnach sollten Vertreter der „Nationalen Opposition" zur „Mitwirkung an der politischen Verantwortung" herangezogen werden – Dr. Edmund Glaise-Horstenau (Minister ohne Geschäftsbereich) und Dr. Guido Schmid (Staatssekretär im Außenamt) wurden daraufhin vom Bundeskanzler in die Regierung aufgenommen. Im Zuge der vereinbarten Amnestie erfolgte noch im Juli die Freilassung von 17.045 in Österreich inhaftierten Nationalsozialisten[154].

Um die außenpolitische Lage zu stabilisieren, war auch Hitler vorerst an keiner Eskalation gelegen. Dies brachte er beim Besuch hochrangiger österreichischer Nationalsozialisten am „Berghof" am 16. Juli 1936 unmissverständlich zum Ausdruck, als er sie anwies, *in Österreich Disziplin zu bewahren* und Politik im Rahmen der „Vaterländischen Front“ zu machen[155]. Tatsächlich dürfte es auch in Salzburg ab der zweiten Jahreshälfte 1936 zu einer Beruhigung der Lage gekommen sein. Die „Vorfallenheitsberichte“ der Gendarmerieposten berichten, abgesehen von kleineren Vorfällen, wie dem Verteilen von Fugblättern, dem illegalen Tragen von Parteiabzeichen oder dem verbotenen Grüßen mit dem „Deutschen Gruß“, über keine Propagandaaktionen oder gar Anschläge der Nationalsozialisten[156]. In diese Richtung geht auch ein im September 1936 in Oberndorf von der Gendarmerie beschlagnahmtes „Weisungsblatt“ an alle „Gliederungen bis einschließlich Ortsgruppen“ der NSDAP, in dem zur Zurückhaltung ermahnt wurde – alle Parteimitglieder hatten beispielsweise bei Androhung des Parteiausschlusses Reisen ins Deutsche Reich der Partei zu melden. Jeglicher Kontakt mit „Reichs- und Emigranten-Stellen“ war ihnen mit der Begründung, dass *A. Hitler die Nichteinmischung strengstens befohlen* hatte, untersagt[157]. An der Grenze nach Bayern kam es im Gefolge des „Juli-Abkommens“ zu einer Deeskalation der Verhältnisse, jedoch führten grenznahe Militärmanöver und Truppenbewegungen zur Beunruhigung der österreichischen Behörden[158].

Mit Kalk (?) auf einer Salzburger Bergwiese aufgebrachtes Hakenkreuz (Foto aus: Rohrwig, Freiheitskampf, 1942; Reproduktion: SLA).

1937 änderte sich die im Vergleich zu den Jahren zuvor günstige Sicherheitslage nicht, wenn man von Hakenkreuzschmierereien und zahlreichen Verhaftungen von NS-Sympathisanten, beispielsweise wegen *Betätigung für die NSDAP* oder *Grüßens mit Heil-Hitler* und ähnlichen Delikten, absieht[159]. Auch wurden in der Nacht zum 20. April, dem Geburtstag von Adolf Hitler, auf den Berghängen im Großraum der Landeshauptstadt, mehrere Hakenkreuzfeuer abgebrannt, wie jenes 15 Meter große am Abhang des Gaisberges im Gemeindegebiet von Glasenbach oder ein weiteres bei Maria Plain. In beiden Fällen gelang es der herbeigerufenen Gendarmerie die Feuer rasch zu löschen[160]. Überdies häuften sich im Sommer 1937 Klagen über strengere Grenzkontrollen, besonders der Devisenbestimmungen seitens der deutschen Zollorgane, wodurch *Deutschen Staatsangehörigen* [...] *der Übertritt nach Österreich verleidet sei*[161]. Grundsätzlich ging das Jahr 1937 ruhig zu Ende, und ebenfalls noch ohne größere Zwischenfälle verlief der Jahreswechsel 1937/38[162].

10. Der „Anschluß“

Allen Maßnahmen des Ständestaates zum Trotz verzeichnete die NSDAP, deren Organisationsstrukturen auch in der Illegalität immer mehr ausgebaut wurden, eine stetige Zunahme der Anzahl ihrer illegalen Parteimitglieder. So ergab eine Hausdurchsuchung der Polizei, dass sich alleine in der Stadt Salzburg diese Zahl von 1936 bis Jahresende 1937 von rund 500 auf 1100 mehr als verdoppelt hatte[163]. Ein NSDAP-interner „Bericht über die Organisation des Gaues Salzburg“ nennt mit Stichtag 31. Jänner 1938 für die „Kreise I–V“, welche territorial den politischen Bezirken entsprachen, insgesamt rund „8.000 Parteigenossen“, von denen 435 aktiv die *Organisation der politischen Leitung* der Partei aufrechterhielten[164]. Im Vergleich zu den offiziell 29.224 Mitgliedern der „Vaterländischen Front“ nimmt sich auch diese Zahl zwar mehr als bescheiden aus, doch zeigen die Wochen rund um den „Anschluß“, über wie wenig Rückhalt der „Ständestaat“ und seine Organisationen in der Bevölkerung verfügte[165].

1938 intensivierten die Nationalsozialisten ihre Propaganda in Österreich, wie spektakuläre Beschlagnahmungen von einschlägigem Material durch die zuständigen Sicherheitsbehörden belegen. Im Jänner konfiszierte die Staatspolizei am Salzburger Hauptbahnhof rund 14 Tonnen Propagandamaterial, das als Dienstpost der Reichsbahn getarnt, über die Grenze geschmuggelt worden war[166]. Anfang Februar erfolgte die Festnahme eines Salzburger Baumeisters, der zwei Lastwagen-Ladungen mit nationalsozialistischen Werbeschriften illegal ins Land gebracht hatte[167]. Diese Erfolge konnten jedoch nicht darüber hinwegtäuschen, dass auch in Salzburg Politik und Verwaltungen als Folge der weitgehenden Durchsetzung mit Nationalsozialisten zunehmend in ihrer Handlungsfähigkeit eingeschränkt waren. So funktionierte Ende Februar 1938 die Kommunikation zwischen der Sicherheitsdirektion und den Bezirkshauptmannschaften bzw. den Gendarmeriepostenkommandos nicht mehr einwandfrei[168].

Teilnahme von SA und SS am „Nationalen Fackelzug" durch die Stadt Salzburg am Abend des 21. Februar 1938 (Foto: AStS, Fotoarchiv Franz Krieger, Film 100).

Nach dem Abschluss des „Berchtesgadener Abkommens" am 12. Februar 1938 nahm die Agitation der Nationalsozialisten immer mehr den Charakter einer Massenbewegung an. Einen ersten Höhepunkt erreichte dies am 21. Februar, als zwischen 13.000 und 19.000 NS-Sympathisanten, SS und SA zum Teil schon in Uniform, in einem Fackelzug durch die Salzburger Innenstadt marschierten[169]. Als Reaktion darauf mobilisierte die „Vaterländische Front" am 25. Februar noch einmal ihre Anhänger und veranstaltete ebenfalls einen Fackelzug, an dem sich 24.000 Menschen beteiligten – bezeichnend für die herrschende Stimmung ist, dass alle Bediensteten der Landesregierung verpflichtet wurden, an dieser Kundgebung teilzunehmen[170]. Nachdem Bundeskanzler Schuschnigg am 9. März in Innsbruck für den 13. März eine Volksbefragung über die Unabhängigkeit Österreichs angekündigt hatte, spitzte sich die Lage weiter zu, da die Nationalsozialisten gegen dieses Referendum mobil machten. Ausschreitungen in der Stadt Salzburg, die einige Verletzte forderten, waren die Folge.

In der Nacht vom 9. auf 10. März wurden von Deutschland alle Grenzübergänge nach Österreich geschlossen. NS-Sympathisanten beherrschten schon die Straßen, und daran konnte auch am 11. März die Absage der Volksabstimmung nichts mehr ändern. Am Vormittag des 12. März 1938 erreichten schließlich die ersten deutschen Truppen die Stadt Salzburg, wo sie von einer jubelnden Menschenmenge begrüßt wurden.

Auf politischer Ebene hatte sich der Machtwechsel bereits am Abend des 11. März mit der Absetzung von Landeshauptmann Franz Rehrl vollzogen. Als Gauleiter Anton Wintersteiger an diesem Abend im Chiemseehof eintraf, um dort die Landesregierung zu übernehmen, grüßte ihn die bei der Einfahrt stehende Polizeiwache bereits mit *erhobener Hand*[171].

11. Resümee

Was waren also entscheidende Ursachen, dass es der NSDAP möglich war, sich in nicht einmal zwei Jahrzehnten von einer politisch weitgehend unbedeutenden Splittergruppe zu einer Massenpartei zu entwickeln, der die herrschende politische Ordnung weitgehend hilflos gegenüberstand? Ein wesentlicher Faktor war, dass es dem Österreich der Zwischenkriegszeit nie gelang, die ökonomischen Folgen des Ersten Weltkrieges und des Zerfalls des Wirtschaftsraumes Donaumonarchie in den Griff zu bekommen – Massenarbeitslosigkeit blieb in der gesamten Ersten Republik ein Dauerproblem. Doch erst die ökonomischen und politischen Probleme in der größten Krise des Kapitalismus Anfang der 30er Jahre (Weltwirtschaftskrise) waren die entscheidenden Faktoren für den Aufstieg des Nationalsozialismus in Österreich. Der Staat, der ohnehin im Bewusstsein der Bevölkerung nicht wirklich verankert war, konnte also die materiellen Grundbedürfnisse seiner Bewohner nicht sicherstellen. Zudem fehlte ihm spätestens ab den Ereignissen im Februar 1934 jegliche demokratische Legitimation. Diese Unzufriedenheit und die fehlenden Perspektiven machten die Menschen für radikale politische Konzepte anfällig. Dies, und der Umstand, dass die Nationalsozialisten nicht erst seit ihrer Machtübernahme in Deutschland von

SA-Posten auf der Staatsbrücke am Morgen des 12. März 1938 (Foto: AStS, Fotoarchiv Franz Krieger, Film 137).

dort massive Unterstützung erhielten, erleichterte ihr gewaltbereites und in seiner Radikalität bis dato unbekanntes politisches Agieren. Die wirtschaftlichen Erfolge des nationalsozialistischen Deutschland, hier vor allem das Erreichen einer Vollbeschäftigung, erhöhten zudem die Attraktivität der NSDAP und ihrer Ideologie – sie zeigten damit gleichsam den Ausweg aus der herrschenden wirtschaftlichen Not. Es war also eine Kombination von zunehmender Schwäche des politischen Systems im Inneren und steigendem Druck von Außen, dem das Österreich der Ersten Republik schließlich erliegen musste.

Anmerkungen

1 Ernst Hanisch, Die christlich-soziale Partei für das Land Salzburg 1918–1934, in: MGSL 124 (1984), S. 477–496.
2 Landespressebüro (Hg.), Salzburg Informationen 77/1, 2. Daten und Fakten – Bundesland Salzburg. Schriftenreihe des Landespressebüros Nr. 2, Salzburg 1977, S. 49.
3 Sammelliste mehrerer deutschnationaler Gruppierungen.
4 Christlichsoziale, Landbund, Nationalsozialisten.
5 Ernst Hanisch, Salzburg, in: Erika Weinzierl und Kurt Skalnik (Hg.), Österreich 1918–1938. Geschichte der Ersten Republik. Bd. 2, Wien 1983, S. 903–937.
6 Herbert Dachs, Franz Rehrl und die Bundespolitik, in: Wolfgang Huber (Hg.), Franz Rehrl Landeshauptmann von Salzburg 1922–1938, Salzburg 1975, S. 215–268, hier S. 249.
7 Vgl.: Richard Voithofer, Drum schließt Euch frisch an Deutschland an ... Die Großdeutsche Volkspartei in Salzburg 1920–1936 (Schriftenreihe des Forschungsinstitutes für politisch-historische Studien der Dr.-Wilfried-Haslauer-Bibliothek, Salzburg, Bd. 9), Wien–Köln–Weimar 2000.
8 Klaus Berchtold, Österreichische Parteiprogramme 1868–1966, Wien 1967, S. 439-482.
9 Ernst Hanisch, Zur Frühgeschichte des Nationalsozialismus in Salzburg (1913–1925), in: MGSL 117, Salzburg 1977, S. 371–410, S. 378 f.
10 SLA, LRA 1910/19 VI D 8 / 1918.
11 Satzungen des „Landesvereines der Deutschen national-sozialistischen Arbeiterpartei“; SLA, LRA 1910/19 VI D 8/1918.
12 Richard Voithofer, Politische Eliten in Salzburg. Ein biographisches Handbuch 1918 bis zur Gegenwart. (Schriftenreihe des Forschungsinstitutes für politisch-historische Studien der Dr.-Wilfried-Haslauer-Bibliothek, Salzburg, Bd. 32), Wien–Köln–Weimar 2007, S. 201.
13 Voithofer, Politische Eliten (wie Anm. 12), S. 243.
14 Bundesweit errangen die Nationalsozialisten nur 0,78 %; vgl.: Robert Kriechbaumer, Die großen Erzählungen der Politik. Politische Kultur und Parteien in Österreich von der Jahrhundertwende bis 1945 (Schriftenreihe des Forschungsinstitutes für politisch-historische Studien der Dr.-Wilfried-Haslauer-Bibliothek, Salzburg, Bd. 12), Wien–Köln–Weimar 2001, S. 665.
15 Norbert Schausberger, Der Griff nach Österreich. Der Anschluß, Wien–München 1978, S. 223.
16 Salzburger Volksblatt, 9. 8. 1920, S. 3; Der Name von Adolf Hitler wird hier fälschlicherweise mit „Hüttler“ angegeben, ein Umstand, der dafür spricht, dass er zu dieser Zeit auch in nationalen Kreisen ein noch weitgehend unbekannter Politiker war.
17 Salzburger Volksblatt, 2. 10. 1920, S. 2.
18 Hanisch, Frühgeschichte (wie Anm. 9), S. 404.
19 Ebenda, S. 406 f.
20 Salzburger Volksblatt, 16. 8. 1923, S. 2.
21 Ebenda, S. 2.
22 Otto Reich v. Rohrwig, Der Freiheitskampf der Ostmark-Deutschen. Von St. Germain bis Adolf Hitler, Graz–Wien–Leipzig 1942, S. 48 f.
23 Werner Maser, Die Frühgeschichte der NSDAP. Hitlers Weg bis 1924, Frankfurt–Bonn 1965, S. 263.
24 Salzburger Chronik, 17. 8. 1923, S. 3.
25 Bundeskanzleramt (inneres) an Präsidium der Landesregierung; 3. 10. 1923; SLA, Präs. Akt 1923/XIa/4154.
26 Polizeidirektor Steinhäusl an die Polizeidirektion Wien, 28. 10. 1923; SLA, Präs. Akt 1923/XIa/4154.

27 Salzburger Volksblatt, 9. 5. 1938, S. 4 f.
28 Nicht einmal das deutschnationale Salzburger Volksblatt berichtet über etwaige Reaktionen oder konkrete Maßnahmen in Salzburg.
29 HAROLD J. GORDON, Hitlerputsch 1923. Machtkampf in Bayern 1923–1924, Frankfurt 1971, S. 329–333.
30 Landeshauptmann an das Ortskommando Salzburg, 9. 11. 1923; SLA, Präs. Akt 1923/XIa/4154.
31 HANISCH, Frühgeschichte (wie Anm. 9), S. 408.
32 Bayerischer Ministerpräsident an Landeshauptmann Dr. Röhrl (sic!), 12. 1. 1924; SLA, RehrlP-1924/0001.
33 Polizeidirektor Steinhäusl an Landeshauptmann Rehrl, 19. 1. 1924; SLA, RehrlP-1924/0001.
34 Landeshauptmann an bayerischen Ministerpräsident, 24. 1. 1924 (Konzept); SLA, RehrlP-1924/0001.
35 MASER, Frühgeschichte NSDAP (wie Anm. 23), S. 23.
36 ROHRWIG, Freiheitskampf (wie Anm. 22), Abb. S. 48 f.
37 GORDON, Hitlerputsch (wie Anm. 29), S. 420–422.
38 Hans Prodinger gehörte seit 1919 für die Nationalsozialisten dem Salzburger Gemeinderat an; vgl.: Land Salzburg (Hg.), Hundert Jahre selbständiges Land Salzburg 1861–1961. Festschrift des Salzburger Landtages, Salzburg 1961, S. 98.
39 HANISCH, Frühgeschichte (wie Anm. 9), S. 410.
40 Salzburger Volksblatt, 4. 8. 1924, S. 6.
41 Die Partei war nach 1923 in folgende Strömungen zerfallen: „Nationalsozialistische Partei" (Karl Schulz), „Deutschsozialer Verein" (Walter Riehl), „Nationalsozialistische Hitlerbewegung" (Richard Suchenwirth); vgl.: N. SCHAUSBERGER, Österreich (wie Anm. 15), S. 224.
42 N. SCHAUSBERGER, Österreich (wie Anm. 15), S. 224.
43 KRIECHBAUMER, Erzählungen (wie Anm. 14), S. 679.
44 Salzburger Volksblatt, 28. 9. 1926, S. 6.
45 HANISCH, Salzburg (wie Anm. 5), S. 920.
46 N. SCHAUSBERGER, Österreich (wie Anm. 15), S. 225.
47 Salzburger Volksblatt, 9. 5. 1938, S. 4 f.
48 FRANCIS L. CARSTEN, Faschismus in Österreich. Von Schönerer zu Hitler, München 1977, S. 144.
49 VOITHOFER, Politische Eliten (wie Anm. 12), S. 205 f.
50 Polizeidirektor Steinhäusl an Landesreg. Rat. Negrelli, 15. 3. 1928; SLA, Präs. Akt 1928/32c/4192.
51 Staatspolizeilicher Tätigkeitsbericht für das Jahr 1928, 10-11; SLA, RehrlBr-1929/2513.
52 BH Hallein an Landesamtsdirektion, 23. 10. 1930; SLA, Präs. Akt 1930/32c/2596.
53 Polizeidirektor Steinhäusl an Landesamtsdirektion, 9. 4. 1930; SLA, Präs. Akt 1930/32c/2596.
54 SLA, Präs. Akt 1931/32c/2596.
55 HEINZ DOPSCH und ROBERT HOFFMANN, Geschichte der Stadt Salzburg, Salzburg–München 1996, S. 530.
56 Die Ergebnisse der Gemeindewahlen in Salzburg; BHStA, Österreichische Parteien 1926–1940, Fasz. 85 (SLA, Mikrofilm 3654, Fasz. 85/Aufn. 205).
57 27,9 % der Stimmberechtigten, Statistik der Ortsgemeindewahlen 1931; SLA, Präs. Sep. Fasz. Nr. 106.
58 SLA, Präs. Sep. Fasz. Nr. 106.
59 DIRK HÄNISCH, Die österreichischen NSDAP-Wähler. Eine empirische Analyse ihrer politischen Herkunft und ihres Sozialprofils, Wien–Köln–Weimar 1998, S. 91.
60 Statistik der Ortsgemeindewahlen 1931; SLA, Präs. Sep. Fasz. Nr. 107.
61 Die Ergebnisse der Gemeindewahlen in Salzburg; BHStA, Österreichische Parteien 1926–1940, Fasz. 85 (SLA, Mikrofilm 3654, Fasz. 85/Aufn. 205).

62 Bericht der Ortsgruppe Salzburg an die Gauleitung Innsbruck, Salzburg, 13. 9. 1929; BHStA, Österreichische Parteien 1926–1940, Fasz. 85 (SLA, Mikrofilm 3654, Fasz. 85/Aufn. 129).

63 Mitteilung des Ortsgruppenführers Maxglan, 19. 9. 1931; BHStA, Österreichische Parteien 1926–1940, Fasz. 85 (SLA, Mikrofilm 3654, Fasz. 85/Aufn. 164).

64 Kreisleitung Salzburg an den Gauführer, 21. 1. 1931; BHStA, Österreichische Parteien 1926–1940, Fasz. 85 (SLA, Mikrofilm 3654, Fasz. 85/Aufn. 192).

65 Kreisleitung Salzburg an die Westgauleitung in Innsbruck; 9. 8. 1931; BHStA, Österreichische Parteien 1926–1940, Fasz. 85 (SLA, Mikrofilm 3654, Fasz. 85/Aufn. 252).

66 Kreisleitung Salzburg an die Westgauleitung in Innsbruck; 9. 8. 1931; BHStA, Österreichische Parteien 1926–1940, Fasz. 85 (SLA, Mikrofilm 3654, Fasz. 85/Aufn. 252).

67 Gendarmeriepostenkommando Gnigl an Bezirkshauptmannschaft Salzburg, 7. 3. 1932; SLA, Präs. Akt 1932/32c/461.

68 Gendarmeriepostenkommando Krimml an Bezirkshauptmannschaft Zell am See, 24. 4. 1932; SLA, Präs. Akt 1932/32c/461.

69 SLA, Präs. Akt 1932/32c/461.

70 Bundespolizeidirektion Salzburg an Landesamtsdirektion, 26. 8. 1932; SLA, Präs. Akt 1932/32c/461.

71 Franz Schausberger, Ins Parlament um es zu zerstören. Das „parlamentarische Agi(ti)ren der Nationalsozialisten in den Landtagen von Wien, Niederösterreich, Salzburg und Vorarlberg nach den Landtagswahlen 1932 (Schriftenreihe des Forschungsinstitutes für politisch-historische Studien der Dr.-Wilfried-Haslauer-Bibliothek, Salzburg, Bd. 1), Wien–Köln–Weimar 1995, S. 226.

72 LGBl. für das Land Salzburg Nr. 81/1932.

73 Vgl.: F. Schausberger, Ins Parlament (wie Anm. 71), S. 224 f.

74 Hanisch, Salzburg (wie Anm. 5), S. 920.

75 Gendarmerieposten Lamprechtshausen an Landesgendarmeriekommando Salzburg, 3. 10. 1932; SLA, Präs. Akt 1932/32c/461.

76 Sammlung von Zeitzeugeninterviews des Vereines Stadtteilmuseum Liefering, aufgenommen in den Jahren 1999–2005.

77 Zusammenstellung der in letzter Zeit an der deutschen Reichsgrenze vorgekommenen Zwischenfälle; SLA, RehrlBr 1933/0957.

78 Ebenda.

79 Ebenda.

80 Bruce F. Pauley, Der Weg in den Nationalsozialismus. Ursprünge und Entwicklung in Österreich, Wien 1988, S. 106 f.

81 BGBl. Nr. 240/1933.

82 LGBl. für das Land Salzburg Nr. 866/1933.

83 Stenographisches Protokoll, 2. Sitzung des Salzburger Landtages, 2. Session der 4. Wahlperiode, S. 3 f.

84 Gesetz über die Beschränkung der Reisen nach der Republik Österreich, RGBl. Nr. 57/1933.

85 Gremium der Autobusunternehmer der Stadt Salzburg an LH Rehrl, 19. 7. 1931; SLA, RehrlBr 1931/1312.

86 Josef Wysocki, Leben im Berchtesgadener Land 1800–1990, Bad Reichenhall 1991, S. 261.

87 Der Oberbürgermeister von Regensburg an LH Rehrl, 15. 2. 1932, SLA, RehrlP 1932/0002.

88 Gustav Otruba, Hitlers „1000-Mark-Sperre“ und Österreichs Fremdenverkehr 1933, in: Rudolf Neck und Adam Wandruszka (Hg.), Beiträge zur Zeitgeschichte. Festschrift Ludwig Jedlicka zum 60. Geburtstag, Wien 1976, S. 113–162, hier S. 118.

89 Ebenda, S. 113.

90 BGBl. Nr. 208/1933.

91 BGBl. Nr. 290/1936.

92 „Sag“ an LH Rehrl, 23. 6. 1933; SLA, RehrlBr 1933/2615.

93 Kammer für Handel, Gewerbe und Industrie Salzburg an die Landesregierung, 6. 6. 1933; SLA, Präs. Akt 1933/14/4614.

94 Otruba, „1000-Mark-Sperre" 1933 (wie Anm. 88), S. 141.

95 Marktgemeinde und Verkehrsverein Lofer an LH Rehrl, 30. 10. 1934; SLA, RehrlBr 1934/3076.

96 Bereits seit 1891 war dieses Tal Zollausschlussgebiet; vgl.: Landesverkehrsamt in Salzburg, Information über die administrative Behandlung des Kleinen Walsertales in Vorarlberg; 15. 11. 1934; SLA, RehrlBr 1934/3076.

97 Gendarmeriepostenkommando Wals an BH Salzburg, 1. 1. 1937; SLA, Präs. Akt 1937/34a/261.

98 Gustav Otruba, Die Folgen des Juliabkommens 1936 für Österreichs Fremdenverkehr, in: Politik und Gesellschaft im alten und neuen Österreich. Festschrift für Rudolf Neck zum 60. Geburtstag. Bd. 2, Wien 1981, S. 146–162, S. 154.

99 Bezirkshauptmannschaft Salzburg an Landesamtsdirektion, 4. 9. 1933, SLA, Präs. Akt 1933/15a/6930.

100 Gendarmeriepostenkommando Gnigl an BH Salzburg, 13. 11. 1933; SLA, Präs. Akt 1933/15a/6930.

101 Gendarmeriepostenkommando Salzburg an BH Salzburg; 21. 8. 1933; SLA, Präs. Akt 1933/15a/6930.

102 Sicherheitsdirektion Salzburg an Landesamtsdirektion, 29. 6. 1933; SLA, Präs. Akt 1933/15a/6930.

103 Gendarmeriepostenkommando Liefering an BH Salzburg, 31. 8. 1933; SLA, Präs. Akt 1933/15a/6930.

104 „Vorfallenheiten an der Grenze"; SLA, Präs. Akt 1933/15a/6930 und SLA, Präs. Akt 1934/15a/95.

105 Sicherheitsdirektion Salzburg an Bundeskanzleramt, 14. 7. 1933; SLA, Präs. Akt 1933/15a/6930.

106 Wysocki, Berchtesgadener Land (wie Anm. 86), S. 262.

107 Gendarmeriepostenkommando Hallein an BH Hallein, 23. 8. 1933; SLA, Präs. Akt 1933/15a/6930.

108 Gerhard Jagschitz, Zur Struktur der NSDAP in Österreich vor dem Juliputsch 1934, in: Ludwig Jedlicka und Rudolf Neck (Hg.), Das Jahr 1934: 25. Juli. Protokoll des Symposiums in Wien am 8. Oktober 1974, Wien 1975, S. 9–29, S. 13 f.

109 Walter Leubuscher, Der große Irrtum. Ein Beitrag zur Geschichte der nationalsozialistischen Bewegung in Österreich, Wien 1937, S. 29. Beim Autor handelt es sich angeblich um einen ehemaligen Angehörigen der „Legion", der 1935 (?) nach Österreich zurückkehrte.

110 Einen überaus detaillierten Einblick in das Alltagsleben und die Ausbildung bietet der Bericht eines Angehörigen der „Österreichischen Legion", der Mitte September 1933 beim Versuch die österreichische Grenze im Untersberggebiet zu überschreiten in Bergnot geriet und von der Gendarmerie aufgegriffen wurde; vgl.: Gendarmeriepostenkommando Grödig an BH Hallein, 15. 11. 1933; SLA, Präs. Akt 1933/15a/6930.

111 Leubuscher, Irrtum (wie Anm. 109), S. 48.

112 Bericht des Gendarmeriepostens Oberndorf an das Bezirksgendarmeriekommando Salzburg über einen derartigen Schusswechsel, der sich in der Nacht zum 23. 5. 1934 an der Salzach in der Ortschaft Wimpassing ereignete; SLA, Präs. Akt 1934/15a/95.

113 Gerhard Jagschitz, Der Putsch. Die Nationalsozialisten 1934 in Österreich, Wien 1976, S. 36 u. S. 43.

114 Gendarmeriepostenkommando Hallein an BH Hallein, 24. 1. 1934; SLA, Präs. Akt 1934/15a/95.

115 SLA, Präs. Akt 1934/15a/95.

116 Gendarmerieposten Glas ad Aigen an Bezirksgendarmeriekommando, 1. 5. 1934; SLA, Präs. Akt 1934/15a/95.

117 Salzburger Chronik, 23. 4. 1934, S. 3.

118 Ernst Hanisch, 1938 in Salzburg, in: MGSL 118 (1978), S. 257–309, S. 291.
119 Gendarmeriepostenkommando Hallein an BH Hallein, 13. 6. 1933; SLA, Präs. Akt 1933/15a/6930.
120 Gerhard Jagschitz, Die Anhaltelager in Österreich (1933–1938), in: Vom Justizpalast zum Heldenplatz, Studien und Dokumente 1927–1938, Wien 1975, S. 128-151, hier S. 134.
121 Hanisch, Salzburg (wie Anm. 5), S. 921.
122 SLA, Landesgericht Salzburg Vr 1394/1934.
123 Jagschitz, Putsch (wie Anm. 113), S. 37.
124 Gendarmeriepostenkommando Salzburg an BH; 13. 11. 1933; SLA Präs. Akt 1933/15a/6930.
125 SLA, Präs. Akt 1934/15a/95.
126 „Vorfallenheiten an der Grenze"; SLA, Präs. Akt 1934/15a/95.
127 Tagebuchartige Erinnerungen von Hans Rabitsch (1900–1986, Mesner und Holzschnitzer in Liefering), Bd. Juli-August 1934, Privatbesitz; der Verfasser bedankt sich an dieser Stelle bei Herrn Werner Hölzl für die Ermöglichung der Einsichtnahme in diese zeitgenössischen Aufzeichnungen.
128 Kurt Bauer, Elementar-Ereignis. Die österreichischen Nationalsozialisten und der Juliputsch 1934, Wien 2003, S. 98; Hans Schafranek, Sommerfest mit Preisschießen. Die unbekannte Geschichte des NS-Putsches im Juli 1934, Wien 2006.
129 Peter F. Kramml, Liefering – Das Dorf an der Grenze (1816–1939/45), in: Liefering. Das Dorf in der Stadt, Salzburg 1997, S. 57–214, S. 181.
130 Salzburger Chronik, 6. 11. 1934, S. 6.
131 Franz Anglberger wurde am 3. 8. 1934 am Friedhof in Liefering begraben; Totenbuch der röm. kath. Pfarre Salzburg-Liefering.
132 Kramml, Liefering (wie Anm. 129), S. 181.
133 Salzburger Chronik, 8. 11. 1934, S. 7.
134 Kramml, Liefering (wie Anm. 129), S. 181.
135 Erinnerungen Rabitsch (wie Anm. 127).
136 Jagschitz, Putsch (wie Anm. 113), S. 164 f.
137 Die Ereignisse bildeten den Hintergrund für das Propagandastück von Karl Springenschmid „Lamprechtshausener Weihespiel – Von Kampf und Not eines deutschen Dorfes in Österreich", das 1938 und 1939 in der Woche um den 25. Juli auf einer Freilichtbühne vor Ort aufgeführt wurde; vgl.: Gert Kerschbaumer, Faszination Drittes Reich. Kunst und Alltag der Kulturmetropole Salzburg, Salzburg o. J., S. 136–144.
138 Ernst Hanisch, „Das wilde Land" – Bürgerkrieg und Nationalsozialismus in Seekirchen, in: Elisabeth und Heinz Dopsch (Hg.), 1300 Jahre Seekirchen. Geschichte und Kultur einer Salzburger Marktgemeinde, Seekirchen 1996, S. 323–346.
139 Chronik des Gendarmeriepostens Mattsee I, S. 80.
140 Salzburger Chronik, 28. 7. 1934, S. 11.
141 23. 9. 1934: 689 / 15. 12. 1934: 158 Nationalsozialisten in Salzburg in Haft; vgl.: Jagschitz, Anhaltelager (wie Anm. 120), S. 149.
142 Salzburger Volksblatt, 11. 5. 1938, S. 3.
143 Kammer der Arbeiter und Angestellten Salzburg an Landeshauptmann, 9. 3. 1938; SLA RehrlP 1938/0034.
144 SLA, BH Salzburg-Umgebung 1934 N1/1578.
145 Alleine für den Bezirk Salzburg-Umgebung, also jenem, in dem es zu Kämpfen kam, sind von Juni 1933 bis zum 27. Oktober 1934 insgesamt 324 rechtskräftige und drei bis dato nicht rechtskräftige Ausbürgerungen bekannt, wobei anzunehmen ist, dass die Mehrzahl nach dem Juli 1934 erfolgte; BH Salzburg-Umgebung an Sicherheitsdirektion, 30. 10. 1934; SLA, BH Salzburg-Umgebung 1934 N1/26726.
146 Kriechbaumer, Erzählungen (wie Anm. 14), S. 700.
147 Hanisch, 1938 (wie Anm. 118), S. 260.
148 SLA, Präs. Akt 1934/15a/95.

149 Berichterstattung von Regierungsvizedirektor Gaston Negrelli an den auf Urlaub befindlichen Landeshauptmann Franz Rehrl, Brief von 19. 9. 1935 und 24. 9. 1935; SLA, RehrlBr 1935/3602 und Salzburger Chronik, 21. 9. 1935, S. 11.

150 SLA, Präs. Akt 1934/15a/95 und Präs. Akt 1935/34a/296.

151 Die Angaben entstammen dem Bericht des Gendarmeriepostenkommandos Oberndorf an die BH Salzburg über die Befragung eines am 21. 12. 1935 beim illegalen Grenzübertritt nach Deutschland aufgegriffenen ehemaligen Insassen des Lagers Graßlfing, 22. 12. 1935; SLA, Präs. Akt 1935/34a/296.

152 Gendarmeriepostenkommando Oberndorf an die BH Salzburg, 2. 1. 1935; SLA, Präs. Akt 1935/34a/296.

153 LUDWIG REICHHOLD, Kampf um Österreich. Die Vaterländische Front und ihr Widerstand gegen den Anschluß 1933–1938. Eine Dokumentation, Wien 1984, S. 220–227.

154 PAULEY, Weg in den Nationalsozialismus (wie Anm. 80), S. 163.

155 WOLFGANG ROSAR, Deutsche Gemeinschaft. Seyss-Inquart und der Anschluß, Wien–Frankfurt–Zürich 1971, S. 94 f.

156 SLA, Präs. Akt 1936/34a/236.

157 Gendarmeriepostenkommando Oberndorf an die BH Salzburg, 21. 9. 1936; SLA, Präs. Akt 1936/34a/236.

158 Gendarmeriepostenkommando Großgmain an die BH Salzburg, 30. 6. 1936; SLA, Präs. Akt 1937/34a/246.

159 Bundespolizeidirektion Salzburg, Vorfallenheitsberichte 1936–März 1938; SLA, Präs. Sep. Fasz. 127.

160 SLA, Präs. Akt 1937/34a/1280.

161 Gendarmeriepostenkommando Oberndorf an die BH Salzburg, 5. 6. 1937; SLA, Präs. Akt 1937/34a/261.

162 Bundespolizeidirektion Salzburg, Vorfallenheitsberichte 1936–März 1938; SLA, Präs. Sep. Fasz. 127.

163 Salzburger Volksblatt, 10. 2. 1938, S. 1.

164 Auch für das ganze Bundesland kam es zu einer Verdoppelung der Mitglieder, denn mit Stichtag 31. Oktober 1936 betrug der Gesamtstand für den Gau Salzburg insgesamt 4166; Bericht über die Organisation des Gaues Salzburg; SLA, P-Archiv 11.

165 Salzburger Volksblatt, 10. 2. 1938, S. 1.

166 ULRICH EICHSTÄDT, Von Dollfuß zu Hitler. Geschichte des Anschlusses Österreichs 1933–1938, Wiesbaden 1955, S. 265.

167 Salzburger Volksblatt, 10. 2. 1938, S. 1.

168 Sicherheitsdirektor an alle Bezirkshauptmannschaften, 22. 2. 1938; SLA Präs. Akt 1938/8a/871.

169 Ereignisse rund um den „Anschluß", wenn nicht anders angegeben: vgl: HANISCH, 1938 (wie Anm. 118), S. 260 f.

170 Rundschreiben Landeshauptmann Rehrl, 22. 2. 1938, SLA Präs. Akt 1938/9/945.

171 Undatierter NSDAP-interner Bericht über die Ereignisse am 11. 3. 1938 in der Stadt Salzburg; SLA, P-Archiv 11.

Hans Schafranek

Militante NS-Aktivisten mit Rückzugsbasis: Salzburger bei der Österreichischen Legion

1. Zusammenfassung

Die Österreichische Legion entstand im Juni 1933 als eine paramilitärische Einheit, bestehend aus militanten SA-Angehörigen, die besonders nach dem Verbot der NSDAP in Österreich (19. Juni 1933) zu Tausenden nach Bayern flüchteten, wo sie in so genannten „Hilfswerklagern" der SA kaserniert und von Reichswehroffizieren ausgebildet wurden. Als „bewaffneter Arm" der illegalen österreichischen SA unterstand sie dem Kommando des SA-Obergruppenführers Hermann Reschny, der 1926 von Hitler zum Leiter der österreichischen SA bestimmt wurde und im Juni 1933 seinen Stab nach München verlegte.

Der Terminus „Österreichische Legion" ist etwas ungenau und wurde als offizielle Organisationsbezeichnung (d. h. im amtlichen Verkehr mit anderen NS-Dienstellen) erst ab März 1938, d. h. ab dem „Anschluß" verwendet. Von Juni 1933 bis März 1934 bildeten die SA-Legionäre einen Teil der SA-Obergruppe VIII (= Österreich), die am 27. März 1934 zur Obergruppe XI umbenannt wurde[1] und bis Oktober 1934 existierte. Diese SA-Formation umfasste unter der Kommandogewalt Reschnys bis zum Juliputsch zusätzlich die „Illegalen" in Österreich. Etwas kompliziert war die institutionelle Verflechtung mit den SS-Flüchtlingen, die zum einen dem SS-Oberabschnitt Donau (Sitz München) unterstanden[2], zum anderen – an der Spitze – nominell bis zum so genannten „Röhmputsch" der Obersten SA-Führung. Der immense politische Bedeutungszuwachs der SS nach der NS-Machtergreifung reduzierte jedoch die faktische Relevanz dieser noch existierenden nominellen Unterstellungsverhältnisse zu einer vernachlässigbaren Größe. Es waren deshalb wohl eher pragmatische Gründe – nämlich das anfängliche

SA-Obergruppenführer Hermann Reschny (Foto aus: Bokisch/Zirbs, Der österreichische Legionär 1940, Reproduktion: DOEW).

Fehlen geeigneter Unterkünfte in SS-Hilfswerklagern –, die dazu führten, dass SS-Flüchtlinge im Sommer 1933 ebenfalls ins Lager Lechfeld überstellt wurden, wo sie zuletzt vier Stürme (445 Mann) bildeten, während die Zahl der in diesem Lager untergebrachten, in sehr beengten Verhältnissen lebenden österreichischen SA-Männer bis Herbst 1933 etwa 3000 erreichte. Schwere Konflikte mit der SA-Lagerleitung führten dazu[3], dass bei der Räumung Lechfelds im Oktober/November 1933 die österreichischen SA- und SS-Einheiten definitiv getrennt wurden, d. h. die SA-Mitglieder bezogen neue Quartiere in den Lagern Wöllershof, Egmating, Bad Aibling, Vilshofen, Passau, Freilassing und anderen Standorten, die SS-Angehörigen hingegen wurden großteils in das SS-Hilfswerklager Dachau verlegt.

Der hier kurz angedeutete Kompetenzwirrwarr führte dazu, dass die österreichischen Behörden etwa bis 1935, fallweise auch noch 1936, undifferenziert alle nationalsozialistischen Flüchtlinge, die in Lagern zusammengefasst waren und/oder eine militärische Ausbildung erhielten, pauschal der Österreichischen Legion zurechneten[4]. Aber selbst SS-Angehörige, die erst nach der völligen organisatorischen Verselbständigung von der Obersten SA-Führung Österreich verließen, bezeichneten sich in Lebensläufen irrtümlicherweise mitunter als „Legionäre“. Die Zuordnung zur Österreichischen Legion erstreckt sich im Folgenden ausschließlich auf SA-Angehörige, was sich zum einen – im Hinblick auf die statistische Auswertung – arbeitstechnisch rechtfertigen lässt, zum anderen auch deshalb sinnvoll erscheint, weil von einigen Dutzend Salzburger SS-Leuten, die man als „Lechfelder“ für wenige Monate der Legion zurechnen könnte (siehe oben), während dieser Periode keiner in bemerkenswerter Weise in Erscheinung trat.

Das Barackenlager in Lechfeld (Foto aus: Bokisch/Zirbs, Der österreichische Legionär 1940, Reproduktion: DOEW).

Die Österreichische Legion erfüllte in den Jahren 1933 und 1934 eine Reihe von wichtigen Funktionen und Zielsetzungen:

– Auch wenn sich ihre Hoffnung auf einen frontalen Vorstoß nach Österreich nicht erfüllen sollte, blieb die Legion gleichwohl ein Machtfaktor, da sie als Waffenlieferant der illegalen SA fungierte, vor allem im Frühsommer 1934, als Reschny durch einen ausgedehnten Schmuggel von Waffen und Sprengstoff eine systematische Aufrüstung der SA betrieb, die allerdings zum Zeitpunkt des Juliputsches noch nicht abgeschlossen war.

– Die Legion spielte eine nicht unwesentliche Rolle bei der Einrichtung von Kommunikationslinien zwischen der emigrierten SA-Führung und den illegalen Kadern in Österreich, sei es durch den Schmuggel riesiger Mengen nationalsozialistischer Propagandaschriften, sei es durch Kurierdienste, Fluchthilfe an der Grenze oder nachrichtendienstliche Aufgaben.

– Angesichts der zum Teil desolaten organisatorischen Verhältnisse und pessimistischen Stimmungen im nationalsozialistischen Untergrund sollte man auch den psychologischen Faktor nicht außer Acht lassen, den die Existenz einer militärisch gut ausgebildeten und schwer bewaffneten Truppe bedeutete, deren Einsatzbereitschaft außer Zweifel stand, war sie doch ihr Lebensnerv, der die illegalen Kader in ihren Hoffnungen und Erwartungen bestärkte.

– Die Legion hatte in der Konfrontation zwischen Nationalsozialismus und österreichischer Regierung einen spezifischen Stellenwert als permanenter Faktor der Bedrohung und Verunsicherung.

Am 25. Juli 1934 stand die Legion in höchster Alarmbereitschaft und traf Vorbereitungen für den Einfall nach Österreich, doch verbot Hitler den Einsatz, als der SS-Putsch in Wien gescheitert war und Mussolini, damals noch der Schirmherr des „ständestaatlichen“ Regimes, mehrere Divisionen in der Nähe des Brenner mobilisierte. Die blutige Liquidierung der deutschen SA-Führung unter Ernst Röhm (30. Juni 1934), aber mehr noch das Scheitern des Juliputsches in Österreich, markierten einen gravierenden Einschnitt für die Österreichische Legion und deren Führung. Durch die Umorientierung der deutschen Österreich-Politik büßte sie einen Großteil ihrer früheren Bedeutung ein. Reschny verlor das Kommando über die illegale österreichische SA, die von der Legion organisatorisch ebenso abgekoppelt wurde wie der im Untergrund wirkende Parteiapparat von den nach Deutschland emigrierten politischen Leitern der NSDAP. Die illegale österreichische SA war fortan auf sich allein gestellt, und die Bindungen an die Legion lösten sich vollständig. 1935 zum Hilfswerk Nordwest (künftig: HWNW) umgebildet, wurde die Legion in eine Reihe von Lagern in Hessen, Westfalen, Thüringen und Norddeutschland verlegt. Eine militärische Intervention stand nicht mehr auf der Tagesordnung.

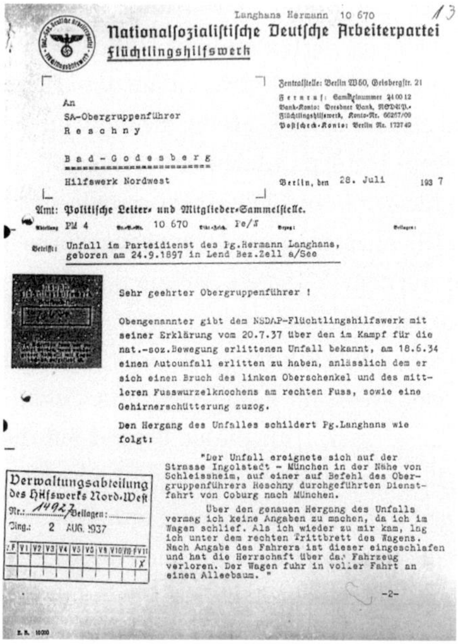

Langhans Hermann 10 670 13

Nationalsozialistische Deutsche Arbeiterpartei
Flüchtlingshilfswerk

Zentralstelle: Berlin W 50, Geisbergstr. 21
Fernruf: Sammelnummer 24 00 12
Bank-Konto: Dresdner Bank, NSDAP.-Flüchtlingshilfswerk, Konto-Nr. 66267/00
Postscheck-Konto: Berlin Nr. 172740

An
SA-Obergruppenführer
R e s c h n y

B a d - G o d e s b e r g

Hilfswerk Nordwest

Berlin, den 28. Juli 1937

Amt: Politische Leiter- und Mitglieder-Sammelstelle.
Abteilung PM 4 Mitgl.-Nr. 10 670 Tgb.-Zeich. Fe/S Bezug: Beilagen:

Betrifft: Unfall im Parteidienst des Pg.Hermann Langhans, geboren am 24.9.1897 in Lend Bez.Zell a/See

Sehr geehrter Obergruppenführer !

Obengenannter gibt dem NSDAP-Flüchtlingshilfswerk mit seiner Erklärung vom 20.7.37 über den im Kampf für die nat.-soz.Bewegung erlittenen Unfall bekannt, am 18.6.34 einen Autounfall erlitten zu haben, anlässlich dem er sich einen Bruch des linken Oberschenkel und des mittleren Fusswurzelknochens am rechten Fuss, sowie eine Gehirnerschütterung zuzog.

Den Hergang des Unfalles schildert Pg.Langhans wie folgt:

"Der Unfall ereignete sich auf der Strasse Ingolstadt - München in der Nähe von Schleissheim, auf einer auf Befehl des Obergruppenführers Reschny durchgeführten Dienstfahrt von Coburg nach München.

Über den genauen Hergang des Unfalls vermag ich keine Angaben zu machen, da ich im Wagen schlief. Als ich wieder zu mir kam, lag ich unter dem rechten Trittbrett des Wagens. Nach Angabe des Fahrers ist dieser eingeschlafen und hat die Herrschaft über das Fahrzeug verloren. Der Wagen fuhr in voller Fahrt an einen Alleebaum. "

Verwaltungsabteilung des Hilfswerks Nord-West
Nr.: 14927 Beilagen:
Eing.: 2 AUG. 1937

-2-

Schreiben des Flüchtlingshilfswerks an SA-Obergruppenführer Reschny, 28. Juli 1937.

Erst im Vorfeld des „Anschlusses", vor allem nach dem Berchtesgadener Abkommen, erwachten beim HWNW wieder die alten Hoffnungen[5], im Rahmen eines militärischen Einsatzes als „Befreier" nach Österreich zurückzukehren, gepaart mit der Erwartung, bei der bevorstehenden Umwälzung politische Schlüsselpositionen zu erlangen und auch materiell eine reiche Ernte einzubringen. Indes stellte sich während der „Anschluß"-Tage den ehrgeizigen Ambitionen Reschnys und seiner Truppe eine Phalanx politischer Widersacher und Konkurrenten in Österreich entgegen, die entschlossen waren, ein solches Vorhaben zu Fall zu bringen oder zumindest hinauszuzögern: Die SS, vor allem Odilo Globocnik, die Wehrmacht, Josef Bürckel (Reichskommissar für die Wiedervereinigung Österreichs mit dem Deutschen Reich und Gauleiter von Wien) und Wilhelm Keppler, Görings wichtigster Emissär in Österreich, wandten sich – teils offen, teils durch Intrigen – gegen eine Rückkehr der NS-Emigranten und der Legionäre im Besonderen. Durch eine persönliche Intervention bei Hitler (24. März 1938) vermochte Reschny zwar, diese Widerstände zu überwinden und Hitlers Einwilligung zu einer Rückkehr der Legion zu erlangen. Trotzdem verlief nach deren Einmarsch (30. März bis 1. April 1938) die Entwicklung für die Legionäre recht enttäuschend, denn zu diesem Zeitpunkt waren in Wien alle wichtigen politischen Positionen, Ämter und Pfründe entweder bereits vergeben, oder die Anwärter darauf verfügten über einflussreiche Lobbys, die sie als Sprungbrett für entsprechende Karrieren nutzten. Diese politische Konstellation wirkte wohl als zusätzliches Motiv, die individuelle Raubgier zahlreicher Legionäre sowohl bei den „wilden Arisierungen" als auch jenen, die später unter der Ägide der Vermögensverkehrsstelle stattfanden, noch stärker anzustacheln. Die Abrüstung der Legionsangehörigen erstreckte sich über einen Zeitraum von neun Monaten, Anfang 1939 wurde auch die „Abwicklungsstelle" der Legion aufgelöst[6].

Während also selbst hochrangige Legionsführer nach 1938 in Wien hinsichtlich politischer Karrieren oder selbst im Rahmen des SA-Funktionärsapparats fast zur Gänze leer ausgingen, trifft dieser Befund auf die Situation im Bundesland Salzburg nicht zu. Ehedem führende Legionsangehörige, die vor ihrer Flucht ins Deutsche Reich in Salzburg tätig gewesen waren, erreichten, wie ein Blick auf die Kurzbiografien am Ende dieses Aufsatzes zeigt, nach dem „Anschluß" mittlere oder auch höhere Positionen im Parteiapparat oder der staatlichen Verwaltung. Dass einige dieser Karrieren

Die „Österreichische Legion“ marschiert am 31. März 1938 durch Salzburg. Fahrt durch die Dombögen und Übergabe der Legionsfahne am Domplatz mit Ansprachen von Gauleiter Wintersteiger, SA-Obergruppenführer Reschny und SA-Standartenführer Patzelt (Fotos: AStS, Fotosammlung).

während der Kriegsjahre jäh endeten, hatte individuelle Ursachen, die in keinem Zusammenhang mit der ehemaligen Zugehörigkeit zur Österreichischen Legion standen.

2. Regionale Herkunft, Altersstruktur, NS-Organisationsdichte und Fluchtbewegungen der Salzburger Legionäre

Die folgenden Angaben entstammen einer vom Verfasser angelegten Datenbank, welche bisher 14.945 Datensätze über Angehörige der Österreichischen Legion (SA-Mitglieder) enthält[7]. Abgesehen von den noch einzuarbeitenden SS-Mitgliedern, dürfte sich diese Zahl nur noch unwesentlich erhöhen, da alle in deutschen und österreichischen Archiven verfügbaren, listenmäßig überlieferten Quellenbestände erfasst, ausgewertet und zur individuellen Identifizierung sowie – in weiterer Folge – zur Erstellung eines Sozialprofils der Legions-Angehörigen aufeinander bezogen bzw. miteinander verknüpft wurden[8].

Von den 14.945 namentlich erfassten Angehörigen der Österreichischen Legion, deren Geburtsort und Geburtsdatum erhoben werden konnte, sind in 11.892 Fällen auch das Bundesland und der Wohnort bekannt, in dem sich die betreffenden Personen vor ihrer Flucht bzw. Emigration aufhielten. Eine beträchtliche Anzahl von nachmaligen Legionären, deren Wohnort (1933/34) nicht eruiert werden konnte, stammte aus Böhmen, Mähren, Schlesien, Istrien und anderen Gebieten der k. u. k. Monarchie. Auch sie dürften – nach 1918 auf dem Territorium der Republik Österreich ansässig – nach dem Verbot der NSDAP zum allergrößten Teil von Österreich aus ins Deutsche Reich geflüchtet sein. Denn abgesehen von einer kleinen Gruppe sudetendeutscher Flüchtlinge, einigen Südtiroler Deserteuren und etlichen „reichsdeutschen", zur Legion „kommandierten" SA-Führern, handelte es sich bei den Legionären ausschließlich um österreichische Nationalsozialisten, die entweder direkt – über Oberösterreich, Salzburg, Tirol oder Vorarlberg – oder über „Umwege" (Jugoslawien, Tschechoslowakei, Schweiz) ins Deutsche Reich flüchteten. Unter Berücksichtigung der quantitativen Differenz zwischen dem Geburtsort und dem letzten bekannten Wohnort in Österreich wird man die im Folgenden angeführten Zahlen insgesamt um mindestens 20 Prozent anheben dürfen. Es ist jedoch nicht davon auszugehen, dass sich dieser „Zuwachs“ auf alle Bundesländer gleichmäßig verteilte, für Wien etwa ist sicher ein höherer Prozentsatz anzunehmen.

Legionsangehörige mit bekanntem Wohnort in Österreich vor der Flucht nach Deutschland:

1. Steiermark	2566
2. Kärnten	1752
3. Oberösterreich	1717
4. Niederösterreich	1578
5. Tirol	1321
6. Wien	1243
7. Salzburg	1140
8. Vorarlberg	403
9. Burgenland	172
ÖSTERREICH	11.892

Eine völlig andere Verteilung der Legionäre ergibt sich, wenn man sie – auf Grundlage der Volkszählung von 1934 – in Beziehung zur Einwohnerzahl (Wohnbevölkerung) der einzelnen Bundesländer setzt. Aus diesem Verhältnis resultiert eine Reihung, bei der das Land Salzburg an erster Stelle rangiert, gefolgt von Kärnten und Tirol. Die Salzburger Legionäre waren demnach gegenüber dem österreichischen Durchschnitt um mehr als das Zweieinhalbfache überrepräsentiert:

Bundesland	**Bevölkerung 1934**	**Einwohner pro Legionär**	**Legionäre unter-/überrepräsentiert (1 = österreichischer Durchschnitt)**
1. Salzburg	245.801	216	2,64
2. Kärnten	405.129	231	2,46
3. Tirol	349.098	264	2,15
4. Vorarlberg	155.402	386	1,47
5. Steiermark	1.015.106	396	1,44
6. Oberösterreich	902.318	526	1,08
7. Niederösterreich	1.509.076	956	0,59
8. Wien	1.874.130	1.508	0,38
9. Burgenland	299.447	1.741	0,33
ÖSTERREICH	6.760.233	568	1,00

2.1. Regionale Herkunft der Salzburger Legionäre

Eine nähere Aufschlüsselung der zuletzt im Land Salzburg wohnhaften 1140[9] Legions-Angehörigen ergibt folgendes Bild:

SALZBURG-STADT:	220[10]
SALZBURG-LAND: (FLACHGAU)	370[11]

1935/39 in die Stadt Salzburg eingemeindet:[12]

Maxglan	39
Gnigl	22
Itzling	21
Leopoldskron	15
Aigen	13
Liefering	8
Morzg	6
Rott	2
Gneis	1

Weitere Herkunftsorte Salzburg-Land:

Seekirchen[13]	27
Lamprechtshausen	24
Anthering	24
Mattsee	17
Grödig	15
Oberndorf	14
Neumarkt a. W.	14
Seeham	10
Straßwalchen	9
Siezenheim	8
Dorfbeuern	6
St. Gilgen	6
Anif	5
Berndorf	5
Faistenau	5
Henndorf	5
St. Georgen	4
Strobl	4
Thalgau	4
Großgmain	3
Michaelbeuern	3
Bürmoos	3
Nussdorf	3
Koppl	3
Köstendorf	2
Plainfeld	2
Bergheim	2
Hof	2
Eugendorf	2
Hellbrunn	1
Esch	1
Rohrmoos	1
Bergheim	1
Obertrum	1
Elsbethen	1
Fuschl	1
Hallwang	1
Gois	1
Kreuzerleiten	1
Elixhausen	1

BEZIRK HALLEIN: (TENNENGAU)	130[14]
Hallein	44
Golling	24[15]
Oberalm	13
Puch	8
Abtenau	8
Kuchl	7
Torren[16]	7
Obergäu[17]	5
Annaberg	4
Dürrnberg bei Hallein	4
Niederalm	2
Krispl	2
Gappen	1
St. Koloman	1

BEZIRK ST. JOHANN: (PONGAU)	115[18]
Bischofshofen	22
Bad Gastein[19]	12
Hofgastein	10
St. Johann im Pongau	10
Radstadt	9
Schwarzach im Pongau	9
Mühlbach am Hochkönig	6
Sonnberg	5
Werfen	5
St. Martin	4
St. Veit	4
Flachau	3
Goldegg	3
Altenmarkt	3
Pfarrwerfen	3
Wagrain	2
Hüttau	2
Schwaig bei Bischofshofen	1
Untertauern	1
Hüttschlag	1

BEZIRK TAMSWEG: (LUNGAU)[20]	51
St. Michael im Lungau	13
Oberweißburg	6
Ramingstein	5
Tamsweg	4
Göriach	4
Tweng	3
Lessach	3
Mariapfarr	3
Unterweißburg	2
Steindorf	2
Mauterndorf	1
Muhr	1
Weißpriach	1
St. Andrä	1
Pichl	1

BEZIRK ZELL AM SEE[21] (PINZGAU)	252
Zell am See	51
Saalfelden	34
Taxenbach	26
Rauris	21
Mittersill	16
Uttendorf	15
Lend	10
Maishofen	9
Bruck	8
St. Martin bei Lofer	8
Lofer	8
Neukirchen am Großvenediger	7

Dienten	6	Thumersbach	2
Bramberg	4	Niedernsill	1
Unken	4	Fusch	1
Wald	4	Saalbach-Hinterglemm	1
Weißbach bei Lofer	4	Krimml	1
Piesendorf	3	Leogang	1
Alm	3	Embach	1
Stuhlfelden	2	Gries	1

2.2. Altersstruktur der Salzburger Legionäre

Geburtsjahr	Anzahl Legionäre
1884	1
1885	3
1886	0
1887	4
1888	3
1889	4
1890	1
1891	0
1892	4
1893	10
1894	3
1895	13
1896	3
1897	13
1898	13
1899	15
1900	23
1901	13
1902	29
1903	32
1904	41
1905	42
1906	52
1907	60
1908	72
1909	68
1910	89
1911	85
1912	105
1913	98
1914	102
1915	63
1916	42
1917	17
1918	5
1919	3
1920	3
GESAMT	1135

Die Jugendlichkeit der nationalsozialistischen Aktivisten ist in der Literatur wiederholt hervorgehoben worden. Gerhard Botz etwa wies daraufhin, dass in Gewalttaten involvierte NS-Mitglieder („Militante") wesentlich jünger waren als „Militante" aus den anderen politischen „Lagern" in der Ersten Republik[22]. Kurt Bauer hat – auf der Basis von etwa 2500 Gendarmerieanzeigen – die Sozialstruktur von Juliputschisten detailliert untersucht, und hier eröffnen sich interessante Parallelen. Ebenso wie bei den aktiven Putschteilnehmern war auch bei den Legionären (sowohl jenen aus Salzburg als auch im gesamtösterreichischen Rahmen) der Geburtsjahrgang 1912 am stärksten vertreten. Insgesamt lag jedoch der Altersdurchschnitt der (Salzburger) SA-Flüchtlinge beim Eintritt[23] in die Legion (25,26 Jahre) noch mehr als drei Jahre unter dem durchschnittlichen Alter der Juliputschisten (28,41 Jahre). Die Differenz zur männlichen Bevölkerung Österreichs im Jahre 1934 (Altersdurchschnitt: 32,10 Jahre) betrug fast sieben Jahre[24]. Mit 674 Personen betrug der Anteil der Salzburger Legionäre, die unter 25 Jahre alt waren, fast 60 Prozent, die unter 30-Jährigen (941 Personen) stellten 82,5 Prozent aller Legionsangehörigen aus Salzburg dar. Besonders dramatisch tritt der Stellenwert der Legion zutage, wenn man die fünf stärksten Geburtsjahrgänge (1910–1914) mit der gleichaltrigen männlichen Bevölkerung Salzburgs (1934: 10.648)[25] in Beziehung setzt: Die 479 Legionäre dieser Altersgruppe stellten daraus einen Anteil von 4,5 (!) Prozent, d. h. jeder zweiundzwanzigste Salzburger im Alter von 20 bis 24 Jahren flüchtete 1933/34 nach Bayern, um sich einer terroristischen Vereinigung anzuschließen, deren Hauptziel der gewaltsame Einmarsch nach Österreich war.

2.3. Berufsstruktur der Salzburger Legionäre

Die Auswertung der Berufsstruktur Salzburger Legionäre steckt zum jetzigen Zeitpunkt erst in den Anfängen und bedarf noch differenzierter Analysen. Bis jetzt konnten zu 477 Legionsangehörigen aus Salzburg die zuletzt ausgeübten Berufe erhoben werden, wobei sich folgende Tendenz abzeichnet: Die Hilfsarbeiter stellen signifikant die am stärksten vertretene Berufsgruppe dar (76 Personen = 15,93 Prozent), gefolgt von Knechten und landwirtschaftlichem Gesinde (27 Personen = 5,66 Prozent). An dritter Stelle rangieren landwirtschaftliche Arbeiter (26 Personen = 5,45 Prozent). Auffällig ist auch der hohe Anteil an Chauffeuren (20 Personen = 4,2 Prozent). Die weitere Reihung sieht folgendermaßen aus: Tischlergehilfen (19 Personen = 3,98 Prozent), Bauernsöhne (16 Personen = 3,35 Prozent), Schlossermeister (12 Personen = 2,52 Prozent), Fleischhauergehilfen, Handelsangestellte und Schlossergehilfen (jeweils 10 Personen = 2,1 Prozent). Fasst man die Gehilfen (aufgrund der Quellenbasis sind hier wohl ausschließlich Gesellen gemeint, da Lehrlinge gesondert ausgewiesen sind) insgesamt zusammen, so fällt deren hohe Zahl auf: 116, das ist fast ein Viertel (24,32 Prozent) des Gesamtsamples.

Die stärksten statistischen Abweichungen gegenüber der Berufsstruktur der gesamten Salzburger Bevölkerung treten bei den Landwirten auf, deren Anteil laut Volkszählung 1934[26] 23,3 Prozent betrug, bei der Legion aber nur knapp 1 Prozent. Die landwirtschaftlichen Arbeiter waren mit 5,45 Prozent in der Legion um mehr als das Doppelte überrepräsentiert (Salzburg 2,4 Prozent), das landwirtschaftliche Gesinde hingegen stark unterrepräsentiert[27] (Salzburg 11,8 Prozent, Legion 5,66 Prozent).

2.4. NSDAP – SA: Politischer Organisationsgrad der Legions-Angehörigen

Neben der enormen relativen Stärke der Legion in Salzburg – gemessen an den übrigen österreichischen Bundesländern – ergaben die systematischen quantitativen Recherchen zur Geschichte der Legion ein zweites unerwartetes Resultat, das zudem nicht auf regionale Besonderheiten verweist, sondern „flächendeckend“ für ganz Österreich eruiert werden konnte: Etwa 80 Prozent der SA-Legionäre gehörten vor dem „Anschluß“ der NSDAP an und waren mehrheitlich auch im gleichen Zeitraum der SA und der politischen Organisation beigetreten.

Für das Bundesland Salzburg ergibt sich folgendes zahlenmäßiges Verhältnis:

	NSDAP-Beitritte	SA-Beitritte
1923	5	3
1924	1	26
1925	0	0
1926	5	2
1927	5	0
1928	8	4

1929	10	0
1930	81	67
1931	168	159
1932	267	255
1933	291	423
1934	61	152
1935	3	25
1936	1	14
1937	4	5
GESAMT	910	1135

Dieser Befund wirkt allein schon deshalb überraschend, weil etwa die „reichsdeutsche“ SA Anfang 1935 lediglich einen Parteigenossenanteil von 31,1 Prozent verzeichnete. Peter Longerich vermutet, dass dieser Anteil vor den im Juli 1934 einsetzenden Säuberungen innerhalb der SA noch geringer gewesen sein dürfte, weil die Ausschlüsse und Entlassungen vor allem Nichtparteigenossen trafen[28]. Da die soziale Binnenstruktur der österreichischen NSDAP noch weitestgehend unerforscht ist und die SA-Subkultur in Österreich bislang eine vollständige terra incognita darstellt, lassen sich keine zuverlässigen Aussagen darüber treffen, welche individuellen bzw. gruppenspezifischen Motive etwa dafür vorlagen, Anfang der 30er Jahre gleichzeitig der SA und der NSDAP beizutreten oder nur dem Wehrverband oder lediglich der politischen Organisation. Deshalb fordern Tabellen wie die oben präsentierte eher zu Fragen heraus, als dass sie schlüssige Interpretationen liefern könnten.

Fraglich sind dabei nicht die schon häufig untersuchten Gründe für den Aufstieg des Nationalsozialismus zur Massenbewegung im Zuge der Weltwirtschaftskrise, sondern das Verhältnis zwischen der braunen „Parteiarmee“ und der politischen Organisation. War die österreichische SA, allen Konflikten und Autonomietendenzen gegenüber der Parteiorganisation zum Trotz, in ihrer Gesamtheit stärker politisch motiviert und an die Partei gebunden als die „reichsdeutsche SA“, in dem Sinne, dass ihre Mitglieder sich eher als paramilitärischer Arm der NSDAP empfanden denn als eigenständiger Wehrverband mit ganz spezifischen Partikularinteressen? Spielten vor 1933 in Österreich jene sozialen Komponenten, die gleichzeitig im Deutschen Reich eine SA-spezifische „geschlossene“ Infrastruktur und

Subkultur (SA-Heime, Sturmlokale, SA-Sanitätsdienste, SA-Küchen für Arbeitslose, Versicherungswesen usw.) begründeten[29], als mehr oder weniger eigenständige Kristallisationspunkte von SA-Milieus eine wesentlich geringere Rolle? Andererseits könnte bei den Legionären die deutlich abfallende Tendenz (1933/34) der neuen Parteibeitritte im Verhältnis zu den massiv ansteigenden SA-Mitgliedschaften zum Teil auf jene Konfliktlinien und Verselbständigungstendenzen hinweisen, die wie ein roter Faden die Geschichte der österreichischen SA-Führung und der NSDAP-Landesleitung in der Illegalität durchziehen.

2.5. Zeitliche Schwerpunkte der Fluchtbewegungen von Salzburger Legionären

Aus den im November 1934 verfassten Personalangaben zu knapp 7000 Legionsangehörigen, die als „volltaugliche" SA-Mitglieder unter 35 Jahren für eine Dislozierung in Lager außerhalb Bayerns vorgesehen waren, konnten 551 Salzburger ermittelt werden, bei denen neben dem Geburtsort, Geburtsdatum, der Legionseinheit, dem SA-Rang sowie dem SA-Beitritt auch das Datum des Eintritts in die Legion verzeichnet war. Hier ist ein kurzer Einschub erforderlich, um zu erläutern, dass und warum jene Rubrik für die Bestimmung des Fluchtzeitpunkts die wichtigste Quelle darstellt. Vor dem Juliputsch 1934 und besonders in der Phase zwischen Juni 1933 und No-

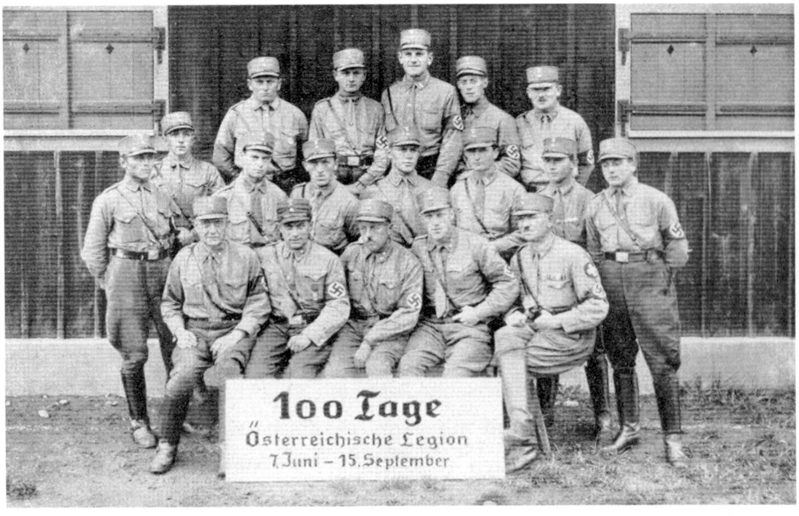

Die Anfänge der Legion: „100 Tage Österreichische Legion" am 15. September 1933 (Foto aus: Bokisch/Zirbs, Der österreichische Legionär 1940, Reproduktion: DOEW).

vember 1933 wurde die politische Überprüfung der nach Deutschland geflüchteten österreichischen SA-Leute recht oberflächlich praktiziert, nicht zuletzt aufgrund der Perspektive einer baldigen Rückkehr nach Österreich infolge des erwarteten Zusammenbruchs des Dollfuß-Regimes. Diese Situation bedingte auch, dass das bürokratische Prozedere zwischen der Flucht und dem Eintritt in die Legion nicht nur einfach, sondern im Regelfall auch sehr schnell verlief. Aus vielen Dokumenten unterschiedlichster Provenienz (SA-Personalakten, Einvernahmeprotokolle zurückgekehrter Legionäre durch österreichische Behörden usw.) geht zweifelsfrei hervor, dass in den allermeisten Fällen zwischen dem Fluchtdatum und dem Eintritt in die Legion nicht mehr als eine Woche verstrich.

Aus den erwähnten Standeslisten ergeben sich somit für die 551 Salzburger Legionäre folgende Fluchtzeitpunkte:

Juni 1933	10
Juli 1933	58
August 1933	148
September 1933	46
Oktober 1933	13
November 1933	11
Dezember 1933	5
Jänner 1934	8
Februar 1934	26
März 1934	17
April 1934	72
Mai 1934	28
Juni 1934	29
Juli 1934	26
August 1934	34
September 1934	10
Oktober 1934	10

Die relativ geringe Anzahl der Legionsbeitritte nach dem Juliputsch ist durch zwei miteinander verknüpfte Faktoren erklärbar: Nach dem Debakel dieses Putsches und der offensichtlichen Beteiligung deutscher Parteidienststellen bzw. hochrangiger Vertreter der österreichischen NSDAP-Emigration verbot Hitler sowohl den politischen Funktionären der NS-Landesleitung Österreich als auch dem Führer der österreichischen SA, weitere Kontakte nach Österreich aufrechtzuerhalten. Im Sommer und Herbst 1934 stand die Existenz der Legion auf dem Spiel, und es entwickelte sich ein monatelanges Tauziehen zwischen deren Führung und den zentralen staatlichen Instanzen (Reichsinnenministerium, Reichswehrministerium, Auswärtiges Amt) um die Verlegung der Legionslager bzw. die Reorganisierung der Legion insgesamt[30]. Desillusioniert über das perspektivlose und oftmals als zermürbend empfundene Kasernenhofdasein, desertierten in dieser Phase Hunderte Legionsangehörige und kehrten nach Österreich zurück[31]. Die Legion hatte also für (potenzielle) politische Flüchtlinge ihre Anziehungskraft in weitem Maße verloren. Zweitens erfolgte eine Verschärfung und immense Bürokratisierung der Flüchtlingsüberprüfung, deren Agenden großteils das im August 1934 von SS-Gruppenführer Rodenbücher geschaffene NSDAP-Flüchtlingshilfswerk übernahm[32].

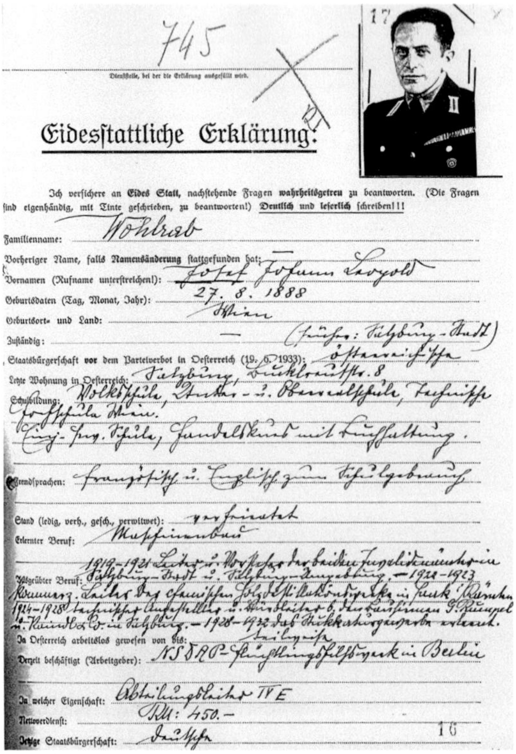
745

17

Dienststelle, bei der die Erklärung ausgefüllt wird.

Eidesstattliche Erklärung:

Ich versichere an Eides Statt, nachstehende Fragen wahrheitsgetreu zu beantworten. (Die Fragen sind eigenhändig, mit Tinte geschrieben, zu beantworten!) Deutlich und leserlich schreiben!!!

Familienname: Wohlrab
Vorheriger Name, falls Namensänderung stattgefunden hat: —
Vornamen (Rufname unterstreichen!): Josef Johann Leopold
Geburtsdaten (Tag, Monat, Jahr): 27. 8. 1888
Geburtsort und Land: Wien
Zuständig: — (früher: Salzburg-Stadt)
Staatsbürgerschaft vor dem Parteiverbot in Oesterreich (19. 6. 1933): österreichische
Letzte Wohnung in Oesterreich: Salzburg, [illegible] 8
Schulbildung: Volksschule, Unter- u. Oberrealschule, Technische Hochschule Wien. Einj.-Frw. Schule, Handelskurs mit Buchhaltung.
Fremdsprachen: Französisch u. Englisch zum Schulgebrauch
Stand (ledig, verh., gesch., verwitwet): verheiratet
Erlernter Beruf: Maschinenbau
Ausgeübter Beruf: 1919–1921 Leiter u. Vorsteher der beiden [illegible] in Salzburg-Stadt u. Salzburg-Umgebung. – 1922–1923 Kommerz. Leiter des chemischen [illegible] in [illegible] (Kärnten). 1924–1928 technischer Angestellter u. [illegible] b. der Baufirmen [illegible] in Salzburg. – 1928–1932 das [illegible] erlernt.
In Oesterreich arbeitslos gewesen von bis: teilweise
Derzeit beschäftigt (Arbeitgeber): NSDAP-Flüchtlingshilfswerk in Berlin
In welcher Eigenschaft: Abteilungsleiter IV E
Nettoverdienst: RM: 450.–
Jetzige Staatsbürgerschaft: deutsche

16

Eidesstattliche Erklärung von Josef Wohlrab zur Erlangung bzw. Überprüfung der Flüchtlingseigenschaft im Deutschen Reich.

Diese 551 Salzburger verteilten sich im November 1934 auf folgende Legionslager: Egmating (155)[33], Mönchröden bei Koburg (97)[34]; Bad Aibling (57)[35], Wöllershof (46)[36], Burgrieden (31)[37], Graßlfing (20)[38], Reichersbeuern (13)[39], Langenargen (7)[40], Franziskanerkaserne/München (6)[41], das Straflager Lechhausen in Augsburg (5)[42], zwei selbständige Pionierstürme (26)[43], ohne Angaben (62)[44].

Das Lager Egmating umfasste damals 278 österreichische SA-Angehörige, die Salzburger waren dort am stärksten konzentriert, der Rest bestand überwiegend aus Oberösterreichern.

3. Grenzverletzungen, Schmuggel, politische Gewalttaten

Ähnlich wie in Vorarlberg, Tirol und Oberösterreich, waren auch in Salzburg nach dem Verbot der NSDAP und ihrer Gliederungen (SA, SS, HJ...) SA-Mitglieder, die nach ihrer Flucht der Legion beitraten bzw. von Bayern aus operierten, in einem erheblichen Ausmaß an Grenzverletzungen, dem Schmuggel von Propagandamaterial und Sprengstoff sowie an politischen Gewalttaten unterschiedlicher Intensität beteiligt. Diese spannungsgeladene Situation wurde noch dadurch verschärft, dass sich im Grenzort Freilassing, direkt gegenüber der Stadt Salzburg, sowohl die emigrierte Gauleitung Salzburg als auch ein SA-Hilfswerklager der Legion befanden. Im Dezember 1933 verlegte auch der nach Deutschland geflüchtete Stab der SA-Brigade Salzburg seinen Sitz von Berchtesgaden nach Freilassing[45].

Um den unkoordinierten und unkontrollierten Zustrom von NS-Flüchtlingen nach Bayern zu stoppen, wurde im November 1933 nach einem Vorschlag Heydrichs[46] die Dienststelle eines „Österreichischen Sonderbeauftragten der Obersten SA-Führung“ geschaffen, durch den deren Leiter (SA-Oberführer Löwe-Langer), sein Stellvertreter (Dr. Hans Röhrich) und die von ihnen beauftragten Personen hilfspolizeiliche Befugnisse erhielten[47]. Eine der wichtigsten, im Einvernehmen mit der Bayrischen Politischen Polizei erfolgten Maßnahmen des „Österreichischen Sonderbeauftragten“ war die Schaffung eines legionseigenen „Grenzüberwachungsdienstes“, der sich in 13 Grenzkommandos entlang der deutsch-österreichischen Grenze gliederte, darunter in Lindau, Oberstdorf, Mittenwald, Kiefersfelden, Berchtesgaden, Freilassing und Passau. Die einzelnen Stationen waren unter Führung eines „Sonderbeauftragten“ aus stehenden Posten und aus Grenzstreifen zusammengesetzt, die, mit Gewehr und scharfer Munition versehen, auf deutscher Seite die Grenze abpatrouillierten. Als offizielle Aufgabe oblag diesem „Grenzüberwachungsdienst“ die Aufrechterhaltung von Ruhe und Ordnung im Grenzgebiet, die Spionageabwehr, Kontrolle des Grenzübertritts von Österreichern ins Deutsche Reich und schließlich die Verhinderung der unbefugten Rückkehr österreichischer Flüchtlinge in ihre Heimat[48].

Mit der Bildung dieser Formation hatte man aber quasi den Bock zum Gärtner gemacht. Zwar verringerte sich im Winter 1933/34 sowohl im Salzburger Maßstab als auch österreichweit die Zahl der SA- und sonstigen Flüchtlinge, aber ab Jänner 1934 nahm – parallel mit der neuen Qualität des NS-Terrors in ganz Österreich – die Anzahl der Grenzverletzungen, an denen Legionäre beteiligt waren, erheblich zu. Denn die hilfspolizeiliche „Legitimierung“ des SA-Grenzüberwachungsdienstes erleichterte es dessen Angehörigen, individuelle Vorstöße von Legionären nach Österreich (sei es als Kuriere, Schmuggler oder Attentäter) logistisch zu unterstützen. Und oft genug waren diese SA-„Grenzjäger“, wie sie auch bezeichnet wurden, selbst an derartigen Aktionen beteiligt.

Im Folgenden eine kurze, bei weitem nicht vollständige Zusammenstellung von Grenzkonflikten (Februar–Mai 1934), an denen Salzburger Legionäre nachweislich oder mit großer Wahrscheinlichkeit beteiligt waren:

Am 18. Februar zwischen 19 und 23 Uhr wurden an der Grenze bei Großgmain von bayrischem Boden schwere Papierböller gegen den österreichischen Gendarmerieposten und das österreichische Zollamtsgebäude geschleudert, während ein Lautsprecher in Bayerisch Gmain Hetzreden gegen die österreichische Regierung verbreitete[49].

Am 28. Februar warfen (mutmaßlich) Legionäre unterhalb der Saalachbrücke bei Liefering über den die Grenze bildenden Fluss zwei Handgranaten sowie einen Papierböller auf österreichisches Gebiet und beschossen die österreichische Grenzwache[50].

Am 30. März bemerkten zwei Hilfsgendarmen während eines Patrouillenganges an der Salzach bei Anthering, dass sich von der bayrischen Seite eine Zille dem österreichischen Ufer näherte. Als das Boot anlegte, traten aus dem Augebüsch fünf Männer hervor, von denen einer mit einem Gewehr sofort das Feuer eröffnete. Bei dem nun folgenden Schusswechsel blieben die zwei Hilfsgendarmen unverletzt, während der SA-Angehörige Josef Rehrl schwere Verletzungen erlitt. Beim Absuchen der Landungsstelle fand man zwei Säcke mit NS-Propagandamaterial, das in Paketen mit den Aufschriften „Seekirchen“, „Strasswalchen“, „Thalgau“, „Oberndorf“ und „Bürmoos“ verpackt war. Sechs Tage später verfehlten etliche aus Bayern abgefeuerte Schüsse nur knapp einen Hilfsgendarmen, der bei Liefering seinen Dienst versah[51].

Der SA-Sturmführer Greiderer und der SA-Mann Gasser (Angehörige der Streife Schellenberg des Grenzüberwachungsdienstes) überschritten am 6. April in Zivil die Grenze. Auf Anruf durch einen in der Nähe befindlichen Heimwehr-Angehörigen brachte der eine SA-Mann seine bisher versteckt gehaltene Pistole in Anschlag, mit den Worten: „Wer kann denn besser schießen von uns beiden?“ Der Heimwehr-Mann flüchtete in ein nahe gelegenes Waldstück, die SA-Leute gaben etwa zehn Schüsse ab und zogen sich dann auf deutsches Gebiet zurück[52].

Als sich am 20. April 1934 eine Richtung Schellenbergsattel entsandte Schutzkorps-Patrouille ihrem Ziel näherte, bemerkte sie einige Männer, die – etwa 100 Schritt von der Grenze entfernt, auf österreichischem Boden – gerade damit beschäftigt waren, mit Pechfackeln ein großes Hakenkreuz auszustecken. Vom Schutzkorps-Kommandanten angerufen, eröffneten sie sofort aus Gewehren und Maschinenpistolen ein heftiges, von den österreichischen Hilfspolizisten erwidertes Feuer. Nachdem die Patrouille Verstärkung erhalten hatte, flüchteten die Angreifer, von denen einige den bei den österreichischen Legionären gebräuchlichen braunen Rock und Khakihosen trugen, über die Grenze nach Bayern. Bei dem Zusammenstoß waren etwa 400–500 Schüsse abgefeuert worden[53].

Am 25. April ereigneten sich vier bewaffnete Grenzzwischenfälle, mindestens zweimal waren wiederum Legions-Angehörige des Postens Schellenberg beteiligt. Am frühen Morgen fand ein Feuergefecht zwischen Heimwehr-Leuten und SA-Angehörigen statt, wobei auf österreichischer Seite auch ein MG eingesetzt wurde. Der Hintergrund des illegalen Grenzübertritts und Überfalls durch Legionäre war angeblich eine kurz zuvor stattgefundene Hausdurchsuchung in dem Anwesen des nach Deutschland geflüchteten SA-Sturmbannführers Hoppenrath[54].

Am Abend des 29. April näherten sich, vom Siezenheimer Steg kommend, zwei uniformierte SA-Leute dem österreichischen Grenzschutzposten. Einer der Legionäre überfiel einen Schutzkorps-Angehörigen, der ihn jedoch mit dem Gewehrkolben abwehren konnte, woraufhin er sofort über die Grenze zurück floh. Inzwischen war der zweite SA-Mann (Josef Noeller, im Juni 1933 nach Bayern geflüchtet) in die Schutzhütte des Grenzpostens eingedrungen und fügte dem Hilfsgendarmen eine schwere Verletzung zu, konnte jedoch überwältigt werden[55].

Als sich nach einer durch Nationalsozialisten verursachten Schießerei in Dürrnberg bei Hallein (14. Mai) mehrere Gendarmen an den Tatort begaben, wurden auch sie von Legionären unter Feuer genommen. Der Postenkommandant von Hallein und ein zweiter Beamter wurden schwer verletzt, die Täter konnten entkommen[56].

Auch in manchen kleineren Gemeinden war eine überdurchschnittlich dichte Konzentration von Legionärsaktivitäten festzustellen, etwa in dem nur 771 Einwohner zählenden Grenzort Großgmain (gegenüber von Bayerisch Gmain), wo der Weißbach die Grenze bildete. Zwischen Jänner und April 1934 verübten Nationalsozialisten hier acht Papierbölleranschläge mit größerem Sachschaden, von denen mindestens fünf auf das Konto zumeist bekannter Legionäre gingen, die sich aus geringer Distanz auf bayrischer Seite mitunter völlig ungeniert präsentierten. Als Ziel dieser Attacken wählten sie wiederholt den Gendarmerie-Revierinspektor Rudolf Neundlinger und einige Zollwachebeamte. Zu den zahlreich überlieferten Aspekten von Psychoterror und verbalen Einschüchterungsmethoden zählten beispielsweise über den Weißbach bzw. die Weißbachbrücke wiederholt zugerufene Drohungen folgender Art: *Du gehörst erschossen* oder *Wenn Ihr die drei* (Nationalsozialisten – H. S.) *im Anhaltelager nicht auslässt, dann fliegt Großgmain in die Luft*[57].

Ein besonders heimtückisches Attentat wurde von zwei Nationalsozialisten am Pass Lueg verübt. Südlich des Ofenauertunnels versahen hier am Abend des 8. Juni 1934 die als Hilfsgendarmen des Postens Golling eingesetzten Heimwehrmänner Johann Leirich und Otto Repas den Bahnsicherungsdienst bei der Eisenbahnbrücke. Kurz vor Mitternacht kamen ihnen vom Pass Lueg zwei junge Männer entgegen, die sie beide persönlich kannten: der in Torren bei Golling beschäftigte Bauernknecht Rudolf Knauseder (geb. 1913) sowie der Hilfsarbeiter Konrad Strasser (geb. 1912). Die Begegnung verlief durchaus nicht feindselig, die Hilfsgendarmen unterhielten sich mit den beiden Burschen fast eine halbe Stunde[58] und teilten mit diesen ihre

Speckbrote[59]. Im Gendarmeriebericht sind die folgenden Ereignisse detailliert vermerkt: *Strasser begab sich dann auf die gegenüberliegende Straßenseite, um angeblich die kleine Notdurft zu verrichten. Er ging jedoch alsbald wieder zurück auf die Straßenmitte. Zu gleicher Zeit ging nach der Beobachtung des Repas auch der links von Leirich gestandene Knauseder etwas weiter weg. Die Entfernung dürfte ca. 1½ Meter betragen haben. Gleich darauf erfolgte eine Detonation bzw. rasch aufeinanderfolgend 2 Schüsse, wobei gleich nach dem ersten Schuss der Hilfsgendarm Repas* [...] *zu wanken begann. Er raffte sich auf und sah eben nach dem zweiten Schuss, dass sein Kamerad Leirich auf die Straße fiel.* Während Leirich durch den Anschlag sofort getötet wurde, konnte der schwer verletzte Repas aus seinem Karabiner noch sechs Schüsse auf die flüchtenden Täter abgeben, ohne sie jedoch zu treffen. Dass er einen kurz darauf vorbeifahrenden Personenzug anhalten konnte, rettete ihm wahrscheinlich das Leben. Die Spurensicherung, d. h. der Fund der zwei Patronenhülsen ergab, dass die Schüsse aus zwei Pistolen abgefeuert worden waren[60].

Knauseder trat nach seiner Flucht der Österreichischen Legion bei[61], Strasser schloss sich der SS an und fiel kurz vor Kriegsende. Knauseder, der seit 1951 in Berlin lebte, wurde Ende 1979 während eines Kuraufenthaltes in Bad Kissingen von der bayrischen Kriminalpolizei verhaftet und nach Berlin überstellt, wo er in Moabit kurzfristig inhaftiert war[62]. Zu einer Anklageerhebung kam es jedoch nicht, im Juli 1980 wurde das Ermittlungsverfahren der Berliner Staatsanwaltschaft eingestellt[63].

Der organisierte Schmuggel von Waffen und Sprengstoff oblag bis zu seiner Flucht teilweise dem Leiter der motorisierten SA Salzburgs, Obersturmführer Hans Altmann, der dazu in einer SA-internen Untersuchung in Freilassing zu Protokoll gab: [64]

> *Der Transport der Waffenlieferungen ist, soweit diese auf dem Bahnweg erfolgten, durch mich gegangen. Im Juli 1934 ist keine größere Sendung mit der Bahn gekommen. Im letzten Monat sind ca. 50 Walther-Pistolen, Mod. PPK (vor ca. 3 Wochen) und 60 Stück Melior-Pistolen über die Grenze gegangen. Diese kleinen Transporte sind aber nicht über den Bahnweg gegangen und habe ich daher auch nichts damit zu tun gehabt. Bei den großen Bahntransporten habe ich mit dem deutschen Bahnbeamten Reschinger am Salzburger Bahnhof zusammen gearbeitet. Den*

Transport vom Salzburger Frachtbahnhof führte ich ursprünglich mit dem Spediteur Fallnegger aus Salzburg durch, als aber diesem die Sache zu riskant wurde, arbeitete ich mit dem Motor-SAM [= SA-Mann – H. S.] *Seifried zusammen. Dieser hat schon vor der Verbotszeit SA-Transporte durchgeführt und ist seit März 1934 bei der Motor-SA in Salzburg.*

Die von der österreichischen SA-Obergruppe (München) gelieferten Waffen und Sprengstoffe wurden in verschiedenen Depots (Berchtesgaden, Reichenhall) gelagert[65], und für die Aufrechterhaltung der illegalen Kommunikationslinien spielten Angehörige der motorisierten SA in der Stadt Salzburg aufgrund ihrer Mobilität eine zentrale Rolle, sei es durch die Entgegennahme von Weisungen aus Freilassung, sei es als Kuriere, die solche Instruktionen in alle Bezirke des Landes überbrachten. Eine besondere Rolle spielte dabei die über Salzburg verlaufende Kurierlinie in den Pinzgau, dessen politische Radikalisierung sich nicht nur in einem überdurchschnittlichen Anstieg der SA- und Legionsangehörigen niederschlug, sondern auch im Grad der militärischen „Aufrüstung". Dass es während des Juliputsches im Pinzgau trotz hoher Organisationsdichte ebenso ruhig blieb wie im Pongau und im Tennengau, hängt mit schweren SA-internen Konflikten zusammen, die hier aus Platzgründen nicht thematisiert werden können[66].

Mitte Februar 1934 suchte ein aus Salzburg entsandter Emissär den Elektrohändler Josef Aberger in Saalfelden (Bezirk Zell am See) auf und instruierte ihn über den Zeitpunkt und die Modalitäten eines geplanten Waffentransportes, für den Aberger sechs oder sieben Personen zusammenstellte, von denen zwei – Georg Hörl und Anton Kirchmayr – einige Monate später flüchteten und zur Österreichischen Legion stießen. Zum vereinbarten Zeitpunkt brach die aus geübten Bergsteigern und Skifahrern bestehende Gruppe von Saalfelden auf, Ziel war die in 1630 Metern Seehöhe gelegene Schutzhütte am Funtensee im Steinernen Meer. Hier unterhielt die Legion ein Waffen- und Sprengstoffdepot, das unter der Obhut des aus Salzburg stammenden Johann Lafenthaler[67] stand. Zur Übergabe dieser ersten Waffenlieferung hatten sich bei der Funtenseehütte fünf weitere Legionäre eingefunden, darunter die wegen Mordversuchs steckbrieflich gesuchten Hubert Danzer und Georg Fuchslehner. Knapp 100 Pistolen und fünf oder sechs Maschinenpistolen wurden in Rucksäcke verpackt, und die Legionäre begleiteten den Transport noch bis zum Riemannshaus, von wo aus die

Schmuggler die Waffen nach Saalfelden brachten, ins Wohnhaus des Tischlermeisters Bruno Hagn[68]. Mitte Juli 1934 erhielt Aberger neuerdings einen Auftrag aus Salzburg, und im Einvernehmen mit dem in Alm wohnhaften Förster Otto Raber stellte er diesmal eine neunköpfige Gruppe zusammen (darunter die nachmaligen Legionäre Ingomar Ziegler und Georg Hörl), die am 21. Juli 1934 zur Funtenseehütte aufstieg und größere Mengen an Sprengstoff und Handgranaten übernahm.

Wahrscheinlich war dies nicht der einzige Transport, denn Aberger gab zu, NS-Stützpunkte in Zell am See, Mittersill, Lend, Badgastein und Bischofshofen mit Sprengmitteln und Waffen beliefert zu haben. Und als die Polizei am 1. August 1934 Hagns Haus durchsuchte, fand sie dort noch 110 scharf adjustierte Handgranaten, 24 Selbstladepistolen, drei Maschinenpistolen, große Mengen Munition und Sprengkörper[69].

Zeitlich parallel und vermutlich auch in Verbindung mit der Aberger-Gruppe operierten auch von Taxenbach aus illegale SA-Gruppen als Waffen- und Sprengstoffschmuggler. Am frühen Morgen des 10. Juli 1934 fuhren Johann Schernthaner sowie die später in Bad Aibling stationierten Legionäre Johann und Leonhard Hechenberger, Wilhelm Hartl und Hubert Rathgeb[70] nach Saalfelden, von wo sie zur Funtenseehütte aufstiegen, übernachteten und am nächsten Morgen – ausgerüstet mit jeweils 15 Kilogramm Sprengstoff im Rucksack und einer Handgranate „zu unserer eigenen Verteidigung“ (so einer der Beschuldigten) – den langen und beschwerlichen Rückmarsch nach Taxenbach antraten. Besonders Johann Hechenberger und Wilhelm Hartl galten als *sehr radikale Nationalsozialisten* [...], *die heimtückisch veranlagt und zu allem fähig sind*[71]. Die angeblich zur Sprengung des Taxenbach-Tunnels bestimmten Sprengkörper wurden bei Peter Harlander, einem Bauern, der Johann Hechenberger als Knecht beschäftigte, am Dachboden untergebracht[72]. Mit Ausnahme Harlanders und Schernthaners flüchteten alle Beteiligten eine Woche später ins Deutsche Reich, als sich unter den Taxenbacher Nazis das Gerücht verbreitete, die Angelegenheit sei verraten worden. Am 22. Juli 1934 folgte ihnen Walter Wolf – einer der beiden Gendarmen, die wenige Tage zuvor die Hausdurchsuchung durchgeführt hatten![73] Infolge des massiven Bombenterrors, der ganz Österreich seit Mai 1934 erschütterte, war seit dem 12. Juli 1934 schon der bloße Besitz von Sprengstoff mit der Todesstrafe bedroht. Harlander wurde vom Landesgericht Salzburg zum Tode durch den Strang verurteilt, Schernthaner zu zehn Jahren schweren Kerkers[74].

Wie auch bei allen übrigen zum Tode verurteilten Salzburger Sprengstoff-Terroristen erfolgte im Fall Harlander jedoch eine Begnadigung. Und „lebenslänglich“ bedeutete in den allermeisten Fällen infolge der nach dem Juli-Abkommen 1936 erlassenen Amnestie lediglich die Verbüßung einer zweijährigen Haftstrafe.

4. Kurzbiografien führender Salzburger Legionäre

Hans ALTMANN

NSKK-Oberstaffelführer Hans Altmann, Adjutant der Motorstandarte M 91, im Jahr 1938 (Foto: AStS, Foto Paap).

Geb. 20. 2. 1904 in Mattsee als Sohn des Zimmerpoliers Paul Altmann und der Theresia Altmann, geb. Eder. Kaminkehrerlehre, anschließend Maurer. April 1926 bis März 1932 als Bautechniker bei dem Baumeister Franz Wagner in Stellung. Bis 1934 arbeitslos. Altmann trat im Juni 1923 der DNSAP und der SA (damalige Bezeichnung: Vaterländischer Schutzbund) bei, nach der Spaltung der österreichischen NS-Bewegung gehörte er zu den Gründungsmitgliedern der NSDAP (Hitlerbewegung). Beitrittsdatum 26. 9. 1926, Mitgliedsnummer 50.046. Ab 1930 mit dem Aufbau der motorisierten SA in Salzburg tätig, deren Führung er während des NS-Putsches im Juli 1934 innehatte. Am 27. 7. 1934 Flucht aus Österreich, Eintritt in die Österreichische Legion. Ab Jänner 1935 hauptamtlicher SA-Führer, u. a. im HWNW-Lager Dorsten (Westfalen). Heirat im Jänner 1938. Verblieb bis 10. 5. 1938 in der Legion und trat, nach dem „Anschluß“ wieder in Salzburg tätig, zum NSKK über. Hauptamtlicher NSKK-Führer und Adjutant der Motorstandarte M 91 (NSKK-Oberstaffelführer). Am 26. 8. 1938 zum Beisitzer des NSDAP-Gaugerichts Salzburg bestellt. Träger des Goldenen Partei-Abzeichens. Ab Jänner 1939 Ratsherr der Gauhauptstadt Salzburg. Bei Kriegsbeginn freiwillig eingerückt, als Oberjäger und Offiziersanwärter der 12. Kompagnie Gebirgsjäger Regiment 141 am 29. 4. 1942 an der Eismeerfront gefallen.

Quellen: BA, Parteikanzlei-Korrespondenz (künftig: PK), Mikrofilm (künftig: MF) A 46; BA, OPG-Richter, Personalakt des Obersten Parteigerichts Hans Altmann; AStS, Pers.-Kartei, Pol.-Meldekartei.

Ottokar BESL

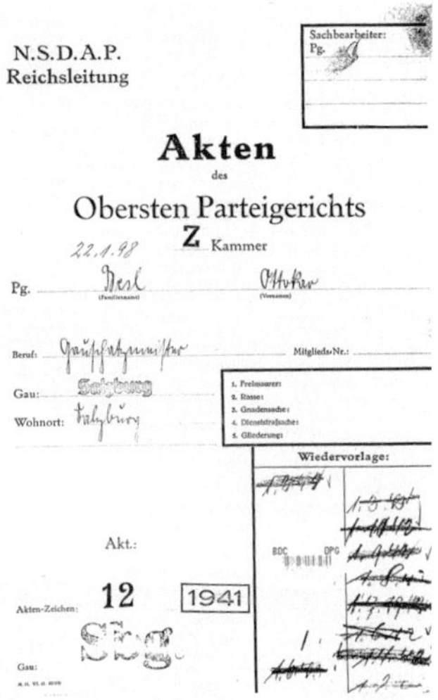
N.S.D.A.P.
Reichsleitung

Sachbearbeiter: Pg.

Akten
des
Obersten Parteigerichts
22.1.98 Z Kammer
Pg. Besl Ottokar
Beruf: Mitglieds-Nr.:
Gau: Salzburg
Wohnort: Salzburg
1. Preisausreißer: 2. Rasse: 3. Gnadensache: 4. Dienststrafsache: 5. Gliederung:
Wiedervorlage:
Akt.:
Akten-Zeichen: 12 1941
Gau:

Ottokar Besl, Akten des Obersten Parteigerichts, 1941.

Geb. 22. 1. 1898 in Salzburg. Besuch der Kadettenschule, Matura. September 1914–November 1920 Militärdienst, abgerüstet als Leutnant der Reserve. Anschließend kaufmännischer Angestellter. Mitglied des Deutschen Turnerbundes, am 4. 11. 1930 Eintritt in die SA und NSDAP (Mitgliedsnummer 361.325). 1933 Flucht nach Deutschland, zur Österreichischen Legion. Hauptamtlicher SA-Führer, Besuch der SA-Gruppenschule Aurich. Am 20. 5. 1938, aus Nürnberg kommend, wieder in Salzburg gemeldet. Ab 1. 6. 1938 Gauschatzmeister in der NS-Gauleitung Salzburg, ab 1939 Ratsherr der Stadt Salzburg, Mitglied der Gauarbeitskammer. Die wiederholten Interventionen hoher Parteidienststellen zugunsten von Besls UK-Stellung erregten nach Kriegsbeginn den Unwillen des Wehrkreiskommandos XVIII und der Wehrersatzinspektion Innsbruck. Er sei *voll kriegsverwendungsfähig und neuzeitlich auf eine Spezialwaffe umgeschult*, ließ man 1941 die Gauleitung wissen, während diese – mit Rückendeckung durch Heß – darauf hinwies, das Gauschatzamt würde durch eine Einziehung Besls ihres Rückgrats beraubt und damit arbeitsunfähig werden. Am 4. 11. 1941 endete Besls Karriere, als er in Anif mit einem PKW der Gauleitung bei schlechter Sicht in eine Wehrmachtskolonne hinein fuhr, wobei zwei Soldaten getötet und zwei weitere schwer verletzt wurden. Die Aussage seines Beifahrers, des Gaurichters Jördens, bewahrte ihn vor den Folgen eines parteigerichtlichen Verfahrens, hingegen stellte der Salzburger Oberstaatsanwalt Balthasar einen Strafantrag. Nachdem Besl im April 1942 doch einrücken musste, wurde das Verfahren an das Gericht der 188. bzw. 467. Division abgetreten. Das Feldkriegsgericht in Berchtesgaden verurteilte ihn am 11. 12. 1942 zu sieben Monaten Festungshaft, von denen sechs Monate bis Kriegsende zur Bewährung ausgesetzt wurden. Besl wurde seit dem 28. 8. 1944 an der rumänischen Front vermisst, die gerichtliche Todeserklärung aus dem Jahr 1948 setzte den Todestag mit 26. 8. 1944 fest.

Quellen: BA, OPG, MF B 71; PK; MF A 316; AStS, EW- u. Pol.-Meldekarteien.

Hermann Langhans, Eidesstattliche Erklärung, 7. Juli 1936.

Eidesstattliche Erklärung:

Ich versichere an Eides Statt, nachstehende Fragen wahrheitsgetreu zu beantworten. (Die Fragen sind eigenhändig, mit Tinte geschrieben, zu beantworten!) Deutlich und leserlich schreiben!!

Familienname: Langhans
Vorheriger Name, falls Namensänderung stattgefunden hat: –
Vornamen (Rufname unterstreichen!): Hermann
Geburtsdaten (Tag, Monat, Jahr): 24. September 1897
Geburtsort- und Land: Lend, Bez. Zell a/See, Salzburg
Zuständig:
Staatsbürgerschaft vor dem Parteiverbot in Österreich (19. 6. 1933): [illegible]
Letzte Wohnung in Österreich: Salzburg, [illegible] Nr. 9
Schulbildung: 5 Klassen Volksschule
k.u.k. Mil. Unterrealschule
k.u.k. Mil. Oberrealschule
k.u.k. Mil. Akademie, [illegible]
Fremdsprachen: [illegible]
Stand (ledig, verh., gesch., verwitwet): [illegible]
Erlernter Beruf: [illegible]
Ausgeübter Beruf: [illegible]

Hermann LANGHANS

Geb. 24. 9. 1897 in Lend (Bezirk Zell am See). Besuch der k. u. k. Militär-Oberrealschule in Mährisch-Weißkirchen sowie der Technischen Militärakademie in Hainburg. Am 18. 8. 1916 aus der Militärakademie als Leutnant zum k. u. k. Pionier-Bataillon Nr. 2 nach Linz ausgemustert. Fronteinsätze in Litauen, Galizien und Italien. Juni 1919 beim Grenzschutz Steiermark. Im September 1920 ins Bundesheer übernommen, im Frühjahr 1921 zum Hauptmann befördert. Zum Technischen Bataillon Nr. 6 in Salzburg eingeteilt. 19. 1. 1932 Beitritt zur NSDAP. Juni 1932 zur Fliegerschule Salzburg kommandiert, zur gleichen Zeit von der NS-Gauleitung zum Gausoldatenführer bestimmt. Am 17. 9. 1932 Beitritt zur SA (Standarte 59). 1. 6. 1933 SA-Sturmbannführer und zeitweilig mit der Führung der Standarte 59 beauftragt. 13. 6. 1933 inhaftiert, jedoch nach einigen Tagen entlassen. 1. 7. 1933 Obersturmbannführer, 15. 8. 1933 Standartenführer. Auf Weisung Reschnys am 11. 7. 1933 Flucht ins Deutsche Reich. Bis Juni 1934 führte Langhans die SA-Brigade Salzburg sowie (ab 15. 5. 1934) auch die Lehrstandarte 2 der Österreichischen Legion in Mönchröden bei Koburg. Am 18. 6. 1934 erlitt er einen schweren Autounfall und verbrachte über ein Jahr in verschiedenen Krankenhäusern. Als man am 18. 7. 1934 anlässlich einer routinemäßigen Kontrolle feststellte, dass die Waffenbestände aus einem Depot der Legion in Bad Reichenhall verschwunden waren, wurde Langhans verdächtigt, diese Waffen heimlich an die Salzburger Polizei verkauft zu haben, und es folgte eine monatelange SA-interne Untersuchung. Erst ein Jahr später stellte sich heraus, dass der (bayrische) Standortführer der SA-Standarte 84 nach dem 30. 6. 1934 („Röhm-Affäre") das Waffenlager der SS ausgeliefert hatte. Nach dem „Anschluß" war Langhans Oberstleutnant der Schutzpolizei in Salzburg und wurde mit Wirkung vom 1. 6. 1944 zum Reichsamt TN (= Technische Nothilfe) nach Berlin versetzt.

Quellen: BA, SA, MF D-0162, Personalakt Hermann Langhans; SA-P, Personal- und Gerichtsakt; Bestand TENO (= Technische Nothilfe), Korrespondenz betr. Hermann Langhans.

Dr. Franz LORENZ

Geb. 12. 2. 1897 in Niedernsill (Bezirk Zell am See) als Sohn des Oberförsters Florian Lorenz und dessen Frau Maria Lorenz, geb. Genser. Realschule mit Matura. Dr. iur. Universität Innsbruck 1925. Teilnahme am Ersten Weltkrieg 1915 bis 1918 (I.R. 59 und I.R. 74), 1. 8. 1917 Leutnant der Reserve. Beobachter bei der k. u. k. Ballontruppe. Zugs- und Kompanieführer. Durch Bruststeckschuss und Armdurchschuss 1916 schwer verwundet. Von 1919 bis 1934 im Verwaltungsdienst der Stadt Salzburg beschäftigt, nach Promotion 1925 rechtkundiger Beamter im Amt für Gewerbe, Ehe, Kultus und Sozialversicherung (Magistratsrat). Mitglied des Deutschen Turnvereins seit 1919, ferner im Altherrenverband der Deutschen Verbindung Teuto-Markomannia Salzburg. 16. 4. 1931 Beitritt zur NSDAP (Mitgliedsnummer 511.202) in Maxglan, Dezember 1931 SA. Führte von März 1933 bis zu seiner Verhaftung (2. 8. 1933) den Sturm 2/59. Drei Monate Haft im Landesgericht Salzburg sowie mehrere Wochen Polizeiarrest. November 1933 bis 28. 2. 1934 z. b. V. Standarte 59. Am 1. 3. 1934 wurde Lorenz zum Führer des Sturmbanns I/59 ernannt und führte diesen bis zum 1. 8. 1934. Bei den schweren SA-internen Auseinandersetzungen in Salzburg während der ersten Jahreshälfte 1934[75] war er ein Gefolgsmann Patzelts. Am 26. 7. 1934 um 8 Uhr morgens bei einer Sturmführerbesprechung verhaftet, jedoch aufgrund einer Intervention Patzelts (!) bei der Sicherheitsdirektion nach wenigen Stunden freigelassen. Lorenz sabotierte den zweiten Angriffsbefehl (27. 7., 11.30 Uhr)

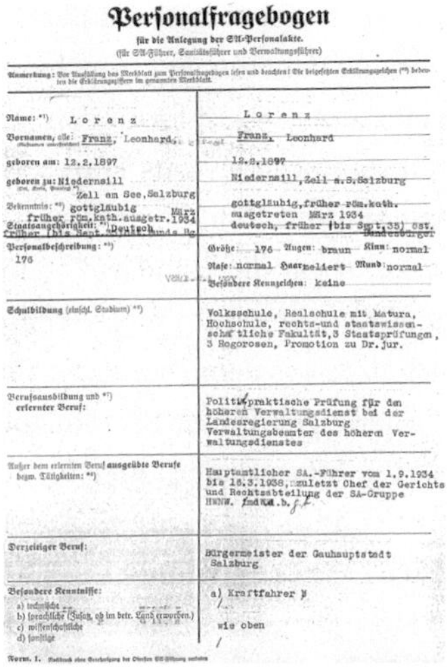

Personalfragebogen

für die Anlegung der SA-Personalakte.
(für SA-Führer, Sanitätsführer und Verwaltungsführer)

Name: Lorenz	Lorenz
Vornamen, alle: Franz, Leonhard	Franz, Leonhard
geboren am: 12.2.1897	12.2.1897
geboren zu: Niedernsill Zell am See, Salzburg	Niedernsill, Zell a.S. Salzburg
Bekenntnis: gottgläubig früher röm.kath. ausgetr. März 1934	gottgläubig, früher röm.kath. ausgetreten März 1934
Staatsangehörigkeit: Deutsch früher (bis Sept. ...) Bundes Bg.	deutsch, früher (bis Sept. 35) öst. Bundesbürger
Personalbeschreibung: 176	Größe: 176 Augen: braun Kinn: normal Nase: normal Haar: meliert Mund: normal Besondere Kennzeichen: keine
Schulbildung (einschl. Studium)	Volksschule, Realschule mit Matura, Hochschule, rechts- und staatswissenschaftliche Fakultät, 3 Staatsprüfungen, 3 Rigorosen, Promotion zu Dr. jur.
Berufsausbildung und erlernter Beruf:	Politisch-praktische Prüfung für den höheren Verwaltungsdienst bei der Landesregierung Salzburg Verwaltungsbeamter des höheren Verwaltungsdienstes
Außer dem erlernten Beruf ausgeübte Berufe bzw. Tätigkeiten:	Hauptamtlicher SA.-Führer vom 1.9.1934 bis 16.3.1938, zuletzt Chef der Gerichts und Rechtsabteilung der SA-Gruppe HWNW. ...
Derzeitiger Beruf:	Bürgermeister der Gauhauptstadt Salzburg
Besondere Kenntnisse: a) technische b) sprachliche (Zusatz, ob im betr. Land erworben) c) wissenschaftliche d) sonstige	a) Kraftfahrer / wie oben

Dr. Franz Lorenz, Personalfragebogen für die Anlegung der SA-Personalakte, 11. August 1938.

SA-Standartenführer Dr. Franz Lorenz, Bürgermeister der Gauhauptstadt Salzburg, im Juni 1940 (Foto: AStS, Fotoarchiv Franz Krieger, Film 322, Ausschnitt).

der in Freilassing stationierten SA-Brigadeführung und verhinderte durch gezielte Falschmeldungen den für 18.30 Uhr befohlenen Angriff auf die Polizeikaserne. Als Indiz für den Führungsmangel in der Salzburger SA kann der Umstand gelten, dass Lorenz mit dem niedrigen Dienstrang eines SA-Obertruppführers (ab 1. 9. 1933) einen Sturmbann und für einige Wochen (August 1934) sogar die Standarte 59 führte. Anschließend Flucht nach Deutschland und Eintritt in die Österreichische Legion. Per Disziplinarerkenntnis vom 17. 10. 1934 aus dem Dienst der Stadtgemeinde Salzburg entlassen. Weitere Beförderungen in der SA: Sturmführer (20. 4. 1935), Obersturmführer (9. 11. 1935), Sturmhauptführer (9. 11. 1936), Sturmbannführer (1. 5. 1937), Standartenführer (9. 11. 1938), Oberführer (20. 4. 1943). Seit seiner Zugehörigkeit zur Legion hauptamtlicher SA-Führer und Rechtsberater der Standarte NW 5 (Ulm), zuletzt Chef der Gerichts- und Rechtsabteilung des HWNW in Bad Godesberg. Seit 1936 mit Margarete Neuhauser verheiratet. Teilnahme an der Führertagung zu den SA-Wettkämpfen in Berlin 1937. Ab 15. 3. 1938 wieder im Dienst der Stadtgemeinde, ab 13. 3. kommissarischer Bürgermeisterstellvertreter bzw. ab 23. 7. 1938 Bürgermeister (rechtskundiger Bürgermeister als 1. Beigeordneter) der Gauhauptstadt Salzburg, Leiter des Gauamtes für Kommunalpolitik im Gau Salzburg, Verwaltungsrat SETG, Gaubeauftragter für das Schützenwesen. Mitgliedschaft bei sonstigen Gliederungen der NSDAP: DAF (1935), RKB (1937), NSV, NSRWB und RDB (1938), DRK (1939) und NSKOV (1940). In der Wehrmacht Oberleutnant der Reserve. Im Mai 1943 endete Lorenz' NS-Karriere, da ihm zur Last gelegt wurde, in zahlreichen Fällen unzulässige Lebensmittelkartenzuteilungen an Parteistellen und Behörden vorgenommen zu haben. Reichsminister Frick ordnete persönlich die Einleitung eines Dienststrafverfahrens an, Bormann informierte Hitler von dem Fall. Ab 3. 1. 1944 zur Wehrmacht eingerückt, wird er am 21. 2. 1944 vom Vorwurf des Amtsmissbrauches und der Zuwiderhandlung gegen Strafbestimmungen der Kriegswirtschaft freigesprochen. Lorenz wurde seit August 1944 an der Ostfront vermisst und kehrte am 11. 1. 1950 aus russischer Kriegsgefangenschaft nach Österreich zurück. Ab 1. 9. 1952 wieder im Dienst der Stadtgemeinde Salzburg, ab 1. 1. 1953 Leiter des Jugendamtes, danach des Wohnungsamtes. Ab 1. 1. 1954 Senatsrat und Leiter der Magistratsabteilung I (Allgemeine und Bezirksverwaltung), ab 1956 zudem Leitung des Amtes für Öffentliche Ordnung, Mitglied der Disziplinarkommission und des Dienstrechtsausschusses. Stirbt am 14. 2. 1957 in Salzburg.

Quellen: BA, PK, MF H 207; ÖStA/AdR, Gauakt Nr.173.251; Ernst Hanisch, Gau der guten Nerven. Die nationalsozialistische Herrschaft in Salzburg 1938–1945, Salzburg–München 1997; AStS, Personalakt u. -kartei; NS-Stadtchronik; Amtsblatt 10. 2. 1957, S. 48 u. 20. 2. 1957, S. 57.

Ing. Karl Emil OBERFELD

Geb. 25. 12. 1887 in Offenburg (Baden). Nach der Realschule drei Jahre Baugewerk- und Technische Hochschule. 1. 10. 1908–30. 9. 1909 Einjährig-Freiwilliger beim Regiment 1, 2. Batterie der bayrischen Fußartillerie. Teilnahme am Ersten Weltkrieg ab August 1914. Mai 1916 und August 1916 verwundet (Granatsplitter und Verbrennungen), am 30. 1. 1917 zum Regimentsstab des 4. Fußartillerie-Regiments (Entlassungstruppenteil) versetzt, als Leutnant der Reserve abgerüstet. Träger des EK I und EK II. 1909–1914 und 1919–1924 als Geometer bei der Bundesbahndirektion Innsbruck beschäftigt. 1924–1933 Landwirt in Wald im Pinzgau. NSDAP-Beitritt am 6. 1. 1930 (Mitgliedsnummer 361.394) bei der Ortsgruppe Wald. 6. 11. 1930 Beitritt zur SA (selbständiger Sturm 116, Standort Mittersill). Zunächst als Ausbildner in Wald tätig, von April bis November 1932 Führer des Sturms 16/59; zwischen 1. 12. 1932 und 30. 6. 1933 leitete Oberfeld den Sturmbann III/59. 13. bis 18. 6. 1933 Untersuchungshaft im Landesgericht Salzburg. Durch Verfügung der nach München geflüchteten SA-Obergruppe VIII (Reschny) wurde Oberfeld bei der Bildung der neuen Standarte 41 (Pinzgau) am 1. 7. 1933 mit deren Führung betraut. November 1933 Flucht nach Deutschland, am 18. 11. 1933 mit der Führung des SA-Hilfswerklagers Freilassing (Österreichische Legion) beauftragt. Von Freilassing aus leitete Oberfeld ab Juni 1934 die Salzburger SA-Brigade (d. h. die Standarten 41 und 59), nach dem Juliputsch verlegte er seinen Standort nach München. Februar 1935–November 1935 im HWNW-Lager Bad Aibling, anschließend bis Oktober 1937 Leiter der Dienstgradschule des Führers der technischen SA im HWNW-Lager Bocholt. Beförderungen in der SA: Truppführer (1. 4. 1932), Sturmführer (1. 12. 1932), Obersturmführer (1. 7. 1933), Sturmbannführer (9. 11. 1933), Obersturmbannführer (20. 4. 1935), Standartenführer (12. 3. 1938). Von 1. 6. 1938 bis 30. 4. 1941 war Oberfeld hauptamtlicher SA-Führer bei der Gruppe Donau, ab 1. 5. 1941 bei der Gruppe Alpenland. RAD-Generalarbeitsführer. Lebte nach 1945 in Freilassing und Wald im Pinzgau, gest. 14. 8. 1966 in Bad Reichenhall.

Quellen: BA, SA, MF 81-B; PK, MF I 0384; SN 17. 8. 1966, S. 11.

Gericht des Obersten SA.-Führers

Gh./16/35/42 geh.
R 5/V.M./42

Geheim

In dem Verfahren gegen den Standartenführer Fritz Patzelt,
Linz, Beethovenstr. 6, Gruppe Alpenland
geboren am 1.10.1887 zu Böhm. Leipa
Eintritt in die Partei am 11.1.30 Mitglieds-Nr. 117 359
Eintritt in die SA. am 9.4.23
letzte Beförderung am 30.1.38
letzte Dienststellung Referent im Gericht der Gruppe Alpenland
hat die I. Kammer des Gerichts des Obersten SA.-Führers in der Verhandlung
am 6. Januar 1943, an der teilgenommen haben
die SA.-Richter:
Oberführer v.Martin als Vorsitzender
Standartenführer Menhart
Standartenführer Schumacher

für Recht erkannt:

Der Standartenführer Fritz Patzelt wird mit Ausschluss aus der SA. bestraft. Der Dienstgrad wird ihm aberkannt.

Auslaufbestätigung:
9. Jan. 1943
Die Oberste SA.-Führung

Fritz Patzelt, Gericht des Obersten SA-Führers, 6. Januar 1943.

Friedrich PATZELT

Geb. 1. 10. 1887 in Böhmisch-Leipa. Bundesbahnbeamter. Im August 1914 Kriegsfreiwilliger. Frontdienst bei der Infanterie und den Sappeuren. Patzelt erlitt während des Krieges eine Gasvergiftung, durch die er sich ein schweres Augenleiden zuzog (Erblindung des linken Auges). 1916 Übersiedlung nach Salzburg, ab 1922 in Maxglan. 1922 Mitglied der DNSAP, April 1923 Beitritt zur SA in Salzburg. Nach dem 9. 11. 1923 (Hitler-Putsch) von Oberleutnant Roßbach als Verbindungsmann zu dem in Landsberg inhaftierten Hitler eingesetzt. In den folgenden Jahren zog sich Patzelt infolge seines Augenleidens von der politischen Tätigkeit zurück und lebte mehrere Jahre in der Tschechoslowakei. Ende 1929 nach Salzburg zurückgekehrt, wurde er wieder aktiv. Am 11. 1. 1930 NSDAP-Beitritt (Ortsgruppe Maxglan). 1932–1934 (mit Unterbrechungen) Führer der SA-Standarte 59. Im Juni 1933 einige Tage inhaftiert. In weiten Kreisen der illegalen SA galt Patzelt als „Verräter", weil er radikale Nationalsozialisten, vor allem Sprengstoffattentäter, an die Polizei denunzierte und enge Kontakte mit dem Polizeidirektor Ingomar unterhielt. Zu seinen Intimfeinden in der SA-Führung zählten (zeitweilig) Hermann Langhans und der „Pinzgauer Flügel" (Emil Oberfeld, Rudolf Radauer). Als „Gegenleistung" für seine Kooperation mit der Salzburger Polizei konnte er faktisch unter deren Augen ein illegales Vertrauensmännersystem errichten bzw. aufrechterhalten, das allerdings zum Teil seiner Kontrolle entglitt. Diese wechselseitige Instrumentalisierung manifestierte sich auch während des Juliputsches 1934. Nach dessen Niederschlagung war Patzelt etliche Male inhaftiert (August–Dezember 1934, Juni–Anfang August 1935) und verbrachte auch einige Wochen im Internierungslager Wöllersdorf. Am 1. 4. 1936 vom Salzburger Sicherheitsdirektor ausgewiesen, emigrierte er ins Deutsche Reich und wurde trotz der erwähnten Ereignisse in das HWNW aufgenommen (6. 6. 1936), wo er – eigenen Angaben zufolge – sogar einen „Sonderdienst in Berlin als Bevollmächtigter des Obergruppenführers Reschny" versah. 1936–1938 im Lager Bad Godesberg. Nach dem „Anschluß“ wurde er als Referent für Gerichtsangelegenheiten der SA-Gruppe Südmark eingeteilt, ab September 1938 war er mit dem Dienstgrad eines SA-Standartenführers als Gerichtsreferent und SA-Richter der SA-Gruppe Alpenland in Linz tätig. 1942 mehrmals vorübergehend nach Böhmen verzogen. Am 6. 1. 1943 wurde Patzelt durch einen Beschluss des Obersten SA-Führers aus der SA ausgeschlossen, am 24. 3. 1943 schloss ihn das Gaugericht Donau auch aus der NSDAP aus. Die Begründung: Patzelt habe zwischen Juli 1941 und September 1942 zahlreiche Abrechnungen für Dienstreisen gefälscht, private Telefonate als Dienstgespräche deklariert usw. Es ging dabei um lächerlich geringe Schadensbeträge, doch Patzelt soll seit seinem zwölften Lebensjahr an Kleptomanie gelitten haben. Das vom Gauamt für Volksgesundheit erstellte psychiatrische Gutachten besagt, *dass bei Pg. Patzelt eine Kleptomanie geringen Grades anzunehmen ist und dass die Fälschung einer Rechnung in geringfügiger Höhe ihm eine ebensolche krankhafte Befriedigung bereiten konnte wie seinerzeit das unmittelbare Entwenden irgend eines Gegenstandes.* Ein Verfahren vor dem Linzer Volksgericht wurde 1952 eingestellt. Pazelt lebte bis 1951 in Wels und kehrte dann nach Salzburg zurück. Er war Mitglied der Wohlfahrtsvereinigung der Glasenbacher und starb am 9. 12. 1975 in Salzburg.

Quellen: BA, PK, MF I 381; SA-P, Gerichts- und Personalakt Fritz Patzelt; ÖStA/AdR, BKA-Präsidium, Inneres, Juli-Putsch 1934, Protokolle, Berichte; AStS, Pol.-Meldekartei, NS-Reg.-Akt.

Josef WOHLRAB

Geb. 27. 8. 1888 in Wien. Nach Besuch der Oberrealschule in Salzburg Technische Hochschule (Maschinenbau) in Wien 1909–1914. 1908–1909 Einjährig-Freiwilliger beim k. u. k. Infanterieregiment Nr. 59 in Salzburg. Seit 1914 verheiratet mit Anna Wohlrab, geb. Hübner. Am 1. 8. 1914 als Leutnant eingerückt. Feldzüge in Russland und Italien. Von 1. 8. 1916 bis Kriegsende Kommandant der Technischen Infanterie-Kompanie des Infanterie-Regiments Nr. 59 in Italien. Nach Kriegsende als Oberleutnant der Reserve entlassen. 1919–1921 Leiter der Invalidenämter von Salzburg-Stadt und Salzburg-Umgebung. 1924–1928 technischer Angestellter in Salzburg. Ab 1928 Bildhauer- und Stukkaturlehre. 1919–1922 Angehöriger des Freikorps Oberland in Salzburg. Seit April 1922 Mitglied der DNSAP, im März 1923 beitritt zur SA (Vaterländischer Schutzbund). Während des

4647

Nationalsozialistische Deutsche Arbeiter-Partei. Nr. 50.028

31/313

Personal-Fragebogen

zum Antragschein auf Ausstellung einer vorläufigen Mitgliedskarte und zur Feststellung der Mitgliedschaft im Lande Österreich.

Deutlich schreiben!

Familienname: W o h l r a b

Vorname: Josef Johann Leopold

Geburtstag: 27.August 1888 Geburtsort: Wien

Verheiratet: verheiratet seit 1.8.1914

Vorname und Mädchenname der Frau: Anna, geborene H ü b n e r

Geburtstag, Geburtsort: 11.XII.1890 in Neupaulsdorf Nr 40 Staatsangehörigkeit: deutsche

Liegt arischer Nachweis vor? ja

Anzahl der Kinder: zwei

Wohnort: Wien II., Straße: Grosse Pfarrstrasse 30/IV/21

Bundesland: Wien Bezirk: II.

Beruf: Ingenieur

Welche Stellung bisher bekleidet? seit 1932 bis zum Verbot der Partei Gauamtsleiter. Im Reiche bis 24.März 1938 als Dienststellenleiter im NSDAP-Flüchtlingshilfswerk. Seit 25.März 1938 bis jetzt als Referent dem Staatskommissariat Dr.Wächter in der Reichsstatthalterei zugeteilt.

Schulen, Lehrgang, Studium: Volksschule, Unter-und Oberrealschule mit Matura. Technische Hochschule in Wien (Maschinenbau).

Militärische Dienstzeit (Frontsoldat, Orden und Ehrenzeichen?): Vom 1.X.1909 bis 30.IX.1910 als Einj.-Freiw.im IR 59 gedient. 2 Waffenübungen. Vom 1.8.1914 bis Kriegsende als Zugs-und Kompagniekommandant im IR 59 gedient. 3 Tapferkeitsmedaillen, KTK, Verw.M., 3 Landesverteidigungsmedaillen, Hindenburgkreuz und 1 Jubiläumsmedaille.
Nach Kriegsende als K.u.k.Oberleutnant i.d.R.entlassen.

W 028323

Josef Wohlrab, Personal-Fragebogen zum Antragschein auf Ausstellung einer vorläufigen Mitgliedskarte etc., 24. Juni 1938.

Hitler-Putsches in München (November 1923) versah Wohlrab den Grenzdienst und leitete in Salzburg die Aufnahmestelle für flüchtige Putschisten aus Bayern. Am 1. 9. 1926 Beitritt zur NSDAP (Hitler-Bewegung), Mitbegründer der NSDAP-Ortsgruppe Salzburg. Am 19. 9. 1926 von der Reichsleitung des Vaterländischen Schutzbundes zum Gauführer der SA des Landes Salzburg ernannt (bis 1929). Von September 1928 bis April 1932 als NS-Kreispropagandaleiter des Kreises Salzburg tätig, von 1. 5. 1932 bis zum Verbot der NSDAP Gaugeschäftsführer und Gauamtsleiter (Gaukassawart). Am 13. 6. 1933 verhaftet, jedoch sechs Tage später gegen Gelöbnis entlassen. Flucht ins Deutsche Reich, als Mitarbeiter der emigrierten Gauleitung in Freilassing tätig. Wohlrab wurde im Stande der Österreichischen Legion bzw. des HWNW (1934 SA-Sturmbannführer) geführt, war jedoch aufgrund seiner politischen Funktionen beurlaubt. Nach Auflösung der österreichischen Parteidienststellen im Deutschen Reich (August 1934) zum NSDAP-Flüchtlingshilfswerk (Hilfswerk Rodenbücher) kommandiert. Bis 31. 7. 1937 als Abteilungsleiter der Darlehensabteilung beschäftigt, anschließend Leiter der Heimkehrer- und Überprüfungsstelle in München. Nach dem „Anschluß" einige Monate als Referent bei Staatskommissär Wächter, von 1. 8. 1938 bis 1945 Landrat in Baden bei Wien. Am 9. 11. 1938 zum SA-Obersturmbannführer befördert. Josef Wohlrab verstarb am 8. 4. 1970 in Fügen/Schwaz in Tirol.

Quellen: ÖStA/AdR, Gauakt Nr.252.976; BA, PK; Mitt. Stadtarchiv Baden v. 26. 7. 2010.

Anmerkungen

1 BA, NS 23/438, Angaben zur Organisationsgliederung der SA-Obergruppe VIII bzw. XI.

2 Den SS-Oberabschnitt Donau führte von Dezember 1933 bis zum Juliputsch 1934 der „reichsdeutsche" SS-Brigadeführer (ab 3. 9. 1934: Gruppenführer) Alfred Rodenbücher. BA, SSO, MF 38 B, SS-Führerpersonalakt Alfred Rodenbücher.

3 Vgl. dazu ausführlich BA, SA-SL 151, Berichte über Missstände in der Österreichischen Legion.

4 Vgl. etwa ÖStA/AdR, NPA, Kt. 161, 39955/13, ex 1936, Bericht aus Berlin betr. Legionslager in Ranis, 26. 6. 1936. – In Ranis (Thüringen) waren österreichische SS-Angehörige stationiert, die in keinerlei Zusammenhang mit der Legion standen.

5 Delti Ordelt, Legionäre, Wien–Leipzig 1941, S. 136.

6 Siehe dazu ausführlich Hans Schafranek und Andrea Hurton, Die Österreichische Legion und der „Anschluss" 1938, in: Dokumentationsarchiv des österreichischen Widerstandes (Hg.), Jahrbuch 2008, Wien 2008, S. 189–220.

7 Das Forschungsprojekt zur Geschichte der Österreichischen Legion 1933–1938 und insbesondere die aufwändigen Arbeiten zur Erstellung und Auswertung der Legions-Datenbank wurden durch eine Förderung des Zukunftsfonds der Republik Österreich ermöglicht.

8 Für die Erstellung der Datenbank wurden überwiegend folgende Quellen herangezogen:
1) Von der Generaldirektion für öffentliche Sicherheit im Jahre 1946 erstellte Listen, die biografische Angaben (Name, Geburtsort, Beitrittsdatum zur NSDAP, SA usw.) zu 17.000 Personen enthalten, von denen jedoch über 4000 doppelt gezählt wurden, so dass knapp 13.000 Legionäre übrig bleiben. Der Vergleich mit zahlreichen anderen Quellen ergab – hinsichtlich der Zugehörigkeit zur Österreichischen Legion – eine Trefferquote von 100 Prozent. Diese Listen befinden sich im ÖStA/AdR unter der Signatur BMI, ZEST, 139.509-2/46 und wurden mir von Herrn Dr. Rudolf Jerábek zugänglich gemacht, dem ich an dieser Stelle sehr herzlich für seine kontinuierliche Hilfe danken möchte.
2) Eine vom amerikanischen Militärgeheimdienst 1946 erstellte Liste mit der Bezeichnung „United States Forces in Austria. Office of Assistant Chief of Staff G-2. The Austrian Legion. Information obtained through captured documents by Headquarters Documents Center". Diese 16.000 Personen umfassende Liste enthält verschiedene Angaben zu österreichischen NS-Flüchtlingen im Deutschen Reich, wobei der zitierte Sammelhinweis auf die Österreichische Legion etwas irreführend ist, da „nur" 7800 Personen, also knapp die Hälfte, als Angehörige der Legion identifiziert werden konnten.
3) Von der SA-Obergruppe XI im November 1934 erstellte Sammellisten zu knapp 7000 Legions-Angehörigen in zehn deutschen SA-Hilfswerklagern. Diese Listen waren besonders hilfreich, weil sie neben dem Geburtsort, Geburtsdatum, SA-Beitrittsdatum auch den Zeitpunkt des Beitritts zur Legion enthalten. Ihre Bearbeitung und Auswertung war jedoch mit enormen Mühen und einem fast nicht mehr zu verantwortenden Zeitaufwand verknüpft: Die Listen wurden 1934 zum größten Teil mit Bleistift geschrieben, lagen jedoch nur in Form mehrerer Mikrofilme von schlechter Qualität vor. Tausende Namen waren unleserlich, konnten jedoch bis auf wenige Ausnahmen durch einen Abgleich der jeweiligen Geburtsdaten bzw. SA-Beitrittsdaten mit jenen aus der unter 1) beschriebenen Liste rekonstruiert werden. BA, SA-SL 152 bis 162.
4) Ein in der Universitätsbibliothek Innsbruck aufbewahrtes gedrucktes „Ausbürgerungsverzeichnis", das Daten aus 15 (von insgesamt 17) Ausbürgerungslisten zu 10.052 Personen enthält. Im projektspezifischen Kontext war dieses Ausbürgerungsverzeichnis vor allem im Hinblick auf die zahlreichen Angaben zu den Berufen und

dem letzten Wohnort (vor der Flucht) eine äußerst wertvolle Quelle. Etwa 5500 Personen konnten durch systematische Recherchen der Legion zugeordnet werden. Ohne eine solche Verknüpfung mit anderen Quellen ist die Aussagekraft freilich begrenzt, da dieses Ausbürgerungsverzeichnis keine Angaben über die politische Zugehörigkeit der darin erfassten Personen enthält und auch eine unbekannte Anzahl von Sozialdemokraten und Kommunisten darin verzeichnet sind, die nach 1933 von den österreichischen Behörden ausgebürgert wurden.
5) So genannte „Rückkehrer-Listen". Es existieren 21 solcher Listen (4100 Personen, darunter auch Frauen) betr. österreichische NS-Flüchtlinge, die vom NSDAP-Flüchtlingshilfswerk nach dem Juliabkommen 1936 für eine legale Rückkehr nach Österreich vorgesehen waren. Sie enthalten Angaben zum Geburtsort, Geburtsdatum, Wohnort in Österreich und dem Beruf. Von diesen Listen wurden jedoch lediglich drei ausgewertet, da sich keine neuen Erkenntnisse ergaben. Der Anteil der Legionäre betrug etwa 40 Prozent. Vgl. ÖStA/AdR, NPA, Kt. 136 (neu: Kt. 103), Listen 19, 20, 21.
6) Zur Überprüfung verschiedener Details oder mit einem individualspezifischen Erkenntnishintergrund, der nicht primär die Datenbank tangierte: Etwa 150 Personalakten aus dem Bestand Gaupersonalamt Wien, ÖStA/AdR; etwa 400 Akten aus den Beständen SA (Personalakten), SA-P (Personal- und Gerichtsakten), Parteikanzlei-Korrespondenz (PK) im Bundesarchiv Berlin.
7) Angaben aus mehreren Hundert Gendarmerieanzeigen zu geflüchteten Teilnehmern des Juliputschs 1934. Diese Daten stellte mir freundlicherweise Dr. Kurt Bauer zur Verfügung.

9 Von den 1140 Salzburger Legionären konnte in 1138 Fällen der Wohnort ermittelt werden. Bei zwei Legionsangehörigen war als letzter Wohnort vor der Ausreise eine Hütte in den Bergen angegeben: Alois Arnold aus Werfen (Geburtsort) lebte demnach in der Südwienerhütte (Radstädter Tauern), der aus Bischofshofen stammende Ferdinand Berger bewohnte die Mitterberghütte. ÖStA/AdR, BMI, ZEST, 139.509-2/46.

10 Die Salzburger Stadtteile Maxglan, Gnigl und Itzling wurden erst 1935 eingemeindet. Da fast alle namentlich bekannten Legionäre aus diesen drei zuvor selbständigen Gemeinden bereits 1933/34 flüchteten, werden diese drei Orte bzw. Stadtteile hier separat angeführt und nicht der Stadt Salzburg zugeschlagen. – Mit 220 Legionären lag Salzburg-Stadt (1934: 40.232 Einwohner) 18 Prozent über dem Durchschnitt des Bundeslandes.

11 Mit 370 Legionären lag Salzburg-Land (1934: 78.951 Einwohner) fast genau im Landesdurchschnitt.

12 1935 wurden außer den ehemaligen selbstständigen Ortsgemeinden Maxglan und Gnigl-Itzling (siehe Anm. 10) kleinere Teile von Morzg (Gneis, Kleingmain) und von Aigen eingemeindet, 1939 folgten die größeren Teile von Morzg und Aigen, die ehemals selbstständige Ortsgemeinde Leopoldskron und das bis dahin zur Ortsgemeinde Siezenheim gehörende Liefering (mit Rott).

13 Vgl. Ernst Hanisch, „Das wilde Land" – Bürgerkrieg und Nationalsozialismus in Seekirchen., in: Elisabeth und Heinz Dopsch (Hg.), 1300 Jahre Seekirchen. Geschichte und Kultur einer Salzburger Marktgemeinde, Seekirchen 1986, S. 323–346.

14 Der Bezirk Hallein (1934: 26.988 Einwohner) lag hinsichtlich der Legionärs-Angehörigen 4 Prozent über dem Landesdurchschnitt.

15 Auffällig ist, dass aus dem kleinen Ort Golling (Einwohnerzahl 1934: 817) 24 SA-Mitglieder flüchteten und der Legion beitraten, während z. B. Adnet mit einer mehr als doppelt so hohen Einwohnerzahl (1934: 1710) keinen einzigen späteren Legionär aufwies. Die Erklärung von signifikanten Unterschieden dieser Art bedürfte noch vertiefender lokalhistorischer Untersuchungen. Zu den Einwohnerzahlen vgl. Statistik des Bundesstaates Österreich, Heft 6, Salzburg. Die Ergebnisse der österreichischen Volkszählung vom 22. März 1934, Wien 1935, S. 2–6.

16 Heute Ortsteil von Golling.

17 Heute Ortsteil von Golling.

18 Die Wohnbevölkerung des Bezirks St. Johann betrug (1934) 42.092, die Anzahl der Legionäre lag 41 Prozent unter dem Landesdurchschnitt.

19 Vgl. dazu die Lokalstudie von Laurenz Krisch, Zersprengt die Dollfußketten. Die Entwicklung des Nationalsozialismus in Bad Gastein bis 1938. Wien– Köln–Weimar 2003.

20 SA-organisationsintern gehörte der Bezirk Tamsweg nicht zu Salzburg, sondern zum Gau Steiermark. Dies spielte zwar bei den Kommunikationslinien und Befehlsketten während des Juliputsches 1934 eine gewisse Rolle, nicht aber im Kontext der Österreichischen Legion. – Der Bezirk Tamsweg (Einwohnerzahl 1934: 14.419) lag im Hinblick auf Legions-Mitglieder 24 Prozent unter dem Landesdurchschnitt.

21 Der Bezirk Zell am See wies 1934 eine Einwohnerzahl von 43.119 auf. Der Legionärs-Anteil lag 26 Prozent über dem Landesdurchschnitt.

22 Gerhard Botz, Gewalt in der Politik, München 1983, S. 327. Demnach waren 73 Prozent der NS-Täter unter 25 Jahre alt gegenüber 50 bzw. 51 Prozent beim Republikanischen Schutzbund bzw. bei Heimwehrangehörigen. Allerdings ist das dieser Berechnung zugrunde liegende Sample relativ klein, wie Botz selbst einräumt. Ein direkter Vergleich mit den Legionären wäre zudem hier problematisch, weil sich der Untersuchungszeitraum in der genannten Studie auf die Jahre 1923 bis 1933 erstreckt.

23 Als Stichtag wurde vom Verf. der 1. Jänner 1934 festgesetzt. Es handelt sich dabei nicht um eine willkürliche kalendarische Festlegung. Vielmehr ergibt sich aus den Angaben zu 551 Salzburger Legionären, dass knapp die Hälfte davon zwischen Juni und Dezember 1933 der Legion beitraten, die übrigen zwischen Jänner und Oktober 1934.

24 Zur Altersstruktur der Juliputschisten vgl. Kurt Bauer, Elementar-Ereignis. Die österreichischen Nationalsozialisten und der Juliputsch, Wien 2003, S. 136 ff.

25 Statistik des Bundesstaates Österreich. Die Ergebnisse der österreichischen Volkszählung vom 22. März 1934. Bundesstaat Textheft, Wien 1935, S. 35.

26 Zu den folgenden Berufsangaben (Wohnbevölkerung Salzburg) vgl. ebenda, S. 171.

27 Allerdings ist diese Relation unter Umständen etwas irreführend, da die Angaben für Salzburg keine geschlechtsspezifische Differenzierung ausweisen (Mägde!) und die Legion ausschließlich aus Männern bestand.

28 Peter Longerich, Die braunen Bataillone. Geschichte der SA, München 1989, S. 266, Anm. 59.

29 Ebenda, S. 126 ff.

30 Siehe dazu das Kapitel „Von der Österreichischen Legion zum Hilfswerk Nordwest“ in dem Buch von Hans Schafranek, Söldner für den Anschluss. Die Österreichische Legion 1933–1938, Wien 2010.

31 Zu Legionsrückkehrern aus Salzburg vgl. etwa ÖStA/AdR, BKA Inneres, 22/gen, Kt. 4909, 311.190/StB 1935; 314.302/StB 1935; 309.061/StB 35, 323.842/StB 35, 304.501/ StB 35; 314.962/ StB/35; 318.010/StB 35; 302.175/StB 35.

32 Siehe dazu das Kapitel „NS-Flüchtlingsüberprüfung und Kontrolle“ bei Schafranek, Söldner (wie Anm. 30).

33 BA, SA-SL 155.

34 BA, SA-SL 160.

35 BA, SA-SL 153.

36 BA, SA-SL 162.

37 BA, SA-SL 154.

38 BA, SA-SL 157.

39 BA, SA-SL 161.

40 BA, SA-SL 158.

41 BA, SA-SL 152.

42 BA, SA-SL 159.

43 BA, SA-SL 163.

44 BA, SA-SL 164.
45 BA, SA-P, Rudolf Radauer, Lebenslauf, 25. 8. 1935.
46 Politisches Archiv des Auswärtigen Amtes (Berlin), Abt. II, Akten betr. Hilfsaktion für die nach dem Putsch vom 25. 7. 1934 aus Österreich Geflüchteten und deren Hinterbliebene, Pol 5 Österreich, Bericht Dr. Hans Röhrich an SS-Gruppenführer Reinhard Heydrich, 11. 8. 1934.
47 BA, SA, Personalakt Hans Röhrich, Verfügung des Stabschef der SA, Ernst Röhm, 14. 11. 1933; Ausführungsbestimmungen betreffend Sonderbeauftragter des Obersten SA-Führers und Beauftragte für die auf deutschem Boden befindlichen Angehörigen der NSDAP Österreich, 17. 11. 1933.
48 Politisches Archiv des Auswärtigen Amtes, Akten betr. Nationalsozialismus/Österr. Legion, Österreich Pol 29-12, Konstantin v. Neurath an das Reichsministerium des Inneren, 24. 5. 1934.
49 Ebenda, Zusammenstellung von Grenzverletzungen durch Legionäre, Anlage 1) zu II. Meldung des Sicherheitsdirektors von Salzburg, 19. 2. 1934 (Abschrift).
50 Ebenda, Meldung des Sicherheitsdirektors von Salzburg, 1. 3. 1934 (Abschrift).
51 Ebenda, Bericht des Sicherheitsdirektors von Salzburg, 4. 4. 1934 (Abschrift); Mitteilung der Gendarmeriestation Freilassing, 1. 4. 1934.
52 Ebenda, Zusammenstellung von Grenzverletzungen durch österreichische Legionäre, Teil II, lt. Bericht des Bezirksamtes Berchtesgaden, 10. 4. 1934 und Bericht des Beauftragten des Österreichischen Sonderbeauftragten, 11. 4. 1934.
53 Ebenda, Anlage 1) zu II. Bericht des Sicherheitsdirektors von Salzburg (Abschrift).
54 Ebenda, Zusammenstellung von Grenzverletzungen durch Legionäre, Teil II, lt. Bericht des Bezirksamtes Berchtesgaden, 26. 4. 1934.
55 Ebenda., Anlage 1) zu II. Lt. Bericht des Sicherheitsdirektors von Salzburg, 30. 4. 1934.
56 Reichspost, 16. 5. 1934.
57 Politisches Archiv des Auswärtigen Amtes, Akten betr. Nationalsozialismus/Österreichische Legion, Österreich Pol 29-12, Gendarmeriepostenkommando Großgmain an die Bezirkshauptmannschaft Salzburg, 12. 4. 1934 (Abschrift).
58 ÖStA/AdR, NPA, Kt.242, Bericht des Bezirksgendarmeriekommandos Hallein an den Sicherheitsdirektor für Salzburg, 9. 6. 1934 (Abschrift).
59 Der Spiegel, Nr. 11/1980. So die in dem Artikel zitierte Aussage des überlebenden Repas (1980).
60 ÖStA/AdR, NPA, Kt.242, Bericht des Bezirksgendarmeriekommandos Hallein an den Sicherheitsdirektor für Salzburg, 9. 6. 1934 (Abschrift).
61 ÖStA/AdR, BMI, ZEST 139.509-2/46.
62 Der Spiegel, Nr. 11/1980.
63 Schriftliche Mitteilung Bundesarchiv, Außenstelle Ludwigsburg, an den Verf., 25. 5. 2010.
64 BA, SA, MF D 0162, SA-Personalakt Hermann Langhans, Protokoll Hans Altmann, Freilassing, 25. 7. 1934.
65 Ebenda, Bayerische Politische Polizei, Einvernahme Hubert Danzer, Bad Reichenhall, 22. 7. 1934. Einem SA-internen Bericht ist weiters zu entnehmen: *Bei den direkten Transporten über den Eisenbahnweg Freilassing-Salzburg haben sich besonders hervorgetan: der Eisenbahner Georg Foitswinkler, der Zollbeamte Huber und Zollbeamter Schmidt. Foitswinkler hatte an einer Lokomotive ein Geheimversteck, in welchem sehr viel Material hinüber gegangen ist, während Huber fast ständig in seiner Aktentasche* [...] *Material, Pistolen usw. nach Salzburg hinein befördert hat. In anderer Form sind an dieser Stelle keine Transporte erfolgt. Dagegen sind bei Hammerau zweimal Waffensendungen schwarz über die Saalach gegangen und an der trockenen Grenze bei Schwarzbach-Marzoll war eine geradezu ideale Möglichkeit, ganze Lastkraftwagen hinüber zu bekommen, da hier ein österreichischer Zollbeamter, der auf unserer Seite stand, die ihm bezeichneten Lastkraftwagen durchließ.* BA, SA-P, Personal- und Gerichtsakt Hermann Lang-

hans, Protokoll Tiemann, 21. 1. 1935.

66 Siehe dazu Hans Schafranek, Der NS-Putsch im Juli 1934: Vorgeschichte in Salzburg, in: Dokumentationsarchiv des Österreichischen Widerstandes (Hg.), Jahrbuch 2007, Wien 2007, S. 180 ff. u. 191 ff.

67 Geb. 20. 4. 1910 in Salzburg. ÖStA/AdR, BMI, ZEST 139.509 – 2/46.

68 SLA, Vr 1671/34, Gendarmeriepostenkommando Saalfelden an die Staatsanwaltschaft in Innsbruck, 2. 8. 1934.

69 Ebenda, Gendarmeriepostenkommando Saalfelden an die Staatsanwaltschaft in Innsbruck, 5. 8. 1934. In anderen Verstecken wurden zusätzlich noch 10 Handgranaten und 420 Stück Sprengkapseln gefunden.

70 SLA, Vr 1600/31, Gendarmeriepostenkommando Taxenbach an das Landesgericht in Salzburg, 21. 8. 1934.

71 So die Zeugenaussage des Gendarmerierevierinspektors Alois Leyendecker. Ebenda, Protokoll der Hauptverhandlung, Landesgericht für Strafsachen Wien I als Standgericht, 26. 7. 1934.

72 Die ländliche soziale Hierarchie und die politische Initiative bzw. „Führung" verhielten sich hier verkehrt proportional. Die Aussagen Harlanders, der angesichts eines zu erwartenden Todesurteils verständlicherweise alle Schuld auf die geflüchteten Mittäter schob, mochte man als Schutzbehauptungen abtun, doch bekundeten auch die einvernommenen Zeugen, dass Hechenberger (nicht nur) bei diesem Unternehmen organisatorisch als die treibende Kraft wirkte.

73 SLA, Vr 1600/31, Gendarmeriepostenkommando Taxenbach an das Landesgericht Salzburg, 21. 8. 1934.

74 Ebenda, Urteil des Landesgerichts Salzburg als Schwurgericht, 4. 9. 1934.

75 Siehe dazu ausführlich Hans Schafranek, Sommerfest mit Preisschießen. Die unbekannte Geschichte des NS-Putsches im Juli 1934, Wien 2006, S. 168 ff.

Peter F. Kramml

„Doppelherrschaft", NS-Machtergreifung und „Anschluß"

Vom Berchtesgadener Abkommen zur Anschluss-Volksabstimmung

Im Mittelpunkt der folgenden Ausführungen stehen die beiden Monate zwischen dem vom Deutschen Reich erzwungenen „Berchtesgadener Abkommen" vom 12. Februar und der „Anschluß"-Abstimmung am 10. April 1938. Diese acht Wochen besiegelten das Ende des eigenständigen Österreich, das nach der Machtübernahme durch österreichische Nationalsozialisten am Abend des 11. März am Folgetag von deutschen Truppen besetzt worden ist.

Die Darstellung basiert auf den grundlegenden Arbeiten von Ernst Hanisch über Salzburg in der NS-Zeit[1], weiteren Überblicksdarstellungen[2], den relevanten Archivbeständen und vor allem auch auf zeitgenössischen Tageszeitungen, auf Flugschriften, Plakaten und Postkarten sowie Tagebüchern, Briefen und Aufzeichnungen von Gesprächen mit Zeitzeugen[3]. An Fotomaterial wurde vor allem das dem Stadtarchiv Salzburg vor einigen Jahren übergebene Fotoarchiv von Franz Krieger, Pressefotograf und Gaubildberichterstatter in den ersten Jahren der NS-Herrschaft[4], berücksichtigt, wodurch Bildquellen ausgewertet werden konnten, die der Forschung zum Teil zuvor noch nicht zur Verfügung gestanden waren.

1. Wirtschaftliche Depression und Radikalisierung der Innenpolitik

Das Jahrzehnt vor dem „Anschluß" war durch wirtschaftliche Depression und Arbeitslosigkeit geprägt[5]. Es war eine Zeit der Radikalisierung der Innenpolitik. Die NSDAP hielt – wie Oskar Dohle ausführt – bereits 1923 einen uniformierten Aufmarsch in der Stadt Salzburg ab, aber auch die etablierten Parteien verfügten über ihre Wehrverbände, die Christlichsozialen über die Heimwehr (gegr. 1920) und die Sozialdemokraten über den Republikanischen Schutzbund (gegr. 1923/24), die bei Aufmärschen im Stadtbild präsent waren[6]. Österreich war mit den Nachbarn Italien, Deutschland und auch Ungarn von faschistisch bzw. autoritär regierten Ländern umgeben und wurde ab 1933 – nach der so genannten „Selbstausschaltung“ von Parlament und Opposition, eigentlich einem Staatsstreich – von Engelbert Dollfuß diktatorisch per Notverordnungen regiert[7]. Bereits im Herbst 1932 hatte der Heimwehrführer Emil Fey als Staatssekretär für das Sicherheitswesen alle Versammlungen und Aufmärsche der Sozialdemokraten, Kommunisten und Nationalsozialisten verboten und auch die politische Sprache wurde immer radikaler. Versuche der Opposition, zu parlamentarischer Arbeit zurück zu kehren, wurden von Engelbert Dollfuß mit staatlicher Gewalt verhindert, die Pressezensur eingeführt und auch der Verfassungsgerichtshof ausgeschaltet. Die Dollfuß-Regierung löste den Republikanischen Schutzbund auf und verbot im Mai 1933 die Kommunistische Partei. Damalige Verhandlungen über eine Regierungsbeteiligung der NSDAP scheiterten, da Dollfuß Neuwahlen verweigerte. Eine Welle des NS-Bombenterrors folgte und im Juni 1933 wurde auch die NSDAP verboten.

Bundeskanzler Engelbert Dollfuß, Postkarte von Knozer, Wien (Original und Reproduktion: AStS, Fotosammlung).

Eine Salzburger Ortsgruppe der Ostmärkischen Sturmscharen (OSS) 1935. Die „SA des Ständestaates“, deren Reichsführer Kurt Schuschnigg war, beteiligte sich als paramilitärische Wehrformation an der Niederschlagung der Februarrevolte 1934 (Foto: AStS).

Viele Nationalsozialisten flohen nach Deutschland und schlossen sich dort der „Österreichischen Legion“ an, andere blieben als „Illegale“ im Lande.

Nach bürgerkriegsähnlichen Auseinandersetzungen im Februar 1934 folgte das Verbot der Sozialdemokratischen Partei, einige ihrer Führer flohen ins Ausland, einige Schutzbundführer wurden hingerichtet und andere Sozialdemokraten im Anhaltelager Kaisersteinbruch und später in Wöllersdorf interniert[8]. Hier saßen – ohne gerichtliches Verfahren – Sozialdemokraten und illegale Nationalsozialisten oft gemeinsam in einer Zelle, manche wechselten die Gesinnung und es entstanden Kontakte, die 1938 und dann auch wieder bei der Entnazifizierung nach 1945 und noch länger in der Zweiten Republik nachwirken sollten.

„Zwölfer“-Baracke in Wöllersdorf, in der Salzburger Nationalsozialisten und auch der illegale Gauleiter Wintersteiger interniert waren (Foto aus: Mühlau, Von der NS-Betriebszellen-Organisation zur DAF, 1939; Reproduktion: AStS).

Gefängnis der Juli-Putschisten auf der Festung Hohensalzburg, Propagandafoto aufgenommen 1938 (Foto: AStS, Fotoarchiv Franz Krieger, Film 123).

Mit der Maiverfassung 1934 wurde von Dollfuß ein „christlich-deutscher Ständestaat“ proklamiert, dem sowohl Sozialdemokraten, Kommunisten als auch Liberale und Nationalsozialisten feindlich gegenüber standen. Beim Juliputsch 1934 drangen als Soldaten und Polizisten verkleidete SS-Männer mit Wissen deutscher Stellen in das Bundeskanzleramt ein und erschossen Bundeskanzler Engelbert Dollfuß. Nach mehrtägigen Kämpfen in Kärnten, der Steiermark und Oberösterreich und bei kleineren Aufständen in Salzburg wurde der nationalsozialistische Putsch von Polizei, Gendarmerie, Bundesheer und regierungstreuen paramilitärischen Einheiten, die als „Hilfsgendarmen“ vereidigt worden waren, niedergeschlagen. Beim „Juliputsch“ starben in Österreich mehr als 200 Menschen, 13 Putschisten wurden hingerichtet, 4000 in Anhaltelager eingewiesen[9].

Im Land Salzburg kamen im Zuge der Kämpfe etwa 20 Menschen ums Leben, in Lamprechtshausen gab es neun Todesopfer und in Liefering forderte der „Bluttag“ drei Menschenleben[10]. In der Stadt Salzburg folgte dem Putsch eine große Verhaftungswelle, die Polizeikaserne war überfüllt. Über 200 Häftlinge wurden auf die Festung verbracht, von der Heimwehr perlustriert und dann in einem Spießrutenlauf vom ersten Stock in den Keller „heruntergeprügelt“, wie dies der damals 16-jährige inhaftierte Walter Pflanzl in seinem Taschenkalender mit allen Details der Vorkommnisse festgehalten hat[11].

Neuer Bundeskanzler und damit auch „Führer des Ständestaates“ wurde Dr. Kurt Schuschnigg. Die wirkliche Macht im Staat wurde von der für alle „regierungstreuen Österreicher“ gegründeten Vaterländischen Front (VF) ausgeübt, deren Symbol das „Kruckenkreuz“ war und dessen Gruß „Front heil!“ lautete[12]. Ende 1937 zählte die Vaterländische Front immerhin drei Millionen Mitglieder, davon über 29.000 in der Stadt Salzburg[13]. Doch trotz der Monopolstellung nach dem Verbot der anderen politischen Parteien waren die wenigsten Mitglieder der VF echte Anhänger des Systems. So waren alle öffentlichen Bediensteten zur Mitgliedschaft zwangsverpflichtet. Bei den Unterorganisationen gab es etwa ein Sozialpolitisches Referat für ehemalige Sozialdemokraten und das für national Gesinnte eingerichtete „Volkspolitische Referat“, das die Nationalsozialisten „befrieden“ sollte, wie es damals hieß. Dieses Referat befand sich aber bald fest in nationalsozialistischer Hand[14].

Bundeskanzler Dr. Kurt Schuschnigg bei der Ansprache vor Offizieren anlässlich einer Truppeninspektion (Foto: AStS).

In den Jahren nach 1933 sollte die von Adolf Hitler verhängte „Tausend-Mark-Sperre“ Österreich wirtschaftlich schwächen und NS-Terroranschläge das Land destabilisieren. Die Verbindungen zum Deutschen Reich waren daher weitgehend abgeschnitten und die Grenze wurde, wie etwa in Liefering, massiv militärisch gesichert. 1935 erfolgten hier 60 Festnahmen und vier Personen ertranken beim illegalen Grenzübertritt[15].

Eine Entspannung zwischen Österreich und dem Deutschen Reich erbrachte das „Juliabkommen“ 1936[16], in dem sich Österreich verpflichtete, seine „Außenpolitik als zweiter deutscher Staat zu führen“, inhaftierte Nationalsozialisten zu amnestieren und zwei Vertrauenspersonen in die Regierung aufzunehmen. *Diese Befriedung wurde diesseits und jenseits der Grenze* [...] *mit großer Freude aufgenommen,* vermeldet eine Gendarmeriechronik[17]. Was von der österreichischen Regierung als Abwehr gedacht war, entwickelte sich als schleichende Nazifizierung der Gesellschaft.

2. Das Juliabkommen 1936: Unterwanderung statt Terror

Die NSDAP blieb in Österreich weiterhin verboten, gab aber trotzdem ab 1936 eine eigene „Parteizeitung“, den „Österreichischen Beobachter. Organ der N.S.D.A.P. in Oesterreich“ heraus – die Herstellung, aber auch die Weitergabe wurde mit „schwerem Kerker“ bestraft[18]. Die Konfrontationspolitik wurde nun durch Unterwanderung von Behörden und der Vaterländischen Front abgelöst. Zahlen über die Stärke der illegalen Nationalsozialisten liegen für die ersten Jahre für die Stadt Salzburg nicht vor, da keine Mitgliederlisten geführt wurden[19]. Auffallend ist, dass der Nationalsozialismus vor allem bei Mittelschülern und Studenten[20] Anklang fand und in zahlreichen Vereinen und auch bei Behörden fest verankert war. Der Salzburger Magistratsdirektor Heinrich Clessin fügte etwa bei einer Sitzung mit Landesregierung und Sicherheitsdirektion im September 1935 nach der Nennung von 32 NS-Verdächtigen, z. T. Spitzenbeamten, hinzu, *dass ja eigentlich die meisten der städtischen Beamten Nationalsozialisten seien*[21].

Im Jahr 1936 zählte die NSDAP in der Stadt rund 500 Mitglieder[22]. Zahlreiche Salzburger Nationalsozialisten waren auch in das Deutsche Reich geflüchtet, arbeiteten bzw. studierten dort oder waren in die „Österreichische Legion“ eingetreten, andere lebten direkt an der Grenze in Freilassing oder Reichenhall, wie der nach Deutschland geflüchtete illegale Gauleiter der NSDAP Salzburg, Dipl.-Ing. Anton Wintersteiger, der nun Angestellter beim Bau der Reichsautobahn war.

Salzburg war durch seine Grenzlage seit dem Juliabkommen 1936 eine Drehscheibe zwischen illegaler NSDAP und den diversen deutschen Parteistellen und es war Umschlagplatz für den Schmuggel von Tonnen an NS-Propagandamaterial[23]. Über Salzburg gelangten die illegal und getarnt arbeitenden österreichischen Nationalsozialisten heimlich in das Deutsche Reich. Die Wege führten dabei über die Saalach, den Untersberg oder den Dürrnberg. Traunstein und München waren Sammelpunkte, wo die Illegalen ihre Papiere für das Deutsche Reich erhielten[24].

Dr. Albert Reitter in SS-Uniform (links) mit SA-Brigadeführer Nohel, aufgenommen beim „Führer“-Besuch am 6. April 1938 vor dem Hotel „Österreichischer Hof“ (Foto: AStS, Fotoarchiv Franz Krieger, Film 115, Ausschnitt).

Mit der Jahreswende 1937/38 spitzte sich die Situation weiter zu. Der Druck auf die Regierung Schuschnigg von Innen und Außen wurde immer stärker und es setzte der Höhepunkt der illegalen NS-Propaganda ein. Die Nationalsozialisten agierten immer unverhohlener und mit dem „Salzburger Volksblatt“ stand ihnen eine Tageszeitung für ihre Propaganda zur Verfügung. Der Salzburger Rechtsanwalt Dr. Albert Reitter, der als Beauftragter des illegalen Gauleiters Wintersteiger das „Volkspolitische Referat“ der Vaterländischen Front leitete, konnte in einem aufsehenerregenden Neujahrsartikel („Frontbekenntnis und Nationalsozialismus“) im „Salzburger Volksblatt“ ganz offen NS-Propaganda betreiben[25]. Und „unter dem Schutze des als volkspolitischen Referent der VF getarnten Dr. Reitter“ fand Anfang Januar 1938 im „Schwarzen Rössl“ eine „regelrechte Versammlung der Nationalsozialistischen Betriebszellen-Organisation (NSBO) statt, bei der sämtliche Mitglieder der Gaubetriebszellenleitung, die Fachgruppenleiter und die Kreisobmänner des Gaues“, Dr. Reitter und auch Oberlandesgerichtsrat Dr. Julius Poth anwesend waren[26]. Und am 30. Januar 1938, dem fünften Jahrestag der Machtergreifung Hitlers, trugen die Häuser von Reichsdeutschen in Stadt und Land Salzburg mit behördlicher Genehmigung auch Hakenkreuzfahnen[27].

Der ehemalige ORF-Generalintendant Gerd Bacher, Sohn eines in der Zeit der großen Arbeitslosigkeit von der Sozialdemokratie zu den Nationalsozialisten übergetretenen Vaters, brachte es in seinen Erinnerungen auf den Punkt: „Anfangs 1938 spürte jeder, dass es jetzt um alles ging“[28].

Die österreichische Staatspolizei konnte Anfang Februar 1938 in Salzburg zwei Eisenbahnwaggons mit 14 Tonnen Propagandamaterial sicher stellen, das – als Dienstpost der Deutschen Reichspost getarnt – angeliefert worden war[29]. Es fand sich auch ein Tätigkeitsbericht der NSDAP, wo die Zahl der illegalen Mitglieder in der Stadt Salzburg per 31. Dezember 1937 mit 1100 angegeben war[30]. Im Verlauf des Jahres 1937 war der Mitgliederstand um 600 angewachsen – hatte sich also mehr als verdoppelt.

Mit Stichtag 31. Januar 1938 weist ein Bericht des Gauorganisationsleiters[31] außer dem Gauleiter einen Stellvertreter und 14 Mitglieder der Gauleitung, fünf Kreisleiter und mehr als 400 Bezirks-, Sektions- und Ortsgruppenleiter sowie Blockwarte aus, die die Verbindung zu den insgesamt rund 8000 Parteimitgliedern im Land Salzburg aufrecht erhielten. Der Gau war nach den Bezirkshauptmannschaften eingeteilt, der Kreis I, Salzburg-Stadt, wurde von einem Kreisleiter, vier Bezirksleitern, zwölf Sektionsleitern und 103 Blockwarten organisiert. Die Gliederungen und angeschlossenen Verbände zählten: SA ca. 1600 Mann (eine SA-Brigade mit drei Standarten, sieben Sturmbanne und 28 Stürmen), SS ca. 500 Mann (eine SS-Standarte), HJ 450, BDM 360, Jungvolk 130, NSBO ca. 400, NS-Lehrerbund 128, NS-Ärztebund 34, NS-Juristenbund 31, NS-Kulturbund 51 und NS-Frauen-

Mitglieder des illegalen BDM beim Fackelzug am 21. Februar 1938 (Foto: AStS, Fotoarchiv Franz Krieger, Film 100).

schaft 1100 Mitglieder. Treffen der illegalen Gauleitung fanden im „Pitter“ und beim „Touristen“ statt, Deckadressen und -zahlen für die Gliederungen und der Geheimcode für den telegrafischen Verkehr sind überliefert, so bedeutete etwa „Vorsprache günstig erledigt“, dass ein Kurier am Weg war, „Herzliche Glückwünsche“ stand für größte Vorsicht für alle Gliederungen und „Operation gut vorbei“, dass der Gauleiter verhaftet worden sei[32].

Polizei und Sicherheitsdirektion gingen, wie die Erhebungen gegen die Hintermänner der NS-Propagandalieferungen zeigen, massiv gegen die Illegalen vor. Anfang Februar 1938 konnten die Salzburger in der „Chronik“ nachlesen, dass der illegale Sturmbannführer der Salzburger HJ zu vier Monaten Kerker verurteilt worden war, wenige Tage später wurden lokale NS-Organisationen als staatsfeindlich eingestuft und ein BDM-Mitglied wegen Zugehörigkeit zu einer verbotenen Organisation zu drei Monaten schweren Kerkers verurteilt[33]. Ende Januar 1938 machte der Landesschulrat das Verbot, dass sich Jugendliche am deutschvölkischen Turnverein beteiligten, kund, und am 7. Februar 1938 wurden die letzten noch bestehenden nationalen Abiturientenverbindungen an der Gewerbeschule behördlich aufgelöst, so die pennalen Burschenschaften Gothia und Saxonia Salzburg und die Deutsche Verbindung Teuto-Markomannia Salzburg, zu deren „Alten Herren“ auch der nachmalige Oberbürgermeister Ing. Anton Giger und NS-Bürgermeister Dr. Franz Lorenz gezählt hatten[34]. Noch am Tag vor dem

Berchtesgadener Abkommen wurde der Hersteller des „Österreichischen Beobachters“ im Burgenland verhaftet und kurz danach wurden schwere Kerkerstrafen für SA-Mitglieder in der „Salzburger Chronik“ vermeldet[35].

3. Das Berchtesgadener Abkommen: „Die Dämme brechen“

Salzburg wurde durch seine Nähe zum Obersalzberg auch Randschauplatz der Ereignisse rund um das Berchtesgadener Abkommen[36]. Dr. Kurt Schuschnigg reiste über Salzburg nach Berchtesgaden, um am Obersalzberg mit dem „Führer“ und Reichskanzler Adolf Hitler zu verhandeln. Der österreichische Bundeskanzler und „Frontführer“, also Führer der Vaterländischen Front, machte am Weg in Salzburg halt und besprach beim Frühstück im Hotel Bristol mit Landeshauptmann Dr. Franz Rehrl und Sicherheitsdirektor Oberst Ludwig von Bechinie-Lazan Vorsichtsmaßnahmen, falls er nicht mehr aus Berchtesgaden zurückkommen sollte.

Am 12. Februar 1938 unterzeichneten Bundeskanzler Schuschnigg und der Staatssekretär für Äußeres Guido Schmidt sowie Reichskanzler Hitler und Reichsaußenminister von Ribbentropp das unter massivem Druck zustande gekommene Abkommen zwischen dem Deutschen Reich und Österreich, das eine Reihe von Maßnahmen zur Begünstigung der österreichi-

Bundeskanzler Dr. Kurt Schuschnigg und Landeshauptmann Dr. Franz Rehrl bei einer Truppenparade im August 1937 (Foto: AStS, Fotoarchiv Franz Krieger, Film 86).

schen Nationalsozialisten festschrieb[37]. Es wurde ihnen die freie politische Betätigung eingeräumt, die NSDAP blieb zwar offiziell als Partei verboten, doch war es den österreichischen Nationalsozialisten erlaubt, sich im Rahmen der Vaterländischen Front legal zu betätigen. Auch eine stärkere Regierungsbeteiligung nationalsozialistischer Politiker und die Ablöse des für eine Abwehr eines deutschen Angriffs auf Österreich eintretenden Generalstabschefs wurden paktiert. Damit besiegelte das ultimativ aufgezwungene Berchtesgadener Abkommen letztendlich das Ende des Ständestaates und eines eigenständigen österreichischen Staates. Schuschnigg selbst, der am späten Abend völlig niedergeschmettert nach Salzburg zurückkehrte, glaubte offensichtlich zunächst, eine Atempause für die Fortführung des Kampfes gewonnen zu haben[38].

Nun begannen die „Dämme zu brechen" – um nochmals Gerd Bacher zu zitieren[39]. Dem Kalender des Mundartdichters Otto Pflanzl, dessen Sohn als Illegaler von der Schule verwiesen nach Deutschland geflohen war, ist zu entnehmen, dass am 15. Februar 1938 eine *Große Sitzung in Wien sensationelle amtliche Nachrichten* erbrachte: *Vollkommene Amnestie, doch leider nicht für Flüchtlinge! Legalität des Nationalsozialismus* – so die Eintragung[40].

Eine „Legalisierung des Nationalsozialismus" verkündeten auch die diesem nahestehenden Salzburger Medien[41]. Damit begann eine Gradwanderung und Rechtsunsicherheit, ein „legaler Nationalsozialismus" in Österreich, bei gleichzeitiger Aufrechterhaltung des Verbotes der NSDAP[42]. Am 16. Februar wurde der NS-Vertrauensmann Arthur Seyß-Inquart neuer Innen- und Sicherheitsminister und am 17. Februar wurde der österreichische Generalstabschef Feldmarschallleutnant Alfred Jansa pensioniert – mit ihm war eine Säule des österreichischen Widerstandes gegen Hitlers Pläne zusammengebrochen.

Ebenfalls am 17. Februar 1938 wurde aus politischen Gründen relegierten Hoch- und Mittelschülern die Wiederaufnahme der Studien ermöglicht und bis 19. Februar wurden rund 180 politische Häftlinge und Strafgefangene aus dem Salzburger Landesgefängnis entlassen[43]. Diese „Enthaftungsaktion", also der Übergang von Nationalsozialisten in die Freiheit, vollzog sich – wie die Medien berichteten – in aller Ruhe. Das Berchtesgadener Abkommen wurde von Anhängern und Sympathisanten der NSDAP als der entscheidende Durchbruch gewertet und immer offener wurden die Ansprüche auf die volle Machtübernahme angemeldet. Zudem waren zu diesem Zeitpunkt bereits zahlreiche österreichische Behörden von Nationalsozialisten bzw. Sympathisanten durchsetzt, wie etwa die Salzburger Sicherheitsdirektion. Bereits am 19. Februar 1938 wurden die hohen Polizeibeamten Dr. Ambros Pitter und Dr. Adalbert Proschko beim Betreten einer Faschingsveranstaltung des Salzburger Turnvereins in der Roittnerturnhalle demonstrativ mit dem „Deutschen Gruß“ empfangen[44].

4. „Doppelherrschaft“: Legale Betätigung österreichischer Nationalsozialisten in der Vaterländischen Front

In der Zeit zwischen 12. Februar und dem 11. März 1938 etablierte sich in Österreich eine Art Doppelherrschaft. „Zwar blieb die NSDAP als Partei offiziell verboten, doch war es den österreichischen Nationalsozialisten erlaubt, sich im Rahmen der Vaterländischen Front legal zu betätigen.“[45] Diese „Zeit der Zweigleisigkeit“[46] wird in zeitgenössischen Medien, wie der „Salzburger Chronik“, auch als Zeit der „Unsicherheit“ tituliert. Fast symbolisch für diese Zeit der „Doppelherrschaft“ kann ein Foto der Salzburger Staatsbrücke mit dem Eckhaus am Platzl vom 20. Februar 1938 gesehen werden, an dem die rot-weiß-rote Fahne neben der Hakenkreuzfahne flatterte[47]. Es war dies die Phase des verzweifelten Ringens um das Fortbestehen eines freien Österreich oder aber den „Anschluß“ an das Deutsche Reich, wobei sich das Machtpotential immer mehr zu den Nationalsozialisten verschob.

Die Entwicklung ging nach jener Rede, die Adolf Hitler am 20. Februar 1938 vor dem Deutschen Reichstag in Berlin hielt[48], in eine entscheidende Phase. Hitler gab nicht nur eine Art Rechenschaftsbericht über seine fünfjährige Herrschaft, sondern auch eine Erklärung zu Österreich ab. Erstmals nahm er auf das Juliabkommen 1936 Bezug und ging auf das neue Verhältnis zu Österreich und die Maßnahmen zur Begünstigung der österreichischen Nationalsozialisten ein. Die dreistündige Rede Hitlers wurde in Salzburg mit großem Interesse aufgenommen und die Straßen und Plätze der Stadt waren während der Übertragung in der Zeit von 13 bis 16 Uhr buchstäblich wie ausgestorben[49]. Der Erlaubnis und auch Anregung, während der Reichstagsrede mit reichsdeutschen Hakenkreuzfahnen zu beflaggen, waren, wie das „Salzburger Volksblatt“ berichtet, viele in Stadt und Land nach-

Das Platzl am 20. Februar 1938 (Foto: AStS, Fotoarchiv Franz Krieger, Film 96).

Die Linzer Gasse am Tag der „Führer"-Rede vor dem Deutschen Reichstag (Foto: AStS, Fotoarchiv Franz Krieger, Film 96).

gekommen, Hakenkreuzfahnen sollen schon am Vortag zu sehen gewesen sein, allerdings nicht auf öffentlichen Gebäuden. Am 20. Februar wurden in der Linzer Gasse und – wie bereits erwähnt – am Platzl auch Hakenkreuzfahnen gehisst, allerdings nur vereinzelte Symbole, die der Pressefotograf Franz Krieger geschickt im Bild platzierte. Dominant waren noch immer die rot-weiß-roten bzw. besonders die Salzburger rot-weißen Fahnen[50].

Im Grenzgebiet setzte nun lebhafter Besuch von hüben und drüben ein[51]. Die bisher illegalen Mitglieder der NSDAP sahen den Zeitpunkt gekommen, sich frei politisch zu betätigen. Bereits am Sonntagnachmittag, direkt nach der Rede Hitlers, grüßten junge Leute in der Stadt mit dem Hitler-Gruß und die illegale Hitlerjugend setzte erste Aktionen. Die oberste HJ- und BDM-Führung Salzburgs erhielt damals gerade in Berlin die neuesten Instruktionen[52] und der den HJ-Bannführer vertretende Jungbannführer initiierte spontan einen Schweigemarsch. BDM-Mädchen hatten dafür in der Josefiausiedlung eine schwarze Fahne mit Text „Österreich ist erwacht" und auf der zweiten Seite „Deutschland dennoch" genäht, die beim Zug der rund 150 Jugendlichen mitgeführt wurde. Das „Salzburger Volksblatt" berichtete am nächsten Tag in einer kurzen Notiz über das Ereignis: *Gegen 8 Uhr Abends bildete sich ein Zug, vornehmlich Jugend, der sich bis gegen 22 Uhr, nationale Lieder singend, mit einer Fahne „Österreich ist erwacht!" durch die Stadt bewegte, um sich dann auf dem Platzl nach den beiden reichsdeutschen Hymnen aufzulösen*[53]. Zu Zwischenfällen kam es nicht und wie die Zeitung ebenfalls vermeldete, vom Gaisberg leuchtete an diesem Abend ein großes Kruckenkreuz, das Symbol der Vaterländischen Front, herab.

Einer der Mitorganisatoren, der damalige Unterbannführer für die Stadt, sah in diesem ersten Auftreten einen „revolutionären Akt" und erinnerte sich an den Ausspruch des Jungbannführers nach dem Marsch: „Jetzt sind wir enttarnt!"[54]. Daher erwarteten die beiden illegalen HJ-Führer, damals 17 Jahre alt, mit Anspannung den nächsten Schultag. Illegale HJ-Mitglieder waren zuvor von der Schule relegiert worden und konnten daher nicht maturieren und auch nicht studieren. Verhaftungen von der Schulbank weg, noch bis in den Februar 1938, und auch vereinzelte Misshandlungen bei Verhören, sind belegt und auch die spätere Gattin des Unterbannführers war als illegale BDM-Führerin bereits 1937 der Schule verwiesen worden[55]. Doch am 21. Februar – vier Tage nach der Aufhebung der Relegation „illegaler" Mittelschüler (wovon die beiden noch nichts wussten) – gab es keine Reaktion von Direktion oder Lehrerschaft mehr, vielmehr trat nun – wie sich der HJ-Führer erinnerte – die Hälfte der achten Klasse des Realgymnasiums in die illegale HJ ein[56].

5. Machtproben: Der nationale und der vaterländische Fackelzug

Als am Sonntag Nachmittag die Jugend einen Umzug aus dem Nichts heraus veranstaltete, wollten auch alle anderen [Nationalsozialisten, P. F. K.] *noch am selben Abend irgend eine Kundgebung durchführen, die ich jedoch entschieden abgelehnt habe. Ich gab aber den Kameraden das Versprechen für den 21. Februar einen Fackelzug vorzubereiten. Rasch wurde ein Aufmarschplan entworfen und [...] Pg. Reitter übernahm die Verhandlungen mit den Behörden und ich die Organisation des Fackelzuges* – erinnerte sich später der Organisationsleiter der NSDAP Salzburg, Karl Feßmann, der erst am 18. Februar 1938 enthaftet worden war[57].

Das „Volksblatt" vom 21. Februar 1938 kündigte mit knappen vier Zeilen die Abhaltung eines Fackelzuges an: *Heute Montag halb 8 Uhr abends versammelt sich die deutschbewußte Bevölkerung Salzburgs vor dem Gebäude der Arbeiter-Unfall-Versicherungs-Anstalt (Faberstraße) zu einem von der Behörde bewilligten Fackelzug.*[58]

An diesem Tag, dem 21. Februar, tagte die Vaterländische Front im Kurhaus und legte ihr Bekenntnis zu Schuschnigg und Österreich ab[59], die Straßen gehörten aber bereits den Nationalsozialisten, die am Abend offen und demonstrativ mit „lodernden Fackeln" und „lodernden Herzen" – so martialisch das „Salzburger Volksblatt" – durch die Stadt marschierten[60].
Die Zeitung nannte nach dem Erfolg auch die wahren Veranstalter des zweistündigen „Nationalen Fackelzugs": es war dies das Volkspolitische Referat der Vaterländischen Front unter Dr. Albert Reitter und organisiert wurde dieser, wie man stolz berichtete, in lediglich acht Stunden von der Organisationsleitung der NSDAP Salzburg – also von einer offiziell noch immer verbotenen Partei. Zunächst hatte man als Veranstalter offensichtlich noch nationale Vereine vorgeschoben.

Bei diesem zweistündigen Fackelzug wurden zwischen 13.000 bis 19.000 Teilnehmer gezählt[61]. Der Marsch führte von der Rainerstraße über den Mirabellplatz, die Paris-Lodron-Straße, Franz-Josef-Straße und die Linzer Gasse, das Platzl und die Staatsbrücke sowie die Griesgasse, Getreidegasse und den Alten Markt zum Residenzplatz. An der Spitze marschierten HJ und BDM, damals noch ohne Uniformen. Die HJ trug braune Knickerbocker und weiße Hemden mit Koppel und Schulterriemen, die Mädchen dunkle Röcke, weiße Blusen und Berchtesgadener Jacken. „Wer Uniform trug, kam damals aus dem Reich" – so ein Zeitzeuge. Die markanten Landsknechtstrommeln der HJ stammten übrigens vom „Österreichischen Jungvolk" und waren vom Führer des Salzburger Studentenfreikorps Sepp Dürfeld, der sich der illegalen HJ angeschlossen hatte, zuvor aus dem Vereinslokal des Jungvolks übergeben worden[62].

Der „Nationale Fackelzug“ am 21. Februar 1938, organisiert von der NSDAP Salzburg (Fotos: AStS, Fotoarchiv Franz Krieger, Filme 100 und 101).

HJ und BDM folgten Arbeiter Salzburger Betriebe, darunter die Fa. Kiesel, und dann Teile der NS-Frauenschaft. Auch kleine uniformierte Abordnungen von Bundesheer und Gendarmerie zogen mit. Bilddokumente Franz Kriegers haben Mitglieder des Bundesheeres und der Gendarmerie festgehalten. Die Teilnahme von Exekutive und Militär war ein Faktum, das die regierungstreue „Salzburger Chronik" verschwieg und von teilnehmenden Bayerischen Beamten (!) sprach. Auch völkische Vereine, darunter 700 bündische Turner, nahmen teil.

Die „Chronik" wiederum wusste zu berichten, dass auch Schüler und selbst konfessionelle Vereine im Glauben mitgezogen seien, es handle sich um eine Veranstaltung der Vaterländischen Front – jedenfalls wollte man so offensichtlich die hohe Teilnehmerzahl erklären. Die Teilnahme des Salzburger Studentenfreikorps des Österreichischen Jungvolks führte zur Amtsenthebung ihres Führers Sepp Dürfeld, der es als eine „Selbstverständlichkeit" gesehen hatte, sich „zum Deutschtum" und zum Berchtesgadener Abkommen zu bekennen – eine Spaltung, ja fast Auflösung des Freikorps war die Folge. Dürfeld und ein weiterer Funktionär des Studentenfreikorps waren sechs Wochen später als HJ-Führer vor Reichsjugendführer Baldur von Schirach am Residenzplatz angetreten[63].

Den Abschluss des Zuges vom 21. Februar bildeten – und dies trotz Verbotes – uniformierte Einheiten von zu Ordnerdiensten eingeteilter SS und SA mit ihrer Fahne. Zahlreiche Spruchbänder wurden getragen, wie „Heil Hitler!", „Österreich erwache!" und „Wenn andere welken, werden wir ein Volk!".

Am Residenzplatz sprach Dr. Albert Reitter, Volkspolitischer Referent der Vaterländischen Front (VF), zur Menge, die er mit „Deutschem Gruß" und den Worten *Nationalsozialisten, wir sind so weit* grüßte. Seine Grußadressen richteten sich an den „Führer", aber auch an Bundeskanzler Dr. Kurt Schuschnigg sowie den neuen Innenminister Arthur Seyß-Inquart. Eine geschickte diplomatische Aktion, denn während die Illegalen um Gauleiter Dipl.-Ing. Anton Wintersteiger die Revolution von unten voran trieben, stand Reitter für die Evolution, also die Machtübernahme von oben. Auch Gauleiter Wintersteiger, *der trotz des Verbotes nach Österreich einzureisen* am Fackelzug teilgenommen hatte, sprach zur Menge[64]. „Sieg Heil"- Rufe und das Absingen des Deutschland- und des Horst-Wessel-Liedes beschlossen diesen *ersten Auftakt zum Umbruch in Salzburg.*

Der spätere Magistrats- bzw. Stadtdirektor Dr. Emanuel Jenal hat in seinen Erinnerungen von 17.000 marschierenden Menschen geschrieben, die dann am Residenzplatz unentwegt und aus vollem Hals *Heil Hitler! Sieg Heil! Ein Volk, ein Reich, ein Führer!* geschrien hätten. *Sie schrien sich direkt die Unterdrückung der letzten Jahre vom Halse. Die ganze Stadt war eigentlich einige Tage hernach noch heiser von diesem Schreien. Die Nationalen waren überrascht, dass sie so stark waren.* [...] *da marschierten auf einmal ganze, geschlossene Blocks der illegalen SS, SA, der HJ und des BDM auf, als ob sie immer schon exerciert hätten.*[65]

Die regierungstreue „Salzburger Chronik" versuchte den Fackelzug und die hohe Teilnehmerzahl zu verharmlosen. Die Teilnehmer seien aus allen Gauen und auch aus Bayern gekommen, viele hätten unwissend teilgenommen und andere glaubten, es handle sich um eine „vaterländische" Veranstaltung. Doch *Rufe auf Österreich* habe man nur ganz vereinzelt gehört[66]. Vielmehr berichtet die „Chronik" warnend nicht nur vom uniformierten Auftreten von SA und SS sondern von Rufen: *Die schwarze Tyrannei – eins, zwei, drei, die ist jetzt vorbei!*, oder *Schuschnigg verreckte!*. Diese sollen ebenso gefallen sein, wie: *Österreich ist frei, aus ist's mit der Pfaffenknechterei*[67]. Diese Vorkommnisse zeigten deutlich, *wie sich ein Großteil der österreichischen Nationalsozialisten die Mitarbeit im Rahmen der VF auf gesetzlicher Grundlage vorstellt*. Der Abend habe bewiesen, so die „Chronik", dass man den *legalen Nationalsozialismus* in Österreich nicht ermöglichen dürfe. Ihr Chefredakteur Kanonikus Leonhard Steinwender ging noch weiter und führte aus, der Fackelzug habe österreichische Gesetze verletzt, er distanzierte sich später aber von kursierenden Gerüchten, er habe die Teilnehmer als *Schmutz Salzburgs* tituliert[68].

Der nationale Fackelzug wurde vier Tage später durch eine vaterländische Gegenveranstaltung beantwortet: *Auf zum Fackelzug der VF!*, war in der „Chronik" zu lesen: *Wir marschieren für unsere Freiheit und Unabhängigkeit, für das ewige Österreich, für Ordnung, Ruhe und Versöhnung in der Heimat!* Dass es sich freilich um eine „Gegendemonstration" handle, wurde per Zeitungsmeldung ausdrücklich dementiert, dieses Dementi macht aber erneut die bestehende „Doppelherrschaft" deutlich. Der Landesführer der Vaterländischen Front Bernhard Aicher war mit – eigentlich – „seinem" volkspolitischen Referenten Dr. Reitter übereingekommen, dass sich die

Der Fackelzug der Vaterländischen Front am 25. Februar 1938 (aus: Salzburger Chronik vom 28. 2. 1938, Reproduktion: AStS).

Salzburger Nationalsozialisten nicht an der Kundgebung beteiligten, denn diese hätten ja bereits am 21. Februar nicht nur ein Bekenntnis zu Adolf Hitler, sondern auch zu Bundeskanzler Schuschnigg und *zum neuen Österreich* abgelegt. Zudem warnte man vor kommunistischen Saboteuren dieses „Befriedungswerkes“[69].

Der am Tag nach der großen, im Radio übertragenen Rede Schuschniggs[70] von der Vaterländischen Front organisierte Fackelzug der „vaterlandstreuen Bevölkerung“ am 25. Februar begann bei der Dollfuß-Büste bei der Dreifaltigkeitsgasse. Im Zug marschierten die Eisenbahnerkapelle, Jugend, Ortsgruppen der VF, Landesleitung, Amtswalter, Gendarmerie, Arbeitsdienst, Pfadfinder, die beiden städtischen Veteranenvereine, Mädchengruppen, Arbeiter, Bauern, Reichsbündler, Frauenorganisation, Turner und Turnerinnen, 500 Mann stark, Beamtenschaft, Lehrerschaft, sowie zahllose starke Vertretungen aus den Landgemeinden. Auch eine Abordnung von Halleiner Kommunisten beteiligte sich am Zug. Insgesamt waren auch 28 Musikkapellen vertreten.

Laut polizeilicher Zählung hätten 24.000 Personen am Umzug teilgenommen[71]. In Salzburg ging jedenfalls das Gerücht, Teilnehmer seien aus den Salzburger Gauen und auch per Sonderzügen aus Oberösterreich geholt worden und hätten für ihr Kommen ein Handgeld, Bier und Gulasch erhalten. Landeshauptmann Dr. Franz Rehrl hatte zudem verfügt, dass alle Beamten und Angestellten des Landes beim Fackelzug mitmarschieren mussten. Auch hohe Magistratsbeamte folgten ihrem Bürgermeister Hildmann beim Fackelzug und wurden nach dem Anschluss deshalb gemaßregelt.

Auflage 50.000 V. b. b.

Die Front in SALZBURG

Mitteilungsblatt der Vaterländischen Front Salzbu

Jahrgang 1938 Februar-März Nummer

Bis in den Tod rot-weiß-rot!

Die Erhaltung der unversehrten Freiheit und Unabhängigkeit des österreichischen Bundesstaa
und bleibt nach wie vor Inbegriff und Programm der Staatsführung
Der Wirtschaftsfortschritt in Österreich – 300 Millionen für Arbeitsbeschaffung

Hoher Bundestag, verehrte Mitglieder der Bundesversammlung, Kameraden der Front, Männer und Frauen in Österreich!

ren; jetzt gilt es überhaupt nicht, zu debattieren, es g
schlüsse zu fassen, zu handeln, das B
derer, die zum positiven Einsatz bereit sind, zu mob

„Die Front“, Organ der Vaterländischen Front, Februar/März 1938 (Original und Reproduktion: AStS).

Landesleiter Aicher sprach bei der Schlusskundgebung am Residenzplatz sein Treuegelöbnis zum Kanzler und zu Österreich. *35.000 Salzburger Bauern, Arbeiter, Bürger sind zu dieser Stunde aufmarschiert, recken die Hände empor zum Schwur vor Gott und dem Vaterland: Rot-weiß-rot bis zum Tod!* – Es war dies jene Parole, die Schuschnigg in seiner großen Rede am Tag zuvor ausgegeben hatte. Danach erklangen die österreichische Bundeshymne und das „Lied der Jugend“, die im Auftrag Schuschniggs geschaffene „Gegenhymne“ zum Horst-Wessel-Lied, das Dollfuß gewidmete Lied „Ihr Jungen, schließt die Reihen gut! Ein Toter führt uns an“. Der autoritäre Ständestaat bediente sich ja eines ähnlichen Symbolkatalogs wie der bekämpfte Nationalsozialismus, dies reichte bis zu uniformierten Wehrverbänden (Ostmärkische Sturmscharen) und einer uniformierten Staatsjugend (Jungvolk). Die Idee der damaligen Führung war es, als die „besseren Deutschen“ zu gelten, schon Dollfuß hatte den Begriff des „Überhitlern“ geprägt.

Die in der Rede vom Landesführer genannten 35.000 Teilnehmer waren zweifelsohne Fiktion, auch lediglich 13.000 Teilnehmer am Fackelzug werden nach einer behördlichen Zählung beim Ritzerbogen genannt (bei den Zahlenangaben ist jedenfalls zwischen jenen zum Umzug und zur Schlussveranstaltung am Residenzplatz zu unterscheiden)[72]. Auch die subjektive Wahrnehmung war ganz unterschiedlich. Nach einigen Zeitzeugen beteiligte sich die Bevölkerung der Stadt weniger als beim „nationalen Fackelzug“ und Rechtsrat Jenal notierte in sein Tagebuch: *Die Bevölkerung aber blieb ferne, es gab nur wenige Zuschauer.* Domkapitular Dr. Franz Simmerstätter hingegen erinnerte sich, die vaterländische Veranstaltung habe die doppelte Teilnehmerzahl gehabt, als jene vier Tage zuvor, und resümierte: *den tosenden Ruf „Rot-weiß-rot bis in den Tod!" empfanden viele wie den letzten Aufschrei auf einem sinkenden Schiff.*[73] Das Machtpotential verschob sich immer mehr zu den Nationalsozialisten[74].

Die beiden Fackelzüge waren eine politische Machtprobe, eine symbolische Politik. Es ging darum, zu zeigen, wer die Mehrheit des Volkes hinter sich hatte[75]. Daher folgten auch weitere Kundgebungen und Aufrufe und es gab verzweifelte Versuche, in letzter Minute Widerstandspotentiale unter den Katholiken und Arbeitern aufzubauen. Erzbischof Dr. Sigismund Waitz warnte in einem Hirtenbrief vor einem drohenden „Weltkrieg von ungeheurem Ausmaße"[76] und die illegalen Kommunisten forderten in einem Flugblatt Katholiken, Sozialisten und Kommunisten zur Zusammenarbeit für ein „freies, demokratisches Österreich!" auf[77].

Andererseits drängten die Nationalsozialisten auf den Umsturz, besonders die Jugend wollte Aktionen setzen. Bei einem Appell der etwa 20 HJ- und BDM-FührerInnen wurden in einer Maxglaner Privatwohnung vermehrte Hakenkreuzschmierereien, Aktionen gegen jüdische Geschäfte und den durch seine Verhörmethoden besonders verhassten Kriminalbeamten Ackermann beraten[78]. Und direkt an der Grenze in Freilassing warteten bereits jene aus Österreich geflüchteten Nationalsozialisten[79], die von der Amnestie nicht erfasst worden waren: so besuchte der Mundartdichter Otto Pflanzl am 6. März 1938 seinen Sohn Walter in Freilassing[80]. In den Tageszeitungen tobte zudem die Auseinandersetzung ob und wann das Tragen des Hakenkreuzes oder der Hitlergruß gestattet wären. Die Meinungen der restriktiven Führung der VF und des Volkspolitischen Referenten klafften hier deutlich auseinander[81]. Demnach war das Tragen eines Hakenkreuzes verboten, der Hitlergruß vor Ämtern ebenso, aber als reiner Gruß war er möglich und bei einer gemeinsamen Feier konnte auch eine Hakenkreuzfahne gehisst werden[82].

Die Nationalsozialisten legten die Bestimmungen des Berchtesgadener Abkommens extensiv aus und hielten sich auch nicht an Aufmarschverbote und nützten den so genannten „deutschen Frieden" dafür, in Betrieben und Schulen für die NSDAP zu werben. Die „Chronik" forderte daher „Klarheit und Rechtssicherheit" und warnte auch eindringlich vor einer „Machtergreifungspsychose"[83].

Wie blank die Nerven damals lagen und wie radikal die Sprache generell war, zeigt ein Vorfall bei der Stadtverwaltung am 7. März 1938. Der Baudirektor wollte einen national(sozialistisch)en Arbeiter anstellen, worauf Magistratsdirektor Heinrich Clessin, einst großdeutscher Reichsratsabgeordneter, mit Kritik an der Amnestie erbost ausrief: *Da müssen wir alle Gauner wieder nehmen, auch die Kommunisten*[84].

6. Volksbefragung: „Ja" zum „freien Österreich" und zum „Ständestaat"

Am 7. März 1938 erfuhr Landeshauptmann Dr. Franz Rehrl, nun gerade zum Landesführer der VF ernannt[85], von der letzten Verzweiflungstat Schuschniggs, einer Volksbefragung für ein „freies Österreich". Bereits am Vormittag des 9. März kam es daraufhin an der Grenze zu ersten Mobilisierungsmaßnahmen des deutschen Heeres[86].

Am 9. März 1938 hielt Schuschnigg in Innsbruck seine historische Rede zur geplanten Abstimmung[87]. Diese Kampfrede mit dem Ausspruch Andreas Hofers „Mander es ischt Zeit" wurde um 21 Uhr im Radio übertragen. Angesichts des drohenden Verlusts der österreichischen Souveränität setzte der Bundeskanzler für den 13. März 1938 eine Volksbefragung *Für ein freies und deutsches, unabhängiges und soziales, für ein christliches und einiges Oesterreich* an.

Die Kundmachung der Volksbefragung erfolgte in den Tageszeitungen und wurde auch plakatiert[88]. Abstimmungsplakate mahnten das „Ja" für Österreich bei Christen und Arbeitern ebenso wie bei ehemaligen Frontkämpfern und auch dem „Mann mit der Tapferkeitsmedaille" ein. Ein „Aufruf des Frontführers" an das „Volk von Österreich", gezeichnet mit „Front Heil! Österreich!" warb in den Zeitungen *Für ein unabhängiges Österreich: Männer und Frauen im freien Österreich, Ihr seid aufgerufen, Euch vor der ganzen Welt zu bekennen: Ihr sollt sagen, ob Ihr den Weg, den wir gehen, der sich die soziale Eintracht und Gleichberechtigung, die endgültige Überwindung der Parteienzerklüftung, den deutschen Frieden nach innen und außen, die Politik der Arbeit zum Ziele setzt, – ob Ihr diesen Weg mitzugehen gewillt seid! Die Parole lautet: Für ein freies und deutsches, unabhängiges und soziales, für ein christliches und einiges Oesterreich!* – Die

Plakatwände mit dem „Ja für Österreich“ (Fotos: AStS, Fotoarchiv Franz Krieger, Film 102).

geplante Volksbefragung war daher nicht nur ein Votum über den Fortbestand eines unabhängigen Österreich, sondern auch eine Abstimmung über das Fortbestehen des autoritären Ständestaates!

Schuschnigg versuchte mit der geplanten Volksbefragung die Bevölkerung gegen die drohende Gefahr einer nationalsozialistischen Machtergreifung zu mobilisieren[89]. Diese Volksbefragung war aber ebenfalls eine politische Demonstration und keinesfalls eine demokratische Abstimmung, dies führt die „Wahlordnung“ deutlich vor Augen. Abstimmungsberechtigt waren alle über 24 Jahre alten österreichischen Staatsbürger. Diese sollten ihren Stimmzettel offen oder gefaltet abgeben, die Stimmabgabe in einem Kuvert wäre erlaubt gewesen: *Form der Abstimmungszettel: Der offizielle Abstimmungszettel ist ein Zettel in der beiläufigen Größe von 5 x 8 Zen-*

Flugblattwerbung für Kurt Schuschnigg und die Volksbefragung (Original: AStS, Tagebuch Josef Hummel).

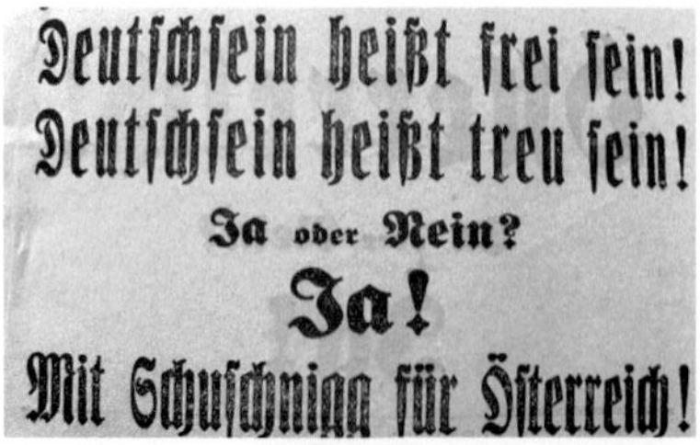

„Jeder Österreicher stimmt mit Ja!“ Volksbefragungswerbung auf einem Brief vom 11. März 1938 (Original und Reproduktion: AStS).

timeter, der auf einer Seite mit dem Worte „Ja“ bedruckt ist. Diejenigen Personen, die mit Nein zu stimmen wünschen, müssen einen Zettel in der gleichen Größe mit dem Wort „Nein“ handschriftlich beschreiben. Folgerichtig wurden in der „Salzburger Chronik“ auch lediglich Stimmzettel mit „Ja“ zum Ausschneiden abgedruckt[90]. Nur diese Stimmzettel wären auch im Abstimmungslokal vorrätig gewesen!

Die zehn Punkte für die Abstimmung waren eindeutig[91]. Punkt 1 besagte: *Wie stimme ich? Jeder aufrechte Österreicher stimmt mit Ja.* Punkt 7: *Ist die Wahl geheim oder öffentlich? Das bleibt mir selbst überlassen. Ich kann als aufrechter Österreicher vor allen Leuten zeigen, daß ich den Ja-Stimmzettel in die Urne werfe. Ich kann aber auch den Stimmzettel zusammenfalten oder ihn in ein mitgebrachtes Briefkuvert einschließen.* Der autoritäre Staat erwartete ein offenes „Ja“ und auch Franz Rehrl rief die Salzburger als Landeshauptmann und Landesführer der VF auf: *Stimmt geschlossen: Ja.*[92]

Dass es keine Nein-Stimmzettel geben sollte, war ein fragwürdiges Vorhaben. Schuschnigg wollte dies zwar – laut späterer Aussage – ändern, dazu ist es aber nicht mehr gekommen[93]. Daher wäre die Volksbefragung am 13. März 1938 keine freie Wahl gewesen und die Wähler wären unter Druck gestanden. Dies wird auch daran deutlich, dass öffentliche Beamte und Lehrer bereits am Tag vor der Abstimmung und zudem geschlossen im Stundenrhythmus im Chiemseehof ihre Stimmen abgeben sollten. Dadurch war eine lückenlose Kontrolle möglich! *Wer hätte es wagen dürfen, geheim abzustimmen?*, notierte jener städtische Rechtsrat, der als erfahrener Wahlleiter die Abstimmung der *Angestellten der Stadtgemeinde Salzburg* in der Zeit von 15 bis 16 Uhr durchführen hätte sollen[94].

Es war ein letzter verzweifelter Versuch Schuschniggs, der Widerstand von Außen und Innen zur Folge hatte. Bereits am Morgen des 10. März wurde die Grenze zum Deutschen Reich gesperrt[95]. Und die Nationalsozialisten kündigten Protestkundgebungen gegen die Volksbefragung an[96]. Ab diesem Zeitpunkt wurde ein eventueller Kampf um ein nationalsozialistisches Österreich in Erwägung gezogen – erinnerte sich ein HJ-Führer – und auch der spätere Magistratsdirektor hielt in seinen Erinnerungen fest: *Ein Bürgerkrieg stand vor der Tür, denn die Nationalsozialisten beschlossen, diese Abstimmung unter allen Umständen zu verhindern.*[97]

Junge Nationalsozialisten veranstalteten eine Demonstration und zogen mit Hakenkreuzfahnen Lieder singend und unter Sprechchören durch die Stadt[98]. Am Mozartplatz, Residenzplatz und am Alten Markt kam es zwischen den jugendlichen Demonstranten und Gruppen von vaterländisch Gesinnten zu Zusammenstössen. Die Polizeiwache griff mit Gummiknüppeln ein, ein Polizist und mehrere Demonstranten wurden verletzt. Vor dem Gebäude der Vaterländischen Front am Makartplatz wurden demonstrativ das Horst-Wessel-Lied und das Deutschlandlied gesungen. Es waren – wie die „Salzburger Chronik" betonte – nicht wahlberechtigte Jugendliche unter Anführung eines aktiven Lehrers. In Klammer wird er namentlich genannt: Karl Springenschmid[99]. Die Rufe der Demonstranten lauteten: *Eins, zwei, drei, Volksabstimmungsschweinerei. Eins, zwei, drei, Pfaffenknechterei! Volksabstimmung für Hitler. Wir stimmen mit nein.*

Die Parole, nicht zur Wahl zu gehen, wurde von den Nationalsozialisten und auch dem „Volksblatt", das daraufhin beschlagnahmt wurde[100], ausgegeben und in der Bevölkerung kursierten Gerüchte von einem möglichen Einmarsch der in Bayern stationierten „Österreichischen Legion".

Am 10. März 1938 reisten Repräsentanten des alten Systems und der illegale Gauleiter Wintersteiger im selben Zug nach Wien, um sich Anweisungen für das weitere Vorgehen zu holen[101]. In der Nacht auf den 11. März

Gauleiter Dipl.-Ing. Anton Wintersteiger im März 1938 (Foto: AStS, Fotoarchiv Franz Krieger, Film 106).

1938 gab Friedrich Rainer, Mitglied der nationalsozialistischen Landesleitung in Wien, an die in Wien versammelten Gauleiter die letzten Weisungen für den 11. März heraus[102], wobei drei Szenarien durchgespielt wurden: Bei Absage der Volksbefragung waren Demonstrationen im großen Stil vorgesehen, beim Rücktritt Schuschniggs Demonstrationen und die Überleitung zur Machtergreifung. Und sollte Schuschnigg doch den Kampf aufnehmen, so sollte jeder Gauleiter auf eigene Faust versuchen, die Macht zu gewinnen. In der Nacht kehrte Wintersteiger von Wien zurück, in den frühen Morgenstunden kam der Volkspolitische Referent Dr. Reitter nach und überbrachte letzte Anordnungen.

Für den 11. März wurden in allen Bundesländern Großdemonstrationen geplant. Nicht nur die Volksbefragung sollte fallen, sondern die Regierung Schuschnigg sollte zum Rücktritt gezwungen werden, um den Weg zur legalen Machtübernahme der Nationalsozialisten von oben zu eröffnen. In den Bundesländern sollte aber die Machtübernahme von unten den Sturz der Wiener Regierung beschleunigen oder erzwingen. Die Spannung in der Bevölkerung war auf dem Siedepunkt und „steigerte sich zu einer Massenpsychose, die sich von rationalen Kategorien immer weiter entfernte und nur noch den totalen Umsturz wollte.“[103] „Der 11., 12. und 13. März, das waren 24-Stunden-Tage. Ein politischer Massenrausch, wie ich ihn nie zuvor und nie nachher erlebt habe“ (G. Bacher)[104].

7. Wintersteiger und Giger: Die Machtergreifung von innen

Am 11. März 1938 erfolgte per Anschlag die Einberufung der Reservisten des Jahrganges 1915, um am Tage der Volksbefragung Ruhe und Ordnung zu gewährleisten. Der Chiemseehof, die Polizeidirektion und andere öffentliche Gebäude wurden vom Bundesheer gesichert. Polizei und Gendarmerie wurden kaserniert und es kursierte das Gerücht, die Heimwehr und selbst Kommunisten würden bewaffnet. Sicherheitsdirektor Bechinie-Lazan habe für den Aufmarschfall den Befehl zum Schießen gegeben[105].

Um 15 Uhr ordnete der spätere Gauleiter Dr. Friedrich Rainer von Wien aus für den Abend große Demonstrationen an:[106] in allen Orten des Gaues sollten alle Nationalsozialisten auf die Straße gehen. Über Zulassung der Demonstration wurde mit dem Salzburger Sicherheitsdirektor verhandelt, der sich zunächst weigerte. Aber trotzdem wurde die Demonstration von NS-Organisationsleiter Karl Feßmann bereits vorbereitet. Dabei befand sich das Hauptquartier der Salzburger Gauleitung zunächst im Café Glockenspiel, also in der Nähe der Sicherheits- und Polizeidirektion bzw. Landesregierung und wurde erst später aus Sicherheitsgründen in Privatwohnungen verlegt[107].

Fackelzug und Menschenkette am Residenzplatz am Abend des 11. März 1938 (Fotos: AStS, Fotoarchiv Franz Krieger, Film 103).

Um 16 Uhr erfuhr Landeshauptmann Rehrl von der Verschiebung der Volksbefragung durch den Bundeskanzler. Abstimmungsplakate wurden demonstrativ herunter gerissen und die nationalsozialistischen Formationen begannen sich zu einem Fackelzug zum Residenzplatz zu formieren. Die Hitlerjugend führte unter Trommelschlag und mit ihren Fahnen einen Sternmarsch zum Treffpunkt durch. So füllte sich am Abend der Residenzplatz mit an die 20.000 demonstrierende Nationalsozialisten und ihren Sympathisanten[108]. Die Nationalsozialisten bildeten eine Menschenkette und riefen in Sprechchören „Heil Hitler, Sieg Heil!“. Dr. Albert Reitter und danach Gauleiter Dipl.-Ing. Anton Wintersteiger sprachen vom Fenster des vierten Stockes der Landeshypothekenanstalt via Lautsprecher zur Menge und sie mussten aufgrund neu eingehender Meldungen ihre Reden mehrfach umstellen.

Um 19 Uhr 50 wurde via Rundfunkansprache der Rücktritt von Bundeskanzler Schuschnigg verkündet. Nach dem deutschen Ultimatum und der Mobilmachung sagte er die Volksbefragung ab und demissionierte. Er forderte das Bundesheer auf, im Falle eines deutschen Einmarsches keinen Widerstand zu leisten und schloss mit dem bekannten Satz: *So verabschiede ich mich in dieser Stunde von dem österreichischen Volk mit einem deutschen Wort und einem Herzenswunsch: Gott schütze Österreich!*[109].

Um 20 Uhr 30 erging der telefonische Befehl Rainers, mit Hilfe der Formationen der SA und SS, die zur Hilfspolizei zu bestellen waren, die Macht zu ergreifen. Eine halbe Stunde später, *um 21 Uhr war es so weit, den Salzburgern zu sagen, dass die Nationalsozialisten Österreichs nunmehr die Macht im Staate übernehmen.*[110] Auch die „Amtliche Verlautbarung" am Folgetag besagte: *Die N.S.D.A.P. hat gestern um 21 Uhr* [...] *die Macht im Lande Salzburg übernommen.*[111]

Der Gauleiter gab über Lautsprecher den Rücktritt Schuschniggs bekannt: *Bundeskanzler Dr. Schuschnigg hat abgedankt. Die N.S.D.A.P. hat die Regierung übernommen.* Nach langem Jubel fuhr er – den Aufzeichnungen von Rechtsrat Dr. Jenal zufolge – fort: *Ich fordere Euch Salzburger auf, Euch über diesen Umschwung zu freuen, aber keine Rache an den Leuten zu nehmen, die Euch Jahrzehnte gequält haben und ich bitte Euch, wieder ordentlich nach Hause zu gehen. Die Formationen haben sofort zu mir zu kommen!*[112] Die SA- und SS-Formationen traten nunmehr an, um die Machtübernahme durch Besetzung der öffentlichen Gebäude durchzuführen.

Etwas Elementares, Unerhörtes, in dieser theatralischen Form noch nie Dagewesenes, folgte diesen Worten. [...] *Ein einziger Schrei der Freude und Begeisterung antwortete ihm,* vermeldete das „Volksblatt"[113]. Und ein damals zwölfjähriger Salzburger sah die „Menge in Trance" und konnte sich nicht vorstellen, dass es „jemanden geben könnte, der von dieser gewaltigen Woge nationaler Euphorie nicht mitgerissen worden wäre!"[114]

Noch während sich Bundespräsident Miklas weigerte, Seyß-Inquart mit der Regierungsbildung zu betrauen, ging in Salzburg der Machtwechsel vor sich. Alle wichtigen öffentlichen Gebäude des Landes und der Stadt wurden besetzt und die öffentlichen Ämter unter Androhung der Gewalt übernommen. Gauleiter Wintersteiger, Dr. Reitter und Organisationsleiter Feßmann marschierten mit zwei SA-Stürmen zum Chiemseehof, wo noch die Bundespolizei den Eingang besetzt hielt, um die Landesregierung zu übernehmen. Doch die Polizisten machten von der Waffe nicht Gebrauch, sondern grüßten mit „Heil Hitler!" und traten zur Seite. Auch die Beamtenschaft begrüßte sie ebenfalls mit „Heil Hitler!". Wintersteiger übernahm das Amt des Landeshauptmannes. In seinem Büro ließ er sich die Telefonanlage erklären und verständigte die Bezirkshauptmannschaften von der neuen Lage. Zudem konnte er das Brigadekommando von der neuen Situation überzeugen und das Bundesheer, das nach Osten abgesetzt hatte, kehrte von Mayrwies in die Kasernen zurück und wartete dort auf die Ankunft der deutschen Truppen. Gauleiterstellvertreter Ing. Anton Giger, technischer Inspektor beim Magistrat, besetzte mit zwei SA-Stürmen das Rathaus und übernahm die Funktion des Bürgermeisters. Dort errichtete auch die SA in den Räumen der Sicherheitswache ihr vorläufiges Hauptquartier. Die SA stellte auch die Waffen der Frontmiliz und das Waffenarsenal in der Schranne sicher. Auch die Ämter und Großbetriebe der Stadt wurden sofort besetzt.

Unter Führung von Landesgerichtsrat Dr. Poth wurde die Polizeidirektion besetzt. Der spätere Stadtdirektor Dr. Jenal hielt die Ereignisse um 1944 fest: *Bei der Polizeidirektion war die Situation brenzlig, denn die Illegalen waren gering an Zahl und unbewaffnet und als sie in den Hof des Toskanatraktes kamen, fanden sie hier eine ganze Polizei bis auf die Zähne bewaffnet, schwere Maschinengewehre auf Lastwagen verpackt, die Mannschaft zum Ausfall in Bereitschaft. Als der Führer der Nationalen die Übergabe verlangte, herrschte eine Zeit lang unheimliches Schweigen. Der Bann wurde gebrochen durch den Ausruf eines Polizisten: „Heil Hitler!" Damit wurde auch der Weg frei zum Polizeidirektor Dr. Ingomar.* Dieser soll auch mit „Heil Hitler!" gegrüßt, sich das Hakenkreuz angesteckt oder eine Hakenkreuzarmbinde getragen und ein Ergebenheitstelegramm an den Reichsführer SS gesandt haben[115]. Er wurde ebenso verhaftet und später deportiert, wie Sicherheitsdirektor Bechinie-Lazan, der bei der Besetzung durch die SS unter Sturmbannführer Georg Wall apathisch an seinem Schreibtisch angetroffen worden war[116]. Der Sicherheitsdienst übernahm sofort die österreichische Staatspolizei.

SA-Stürme besetzten den Sender, das Fernsprechamt, die Landwirtschaftskammer und das Haus der Vaterländischen Front am Makartplatz sowie das Landesgericht. Im Gefangenenhaus wurden um 23 Uhr vier inhaftierte Nationalsozialisten auf handschriftlichen Befehl des Gauleiters

Wachposten der SS, noch in Zivil, vor dem Redaktionsgebäude der „Salzburger Chronik" an der Bergstraße (Foto: AStS, Fotoarchiv Franz Krieger, Film 103).

enthaftet[117]. Die Gaubetriebszellenleitung besetzte die Arbeiterkammer an der Auerspergstraße. Präsident Hermann Struber wurde verhaftet und die Bankguthaben der Gewerkschaften wurden gesperrt. Die NSBO übernahm auch sofort die Führung sämtlicher jüdischer Betriebe und setzte kommissarische Leiter ein[118].

Wachposten der Salzburger SS, noch in Zivil, besetzten die Zaunrith'sche Druckerei in der Bergstraße, in der die „Salzburger Chronik" gedruckt wurde. Ihr Chefredakteur Leonhard Steinwender, ein hoher Funktionär der Vaterländischen Front, wurde aus seiner Wohnung geholt, durch ein langes Spalier hin und her gestoßen, angespuckt, mit Füßen getreten und ins Gefängnis gebracht"[119].

Gegen 22 Uhr drang die HJ in die Dienststellen des Österreichischen Jungvolks in der Faberstraße ein und nahm sie für ihre Zwecke in Beschlag, dabei kam ihr ein Trupp SA gegen widerspenstige Frontmiliz zu Hilfe[120] – damit waren die Besetzungen abgeschlossen und noch *vor Mitternacht konnte der Gau Salzburg die vollständige Machtübernahme melden*[121]. Eigentlich hat Wintersteiger die Macht nicht „ergriffen", sie fiel im einfach zu[122], denn Zwischenfälle hatte es lediglich bei der Besetzung des Telegrafenamtes gegeben. In der Stadt Salzburg kam es zu keinen Unruhen oder Widerstandsaktionen, diese wurden lediglich aus Hallein und Bischofshofen gemeldet[123]. Von allen Höhen leuchteten Feuer, die die Hitlerjugend entflammt hatte. *Nachts um 12 Uhr läuteten alle Glocken die neue Zeit ein,* beschreibt Otto Pflanzl den „Tag der Machtergreifung“[124] – dieses Glockengeläut war allerdings nicht spontan, sondern fand auf behördliche Anordnung statt[125].

Um Mitternacht kamen erste deutsche Offiziere in die Stadt. Man erwartete das Eintreffen der deutschen Truppen, hunderte Nationalsozialisten begaben sich zu Fuß und mit PKW zur Grenze, um die deutschen Truppen zu begrüßen.

Am Morgen des 12. März 1938 wurde auch optisch sichtbar, dass SA und SS die Ordnungsgewalt in der Stadt übernommen hatten. Zivile Posten der SA bewachten das Haus der Vaterländischen Front am Makartplatz, dem damaligen Dollfußplatz Nr. 7, das für die Kreisleitung der NSDAP besetzt worden war. Das Kruckenkreuz wurde mit dem Hakenkreuz überdeckt. Der 1934 in Dollfußplatz umbenannte Makartplatz wurde umgehend provisorisch als „Adolf-Hitler-Platz“ bezeichnet[126]. Am frühen Morgen standen bewaffnete SA-Männer am rechten und linken Brückenkopf der Staatsbrücke, um diese für den Einmarsch der deutschen Truppen zu sichern.

Am 12. März erschien die „Salzburger Chronik“ bereits als „Salzburger Zeitung“ und berichtete über die neue Regierung unter Bundeskanzler Dr. Seyß-Inquart. Redaktion und Direktion bedanken sich auf der Titelseite ausdrücklich bei SS und SA für den Ordnungsdienst vor dem Druckereigebäude, der Ausschreitungen verhindert habe[127]. Und im „Salzburger Volksblatt“ erschien in der Ausgabe vom 12. März 1938 eine Fotoserie ihres „Bildberichterstatters“ Franz Krieger mit der Überschrift „Bildbericht aus den letztvergangenen, wildbewegten Tagen in Salzburg“. Seine Propagandabilder zeigen die „letzten nationalsozialistischen Opfer“ von Polizisten in der Nacht von 11. auf 12. März und dazwischen Polizei-Zentralinspektor Georg Fürst, der nach dem „Anschluß“ wegen seines Vorgehens gegen illegale Nationalsozialisten in „Schutzhaft“ genommen wurde[128]. Sofort erschienen in den Tageszeitungen auch Werbeinserate für Führerbilder und Hakenkreuze[129]. Die Auslagen standen im Zeichen der NS-Symbolik und verhöhnten die alten Machthaber wie Landeshauptmann Rehrl.

Verspottung von Landeshauptmann Dr. Franz Rehrl in der Auslage einer Salzburger Buchhandlung (AStS, Fotoarchiv Franz Krieger, Film 104).

Eintragung im Tagebuch Josef Hummel zum 12. März 1938 mit einem der vielen blechernen Hakenkreuze, die sofort auch an Nichtparteimitglieder, verkauft wurden (Original und Reproduktion: AStS).

8. Der „Anschluß“: Besetzung von außen

In der Früh des 12. März 1938 überschritten Soldaten der deutschen Wehrmacht die Staatsgrenze und setzten damit auch militärisch den ersten Schritt zur Beseitigung der Selbstständigkeit Österreichs. Laut offiziöser Darstellung war das deutsche Militär vom neuen Bundeskanzler zur Aufrechterhaltung der Ruhe und Ordnung angefordert worden[130].

Die Machtergreifung der Nationalsozialisten in Salzburg war damals bereits vollzogen. Sie war unter Druck der deutschen Regierung und unter drohendem Einmarsch deutscher Truppen, aber ohne geringste rechtliche Kompetenz des illegalen Gauleiters erfolgt und daher handelte es sich verfassungsrechtlich eindeutig um einen „revolutionären“ Akt[131]. Der Machtergreifung von innen erfolgte die Besetzung von außen, der „Anschluß“ war vollzogen.

Am frühen Vormittag des 12. März trafen die ersten Panzerspitzen in der Stadt Salzburg ein. Um 10 Uhr 30 und 11 Uhr warfen Flugzeuge der

Deutsche Truppen ziehen unter dem Jubel der Bevölkerung über die Staatsbrücke und das Platzl durch die Stadt (Foto: AStS, Fotoarchiv Franz Krieger, Film 107).

Die Deutsche Luftwaffe wirft Flugzettel ab, Jugendliche werden durch die Stadt gefahren und begrüßen deutsche Panzerbesatzungen (Fotos: AStS, Fotoarchiv Franz Krieger, Film 105 und 103).

Bilder vom Einmarsch deutscher Truppen am 12. März 1938 (Fotos: AStS, Fotoarchiv Franz Krieger, Film 103, 105 und 107).

deutschen Luftwaffe Flugzettel mit dem Text *Das nationalsozialistische Deutschland grüßt sein nationalsozialistisches Österreich und die neue nationalsozialistische Regierung! In treuer, unlösbarer Verbundenheit! Heil Hitler!* über der Stadt ab[132]. Die deutschen Truppen rückten unter dem brausenden Jubel der Bevölkerung in Salzburg ein. Große Mengen von NS-Fahnen und Armbinden waren mit Lastautos angeliefert worden und wurden an die Bevölkerung ausgegeben. *Ganze SA Züge und HJ marschierten auf. Wir wussten gar nicht, dass so viele Leute für die NS waren. Eine ganze Woche war schulfrei* steht in einem Tagebuch[133].

Bilder zeigen die deutschen Truppen auf der Staatsbrücke und am Platzl, Kinder auf deutschen Panzern und ähnliches. Illegale grüßen auf LKWs mit dem „Deutschen Gruß" und Jugendliche, die mit Privatautos auch vom Land geholt wurden, fuhren, mit Hakenkreuzfähnchen winkend, durch die Stadt. Die Bilder machen auch die militärische Präsenz deutscher Truppen in der Stadt deutlich und dies nicht nur mit Feldküchen der Kompanien, die am Bahnhofsvorplatz Eintopf anboten. Auch dorthin ging die Menge zumindest aus Neugierde. Die Fotografien Franz Kriegers vom Einmarsch sind stumme Zeugen der Ereignisse des 12. März, Pressebilder, die interessanterweise nicht in den aktuellen Tageszeitungen abgedruckt wurden, den die euphorische Begrüßung der deutschen Soldaten durch die Bevölkerung war dem „Salzburger Volksblatt" lediglich eine knappe Notiz auf Seite 17 wert[134].

Die Erinnerungstafel an die Volksabstimmung des Jahres 1921 über den Anschluss Salzburgs an Deutschland am Rathausbogen war beim Einmarsch am 12. März 1938 festlich geschmückt: Ein langgehegter Wunsch war mit dem „Anschluß" in Erfüllung gegangen. Die Bevölkerung hoffte auf eine bessere Zukunft und setzte große Hoffnungen in die neuen Machthaber. Oder wie es im Tagebuch einer Salzburgerin, Jahrgang 1905, zu lesen ist *Wir und viele national Gesinnten begrüßten diese Wiedervereinigung aller Deutschen und glaubten einer großen, friedlichen Zeit entgegen zu sehen*[135].

Gerd Bacher hat die Stimmung ähnlich beschrieben: „Meine Familie träumte vom Reich, von Großdeutschland, vom wirtschaftlichen Aufschwung, vom Ende der Arbeitslosigkeit, vom Anschluß". Auch geflüchtete Nationalsozialisten konnten nun erstmals wieder nach Hause zurückkehren. Otto Pflanzl vermerkt zum 12. März die Rückkehr seines Sohnes: *Wal-*

Die Gedenktafel an die Anschluss-Abstimmung 1921 war feierlich geschmücktes Motiv für Propagandabilder (Foto: AStS, Fotoarchiv Franz Krieger, Film 106).

ter ist heimgekommen, und zum 13. März 1938: *Den ganzen Tag zu Hause in herrlicher freudiger Stimmung.*[136] Und der städtische Obermagistratsrat und nachmalige Stadtdirektor Dr. Jenal, der seine Karriere den neuen Machthabern verdankte, notierte: *In den ersten Tagen nach dem Anschluße war die Bevölkerung noch so aufgewühlt von diesem großen Ereignis, dass jede Partei, die zu mir ins Amt kam, sofort nach ihrem Anliegen darauf zu sprechen kam und mehr als die Hälfte derselben weinte dabei!*[137]

Es gab aber in der Bevölkerung nicht nur Jubel! Außer der großen Zahl an Begeisterten und jener, die sich darüber freuten, dass es kein Blutvergießen gegeben hatte, gab es Neugierige, die sich vom Jubel anstecken ließen. Andere wollten einfach sehen, wer – auch ihrer Verwandten und Nachbarn – nun als Nationalsozialisten mitmarschierten und wieder andere, wie Sozialisten und Kommunisten, verhielten sich zunächst ruhig. Die Anhänger und insbesondere Funktionäre des Ständestaates saßen betroffen zu Hause oder wanderten ins Gefängnis. Und den Mitgliedern der kleinen jüdischen Gemeinde drohten sofortige „Schutzhaft“, Beschlagnahme des Vermögens, Entlassung und Entzug der Erwerbsmöglichkeiten.

Der „Dollfuß Platz" (Makartplatz) wurde in „Adolf-Hitler-Platz" umbenannt. Franz Krieger fotografierte am 12. März 1938 die provisorische Bezeichnung, später wurde die Umbenennung für Hitlers Leibfotografen Heinrich Hoffmann nachgestellt. Als Stereobild „Schilderwechsel am 12. März 1938" wurde es im Buch „Großdeutschlands Wiedergeburt" veröffentlicht (Fotos: AStS, Fotoarchiv Franz Krieger, Film 105; Fotosammlung).

9. „Legalisierung“ der Macht: Eide auf den „Führer“

Bereits am Tag des Einmarsches der deutschen Wehrmacht wurde die putschartige Machtergreifung der Salzburger Nationalsozialisten durch die Regierung unter dem neuen Bundeskanzler Arthur Seyß-Inquart „legalisiert“. Unter Berufung auf die österreichische Verfassung des Jahres 1934 wurde Dipl.-Ing. Anton Wintersteiger mit dem Amt des Landeshauptmanns betraut und danach die Landesregierung gebildet. Als Landesstatthalter wurde der Rechtsanwalt Dr. Albert Reitter, als Landesräte Dr. Erich Gebert, Paul Krenwallner, Anton Resch und Fachlehrer a. D. Karl Springenschmid eingesetzt. Der Landtag wurde aufgelöst, die beiden höchsten Landesbeamten, der Regierungsdirektor und sein Stellvertreter, wurden abgesetzt[138].

In der Stadt wurden am 13. März unter Berufung auf das existierende Stadtrecht vom nunmehrigen Landeshauptmann Wintersteiger der bisherige Bürgermeister Ing. Richard Hildmann und die Stadträte ihres Amtes enthoben und der Gemeindetag der Landeshauptstadt aufgelöst und techn. Inspektor Anton Giger zum Bürgermeister ernannt und als provisorischer Regierungskommissar mit der Führung der Stadtverwaltung betraut[139]. Der 1934 entlassene Magistratsrat Dr. Franz Lorenz wurde zum kommissarischen Bürgermeisterstellvertreter und der frühere Bankbeamte Sepp Girlinger sowie Ing. Franz Feichtner zu kommissarischen Stadträten ernannt[140]. Am 12. März fand eine „Siegesfeier im Justizgebäude“ statt. Auch die Polizei- und Sicherheitsdirektion, die Landeskrankenanstalten und die Rechtsanwaltskammer erhielten neue Leiter[141]. Am 14. März wurde die Absetzung des Landeschulinspektors und der Bezirksschulinspektoren ebenso kundgemacht, wie der Wiederbeginn des Schulunterrichts am Donnerstag, 17. März 1938. Bis dahin hatten die Schüler mit Text und Melodie des Deutschlandliedes und des Horst-Wessel-Liedes vertraut zu werden[142] und die HJ wurde in einem großen Appell für 400 bis 500 Jungen an der Aigner Rennbahn in dem aus der illegalen Zeit unbekannten strammen Marschieren gedrillt[143].

Am 13. März 1938 wurde das Bundesverfassungsgesetz über die Wiedervereinigung Österreichs mit dem Deutschen Reich erlassen![144] Artikel 1 besagte „Österreich ist ein Land des Deutschen Reiches.“ Und in Artikel 2 wurde für den 10. April eine geheime Volksabstimmung über die „Wiedervereinigung“ mit dem Deutschen Reich angesetzt, bei der die Mehrheit der

Veröffentlichung des Bundesverfassungsgesetzes über die Wiedervereinigung Österreichs mit dem deutschen Reich, abgedruckt in einer Sonderausgabe des „Salzburger Volksblattes" (Original: AStS, Tagebuch Josef Hummel).

abgegebenen Stimmen entscheiden sollte. Das Bundesheer wurde ebenfalls am 13. März zum Bestandteil der Deutschen Wehrmacht erklärt und trat unter Befehl von Adolf Hitler. Am 14. März erfolgte die Vereidigung der Einheiten auf den „Führer" und am 15. März 1938 proklamierte Hitler in Wien den „Eintritt seiner Heimat in das Deutsche Reich" und damit das „Großdeutsche Reich". Österreich als zweiter deutscher Staat war endgültig Geschichte[145].

Nach dem Gesetz über die Wiedervereinigung Österreichs mit dem Deutschen Reich wurden am 13. März 1938 die Zeichen der Grenze auch symbolisch beseitigt. Unter Leitung des Unterbannführers der Stadt fuhr die HJ mit dem Polizeiüberfallauto zur Grenze. Der Grenzbaum bei Rott wurde abgesägt[146]. Ebenfalls am 13. März erfolgte die Entfernung des Schlagbaums beim österreichischen Zollhaus und auch der Zollamtsplatz-Tafel am Walserberg. Pressefotograf Franz Krieger war anwesend, um dieses Ereignis für die Tageszeitungen festzuhalten[147].

Die Symbole der Grenze wurden von der HJ bei Einbruch der Dämmerung am Salzburger Residenzplatz verbrannt. Es war dies, wie die Medien berichteten, eine *kleine, aber in ihrer Symbolhaftigkeit außerordentlich stark wirksame Zeremonie* [...] *Allgemein war natürlich die Erinnerung an das gleiche Ereignis, das sich beiläufig an der gleichen Stelle im Zuge der seinerzeitigen Anschlussabstimmung* [im Jahr 1921, P. F. K.] *abgespielt hatte.* Bewusst wurden Traditionslinien zu 1921 hergestellt. In der Erinnerung des damals jugendlichen Organisators war die Grenzpfahlabtragung ein spontaner Akt der HJ-Salzburg-Stadt, die bewusste Wahl des

„Wir verbrennen die Grenzpfähle“ vermeldet das Fotoalbum von Benno Hesske. Die HJ hatte die Grenzsymbole am 13. März 1938 beseitigt und am Abend am Residenzplatz feierlich verbrannt (Fotos: AStS, Nachlass Benno Hesske).

Gedenkstunde an der Salzburger Handelsschule, es spricht der Unterbannführer Salzburg-Stadt, Benno Hesske (Foto: AStS, Nachlass Benno Hesske).

Verbrennungsortes brauchte aber historisches Wissen Älterer, vermutlich aus der Lehrerschaft. Denn es ist vielleicht kein Zufall, dass auch die einzige Bücherverbrennung in Österreich, jene am Salzburger Residenzplatz, an einem denkwürdigen Tag stattfand, genau am 120. Jahrestag des großen Salzburger Stadtbrandes von 1818.

Am 15. März 1938 fanden Gedenkstunden an den Schulen mit der HJ statt[148]. Ein Zug marschierte auf und die Schüler traten im Hof an und der Lehrkörper daneben. Die Ansprache wurde jeweils von einem früheren Schüler oder aber von einem aktiven HJ-Führer gehalten, an der Realschule von Walter Leitner, an der Gewerbeschule von Walter Telsnig und der Handelsschule von Benno Hesske[149]. Am 15. März wurden auch „Dankopfer" für die NSDAP in den Zeitungen groß angekündigt: Der „Spendenausweis Nr. 1" nennt die Druckerei Kiesel mit 1000 S und danach mehrere Traditionsbetriebe[150].

Nach der Vereidigung des Bundesheeres folgte am 16. März 1938 jene der Landesverwaltung und am 18. März legte die Salzburger Exekutive am Domplatz den Eid auf den Führer ab. An der feierlichen Beeidung von Polizei und Gendarmerie nahm auch eine Hundertschaft der Schutzpolizei mit Fahne und Musik und ein Ehrensturm der Salzburger SA teil[151].

Ebenfalls am 18. März 1938 erfolgte die Vereidigung der Angestellten der Stadt Salzburg im Sitzungssaal des Rathauses. Die feierliche Eidleistung erfolgte vor dem kommissarischen Bürgermeister Giger, dem neuen kommissarischen Bürgermeister-Stellvertreter Dr. Franz Lorenz, der in Uniform eines SA-Obersturmführers erschienen war, und Obermagistratsrat Dr. Emanuel Jenal, der an Stelle des bisherigen Magistratsdirektors Clessin die Geschäfte des Magistratsdirektors führte[152]. Oberbürgermeister Giger kündigte an, die *Heimatstadt einer neuen Blütezeit entgegenzuführen*, bevor Dr. Lorenz in markigen Sätzen ausführte: *der nationalsozialistische Staat verlange von jedem Volksgenossen eiserne Pflichterfüllung bis zum Letzten, forderte dies aber insbesondere von den öffentlichen Beamten.* Man gebe zwei Minuten Bedenkzeit, ob die Anwesenden den Eid freiwillig leisten und *bis zum Letzten erfüllen* können. Wer glaube, ihn nicht leisten zu können, werde pensioniert, habe aber seine innere Ehre gerettet und seine Anständigkeit bewahrt. Nach zwei Minuten Bedenkzeit leisteten alle Anwesenden mit erhobenen Schwurfinger den Eid auf die von Dr. Jenal verlesene Eidesformel, die auch mit Unterschrift zu bestätigen war: *Ich schwöre, ich werde dem Führer des Deutschen Reiches und Volkes Adolf Hitler treu und*

Vereidigung von Exekutive und Beamtenschaft auf den „Führer" am Salzburger Domplatz (Fotos: AStS, Fotoarchiv Franz Krieger, Film 109).

gehorsam sein, die Gesetze beachten und meine Amtspflichten gewissenhaft erfüllen. So wahr mir Gott helfe! Der Magistratsdirektor hielt dazu in seinen Erinnerungen fest: *Es war ein ganz eigenes, sonderbares Gefühl, die städt. Gefolgschaft nunmehr auf den Führer eidesmäßig zu verpflichten, aber noch sonderbarer war es, dass die früheren, ärgsten Scharfmacher gegen den Führer sich nun zur Eidleistung direkt herandrängten.* Allerdings waren bereits zuvor *einige wenige unzuverlässige Beamte* – so Jenal – *ihres Dienstes enthoben* worden.

Am 24. März erfolgte die Vereidigung des gesamten Lehrpersonals des Stadtschulrates[153], also jener, die nicht zuvor entlassen worden waren. Bei all diesen Vereidigungen auf den Führer und dies noch vor der bevorstehenden Anschluss-Abstimmung waren keinerlei Widerstände festzustellen. Es war bereits zuvor zu „Säuberungen" von Anhängern des Ständestaates in der Beamtenschaft, bei Polizei, Gendarmerie und Bundesheer, gekommen und die ersten Transporte nach Dachau waren erfolgt.

10. Die Kehrseite: Entlassungen, brutale Verfolgung und Terror

Österreichweit wurden in den ersten Tagen nach der Machtübernahme 72.000 Menschen, Politiker und Intellektuelle der Ersten Republik und des Ständestaates und vor allem Juden inhaftiert. Die Kehrseite des Regimes, brutalste Verfolgung politischer Gegner, Unterdrückung des freien Wortes durch SS, Gestapo und Konzentrationslager sind bei Berichten und Propagandabildern vom Jubel stets mitzudenken[154]. Diese Tatsache konterkariert auch das nach außen vermittelte und in der Erinnerung vieler gebliebene Bild, in der Stadt Salzburg habe es eine „unblutige Revolution" ohne Ausschreitungen und ohne Opfer gegeben. Die einzigen Toten des Anschlusses waren – wie auch Historiker ausführen – Verkehrstote[155], dies ist richtig. Denn auch in den Sterbebüchern der Stadt sind – anders als im Mai 1945[156] – keinerlei anlassbezogene Selbstmorde oder Opfer von Racheakten verzeichnet[157].

Die Bevölkerung freute sich, dass es im Zuge des Anschlusses kein Blutvergießen gegeben hat, denn es bestand – insbesondere bei der Rückkunft der „Legion" – die Angst einer „Nacht der langen Messer"[158]. Dennoch trügt das vermittelte Bild, denn es gab sehr wohl private Racheakte gegen Män-

Kirchliches Archiv- und Bibliotheksgut wurde am 12. März 1938 beschlagnahmt, in die Polizeidirektion verbracht und im Innenhof von Beamten und Soldaten durchwühlt (Foto: AStS, Fotoarchiv Franz Krieger, Film 107).

ner der verhassten so genannten Systemzeit, so schon am Morgen des Einmarsches, als Fenster eingeschlagen und ein ehemaliger Offizier von SA und SS-Männern mit Stöcken und Fäusten attackiert wurde[159]. Auf das Schicksal von Leonhard Steinwender in der Nacht der Machtergreifung wurde bereits hingewiesen. Domkapitular Dr. Simmerstätter fasste die Vorgänge folgend zusammen: *Die „Machtübernahme" läuft, der Rachefeldzug der Illegalen beginnt*[160].

Bereits in den frühen Morgenstunden des 12. März 1938 wurden im erzbischöflichen Palais einige Fenster eingeschlagen und ein Trupp SA-Leute begehrte johlend Einlass. Kirchliches Bibliotheks- und Aktengut wurde – wie Krieger-Bilder vom 12. März belegen – beschlagnahmt, mit einem LKW in die Polizeidirektion im Toskanatrakt verbracht und dort nach dem Abladen im Innenhof von Nationalsozialisten und deutschen Soldaten durchwühlt[161]. Erzbischof Dr. Waitz wurde von SA und HJ unter Hausarrest gesetzt und das Palais blieb mehrere Tage umstellt und wurde „wie ein Gefangenenhaus behandelt"[162]. An diesem Tag wurden auch die ersten Kirchenaustritte demonstrativ vollzogen, den Reigen eröffneten der designierte Magistratsdirektor und zwei Professoren der Staatsgewerbeschule[163].

In der Zeitungsausgabe vom 12. März konnten die SalzburgerInnen nachlesen[164], wer in Schutzhaft genommen worden war: Heimwehrführer, Funktionäre der Vaterländischen Front, Gendarmerie- und Kriminalbeamte und jüdische Geschäftsleute. Genannt werden u. a. die jüdischen Kaufleute Paul und Max Schwarz, Chefredakteur Leonhard Steinwender, Arbeiterkammer-

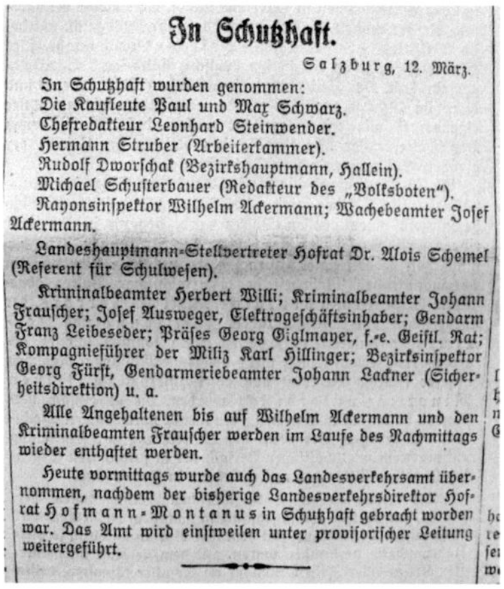

In Schutzhaft.

Salzburg, 12. März.

In Schutzhaft wurden genommen:
Die Kaufleute Paul und Max Schwarz.
Chefredakteur Leonhard Steinwender.
Hermann Struber (Arbeiterkammer).
Rudolf Dworschak (Bezirkshauptmann, Hallein).
Michael Schusterbauer (Redakteur des „Volksboten").
Rayonsinspektor Wilhelm Ackermann; Wachebeamter Josef Ackermann.

Landeshauptmann-Stellvertreter Hofrat Dr. Alois Schemel (Referent für Schulwesen).

Kriminalbeamter Herbert Willi; Kriminalbeamter Johann Frauscher; Josef Ausweger, Elektrogeschäftsinhaber; Gendarm Franz Leibeseder; Präses Georg Giglmayer, f.-e. Geistl. Rat; Kompagnieführer der Miliz Karl Hillinger; Bezirksinspektor Georg Fürst, Gendarmeriebeamter Johann Lackner (Sicherheitsdirektion) u. a.

Alle Angehaltenen bis auf Wilhelm Ackermann und den Kriminalbeamten Frauscher werden im Laufe des Nachmittags wieder enthaftet werden.

Heute vormittags wurde auch das Landesverkehrsamt übernommen, nachdem der bisherige Landesverkehrsdirektor Hofrat Hofmann-Montanus in Schutzhaft gebracht worden war. Das Amt wird einstweilen unter provisorischer Leitung weitergeführt.

„In Schutzhaft", Zeitungsmeldung vom 12. März 1938 (Foto: AStS).

Sicherheitsdirektor Bechinie und Polizeidirektor Ingomar im Jahr 1936 (Foto: AStS, Fotoarchiv Franz Krieger, Film 64, Ausschnitt).

präsident Struber, Landeshauptmann-Stellvertreter Schemel und der Landesverkehrsdirektor Hofrat Hoffmann-Montanus sowie mehrere Kriminal- und Wachebeamte[165]. Rayoninspektor Wilhelm Ackermann, bei ehemaligen Illegalen offensichtlich besonders verhasst, war bereits am 12. März um 3 Uhr 45 durch die Gestapo in das Polizeigefangenenhaus eingeliefert worden. Am 23. März wurde er nach Dachau und im August 1939 nach Buchenwald überstellt, wo er 1940 verstarb[166].

Besonders gegen Beamte, Militär und Heimwehrführer, die an der Niederschlagung des NS-Putsches 1934 mitgewirkt hatten, wurde erbarmungslos vorgegangen[167]. Sie wurden inhaftiert und deportiert und fanden zum Teil unter nicht geklärten Umständen den Tod, wie etwa Stabswachmeister Anton Fingernagel aus Lamprechtshausen, der ein Monat nach dem Anschluss in der Salzburger Polizeikaserne Selbstmord begangen haben soll[168]. Sicherheitsdirektor Bechinie-Lazan wurde im KZ Dachau interniert, 1939 nach Buchenwald verlegt und dort von einem Salzburger SS-Mann, der 1934 auf der Festung inhaftiert gewesen war, lange Zeit gedemütigt und misshandelt. 1941 wurde er in der Vernichtungsanstalt Pirna-Sonnenstein ermordet[169].

Polizeidirektor Viktor Ingomar wurde ebenfalls in Dachau interniert und starb nach der Freilassung 1944 an den Folgen der KZ-Haft. Er hatte einst zu den prominentesten „Alten Herren" der deutschnationalen Burschenschaft Arminia Czernowitz gezählt, war aber 1934 freiwillig aus dieser ausgetreten. Sein Nachfolger ab März 1938, der erste NS-Polizeidirektor von Salzburg, Dr. Benno von Braitenberg, hingegen war Alter Herr der katholischen Akademischen Verbindung Austria Innsbruck, hatte noch 1932 mit seinem „Cartell"-Bruder Landeshauptmann Rehrl korrespondiert, war dann aber der NSDAP beigetreten und als Illegaler 1935 aus dem Staatsdienst entlassen worden. Diese beiden Beispiele führen vor Augen, wie problematisch Generalisierungen sein können[170].

Noch in der Nacht des so genannten „Umbruchs" übernahm die Nationalsozialistische Betriebszellen-Organisation (NSBO) die Führung der jüdischen Geschäfte in der Stadt und setzte kommissarische Leiter ein[171]. Es kam sofort zu Verhaftungen. Das „Salzburger Volksblatt" meldete außer der Verhaftung der Kaufleute Paul und Max Schwarz, einige Tage später, jene von Robert Ornstein[172]. Das Geschäft Schwarz am Alten Markt war das einzige bedeutende jüdische Geschäft in der Stadt, gefolgt vom Kleiderhaus Ornstein in der Getreidegasse[173].

Obwohl in Zeitungen die Betriebszellenleitung die Übernahme des Kaufhauses Schwarz durch den NSBO und dessen Fortführung publizierte[174], fand tags darauf, am 21. März, in Salzburg, aber auch Hallein, eine erste Kampagne gegen Judengeschäfte statt. In der Salinenstadt war das Geschäft „Fritz Kral" betroffen und ein großes Transparent mahnte: „Kauft nicht bei Juden"[175]. Der Schutzhaft der jüdischen Kaufleute folgte die Abnahme der Geschäftsschlüssel, Hausdurchsuchung, Beschlagnahme der Wertgegenstände und dann die Nötigung zum „freiwilligen" Verzicht auf das Vermögen zugunsten des Deutschen Reiches. In der Regel kam es dann zur Freilassung aus der „Schutzhaft", wenn versprochen wurde, das Land innerhalb kürzester Zeit zu verlassen[176].

Erste Kampagne gegen Judengeschäfte am 21. März 1938 in Salzburg und Hallein: das Transparent „Kauft nicht bei Juden" in der Salinenstadt (Foto: AStS, Fotoarchiv Franz Krieger, Film 110).

Doch nicht nur jüdischen Geschäftsleuten wurden die Erwerbsmöglichkeiten entzogen, auch jüdische Rechtsanwälte und Ärzte verloren ihre Existenzgrundlage und beim Amt der Landesregierung wurden sofort nach dem Anschluss auch fünf „jüdische Mischlinge" zwangspensioniert[177].

Die traditionelle Führungsschicht in Stadt und Land war entmachtet, nahezu alle Spitzenpositionen neu und zum Großteil mit Parteigenossen bzw. Sympathisanten besetzt[178]. Diese konnten auf einen intakten und kooperationsbereiten Verwaltungsapparat zurückgreifen. Das Gros der mittleren und unteren Bediensteten blieb ungeschoren und die Beamtenschaft passte sich an.

Bereits am 13. März 1938 war es zur Außerdienststellung von zahlreichen Schuldirektoren und Lehrern gekommen, tags darauf erfolgten diese – wenn auch mit nur wenigen Fällen – auch beim Magistrat[179]. So wurde bereits am 14. März ab 12 Uhr der Leiter der städtischen Rechtsabteilung vom kommissarischen Bürgermeister außer Dienst gestellt und im Herbst im „Zuge der Neuordnung des Berufsbeamtentums" – wie es hieß – pensioniert[180]. Dagegen waren nach dem Allgemeinen Verwaltungsverfahrensgesetz (AVG) keine Rechtsmittel zulässig. Mehrfache Eingaben gegen die Außerdienststellung kommentierte der Oberbürgermeister handschriftlich:

Kein Rechtsmittel – Wie in der Systemzeit!! [...] *Übrigens haben wir ihnen in unseren Versammlungen oft genug gesagt: Mit euren eigenen Waffen werden wir euch schlagen.*

Vier Tage später wurde auch der vormals großdeutsche Magistratsdirektor Heinrich Clessin nach erfolgter Amtsübergabe außer Dienst gestellt und im Herbst mit der Hälfte der Bezüge pensioniert[181]. Er wurde beschuldigt, im Jahr 1935 die hohe Zahl von 32 naziverdächtigen Beamten namentlich gemeldet zu haben, darunter den nunmehrigen NS-Bürgermeister, Magistratsdirektor und Baudirektor. Beim Land Salzburg wurden elf Entlassungen vorgenommen, darunter Landeshauptmann Rehrl, und 15 Ruhestandsversetzungen von Spitzenbeamten wurden durchgeführt[182].

11. Propagandafeldzug für den „Anschluß“: Aufbruch in eine „moderne Ära“

Die Stabilisierung der NS-Herrschaft erfolgte durch Gewalt und offenen Terror, durch Entlassungen und dem drohenden „Dachau“, aber auch durch einen raffinierten Propagandafeldzug und maßlose Versprechungen, mit denen die Bevölkerung zur breiten Zustimmung bei der Volksabstimmung am 10. April 1938 über den faktisch vollzogenen Anschluss an das Deutsche Reich bewogen werden sollte[183]. Denn diese Abstimmung hatte auch eine außenpolitische Dimension. Ganz bewusst stellte man der Zeit der Wirtschaftskrise, der Arbeitslosigkeit und der Diktatur unter Dollfuß und Schuschnigg das Bild des wirtschaftlichen Aufschwungs gegenüber. Man signalisierte den Aufbruch in eine neue, moderne Ära, die auch sozialen Aufstieg verhieß – man konnte dadurch die unterschiedlichsten Zielgruppen erreichen[184].

Ökonomische und soziale Verbesserungen sollten die Stimmung ankurbeln. Die Arbeiterschaft erhielt Lohnerhöhungen, die Ausgesteuerten bekamen wieder Arbeitslosenunterstützungen und es gab nun Ehestandsdarlehen sowie Kindergeld. Am 23. März 1938 wurde ein erster Kraft-durch-Freude-Zug aus Salzburg mit 500 Teilnehmern ins Reich verabschiedet. Teilnehmer aus den verschiedensten politischen Lagern, besonders bekannte Kommunisten, wurden ins Reich eingeladen, um ihnen die Leistungen des Nationalsozialismus zu demonstrieren. Auch 1000 Kinder

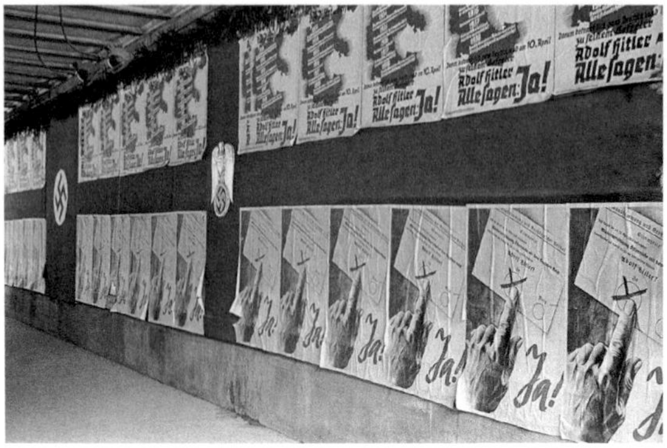

Plakatwand zur Anschluss-Abstimmung am 10. April 1938 (Foto: AStS, Fotoarchiv Franz Krieger, Film 118)

aus bedürftigen Familien sollten „im Reich" Urlaub machen, am 31. März wurden 600 Burschen und 400 Mädchen aus „Groß-Salzburg" von der NS-Volkswohlfahrt zur Erholung ins Reich geschickt und sie wurden dazu von der NS-Frauenschaft neu eingekleidet[185].

Die Zeitungen kündigten ein „gewaltiges Aufbauprogramm für Österreich" an[186]. Dr. Fritz Todt, der Generalinspektor für das deutsche Straßenwesen, versprach 1100 Kilometer Reichsautobahn als Sofortprogramm und damit Arbeit für 25.000 österreichische Arbeiter. Reichsmarschall Hermann Göring versprach zudem den Ausbau der Wasserkraft durch das Tauernkraftwerk. Sein Aufbauprogramm wurde von der Bevölkerung, wie ein Stimmungsbericht vom 31. März besagt, sehr gut aufgenommen[187]. Neuerliche Verhaftungen von VF-Führern und anderen haben – wie diese Quelle ebenfalls besagt – Missstimmung erregt und wurden daher vor der Abstimmung wieder aufgehoben.

Auch der Stadtmagistrat suggerierte den Aufschwung und schrieb fünf Architekten- und Technikerstellen neu aus. Die Bewerber benötigten einen Ariernachweis und ein politisches Führungszeugnis. Das Bewerbungsende war ausgerechnet der 10. April, der Tag der Abstimmung[188].

Die Partei und alle staatlichen Organe wurden in den Dienst der Volksabstimmung gestellt. Im gesamten Land Salzburg waren allein 5200 Personen mit den Wahlvorbereitungen beschäftigt, reichsdeutsche Berater waren anwesend und deutsche Schupos patrollierten auf den Straßen[189]. Auch die Medien wurden entsprechend eingesetzt. Neben dem „Volksblatt" erschien nun auch die „Salzburger Chronik" in neuer und moderner Aufmachung als „Salzburger Zeitung" und die Titelblätter nahmen auf die bevorstehende

Abstimmung Bezug. Die Pressefotografie spielte eine neue, wesentliche Rolle im Rahmen der Propaganda und der Rundfunk sollte alle erreichen, sei es durch Großübertragungen oder durch den KdF-Volksempfänger. Wanderkino und auch der Film wurden eingesetzt. So erlebte Salzburg bei der nächtlichen Feierstunde am 31. März eine filmtechnische Sensation. Der Großtonfilm „Deutschland“ wurde auf einer 16 Meter hohen und 22 Meter breiten Großleinwand an der Wand der Residenz auf dem Residenzplatz gezeigt und sollte die Aufbauarbeit Hitlers in Deutschland dokumentieren[190]. Am selben Tag waren auch tausende Mann der „Österreichischen Legion“ feierlich durch Salzburg gezogen[191].

Bewusst setzte man auf die „Anschlußsehnsüchte“ weiter Kreise der Bevölkerung. In Zeitungsinseraten und Postkarten wurden die Traditionslinien zur Salzburger Anschlussabstimmung 1921 besonders herausgestellt. Und in der Ausgabe des Abstimmungstages wurde sogar der „Anschluß“ Salzburgs an Bayern im Jahr 1810 bemüht, um Stimmung zu machen[192].

Es gelang auch führende österreichische Künstler und Sozialdemokraten, wie den Gründungskanzler der Ersten Republik Karl Renner, zu einem öffentlichen und entsprechend publizierten „Ja“ für den Anschluss zu bewegen[193]. Und auch der Wiener Kardinal Innitzer und die österreichischen Bischöfe befürworteten im Vorfeld der Abstimmung den Anschluss in einer „Feierlichen Erklärung“, die ihnen allerdings – ohne Möglichkeit einer Abänderung – als fixer Regierungsentwurf vorgelegt worden war[194]. Sie erklärten am 18. März 1938 *aus innerster Überzeugung und mit freiem Willen*, dass es für sie *selbstverständliche nationale Pflicht* sei, uns am Tag der Volksabstimmung *als Deutsche zum Deutschen Reich zu bekennen, und wir erwarten auch von allen gläubigen Christen, dass sie wissen, was sie ihrem Volke schuldig sind.*

Abstimmungskarte für den 10. April 1938 mit Wiederabdruck der Abstimmungskarte und Gedenktafel von 1921 (Original und Foto: AStS).

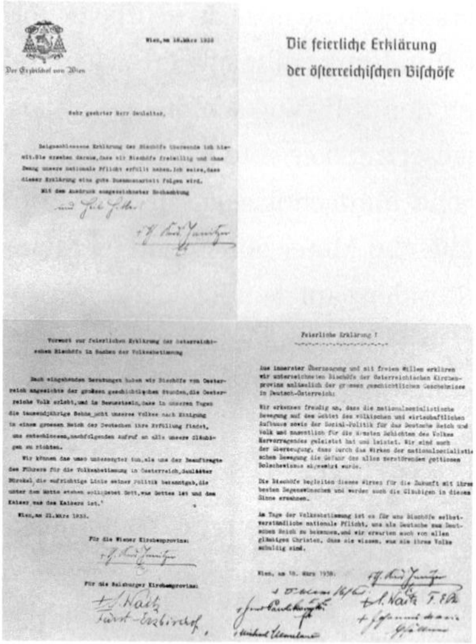

Der Erzbischof von Wien

Wien, am 18. März 1938

Die feierliche Erklärung der österreichischen Bischöfe

Sehr geehrter Herr Gauleiter,

Beigeschlossene Erklärung der Bischöfe übersende ich hiemit. Sie ersehen daraus, dass wir Bischöfe freiwillig und ohne Zwang unsere nationale Pflicht erfüllt haben. Ich weiss, dass dieser Erklärung eine gute Zusammenarbeit folgen wird.

Mit dem Ausdruck ausgezeichneter Hochachtung

und Heil Hitler!

Vorwort zur feierlichen Erklärung der österreichischen Bischöfe in Sachen der Volksabstimmung

Nach eingehenden Beratungen haben wir Bischöfe von Oesterreich angesichts der grossen geschichtlichen Stunden, die Oesterreichs Volk erlebt, und im Bewusstsein, dass in unseren Tagen die tausendjährige Sehnsucht unseres Volkes nach Einigung in einem grossen Reich der Deutschen ihre Erfüllung findet, uns entschlossen, nachfolgenden Aufruf an alle unsere Gläubigen zu richten.

Wir können das umso unbesorgter tun, als uns der Beauftragte des Führers für die Volksabstimmung in Oesterreich, Gauleiter Bürckel, die aufrichtige Linie seiner Politik bekanntgab, die unter dem Motto stehen soll: „Gebet Gott, was Gottes ist und dem Kaiser, was des Kaisers ist."

Wien, am 21. März 1938.

Für die Wiener Kirchenprovinz:

Für die Salzburger Kirchenprovinz:

Fürst-Erzbischof.

Feierliche Erklärung !

Aus innerster Überzeugung und mit freiem Willen erklären wir unterzeichneten Bischöfe der Österreichischen Kirchenprovinz anlässlich der grossen geschichtlichen Geschehnisse in Deutsch-Österreich:

Wir erkennen freudig an, dass die nationalsozialistische Bewegung auf dem Gebiet des völkischen und wirtschaftlichen Aufbaues sowie der Sozial-Politik für das Deutsche Reich und Volk und namentlich für die ärmsten Schichten des Volkes Hervorragendes geleistet hat und leistet. Wir sind auch der Überzeugung, dass durch das Wirken der nationalsozialistischen Bewegung die Gefahr des alles zerstörenden gottlosen Bolschewismus abgewehrt wurde.

Die Bischöfe begleiten dieses Wirken für die Zukunft mit ihren besten Segenswünschen und werden auch die Gläubigen in diesem Sinne ermahnen.

Am Tage der Volksabstimmung ist es für uns Bischöfe selbstverständliche nationale Pflicht, uns als Deutsche zum Deutschen Reich zu bekennen, und wir erwarten auch von allen gläubigen Christen, dass sie wissen, was sie ihrem Volke schuldig sind.

Wien, am 18. März 1938.

Feierliche Erklärung der österreichischen Bischöfe, als Faksimilie abgedruckt bei: Bartz, „Großdeutschlands Wiedergeburt", 1938 (Original und Reproduktion: AStS).

Diese Stellungnahme wurde von Kardinal Innitzer mit einem von ihm mit „Heil Hitler" unterzeichneten Begleitbrief dem Wiener Gauleiter übersandt. Ein drei Tage später von Kardinal Innitzer für die Wiener und von Fürsterzbischof Waitz für die Salzburger Kirchenprovinz unterzeichnetes Vorwort zur „Feierlichen Erklärung" führte ergänzend aus, dass sich die Bischöfe nach eingehenden Beratungen *angesichts der großen geschichtlichen Stunden, die Österreichs Volk erlebt, und im Bewusstsein, dass in unseren Tagen die tausendjährige Sehnsucht unseres Volkes nach Einigung in einem großen Reich der Deutschen ihre Erfüllung findet, zum Aufruf an die Gläubigen entschlossen* hätten.

Die Erklärung der Bischöfe wurde am 27. März und auch am Sonntag darauf als Hirtenbrief von fast allen Kirchenkanzeln verkündet und gemeinsam mit den Begleitschreiben in Wort und Bild in Zeitungen als Wahlempfehlung abgedruckt[195] und auch plakatiert. *Die Geistlichkeit* setze *mit einigen Ausnahmen, der Wahlpropaganda keinen Widerstand entgegen* und der Hirtenbrief *übt auf die Bevölkerung, insbesondere auf den bäuerlichen Teil derselben, weiter starken Eindruck aus*, berichtete der Führer des SD-Unterabschnitts Salzburg am 4. April 1938 nach Wien[196].

Überall fanden sich Abstimmungsplakate und Postkarten und auch Poststempel warben für das „Ja" für den Führer. Inserate sprachen die verschiedensten Bevölkerungsgruppen an, Sportler, Turner wurden bei-

Abstimmungs-Postkarte, Anschluss-Plakat und Wahlausgabe (Fotos: AStS).

Der 10. April
Wahlzeitung für den deutschen Österreicher
Wir folgen der Stimme unseres Blutes
Gauleiter Bürckel gibt dem österreichischen Volk die Parole für die Volksabstimmun

Inserat zur Wahlkundgebung mit Landesrat Springenschmid (Reproduktion: AStS).

spielsweise ebenso zum Ja aufgerufen, wie die Mitglieder der Salzburger Feuerwehren[197].

In Stadt und Land fanden Wahlkundgebungen statt, die erste in der Stadt am 29. März im Mozarteum stand unter dem unter Motto „Salzburg allzeit getreu!"[198]. Landesrat Springenschmid, laut Bericht des „Volksblattes", *einer der maßgebendsten Wegbereiter des Nationalsozialismus* führte dabei unter anderem aus, dass der 10. April keine Wahl, sondern ein Bekenntnis sei. *Es ist das „Ja" zu unserem Volke. Wer „Nein" sagt, der gehört zu jenen Narren, Einzelgängern und Sonderlingen, die den Ruf ihres Volkes nicht in sich hören. Asoziale Elemente volksfremder Art wolle man gar nicht überzeugen. Wir wollen haben, dass jeder, der deutschen Blutes ist, dieses „Ja" mit voller innerer Verantwortung abgibt.* Es ging Springenschmid nicht um den Anschluss eines Staates, sondern um die „Wiedervereinigung" des deutschen Volkes[199].

In der Stadt Salzburg betätigten sich 3076 „Volksgenossen" *als Kreis-, Ortsgruppen-, Ortsgruppenwahlleiter und als Block-, Zellen- und Hauswahlvertrauensmänner bei den aktiven Wahlarbeiten*[200].

12. Himmler, Göring, Hitler in Salzburg: Die Stadt als Bühne

In die Propaganda für die Anschlussabstimmung war nicht nur die lokale Parteiprominenz eingespannt, auch die Spitzen des Reiches kamen nach Österreich und je näher der Abstimmungstermin kam, desto mehr NS-Prominenz besuchte auch die Stadt Salzburg.

Am 22. März 1938 kam Reichsführer SS Heinrich Himmler per Flugzeug nach Salzburg und fuhr zum SS-Sportplatz, dem früheren Kolping-Sportplatz im Nonntal, wo 743 Männer der SS-Standarte 6, zum Teil noch ohne Uniform, zum ersten Appell vor ihrem Reichsführer angetreten waren[201]. Es handelte sich ausschließlich um SS-Männer, die in der Verbotszeit illegal organisiert gewesen waren, darunter Mitglieder von Gendarmerie und Polizei.

Am 1. April wurde Salzburg als Sitz des Wehrkreiskommandos XVIII bestimmt und rückte damit in der Militärorganisation nach Wien an die zweite Stelle und ebenfalls am 1. April erhielten die Beamten erstmals ihr Gehalt in Reichsmark ausbezahlt, sie trat für sieben Jahre an die Stelle des österreichischen Schillings[202].

Danach war – wie die Titelseiten der Medien berichteten – der populäre Reichsmarschall Hermann Göring zum „Abstimmungskampf“ auf österreichischem Boden eingetroffen[203]. Mit seinem Besuch in der Stadt Salzburg am 2. April 1938 begann die Verwandlung der Stadt zu einer Bühne für die Auftritte der neuen Machthaber. Propagandistische Technik und inszenatorischer Pomp gaben nicht nur der Staatsbrücke ein neues Gesicht. Eine eigens eingerichtete Architektenkommission sorgte für die Ausschmückung der Stadt[204]. 150 zehn Meter hohe Fahnenmasten wurden errichtet und 10.000 Meter Fahnentuch und 2000 Meter Goldband dazu verwendet[205]. Sonderzüge brachten die Landbevölkerung kostenlos in die Stadt und Schulen sowie Betriebe hatten bei Görings und auch Hitlers Salzburgvisite geschlossen.

Reichsmarschall Göring fuhr in seinem Auto durch den Rathausbogen über die Staatsbrücke zum Platzl, wo er von Gauleiter Wintersteiger begrüßt wurde. Man hatte umfangreiche Verkehrsmaßnahmen getroffen, das Stadtinnere war zum Sperrgebiet für Fahrzeuge erklärt und das Verlassen des Bürgersteigs untersagt worden. Die Rednerbühne für den Auftritt von Hermann Göring wurde vor dem Eingang zur ehemaligen erzbischöflichen

Die Stadt als Bühne der NS-Machthaber. Blick auf die Staatsbrücke am 2. April 1938 (Foto: AStS, Fotoarchiv Franz Krieger, Film 112).

Salzburg, 2. April 1938: Vorbereitungen für den Besuch Hermann Görings am Rathausplatz. Der Reichsmarschall fährt durch den festlich geschmückten Rathausbogen (Fotos: AStS, Fotoarchiv Franz Krieger, Film 112).

Residenz errichtet. Der Residenzplatz diente dem Reichsmarschall, so wie in der Folge für zahlreiche weitere NS-Machthaber, als Bühne für seine dramaturgisch aufgebaute Großveranstaltung.

Zwei Tage nach Hermann Göring kam am 4. April 1938 der Reichsjugendführer Baldur von Schirach nach Salzburg[206]. Über 6000 Jungen und Mädchen der HJ und des BDM waren aus diesem Anlass am Residenzplatz angetreten. Gemeinsam mit Gauleiter und Landeshauptmann Dipl.-Ing. Wintersteiger begrüßte der Reichsjugendführer angetretene HJ-Führer – nach dem Krieg bekannte Politiker, Wirtschaftstreibende und auch Professoren.

Am 6. April 1938, vier Tage vor der Abstimmung über den Anschluss Österreichs an das Deutsche Reich, traf Adolf Hitler gegen 14 Uhr am Salzburger Bahnhof ein. Gauleiter Wintersteiger, General der Infanterie Beyer,

Adolf Hitler trägt sich in das Goldene Buch der Stadt Salzburg ein. Direkt hinter ihm steht Bürgermeister Dr. Franz Lorenz, rechts von diesem Oberbürgermeister Ing. Anton Giger. Am rechten Bildrand: Magistratsdirektor Dr. Emanuel Jenal (Foto: AStS, Fotoarchiv Franz Krieger).

der Kommandierende des Wehrkreises XVIII, sowie die Führer von Partei und Polizei bildeten das Begrüßungskomitee und am Bahnhofsvorplatz prangte das Spruchband „Salzburg grüßt seinen Befreier“[207]. Hitler fuhr durch die Stadt zum Residenzplatz und wurde von Bürgermeister Giger in der Residenz empfangen. Es erwarteten ihn die Standschützen aus St. Jakob und Vertreter der Stände in Festgewändern der alten Zeit. Dann trug Mundartdichter Otto Pflanzl ein Begrüßungsgedicht, seinen „Begrüaßungs-Busch'n für unsern liab'n Führer“, vor[208]. *Der Führer hat mir die Hand gedrückt! Viele beneiden mich!*, notierte er in sein Tagebuch[209]. Der Volksliedchor sang ein Lied der Heimat und Hitler dankte für überreichte Geschenke, darunter das Spitzweg-Bild „Der Sonntagsspaziergang“ aus dem städtischen Museum. Hitler betonte seine besondere Ergriffenheit in dieser Stunde, *weil er ständig von seinem Haus auf dem Obersalzberg auf diese Stadt und dieses Land herabgeschaut habe.*

Adolf Hitler begrüßte jeden der 70 zum Empfang geladenen Personen mit Handschlag. *Der Führer sah jedem fest in's Auge, wie es seine Gewohnheit war. Die Pupillen seiner Augen waren so groß, dass man fast nur das Schwarze derselben sah. Man fiel in diese Augen direkt hinein, nahezu körperlich. Ich versenkte mich direkt in ihn und der Moment, wo ich dem Führer als Einiger des Deutschen Volkes nach Jahrhunderte*

Adolf Hitler fährt über die Staatsbrücke zum Hotel „Österreichischer Hof" (Fotos: AStS, Fotoarchiv Franz Krieger, Film 115).

langen Hindernissen fest Hand in Hand gegenüberstand, erschien mir in diesem Augenblick als der Höhepunkt meines Lebens – notierte der Salzburger Magistratsdirektor[210], ein erfahrener Jurist im Alter von 55 Jahren.

Dr. Jenal hat auch festgehalten, dass unaufgefordert vier Domherren beim Empfang erschienen seien, von denen Stadtrat Ing. Feichtner zwei wieder weggeschickt habe. Dompfarrer Daniel Etter habe die Wünsche des Erzbischofs mit den Worten *Der Herr Erzbischof* [...] *lässt dem Führer Glück und Segen wünschen* überbracht[211] – Erzbischof Waitz notierte in sein Tagebuch, er habe sich geweigert, persönlich zum Empfang zu gehen, aber auf Empfehlung von Dr. Simmerstätter zwei Domherren entsandt: *Es wurde keine Ansprache gehalten. Etter sagte Gruß und Segen vom Erzbischof. Es hat auf die Bevölkerung nicht schlechten Eindruck gemacht; es war nicht zu wenig und nicht zu viel.*[212]

Hitler trug sich in das Goldene Buch der Stadt Salzburg ein und trat an das Fenster und blickte auf den Residenzplatz. Von den 30.000 bis 40.000 Versammelten erhob sich *ein einziger Jubelschrei*. Insgesamt sollen 50.000 Personen an der Kundgebung teilgenommen und 6000 SA- und SS-Männer als Ordner fungiert haben. Von der Residenz begab sich Adolf Hitler zum Hotel „Österreichischer Hof". Gegen 15 Uhr 30 fuhr er zum Festspielhaus, wo er vor 3000, vorwiegend „alten Kämpfern" seine Rede zur bevorstehenden Anschluss-Abstimmung hielt. Die Führer-Rede wurde durch zahlreiche Lautsprecher auf der gesamten Anfahrtsstraße in der Stadt übertragen und war auch im Rundfunk, im Sender Salzburg, zu hören. Er griff das Schuschnigg-System massiv an, versprach wirtschaftlichen Aufschwung und Arbeit und beschwor die Volksgemeinschaft am 10. April *sein größtes historisches Bekenntnis* abzulegen[213].

Auch Poststempel warben für die „Führer"-Rede in Salzburg (Original und Foto: AStS).

Adolf Hitler spricht vor „alten Kämpfern" im Festspielhaus (Foto: AStS, Fotoarchiv Franz Krieger, Film 115).

Der 6. April wurde von vielen, nicht nur vom Magistratsdirektor, als *Salzburgs schönster Tag* bewertet. Auch *Heil Hitler! Es ist erreicht!* steht auf Postkarten, die diese individuelle Sicht belegen[214]. Aber es gab auch schwere Enttäuschungen und auch erste Ernüchterungen, wie etwa beim Salzburger Militärkapellmeister Prof. Franz Ippisch. Am 12. März war er mit dem Musikkorps des traditionsreichen IR 12 (Nachfolger des Rainerregiments) als erste österreichische Militärmusikkapelle nach Berchtesgaden und wenige Tage später auch nach München eingeladen gewesen, nun wurde seiner vor Jahrzehnten zum katholischen Glauben übergetretenen Gattin jüdischer Abstammung die Teilnahme an der Anschluss-Abstimmung verwehrt. Am 6. April, als Hitler in Salzburg weilte, appellierte der Militärkapellmeister schriftlich an den *abgöttisch* verehrten „Führer", bei seiner Gattin, die sich *als brave deutsche Frau bewährt* habe, *die unverschuldete Schmach* zu tilgen[215]. Ippisch marschierte noch zu „Führers Geburtstag" 1938 mit seinem Musikkorps durch die Stadt Salzburg. Er emigrierte dann mit seiner Familie nach Südamerika – 2009 wurde in seiner Heimatstadt Wien ein Steg nach ihm benannt.

Am 7. April 1938 nahm Adolf Hitler am Walserberg den feierlichen Spatenstich zum Beginn der Bauarbeiten an der Reichsautobahn vor. Bereits zuvor hatte eine Feierstunde mit 120 österreichischen Autobahnarbeitern am Residenzplatz stattgefunden und in der Galerie Welz war eine Ausstellung über „Die Straßen des Führers" eröffnet worden[216]. 10.000 KdF-Fahrer aus dem Deutschen Reich und 5000 aus Österreich wurden erwartet. Insgesamt sollen am Festgelände laut Medienberichten 30.000 Personen aufmarschiert gewesen sein[217]. Die „Tägliche Lageberichtserstattung" des Sicherheitsdienstes dokumentiert eine Massenkundgebung, zu der 8300 Teilnehmer mit Sonderzügen angereist waren[218].

Meldung der HJ bei der Spatenstichfeier zur Reichsautobahn. Nach dem Spatenstich wurden die Grenzbäume am Walserberg symbolisch per Sprengung gefällt (Fotos: AStS, Fotoarchiv Franz Krieger, Film 116).

Titelblatt der Volksabstimmungsausgabe des „Salzburger Volksblatts“ (Reproduktion: AStS).

13. 44.752 Ja- und nur 201 Nein-Stimmen am 10. April 1938

Die Auftritte höchster NSDAP-Funktionäre in der Stadt waren Teil der Propaganda für die Volksabstimmung, die am 10. April 1938 die Vereinigung Österreichs mit dem Deutschen Reich nachträglich absegnen sollte[219]. Die Propaganda durchdrang alle Lebensbereiche. Fahnen, Banner und Plakate mit Parolen und dem Hakenkreuz waren an Wänden, eigens errichteten Plakatständern und Säulen angebracht. Poststempel warben um das „Ja“ für den Führer und Presse und Rundfunk waren gleichgeschaltet.

Die Abstimmung vom 10. April 1938 wurde als bewusster Kontrapunkt zu Schuschniggs Abstimmungsplänen gesetzt und war mit Scheinwahlen zum funktionslosen Reichstag verbunden. Die Stimmzettel waren mit „Volksabstimmung und Großdeutscher Reichstag“ betitelt und mit dem „Ja“ im deutlich größeren Kreis erklärte man sich mit der Wiedervereinigung Österreichs mit dem Deutschen Reich einverstanden und stimmte zugleich für die Liste des Führers.

Der Aufruf zur Stimmabgabe besagte: *Volksgenosse, so wird gewählt. Man kreuzt den größeren Kreis an.* Dann steckt man den Stimmzettel in das Kuvert und übergibt es dem Wahlvorstand. *Damit hast Du Deine Stimme abgegeben und Deine Pflicht erfüllt.*

Man betonte einerseits die geheime Wahl und hatte auch das Wahlalter im Vergleich zur Schuschnigg-Abstimmung herabgesetzt, doch waren Regimegegner in Schutzhaft und daher von der Wahl ausgeschlossen und die jüdischen Bürger vom Stimmrecht „ausgenommen", wie es hieß. Stimmberechtigt waren nur alle „Volksgenossen und Volksgenossinnen", die das 20. Lebensjahr vollendet hatten und die österreichische Staatsbürgerschaft besaßen oder ausgebürgert worden waren und im Stadtgebiet von Salzburg wohnhaft waren. Ausgeschlossen waren entmündigte und in den letzten fünf Jahren rechtskräftig verurteilte Personen und jene, die sich in Straf- oder Untersuchungshaft oder im Arbeitshaus befanden.

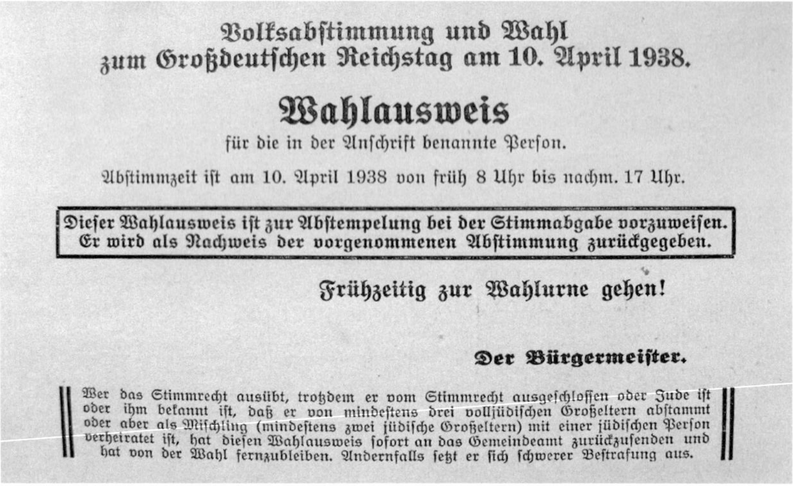

Volksabstimmung und Wahl
zum Großdeutschen Reichstag am 10. April 1938.

Wahlausweis

für die in der Anschrift benannte Person.

Abstimmzeit ist am 10. April 1938 von früh 8 Uhr bis nachm. 17 Uhr.

Dieser Wahlausweis ist zur Abstempelung bei der Stimmabgabe vorzuweisen. Er wird als Nachweis der vorgenommenen Abstimmung zurückgegeben.

Frühzeitig zur Wahlurne gehen!

Der Bürgermeister.

Wer das Stimmrecht ausübt, trotzdem er vom Stimmrecht ausgeschlossen oder Jude ist oder ihm bekannt ist, daß er von mindestens drei volljüdischen Großeltern abstammt oder aber als Mischling (mindestens zwei jüdische Großeltern) mit einer jüdischen Person verheiratet ist, hat diesen Wahlausweis sofort an das Gemeindeamt zurückzusenden und hat von der Wahl fernzubleiben. Andernfalls setzt er sich schwerer Bestrafung aus.

Der Wahlausweis für den 10. April 1938 betonte den Wahlausschluss von Juden und drohte Zuwiderhandelnden mit schweren Strafen (Original und Foto: AStS, Tagebuch Josef Hummel).

Ausgenommen vom Stimmrecht ist, wer Jude ist oder als Jude gilt. Dies war auch genau definiert. Jude war, wer mindestens von drei volljüdischen Großeltern abstammte oder ein jüdischer Mischling war, der der jüdischen Religionsgemeinschaft angehört hatte oder mit einem Juden verheiratet war. Der an alle Wahlberechtigten zugesandte Wahlausweis führte diese Bestimmung nochmals ausdrücklich an und forderte die jüdische Bevölkerung auf, der Wahl fern zu bleiben. Andernfalls wurde mit schwerer Bestrafung gedroht.

Der Vortag des Wahlsonntags wurde zum „Tag des Großdeutschen Reiches" ausgerufen:[220] um 12 Uhr war Flaggenhissung und zwei Minuten stand der gesamte Verkehr still, danach folgten Standkonzerte und um 19 Uhr 30 fand eine Großkundgebung am Residenzplatz statt. In dieser „Weihestunde“ verhieß Gauleiter Wintersteiger einen *neuen Frühling für Österreich* und auch die Salzachstadt: *So wird Salzburg, die Festspielstadt, die Stadt Mozarts, einen neuen wirtschaftlichen Aufschwung nehmen.* Im Anschluss daran wurde eine Führerrede zur Abstimmung übertragen.

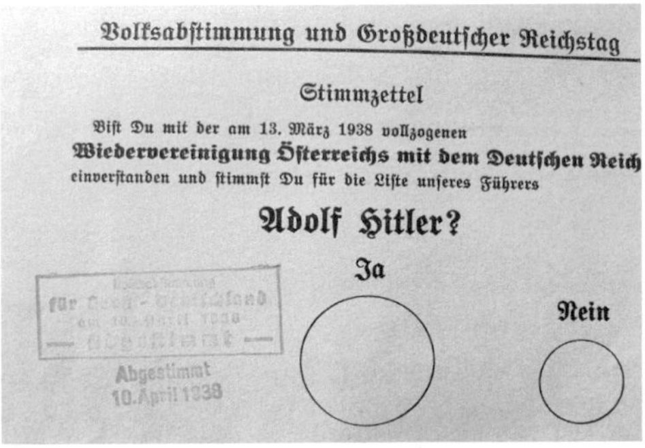
Volksabstimmung und Großdeutscher Reichstag

Stimmzettel

Bist Du mit der am 13. März 1938 vollzogenen
Wiedervereinigung Österreichs mit dem Deutschen Reich
einverstanden und stimmst Du für die Liste unseres Führers

Adolf Hitler?

Ja

Nein

Abgestimmt
10. April 1938

Original-Stimmzettel der Abstimmung vom 10. April 1938 (Original und Foto: AStS, Tagebuch Josef Hummel).

Der Abstimmungssonntag, der 10. April 1938[221], war ein recht unerfreulicher Morgen. *Nebel hängen tief herab, es hat wenig über 0 Grad. [...] Die Stimmung war überall trotz des unfreundlichen, kalten Wetters ausgezeichnet*, berichtet eine Tageszeitung. Zu Mittag hatten bereits 80 Prozent abgestimmt und die Adolf Hitler zeigende Abstimmungsplakette beherrschte laut Medienberichten das Straßenbild.

Die Rettungsgesellschaft brachte in 60 Transporten Gebrechliche zur Abstimmung und Fliegende Wahlkommissionen besuchten die Spitäler. Das Abstimmungsverhalten der Geistlichkeit wurde besonders beobachtet und die Bevölkerung auch darüber in Wort und Bild informiert. Erzbischof Dr.

Stimmabgabe von Erzbischof Dr. Sigismund Waitz im Gasthof Kasererbräu (Foto: AStS, Fotoarchiv Franz Krieger, Film 117).

Sigismund Waitz wurde am Weg zum Abstimmungslokal im Gasthof Kasererbräu fotografiert, wo er gegen 2 Uhr nachmittags erschien. Seine Stimmabgabe wurde im „Salzburger Volksblatt“ mit den Worten *Auch der Erzbischof genügt seiner Wahlpflicht* kommentiert. Der am Wahlsonntag verlesene Hirtenbrief des Erzbischofs hatte ausdrücklich zu *Treue und Gehorsam dem Staate* und zur *Erfüllung der staatsbürgerlichen Pflichten* aufgefordert[222]. Der Erzabt von St. Peter wählte im Studiengebäude und in den *Klöstern, so am Nonnberg, wurde gerade zu freudig mit „Ja“ gestimmt, die Nonnen kamen lächelnd zur Urne* berichtet das „Volksblatt“. Der ehemalige Landeshauptmann Dr. Franz Rehrl gab im Café Corso seine Stimme ab.

Die Abstimmung erbrachte in der Stadt Salzburg, die in 54 Wahlsprengel eingeteilt war – ohne Soldaten, die extra gezählt wurden – 44.752 Ja-Stimmen und 201 Nein-Stimmen[223]. 119 Stimmen waren ungültig. Mit diesen 99,3 Prozent Ja-Stimmen lag die Stadt etwas schlechter als das gesamte Land Salzburg und hier blieben mit 301 Personen auch die meisten der Wahl fern. Vier von 1000 gingen nicht zur Wahl und auf eine Nein-Stimme entfielen „nur“ 231 Ja-Stimmen, im Lungau waren es mehr als 4000. Doch auch dieses Ergebnis wurde vom „Salzburger Volksblatt“ relativiert: *Schwierig war es mit den Adventisten, die nicht zu bewegen waren, für Adolf Hitler zu stimmen, da sie erklärten, ihr Führer wäre Jesus Christus und darum könnten sie nicht einen zweiten Führer wählen*[224].

Dennoch gab es auch in der Stadt eine fast totale Zustimmung zum „Anschluß“ Österreichs an das Deutsche Reich. Dies kann aber „keineswegs als totale Zustimmung zum Nationalsozialismus erklärt werden. Propaganda, NS-Terror, überspannte ökonomische und soziale Erwartungen wirkten zusammen; Hoffnung und Furcht trieben die Menschen zu den Wahlurnen“ (E. Hanisch)[225].

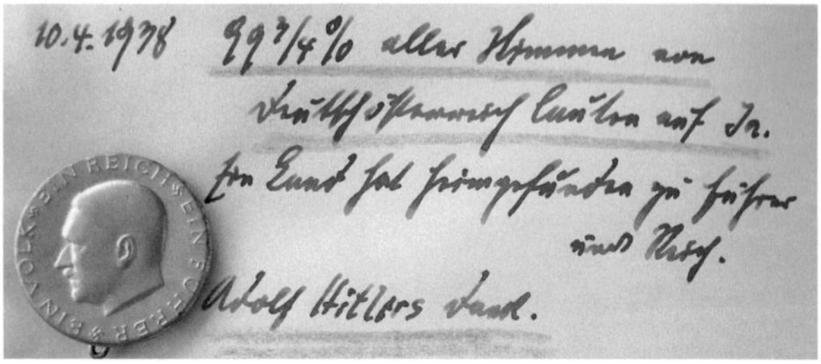

Abstimmungsplakette und Eintrag zum Abstimmungsergebnis im Tagebuch von Josef Hummel (Original und Foto: AStS).

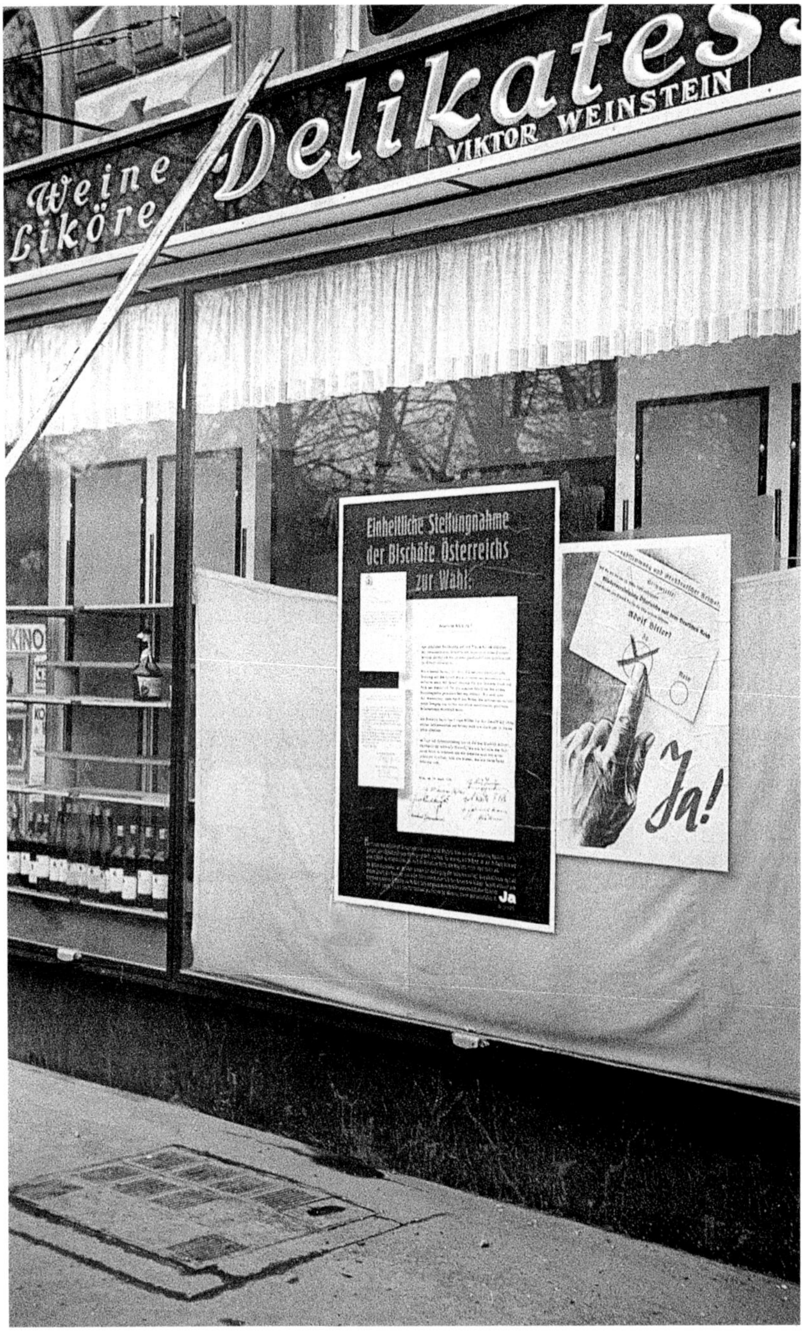

Die Erklärung der österreichischen Bischöfe zur Anschluss-Abstimmung und ein Abstimmungsplakat waren noch am 15. April 1938 am Schaufenster von „Delikatessen Viktor Weinstein“ in der Rainerstraße demonstrativ plakatiert. Eine Woche später prankte hier der Aufkleber „Judengeschäft“. Der Geschäftsinhaber zählte zu jenen 19 jüdischen Gewerbetreibenden, gegen die sich der „Boykott von Judengeschäften“ am 23. April 1938 richtete (Foto: AStS, Fotoarchiv Franz Krieger, Film 118).

Weihnachten 1938, die letzten Friedensweihnachten, bei Familie Obenaus-Suitner (Foto: AStS, PA 1239).

Mit der Volksabstimmung war auch die Wahl zum Großdeutschen Reichstag verknüpft. Drei Kandidaten, an der Spitze Gauleiter Wintersteiger, zogen für Salzburg in den Großdeutschen Reichstag ein[226]. Am Tag nach der Abstimmung rief der Gauleiter zu einem neuerlichen Fackelzug auf[227] – bereits im Mai 1938 sollte er von Dr. Friedrich Rainer als Gauleiter abgelöst werden.

14. Ein Resümme zum Jahresende: Erste und letzte Friedensweihnacht

„Im Jahr 1938 war eine überragende Mehrheit der Salzburger für den Anschluss an das Deutsche Reich!"[228]. Diese fast totale Zustimmung zum Anschluss kann nicht nur durch die massive Propaganda, Druck und Zwang gegenüber den Abstimmenden erklärt werden. Viele hofften angesichts der vorangegangenen Zeit ökonomischer Not und politischer Auseinandersetzungen auf bessere Zeiten. Das Ergebnis der Abstimmung ist letztendlich auch ein Ergebnis der „Mobilisierung der Träume weiter Kreise der Bevölkerung" gewesen[229]. Schließlich war es in den ersten Monaten nach der „Machtübernahme" zu einer deutlichen Verbesserung des Lebensstandards gekommen.

Der „deutsche Frühling" 1938 war aber lediglich eine kalkuliert gestaltete Inszenierung der neuen Machthaber, die nach dem 10. April 1938 sehr rasch die Kehrseite erkennen ließen: Bereits 14 Tage später begann der „Boykott" der „Judengeschäfte" und im Herbst wurden Geschäfte und die Synagoge verwüstet und – um ein weiteres Beispiel zu nennen – das Franziskanerkloster für die Gestapo beschlagnahmt.

Bereits im Herbst 1938 war vieles von der Euphorie des „deutschen Frühlings" in der Stadt Salzburg verflogen. Bei Familie Pflanzl herrschte keine *freudige Stimmung* mehr, sondern, wie Berta Pflanzl in ihr Tagebuch notierte: *die Angst vor einem großen Weltkrieg, der wieder alles zerstört und Hunderttausenden von Menschen das Leben kostet*[230]. Und auch bei jener Riedenburgerin, Jahrgang 1905, die geglaubt hatte, *einer großen friedlichen Zeit entgegen zu gehen*, wurde Weihnachten ganz anders gefeiert als zuvor. Die Geschenke für den Sohn, Stahlhelm und Kriegsspielzeug, standen bereits im Zeichen der Wehrmacht, quasi als Vorboten des Kommenden[231]. 1938 war die erste deutsche Weihnacht in Salzburg und zugleich waren es die letzten Friedensweihnachten.

Karl Feßmann, Organisationsleiter der NSDAP Salzburg, über den 11. März 1938

Seit dem Berchtesgadner Abkommen, Februar 1938, stand die Kampfstimmung der Nationalsozialisten auf Sturm. Am 11. März begann sich das Gewitter zu entladen.
In den frühen Morgenstunden kam der Gauleiter Wintersteiger von einer Gauleiterbesprechung von Wien zurück. Sofort wurden alle Weisungen durchgegeben, die Führung der Partei, SA und SS an bestimmten Orten zusammengezogen. Um 14 Uhr traf die Kuriermeldung: „Rollkommandos der SA und SS für Sonderaufgaben bereitstellen und ab 18 Uhr Massendemonstrationen durchführen" ein, Motorradfahrer besorgten die Weitergabe der Befehle. Um 17 Uhr musste der gegebene Auftrag an die Rollkommandos der SA und SS zurückgenommen werden. Die Aktion wurde auf die anbefohlenen Demonstrationen beschränkt. Während sich in den Strassen schon die nationalsozialistisch gesinnte Bevölkerung Salzburgs sammelte, konnte erst die Weisung zum Marsch auf den Residenzplatz durchgegeben werden.
Die Wohnung, von der aus anlässlich des Fackelzuges am 21. Februar 1938 gesprochen wurde, war verschlossen. Von wo aus kann die Kundgebung durchgeführt werden? In letzter Minute erinnerten wir uns an die Wohnung des Stadtphysikus Dr. [Theodor] Gmachl, der sie auch sofort zur Verfügung stellte. In kaum einer Stunde war eine Lautsprecheranlage aufgestellt. In endlosen Reihen marschierte das ganze deutsche Salzburg zum zweitenmal auf den Residenzplatz.
Die Führung der Partei und der Volkspolitische Referent waren in der Wohnung des Pg. Dr. Gmachl versammelt und hörte die Durchgaben des Wiener Senders. Von Viertelstunde zu Viertelstunde änderte sich die Lage. Um 21 Uhr war es so weit, den Salzburgern zu sagen, daß die Nationalsozialisten Österreichs nunmehr die Macht im Staate übernehmen. Unendlicher Jubel brandete auf; höher schlugen die Herzen als zum erstenmal in der freien Ostmark das Lied „Deutschland, Deutschland über alles" in den nächtlichen Himmel klang.
„Die Stürme der SA und SS bleiben angetreten!" war der kurze Befehl des Gauleiters und nach wenigen Minuten hatte jeder Sturm seinen Befehl zur Besetzung der verschiedenen öffentlichen Gebäude.
Unter dem Jubel der Bevölkerung marschierten die Stürme ab. An der Spitze einer SA-Abteilung marschierte Gauleiter Wintersteiger, Pg. Dr. Reitter und Pg. Fessmann in den Chiemseehof um dort die Landesregierung zu übernehmen und zu besetzen. Die bei der Einfahrt stehende Polizeiwache grüsst mit erhobener Hand.
Ohne den geringsten Zwischenfall wurden die Diensträume des ehemaligen Landeshauptmannes betreten. Einige Beamte und Kanzleipersonal war zugegen.
Längst schon war von der nationalsozialistischen Führung die Besetzung der wichtigsten Stellen in der Regierung vorgesehen. Telefonsklingeln, die Bezirkshauptmannschaften werden angerufen, Anordnungen durchgegeben und in wenigen Stunden sind die Neubesetzungen durchgeführt. Reibungslos und in eiserner Disziplin vollzieht sich die Machtübernahme durch die Nationalsozialisten.

K. Feßmann

SLA, P.-Archiv, Karton 4, Misc. Arch. 11, Schriftstücke der NSDAP 1920–1938, Masch., 2 S., hs. Vermerk: „Abschrift (Or., von 1938, bei Pg. Feßmann)".

Dipl.-Ing. Anton Wintersteiger, Gauleiter der NSDAP Salzburg, über die Machtergreifung am 11. März 1938

In der Nacht von 10. auf 11. März kehrte ich von Wien nach Salzburg zurück. In den frühen Morgenstunden kam der Volkspolitische Referent Dr. Reitter nach und überbrachte die letzten Anordnungen für den Tag, der so ereignisreich werden sollte. Am Nachmittag, etwas nach 2 Uhr, erreichte mich die Nachricht, daß die Regierung nicht nachgeben wolle und daher die Erzwingung der Machtübernahme mit Gewalt vorzubreiten sei. Es wurde angeordnet, daß um 6 Uhr abends in allen Orten des Gaues alle Nationalsozialisten auf die Straße gehen.
Um etwa halb 9 Uhr abends erreichte mich der Befehl, die Machtergreifung durch Bestellung der Formationen der Partei zur Hilfspolizei und durch Besetzung der maßgeblichen öffentlichen Ämter sofort zu vollziehen.
Wir konnten das Ende des Zusammenströmens der Massen auf dem weiten Platz gar nicht mehr abwarten. Dr. Reitter gab den 20.000 aufmarschierenden Nationalsozialisten durch den Lautsprecher, der weit über den Platz hallte und sich von den Wänden des Domes brach, den Rücktritt Schuschniggs bekannt. Ein einziger Schrei der Freude und Begeisterung antwortete ihm. Unbeschreiblich ist der Jubel der Menge. Erst nach vielen Minuten kann sich der Redner wieder Gehör verschaffen und durch den Lautsprecher bekanntgeben: „Dr. Seyß-Inquart ist zum Kanzler ausgerufen. Österreich ist von dieser Stunde an ein nationalsozialistischer Staat! Die Exekutive liegt in den Händen der SA und SS!"
Der damalige illegale Gauleiter-Stellvertreter Giger begibt sich mit zwei SA-Stürmen zum Rathaus und übergibt dort die Sicherheitsdirektion der SS. Dr. Reitter und ich marschieren mit zwei weiteren SA-Stürmen zum Landhaus, wo noch die Bundespolizei den Eingang besetzt hält. Noch weiß man nicht, ob die Polizisten von der Waffe Gebrauch machen würden. Doch plötzlich treten sie zur Seite und grüßen mit „Heil Hitler!" die durch das Tor einmarschierenden Nationalsozialisten.
Nun ging es sofort in das Heiligtum des ehemaligen Landeshauptmannes Dr. Rehrl. Kaum hatte ich den schönen Sessel des Landeshauptmannes eingenommen und mir seine Telefonanlage erklären lassen, da erhielt ich auch schon einen Anruf des Brigadekommandos des Heeres. Man war dort in einer Zwickmühle. Man hatte weder Befehle, gegen uns vorzugehen, noch hatte man Befehl, ausgestellte militärische Assistenzposten zurückzuziehen. Wir konnten jedoch auf einen solchen Befehl nicht warten, und daher war es bei der Besetzung des Telegrafenamtes zu Zwischenfällen gekommen. Ich konnte den Brigadier von der Lage überzeugen, und er zog daher alle Posten zurück; sie verkehrten in der Folge mit uns loyal und sandten den verlangten Verbindungsoffizier.

Völkischer Beobachter, Wiener Ausgabe, 12. 3. 1939, Sonderbeilage; zit. nach Floimair (Hg.), Nationalsozialismus und Krieg, Salzburg 1993, S. 21 f.

Aus den Tagebuchaufzeichnungen von Dr. Emanuel Jenal, Magistrats- bzw. Stadtdirektor 1938–1944

21. Feber	Fackelzug der Nationalen zur Feier des Berchtesgadener Abkommens.
25. Feber	Fackelzug der VF. in der Stadt.
7. März	Beim Bürgermeister: Der Baudirektor ersucht um Arbeitereinstellung und schlägt hierfür einen nationalen Arbeiter vor. Clessin erkärt, die Amnestie erstreckt sich nur auf gerichtliche Strafen nicht auf politische und sagt: „Da müssen wir alle Gauner wieder nehmen, auch die Kommunisten".
11. März	Schuschnigg demissioniert: Naziregierung mit Seyß-Inquart. Kundgebung am Residenzplatz.
12. März	Los von Rom gegangen.
13. März	Anschluss Österreichs an Deutschland durch Gesetz.

14. März	Die Grenzpfähle werden am Residenzplatz verbrannt. Hitler kommt nach Wien.
15. März	Proklamation des grossdeutschen Reiches durch Hitler in Wien.
16. März	In Reichenhall bei Dr. Weiss wegen Deutscher Gemeindeordnung. Obersteiner bei mir wegen Clessin.
18. März	Zum komm. Mag. Direktor bestellt. Vereidigung der Beamtenschaft und Arbeiterschaft auf Adolf Hitler durch Oberbürgermeister.
26. März	Zum Mag. Direktor durch den Landeshauptmann dekretmässig bestellt.
29. März	Anstellungsdekret auf I/1 ab 1. 4. 1938 erhalten.
31. März	Grandiose Filmvorführung am Residenzplatz, mit Wahlrede.
1. April	Der 1. Gehalt in Reichsmark.
2. April	Göring spricht am Residenzplatz. Die Kundgebung war grossartig.
6. April	Adolf Hitler in Salzburg. Er drückt mir beim Empfang in der Residenz 2-mal die Hand. Rede im Festspielhaus.
7. April	1. Spatenstich des Führers bei der Reichsautobahn Salzburg–Wien.
10. April	Anschlussabstimmung in Deutschland und Österreich. 99,75 % dafür. Insgesamt 48.799.269 Stimmen abgegeben, davon 452.180 nein; in Salzburg: 254.642 ja und 458 nein; in der Stadt 44.752 ja, 201 nein, 119 ungültig.

AStS, PA 10,02, Nachlass Dr. Emanuel Jenal, Tagebuchaufzeichnungen 1921–1943, masch., um 1944.

Anmerkungen

1 Ernst Hanisch, 1938 in Salzburg, in: MGSL 118 (1978), S. 257–309; Derselbe, März 1938: eine Salzburger Perspektive, in: Der März 1938 in Salzburg, hg. von Eberhard Zwink, Salzburg 1988; Derselbe , Nationalsozialistische Herrschaft in der Provinz. Salzburg im Dritten Reich (Salzburg Dokumentationen, Nr. 71), Salzburg 1983; bes. S. 17–71 (Zitate erfolgen nach der Neuausgabe „Gau der guten Nerven" 1997); Derselbe, Die Nationalsozialistische Herrschaft 1938–1945, in: Heinz Dopsch und Hans Spatzenegger, Geschichte Salzburgs. Stadt und Land. Bd. II/2, Salzburg 1988, S. 1121–1170; Derselbe, Der lange Schatten des Staats. Österreichische Gesellschaftsgeschichte im 20. Jahrhundert, Wien 1994; Derselbe, Gau der guten Nerven. Die Nationalsozialistische Herrschaft in Salzburg 1938–1945, Salzburg–München 1997; Derselbe, Zwischen Wien und München. Salzburg – die „deutsche Stadt Mozarts" 1938–1945, in: Fritz Mayrhofer und Ferdinand Opll (Hg.), Stadt und Nationalsozialismus, Linz 2008, S. 251–266; vgl. auch das Werkverzeichnis Ernst Hanisch bei: Reinhard Krammer, Christoph Kühberger und Franz Schausberger (Hg.), Der forschende Blick. Beiträge zur Geschichte Österreichs im 20. Jahrhundert. Festschrift für Ernst Hanisch zum 70. Geburtstag (Schriftenreihe des Forschungsinstituts für politisch-historische Studien der Dr.-Wilfried-Haslauer-Bibliothek, Salzburg, Bd. 37), Wien–Köln–Weimar 2010, S. 487 ff.

2 Vgl. vor allem: Rudolf G. Ardelt, „Neugestaltung" als Gauhauptstadt – Salzburg in der NS-Zeit, in: Heinz Dopsch (Hg.), Vom Stadtrecht zur Bürgerbeteiligung. 700 Jahre Stadt Salzburg (Jahresschrift des Salzburger Museum Carolino Augusteum 33), Salzburg 1987, S. 248–258; Derselbe, Salzburg von 1933 bis zum Ende des Zweiten Weltkrieges, in: Vom Stadtrecht zur Bürgerbeteiligung. Ausstellungskatalog 700 Jahre Stadtrecht von Salzburg, Salzburg 1987, S. 239–286; Derselbe, Die Stadt in der NS-Zeit (1938–1945), in: Heinz Dopsch und Hans Spatzenegger, Geschichte Salzburgs. Stadt und Land. Bd. II/4, Salzburg 1991, S. 2427–2443; Derselbe, Einleitung zu: Roland Floimair (Hg.), Nationalsozialismus und Krieg. Ein Lesebuch zur Geschichte Salzburgs, Salzburg 1993, S. 15–20; vgl. auch: Heinz Dopsch und Robert Hoffmann, Geschichte der Stadt Salzburg, Salzburg–München 1996, S. 549–571; Mskr. zur Sendereihe von Hans Kolmbauer und Hans Spatzenegger, „Das 38er Jahr im Bundesland Salzburg", 1988, in: AStS, PA 949.

3 Vgl. die ausführliche Zeitungsdokumentation von Siegfried Göllner, Die Stadt Salzburg 1938, unter Materialien auf: www.stadt-salzburg.at/ns-projekt – Archivalien und Ego-Dokumente sind in den jeweiligen Anmerkungen zitiert.

4 Zum umfangreichen Bestand AStS, Fotoarchiv Franz Krieger, vgl. mit einem Schwerpunkt auf Bilddokumenten zur NS-Zeit: Peter F. Kramml und Roman Strassl, Der Salzburger Pressefotograf Franz Krieger (1914–1993). Bildberichterstattung im Schatten von NS-Propaganda und Krieg (Schriftenreihe des Archivs der Stadt Salzburg 24), Salzburg 2008, bes. S. 73–93.

5 Zum Folgenden vgl. auch: Ernst Hanisch, Salzburg, in: Erika Weinzierl und Kurt Skalnik (Hg.), Österreich 1918–1938. Geschichte der Ersten Republik. Bd. 2, Wien 1983, S. 903–937; Norbert Schausberger, Der Griff nach Österreich. Der Anschluß, München–Wien 1978; Gerhard Botz, Die Eingliederung Österreichs in das Deutsche Reich, Planung und Verwirklichung des politisch-administrativen Anschlusses (1938–1940), 2. Aufl., Wien 1976; Derselbe, Wie es zum Anschluß kam. Ein strukturgeschichtlicher Ursachenkatalog für das Jahr 1938, in: Derselbe, Krisenzonen einer Demokratie, Frankfurt/Main 1987, S. 237–248; Sigrid Vandersitt, Ernst Hanisch und Gerhard Botz. Der „Anschluss" – ein Vergleich, in: Krammer/Kühberger/Schausberger (Hg.), Der forschende Blick (wie Anm. 1), S. 355–370; Rudolf G. Ardelt, Die Ära des „Christlichen Ständestaates" (1934–1938), in: Dopsch/Spatzenegger, Geschichte Salzburgs II/4 (wie Anm. 1), S. 2391–2426; Ernst Hanisch,

Die Erste Republik, in: DOPSCH/SPATZENEGGER, Geschichte Salzburgs II/2 (wie Anm. 2), S. 1057–1120; DOPSCH/HOFFMANN, Geschichte der Stadt Salzburg (wie Anm. 2), S. 520 ff.; WOLFGANG HUBER (Hg.), Franz Rehrl. Landeshauptmann von Salzburg 1922–1938, Salzburg 1975.

6 EARL C. EDMONDSON, Heimwehren und andere Wehrverbände, in: HERBERT DACHS, ERNST HANISCH, ANTON STAUDINGER und EMMERICH TÁLOS (Hg.), Handbuch des politischen Systems Österreich. Erste Republik 1918–1933, Wien 1995, S. 261–276.

7 Zum Folgenden vgl.: EMMERICH TÁLOS und WOLFGANG NEUGEBAUER (Hg.), Austrofaschismus – Politik, Ökonomie, Kultur 1933–1938, 5. Aufl., Münster 2005; FRIEDRICH WEISSENSTEINER, Der ungeliebte Staat, Wien 1990.

8 ANTON PHILAPITSCH, Wöllersdorf. Trauma oder Mythos, in: KLAUS-DIETER MULLEY und HANS LEOPOLD (Hg.), Geschosse – Skandale – Stacheldraht. Arbeiterschaft und Rüstungsindustrie in Wöllersdorf, Enzesfeld und Hirtenberg, Ebenfurth 1999, S. 184–238; REGINA ZODL, Das Anhaltelager Wöllersdorf 1933–1939, ebenda, S. 239–250; GERHARD JAGSCHITZ, Die Anhaltelager in Österreich (1933–1938), in: LUDWIG JEDLICKA und RUDOLF NECK (Hg.), Vom Justizpalast zum Heldenplatz, Studien und Dokumente 1927–1938, Wien 1975, S. 128–151.

9 GERHARD JAGSCHITZ, Der Putsch. Die Nationalsozialisten in Österreich, Graz–Wien–Köln 1976; KURT BAUER, Elementar-Ereignis. Die österreichischen Nationalsozialisten und der Juliputsch 1934, Wien 2003; HANS SCHAFRANEK, Sommerfest mit Preisschießen. Die unbekannte Geschichte des NS-Putsches im Juli 1934, Wien 2006.

10 ANDREAS MAISLINGER, Der Putsch von Lamprechtshausen. Zeugen des Juli 1934 berichten, Innsbruck 1992; PETER F. KRAMML, Liefering im austrofaschistischen „Ständestaat": „Vaterländische Front" und NS-Putsch, Glanregulierung und Siedlerhäuser, in: DERSELBE und WALTER DORFER (Red.), Liefering. Das Dorf an der Grenze, Salzburg 1997, S. 179–194, S. 181 f.; ARDELT, Ausstellungskatalog 700 Jahre Stadtrecht (wie Anm. 2), S. 249 f.

11 ROBERT H. PFLANZL (Hg.), Berta Pflanzl. Vom Dienstmädchen zur gnädigen Frau, Wien–Köln–Weimar 2009, S. 350 f.; von der mit Reisbesen gereinigten, blutverschmierten Stiege auf der Festung und den misshandelten Häftlingen berichtete auch KR Kurt Haselbrunner, der kurz nach dem Putsch mit seinem Vater, einem Freund von Arthur Seyß-Inquart, die Festung besucht hat (Gesprächsnotiz vom 20. 12. 1996).

12 IRMGARD BÄRNTHALER, Die Vaterländische Front. Geschichte und Organisation, Wien 1971; LUDWIG REICHHOLD, Kampf um Österreich. Die Vaterländische Front und ihr Widerstand gegen den Anschluß 1933–1938. Eine Dokumentation, Wien 1984, 2. Aufl. 1985.

13 SC 10. 2. 1938, S. 3 (29.224 Mitglieder der VF).

14 Vgl. etwa SC 26. 1. 1938, S. 5 u. 27. 1. 1938, S. 1 f.

15 KRAMML, Liefering (wie Anm. 10), S. 193.

16 GABRIELE VOLANSKY, Pakt auf Zeit. Das Deutsch-Österreichische Juli-Abkommen 1936, Wien 2001.

17 KRAMML, Liefering (wie Anm. 10), S. 193.

18 Vgl. z. B. SC 13. 1. 1938, S. 6; SVB 13. 1. 1938, S. 9; 17. 1. 1938 S. 9; 25. 1. 1938, S. 8.

19 Erwähnt im Bericht von K. Feßmann über das Jahr 1937: SLA P.-Archiv, Karton 4, Misc. Arch. 11, Schriftstücke der NSDAP 1920–1938.

20 Vgl. die Verordnungen des Landesschulrats für Salzburg (Verordnungsblatt 1933, 3. u. 5. Stück) mit der Einschränkung der Mitgliedschaft von Schülern in Vereinen und die Aufhebung der so genannten Koalitionsfreiheit der Mittelschüler sowie das behördliche Verbot nationaler Mittelschulverbindungen in den Jahren 1933/34 (nach Vereinskataster der Sicherheitsdirektion Salzburg, erhoben 1983, die entsprechenden Aktenzahlen lagen damals im SLA nicht ein): pennale Burschenschaften Germania, Ivaria und Teutonia sowie Handelsschulverbindung Allemannia und Verbindung Cheruskia an der Lehrerbildungsanstalt (letzte geführt zeitweilig von Hauptschullehrer Ingo Ruetz, später Kommandant der Gauschulungsburg Hohen-

werfen, zu ihm vgl. HANISCH, Nationalsozialistische Herrschaft in der Provinz, wie Anm. 1, S. 342). Die Mittelschulverbindung Ivaria war per 22. 6. 1933 aufgelöst worden; Gesprächsaufzeichnungen mit Balthasar Regner (8. 10. 2004), Dr. Gottfried Piekarski (29. 9. 1996) und Dr. Albert Kaltenegger (17. 2. 1997); vgl. auch den Bericht des Letzteren über seine Zeit in Wöllersdorf in: SVB, 16. 4. 1938, S. 7. Zur hohen Zahl Illegaler unter den Lehrern (128 Mitglieder im NS-Lehrerbund) vgl. unten die Angaben zum 31. 1. 1938.

21 AStS, Personalakt Heinrich Clessin, Bericht Magistratsdirektor Jenal vom 28. 3. 1938 über eine Eingabe vom 16. 3. 1938; mehrere Verhandlungsschriften vom 23.–28. Mai 1938.

22 SLA, P.-Archiv, Karton 4, Misc. Arch. 11, Schriftstücke der NSDAP 1920–1938, Bericht von Karl Feßmann über das Jahr 1937. Per 31. Oktober 1937 gab es in der Stadt Salzburg 1020 Pg., mangels Aufzeichnungen sollte laut Bericht des Organisationsleiter der Mitgliederstand für 1936 um 50 Prozent niedriger als 1937 angenommen werden.

23 HANISCH, 1938 in Salzburg (wie Anm. 1), S. 258; DERSELBE, Gau der guten Nerven (wie Anm. 1), S. 19.

24 Dr. Benno Hesske, Gesprächsnotizen vom 16. 10. 2008 u. 25., 26. u. 27. 8. 2009, hier 25. 8. 2009; Ing. Walter Telsnig, Gesprächsnotiz vom 7. 12. 2009.

25 SVB 31. 12. 1937; dazu auch SVB 4. 1. 1938, S. 8; 7. 1. 1938, S. 2 f.; SC 3. 1. 1938, S. 1 f., 5. 1. 1938, S. 1 f.; vgl. HANISCH, 1938 in Salzburg (wie Anm. 1), S. 260.

26 SEPP MÜHLAU, Von der NS-Betriebszellen-Organisation zur Deutschen Arbeitsfront. Gau Salzburg [1939], S. 94.

27 SVB 28. 1. 1938, S. 8; 29. 1. 1938, S. 9; 31. 1. 1938, S. 6 f.

28 GERD BACHER, Ein politischer Massenrausch, in: SN 7. 3. 2008, S. 3.

29 SC 5. 2. 1938, S. 1 u. S. 11 f.; 7. 2. 1938, S. 5; 10. 2. 1938, S. 4; SZ 12. 3. 1938, S. 5; SVB, 7. 2. 1938, S. 9; 10. 2. 1938, S. 1 u. 7. 7. 1938, S. 6.

30 Die NS-Organisation der Stadt Salzburg gliederte sich nach dem Tätigkeitsbericht in 4 Bezirke: Bezirk 1: Nonntal, Innere Stadt, Mülln (Mitglieder: 95 Männer, 164 Frauen); Bezirk 2: Riedenburg, Lehen, Maxglan (Mitglieder: 140 Männer, 118 Frauen); Bezirk 3: St. Andrä, Schallmoos, Elisabethvorstadt, Itzling (Mitglieder: 250 Männer, 179 Frauen); Bezirk 4: Stein, Fürberg, Parsch, Gnigl (Mitglieder: 81 Männer, 47 Frauen). SVB und SC am 10. 2. 1938 über diesen Tätigkeitsbericht.

31 SLA, P.-Archiv, Karton 4, Misc. Arch. 11, Schriftstücke der NSDAP 1920–1938, Abschrift (Auszug) aus „Bericht über die Organisation des Gaues Salzburg", um 1938 von K. Feßmann., masch., 2 S., hier S. 1. Diese Zahlen entsprechen weitgehend – insbesondere bei den Verbänden – dem Bericht zum Stichtag 31. Oktober 1937: ebenda, 2 S., masch.

32 Ebenda, „Dokumente aus der Kampfzeit", von Oberbürgermeister Anton Giger Organisationsleiter Karl Feßmann am 23. 9. 1938 zur Ablage in der „angelegten Sammlung" übersandt.

33 SC 2. 2. 1938, S. 9; 5. 2. 1938, S. 4; 8. 2. 1938, S. 9.

34 Verordnungsblatt des Landesschulrates für das Land Salzburg, 4. Februar 1938, Nr. 11 vom 31. 1. 1938; Vereinskataster der Sicherheitsdirektion Salzburg (erhoben 1983, die entsprechenden Aktenzahlen lagen im SLA nicht ein). Dr. Franz Lorenz war 1929 Schriftleiter und auch Altherren-Obmann der gesamten Deutschen Verbindung Teuto-Markomannia, die in Augsburg, München, Nördlingen, Leipzig und eben Salzburg Zweigverbindungen besaß. Vgl. UB Salzburg, Mitteilungsblatt DV! Teuto-Markomannia 1. Jg., Mai und September 1929.

35 SC 12. 2. 1938, S. 4 f.; 14. 2. 1938, S. 9; 16. 2. 1938, S. 6.

36 HANISCH, 1938 in Salzburg (wie Anm. 1), S. 258 f., DERSELBE, Gau der guten Nerven (wie Anm. 1), S. 19; vgl. auch die Erinnerungen von Edmund Glaise von Horstenau: PETER BROUCEK (Hg.), Ein General im Zwielicht. Die Erinnerungen Edmund Glaises von Horstenau. 2 Bde. (Veröffentlichungen der Kommission für Neuere Geschichte Österreichs 67 u. 70), Wien–Köln–Graz 1983, hier Bd. 2, S. 211 ff., bes. S. 224,

u. a. zur Anwesenheit von Kai Mühlmann am Obersalzberg. Vgl. dazu auch: PETER F. KRAMML, Dr. Kajetan Mühlmann (1898–1958), Leiter der Festspielpropaganda und „des Hl. Reiches Kunsträuber", in: DERSELBE, FRANZ LAUTERBACHER und GUIDO MÜLLER (Hg.), Maxglan. Hundert Jahre Pfarre 1907–2007. Salzburgs zweitgrößter Stadtfriedhof, Salzburg 2007, S. 280–282.

37 Vgl. die Berichte in: SC 14. 2. 1938, S. 1 f.; 15. 2. 1938, S. 1 u. S. 8; 16. 2. 1938, S. 1 f. u. S. 8 f.; 17. 2. 1938, S. 1 f. u. 8 f.; 18. 2. 1938, S. 1 f.; 19. 2. 1938, S. 1 u. 4; 21. 2. 1938, S. 1–4.; SVB 14. 2. 1938, S. 1 f. u. 9; 15. 2. 1938, S. 1 u. 10; 16. 2. 1938, S. 1 f. u. 10; 17. 2. 1938, S. 1 f. u. 10; 18. 2. 1938, S. 1 f. u. 8; 19. 2. 1938, S. 1 f. u. 18; 3. 3. 1938, S. 10.

38 BROUCEK (Hg.), Ein General im Zwielicht. Bd. 2 (wie Anm. 36), S. 224 f.

39 BACHER, Ein politischer Massenrausch (wie Anm. 28), S. 3.

40 PFLANZL (Hg.), Berta Pflanzl (wie Anm. 11), S. 359.

41 Zur legalen Betätigung österreichischer NS in der VF: SC 19. 2. 1938, S. 1 f.; SVB 19. 2. 1938, S. 1 f.

42 Vgl. auch SC 22. 2. 1938, S. 4 f.; SVB 28. 2. 1938, S. 8.

43 Zur Schüleramnestie: SC 18. 2. 1938, S. 2; SVB 18. 2. 1938, S. 2; 10. 3. 1938, S. 7; vgl. SC 17. 2. 1938, S. 8; 19. 2. 1938, S. 1; SVB 17. 2. 1938, S. 10; 18. 2. 1938, S. 8; 19. 2. 1938, S. 1 u. 18; 21. 2. 1938, S. 10.

44 SVB 9. 7. 1938, S. 10.

45 HANISCH, 1938 in Salzburg (wie Anm. 1), S. 259.

46 DERSELBE, Gau der guten Nerven (wie Anm. 1), S. 19 (12. 2. bis 10. 3. 1938).

47 KRAMML/STRASSL, Franz Krieger (wie Anm. 4), S. 73.

48 SC 21. 2. 1938, S. 1–4; 22. 2. 1938, S. 2; SVB 21. 2. 1938, S. 1–5 u. 10; 22. 2. 1938, S. 1–3.

49 Zu Salzburg während der Rede: SC 21. 2. 1938, S. 6; SVB 19. 2. 1938, S. 18; 21. 2. 1938, S. 10.

50 KRAMML/STRASSL, Franz Krieger (wie Anm. 4), S. 73.

51 SVB 21. 2. 1938, S. 10.

52 Zum Folgenden Dr. Benno Hesske, Gesprächsnotizen vom 25., 26. u. 27. 8. 2009.

53 SVB 21. 2. 1938, S. 10.

54 Dr. Benno Hesske, Gesprächsnotiz vom 25. 8. 2009.

55 Zu Verhaftung und Schulverweis vgl. Dr. Benno Hesske, Gesprächsnotizen vom 25., 26. u. 27. 8. 2009; Ing. Walter Telsnig, Gesprächsnotiz vom 7. 12. 2009 (Verhaftung, aber keine polizeiliche Misshandlung); zur Verhaftung und Misshandlung von Walter Pflanzl 1934 (mit Korrespondenz des Vaters): PFLANZL (Hg.), Berta Pflanzl (wie Anm. 11), S. 346–350; Gespräch mit Prim. Dr. Hannes Steiner vom 1. 10. 1988 über Misshandlungen; weitere Berichte über Verhaftungen von SchülerInnen: SVB 25. 1. 1938, S. 8; SC 2. 2. 1938, S. 9; SVB 2. 2. 1938, S. 8.

56 Dr. Benno Hesske, Gesprächsnotiz vom 25. 8. 2009. Relegierte SchülerInnen wurden mit Sonderlehrgängen auf die Matura vorbereitet und die beiden HJ-Führer durften auf Anordnung von Landesrat Springenschmid bei der schriftlichen Matura ein Fach streichen. Mit ihnen maturierte im Mai 1938 auch ein Ornstein-Enkel, der Klassenkamerad emigrierte; ebenso, Gesprächsnotiz vom 16. 10. 2008.

57 SLA, P.-Archiv, Karton 4, Misc. Arch. 11, Schriftstücke der NSDAP 1920–1938, hier: Karl Feßmann, Der Fackelzug am 21. Februar 1938, (Februar 1941), 2 S., masch., vgl. auch HANISCH, 1938 in Salzburg (wie Anm. 1), S. 260 f.

58 SVB 21. 2. 1938, S. 10.

59 SC 19. 2. 1938, S. 6; 22. 2. 1938, S. 4 f.; SVB 19. 2. 1938, S. 10; 22. 2. 1938, S. 9.

60 Zum Fackelzug und Kontroversen um diesen vgl. SC 22. 2. 1938, S. 4 f.; 23. 2. 1938, S. 9; SVB 21. 2. 1938, S. 9 f.; 22. 2. 1938, S. 5 f.; 24. 2. 1938, S. 1; 25. 2. 1938, S. 7 f.; 26. 2. 1938, S. 5; Fotos siehe KRAMML/STRASSL, Franz Krieger (wie Anm. 4), S. 74 f.

61 Lt. Karl Feßmann (wie Anm. 57): Rund 20.000 Menschen; SVB 24. 2. 1938: 19.000 Menschen; Domkapitular Dr. Franz Simmerstätter 15.000 Menschen: vgl. LEONHARD LÜFTENEGGER, „Unser Los ist stets der Kampf!" Dr. Franz Simmerstätter 1898–1997.

Ein Leben im Dienst der Kirche. Bericht eines Zeitgenossen und Mitarbeiters, Salzburg o. J., S. 21.

62 Dr. Benno Hesske, Gesprächsnotiz 26. 8. 2009.

63 Kramml/Strassl, Franz Krieger (wie Anm. 4), S. 87, im Bild: Baldur von Schirach mit Bannführer Helmut Fürböck (links von ihm, etwas verdeckt), in Reih und Glied (v. l. n. r.) angetreten: Hans List, Benno Hesske, Heinrich Schiff, (verdeckt durch Schirach: Helmut Amannshauser), Otto Dürfeld, Erwin Niedermann, Leo Leibetseder, Otto Kainz, Franz Neidl, Walter Leitner (2. v. r.) und Walter Jesch.

64 Erwähnt bei Karl Feßmann, Der Fackelzug am 21. Februar 1938 (wie Anm. 57), S. 2.

65 AStS, PA 10,02, Nachlass Dr. Emanuel Jenal (Stadtdirektor 1938–1944, gest. 1968), Monarchie, Republik, christlicher Ständestaat, Drittes Reich, Militärregierung, Republik, Mskr. (nach 1944), S. 34 f.

66 Hanisch, Gau der guten Nerven (wie Anm. 1), S. 20

67 SC 22. 2. 1938, S. 5; dazu auch Lüftenegger, Simmerstätter (wie Anm. 61), S. 21.

68 SC 2. 3. 1938, S. 5.

69 SC 25. 2. 1938, S. 6–9; SVB 25. 2. 1938, S. 1.

70 Vgl. zur Rede und außenpolitischen Reaktionen die Medienberichte: SC 22. 2. 1938, S. 1 u. 5; 23. 2. 1938, S. 1 u. 5; 24. 2. 1938, S. 1 u. 7 f.; 25. 2. 1938, S. 1–5 u. 8 f.; 26. 2. 1938, S. 1–4 u. 7; 28. 2. 1938, S. 2; 1. 3. 1938, S. 5; 4. 3. 1938, S. 2; 8. 3. 1938, S. 3; SVB 22. 2. 1938, S. 1; 23. 2. 1938, S. 7; 24. 2. 1938, S. 2 u. 6 f.; 25. 2. 1938, S. 1–6 u. 9; 26. 2. 1938, S. 2; 28. 2. 1938, S. 2–4; 4. 3. 1938, S. 2.

71 Hanisch, 1938 in Salzburg (wie Anm. 1), S. 261; Derselbe, Gau der guten Nerven, S. 21 f.; Vgl. zum Fackelzug die Berichte: SC 22. 2. 1938, S. 7; 23. 2. 1938, S. 6; 24. 2. 1938, S. 6 f.; 25. 2. 1938, S. 6–9; 26. 2. 1938, S. 1 u. 11; 28. 2. 1938, S. 3; 1. 3. 1938, S. 2 u. 6; 2. 3. 1938, S. 6; 4. 3. 1938, S. 6; SVB 23. 2. 1938, S. 7; 24. 2. 1938, S. 6 u. 9; 25. 2. 1938, S. 1; 26. 2. 1938, S. 17; 28. 2. 1938, S. 8; 1. 3. 1938, S. 7.

72 AStS, PA 10,02, Nachlass Emanuel Jenal, Monarchie, Republik, christlicher Ständestaat, Drittes Reich, Militärregierung, Republik, Mskr. (nach 1944), S. 35: 13.000, gezählt beim Schleiferbogen; SVB: 22–23.000; SC: 24.000, andere Quellen sprechen von 18.000.

73 AStS, PA 10,02, Nach Emanuel Jenal (ebenda); Lüftenegger, Simmerstätter (wie Anm. 61). S. 21.

74 Hanisch, 1938 in Salzburg (wie Anm. 1), S. 260; so auch Broucek (Hg.), Ein General im Zwielicht. Bd. 2 (wie Anm. 36), S. 232. Interessant ist auch der Hinweis in der „Salzburger Chronik" vom 1. März 1938, dass in den Auslagen von Salzburgs Buchhandlungen Schuschniggs Buch „Dreimal Österreich" nicht zu sehen sei. SC 1. 3. 1938, S. 5; zum Buch vgl. auch: Broucek (Hg.), Ein General im Zwielicht. Bd. 2 (wie Anm. 36), S. 206.

75 Hanisch, 1938 in Salzburg (wie Anm. 1), S. 261.

76 Hirtenbrief vom 27. 2., bereits veröffentlicht in: SC 23. 2. 1938, S. 8; Lüftenegger, Simmerstätter (wie Anm. 61), S. 21.

77 Hanisch, 1938 in Salzburg (wie Anm. 1), S. 261.

78 Dr. Benno Hesske, Gesprächsnotiz vom 25. 8. 2009; Ackermann galt als unangenehmer Polizist, und war für das Schlagen bei Verhören bekannt: Ing. Walter Telsnig, Gesprächsnotiz vom 7. 12. 2009.

79 Bereits am 24. 2. gab es Gerüchte über die in Grenznähe bereit stehende Legion: SVB 25. 2. 1938, S. 6; 26. 2. 1938, S. 2.

80 Pflanzl (Hg.), Berta Pflanzl (wie Anm. 11), S. 359.

81 Vgl. auch SC 22. 2. 1938, S. 4 f.; SVB 28. 2. 1938, S. 8.

82 Vgl. SVB 3. 3. 1938, S. 2; 3. 3. 1938, S. 2; 4. 3. 1938; S. 1; 5. 3. 1938, S. 8; SC 5. 3. 1938, S. 11.

83 Vgl. SC 7. 3. 1938, S. 1–3

84 AStS, PA 10,02, Nachlass Emanuel Jenal, masch. Tagebuchaufzeichnungen 1921–1943, Eintrag zum 7. 3. 1938.

85 SC 28. 2. 1938, S. 1 f.; SVB 28. 2. 1938, S. 1.

86 Zu Versuchen der Kontaktaufnahme Rehrls mit Schuschnigg ausführlicher: Hanisch, Gau der guten Nerven (wie Anm. 1), S. 21.

87 Derselbe, 1938 in Salzburg (wie Anm. 1), S. 262 f.; SC 9. 3. 1938, S. 9; 10. 3. 1938, S. 1–5, 8, 10 u. 12; 11. 3. 1938, S. 1–5, 7–9, 11–12; SVB 9. 3. 1938, S. 1; 10. 3. 1938, S. 1 f. u. 12; 11. 3. 1938, S. 1.

88 SC 10. 3. 1938, S. 1. u. 3 u. 5; SVB 11. 3. 1938, S. 1, 9–11; zur Stellung der Volksabstimmung vgl. auch Broucek (Hg.), Ein General im Zwielicht. Bd. 2 (wie Anm. 36), S. 241.

89 Weitere Appelle siehe SC 10. 3. 1938, S. 3 f., 10 u. 12; 11. 3. 1938, S. 2–5 u. 8 f.; SVB 10. 3. 1938, S. 1 u. 12; 11. 3. 1938, S. 1 f.

90 SC 10. 3. 1938, S. 3 u. 5.

91 SC 10. 3. 1938, S. 3.

92 Ebenda.

93 Hanisch, 1938 in Salzburg (wie Anm. 1), S. 263; Derselbe, Gau der guten Nerven (wie Anm. 1), S. 22; Kurt Schuschnigg, Im Kampf gegen Hitler. Die Überwindung der Anschlußidee, Wien–München–Zürich 1969, S. 303 ff.

94 AStS, PA 10,02, Nachlass Emanuel Jenal, Monarchie, Republik, christlicher Ständestaat, Drittes Reich, Militärregierung, Republik, Mskr. (nach 1944), S. 35.

95 SVB 11. 3. 1938, S. 9.

96 SVB 11. 3. 1938, S. 1 f. u. 9; 12. 3. 1938, S. 9; 14. 3. 1938, S. 9; SC 11. 3. 1938, S. 9.

97 Dr. Benno Hesske, Gesprächsnotiz vom 26. 8. 2009; AStS, PA 10,02, Nachlass Emanuel Jenal, Monarchie, Republik, christlicher Ständestaat, Drittes Reich, Militärregierung, Republik, Mskr. (nach 1944), S. 35.

98 Hanisch, 1938 in Salzburg (wie Anm. 1), S. 263; SC 11. 3. 1938, S. 5; SVB 11. 3. 1938, S. 9.

99 K. Springenschmid hat 1978 gegenüber Ernst Hanisch jeden Zusammenhang mit dieser Aktion zurückgewiesen, Hanisch, 1938 in Salzburg (wie Anm. 1), S. 263, bes. Anm. 36.

100 SVB 11. 3. 1938, S. 1 f. u. 9; 12. 3. 1938, S. 9 u. 12; SC 11. 3. 1938, S. 9.

101 Hanisch, 1938 in Salzburg (wie Anm. 1), S. 263.

102 Zum Folgenden ebenda, S. 263 f.; Derselbe, Gau der guten Nerven (wie Anm. 1), S. 23–25.

103 Harald Lohmann, Mäßig begabt, aber nicht hoffnungslos. Erinnerungen an eine turbulente Jugend. 3. Aufl., Altmünster 2001, S. 49.

104 Bacher, Ein politischer Massenrausch (wie Anm. 28), S. 3.

105 AStS, PA 10,02, Nachlass Emanuel Jenal, Monarchie, Republik, christlicher Ständestaat, Drittes Reich, Militärregierung, Republik, Mskr. (nach 1944), S. 35; ebenso in der Gauakte, danach: Ludwig Bechinie von Lazan (1879–1941), in: Boris Böhm und Ricarda Schulze, „... ist uns noch allen lebendig in Erinnerung". Biografische Portraits von Opfern der nationalsozialistischen „Euthanasie"-Anstalt Pirna-Sonnenstein, Dresden 2003, S. 131–148, hier S. 139.

106 SLA, P.-Archiv, Karton 4, Misc. Arch. 11, Schriftstücke der NSDAP 1920–1938, Bericht Karl Feßmann über den 11. 3. 1937, Abschr. von Or. von 1938, S. 1 (siehe auch Anhang).

107 Hanisch, 1938 in Salzburg (wie Anm. 1), S. 264 f.; Hanisch stützt sich auf zeitgenössische Zeitungsberichte (auch zum einjährigen Jubiläum der Machtergreifung) und nach 1945 entstandene Aufzeichnungen von Franz Rehrl und Anton Wintersteiger. Vgl. den Bericht Wintersteigers im Völkischer Beobachter (Wiener Ausgabe) vom 12. 3. 1939, Sonderbeilage, abgedruckt bei Floimair (Hg.), Nationalsozialismus und Krieg (wie Anm. 2), S. 21 f. und im Anhang dieses Aufsatzes. Neu konnten für die vorliegende Arbeit der Bericht des Organisationsleiters Karl Feßmann von 1938 und die nach 1944 entstandenen Aufzeichnungen von Stadtdirektor Dr. Emanuel Jenal berücksichtigt werden.

108 Vgl. SZ 12. 3. 1938, S. 1 u. 6; SVB 12. 3. 1938, S. 2 u. 17.

109 Text auf http://www.austria-lexikon.at/af/Wissenssammlungen/Essay/Zeitgeschichte/Stimmen (27. 10. 2009).
110 SLA P.-Archiv, Karton 4, Misc. Arch. 11, Schriftstücke der NSDAP 1920–1938, Bericht Karl Feßmann über den 11. 3. 1937 (wie Anm. 106).
111 SZ 12. 3. 1938, S. 1; SVB 12. 3. 1938, S. 2.
112 Zitat bei: AStS, PA 10,02, Nachlass Emanuel Jenal, Monarchie, Republik, christlicher Ständestaat, Drittes Reich, Militärregierung, Republik, Mskr. (nach 1944), S. 36.
113 Hanisch, 1938 in Salzburg (wie Anm. 1), S. 265; SVB 13. 3. 1938.
114 Lohmann, Erinnerungen (wie Anm. 103), S. 49.
115 AStS, PA 10,02, Nachlass Emanuel Jenal, Monarchie, Republik, christlicher Ständestaat, Drittes Reich, Militärregierung, Republik, Mskr. (nach 1944), S. 36; Hanisch, 1938 in Salzburg (wie Anm. 1), S. 266; Bericht in der SZ vom 11. 3. 1939, Beilage, S. 4, abgedruckt bei Floimair (Hg.), Nationalsozialismus und Krieg (wie Anm. 2), S. 23 f.
116 Bechinie war seit dem 15. Juni 1934 Sicherheitsdirektor, galt als besonders konsequenter Gegner der Nationalsozialisten und hatte bereits einige Tage vor dem Anschluss um seine Enthebung aus dem Amt gebeten. Vgl. SC 10. 3. 1938, S. 7; SVB 11. 3. 1938, S: 9. Sein Nachfolger wurde am 11. März per 14. März 1938 bestellt: Bundesgesetzblatt vom 11. 3. 1938, Nr. 70. Zu ihm vgl. Broucek (Hg.), Ein General im Zwielicht. Bd. 2 (wie Anm. 36), S. 124.
117 SLA, P.-Archiv, Karton 4, Misc. Arch. 11, Schriftstücke der NSDAP 1920–1938, Anordnung Gauleiter vom 11. 3. 1938 und Protokoll über die Haftentlassung.
118 Mühlau, NS-Betriebszellen-Organisation (wie Anm. 26), S. 95.
119 Lüftenegger, Simmerstätter (wie Anm. 61), S. 22.
120 Vgl. SVB 12. 3. 1938, S. 8.
121 SLA, P.-Archiv, Karton 4, Misc. Arch. 11, Schriftstücke der NSDAP 1920–1938, Bericht Karl Feßmann über den 11. 3. 1937, Abschr. von Or. von 1938 (siehe Anhang).
122 Hanisch, 1938 in Salzburg (wie Anm. 1), S. 265.
123 SVB 12. 3. 1938, S. 6.
124 Pflanzl (Hg.), Berta Pflanzl (wie Anm. 11), S. 360.
125 Alfred Rinnerthaler, Fürsterzbischof Waitz, 1934–1941 – Ein Tiroler Patriot auf dem Salzburger Bischofsstuhl, in: Helmut Alexander (Hg.), Sigismund Waitz. Seelsorger, Theologe und Kirchenfürst, Innsbruck–Wien 2010, S. 363–428, hier S. 382.
126 SVB 14. 3. 1938, S. 10.
127 SC 12. 3. 1938, S. 1.
128 SVB 12. 3. 1938, S. 16; Kramml/Strassl, Franz Krieger (wie Anm. 4), S. 79.
129 Z. B. SVB 12. 3. 1938, S. 12; 18. 3. 1938, S. 8
130 SVB 12. 3. 1938, S. 17.
131 Hanisch, 1938 in Salzburg (wie Anm. 1), S. 267 f.; Derselbe, Gau der guten Nerven (wie Anm. 1), S. 29.
132 SZ 12. 3. 1938, S. 5; SVB 12. 3. 1938, S. 17 (mit Faksimile), Orig.-Flugzettel im Tagebuch des Josef Hummel zum 12. 3. 1938: AStS, PA 31, Tagebuch 1937/38.
133 AStS, PA 822, Familienchronik Hermann Schludermann (mit Kopien von Tagebucheintragungen), hier des Vaters zum 13. 3. 1938.
134 SVB 12. 3. 1938, S. 17; zum Einmarsch auch SZ 12. 3. 1938, S. 6.
135 AStS, PA 1239, Nachlass Bolt/Obenaus/Suitner, Tagebuchartige Familienchronik von Grete Obenaus, niedergeschrieben 1979–1983, S. 132.
136 Bacher, Ein politischer Massenrausch (wie Anm. 28), S. 3; Pflanzl (Hg.), Berta Pflanzl (wie Anm. 11), S. 360.
137 AStS, PA 10,02, Nachlass Emanuel Jenal, Monarchie, Republik, christlicher Ständestaat, Drittes Reich, Militärregierung, Republik, Mskr. (nach 1944), S. 38.
138 SZ 12. 3. 1938, S. 1; 14. 3. 1938, S. 4; SVB 14. 3. 1938, S. 5; 15. 3. 1938, S. 10 f.; 16. 3. 1938, S. 9; Dokumentationsarchiv des österreichischen Widerstandes (Hg.),

Widerstand und Verfolgung in Salzburg 1934–1945. Eine Dokumentation. 2 Bde., Wien–Salzburg 1991, hier Bd. 2, S. 43

139 SZ 14. 3. 1938, S. 4.

140 SVB 21. 3. 1938, S. 7; 22. 3. 1938, S. 9; 24. 3. 1938, S. 9; SZ 21. 3. 1938, S. 7; 24. 3. 1938, S. 7 u. 9.

141 SVB 12. 3. 1938, S. 17; SZ 14. 3. 1938, S. 6.

142 SVB 15. 3. 1938, S. 7; SZ 15. 3. 1938, S. 5 f.

143 Dr. Benno Hesske, Gesprächsnotiz vom 27. 8. 2009.

144 Foto in: Karl Bartz, Großdeutschlands Wiedergeburt. Weltgeschichtliche Stunden an der Donau, Wien 1938, S. 48–49.

145 SZ 14. 3. 1938, S. 1; SVB 14. 3. 1938, S. 1.

146 Dr. Benno Hesske, Gesprächsnotizen vom 25., 27. u. 28. 8. 2009 (er war Unterbannführer Salzburg-Stadt)

147 Ebenda; Foto Krieger in: SVB 15. 3. 1938, S. 3; vgl. auch Kramml/Strassl, Franz Krieger (wie Anm. 4), S. 83.

148 SVB 12. 3. 1938, S. 6; 14. 3. 1938, S. 8–10; 15. 3. 1938, S. 10; 16. 3. 1938, S. 8 f.; 17. 3. 1938, S. 10; 18. 3. 1938, S. 9; SZ 14. 3. 1938, S. 6; 16. 3. 1938, S. 6 f.; 17. 3. 1938, S. 9.

149 Dr. Benno Hesske, Gesprächsnotiz vom 27. 8. 2009; SVB 15. 3. 1938, S. 10; 16. 3. 1938, S. 8 f.; 17. 3. 1938, S. 10; 18. 3. 1938, S. 9.

150 SVB 16. 3. 1938, S. 1 und folgende Ausgaben.

151 SVB 17. 3. 1938, S. 5. u. 8; 21. 3. 1938, S. 7; SZ 17. 3. 1938, S. 4; 21. 3. 1938, S. 9.

152 SVB 16. 3. 1938, S. 9; 21. 3. 1938, S. 7; 22. 3. 1938, S. 9; SZ 18. 3. 1938, S. 12; 21. 3. 1938, S. 7; Bericht auch abgedruckt bei: Floimair (Hg.), Nationalsozialismus und Krieg (wie Anm. 2), S. 33; AStS, PA 10,02, Nachlass Emanuel Jenal, Monarchie, Republik, christlicher Ständestaat, Drittes Reich, Militärregierung, Republik, Mskr. (nach 1944), S. 37 f.

153 SZ 21. 3. 1938, S. 9; SVB 22. 3. 1938, S. 6.

154 Ardelt, in: Floimair (Hg.), Nationalsozialismus und Krieg (wie Anm. 2), S. 19.f., ebenda, S. 94 ff., 110 ff. u. 130 ff.

155 Hanisch, Gau der guten Nerven (wie Anm. 1), S. 27.

156 Peter F. Kramml, „... und des Sterbens war kein Ende" – Der Tod im Mai 1945, in: Erich Marx (Hg.), Befreit und besetzt. Stadt Salzburg 1945–1955 (Schriftenreihe des Archivs der Stadt Salzburg 7), Salzburg–München 1996, S. 40–45.

157 Prüfung der Totenbücher im AStS von 1. Februar bis 30. Juni 1938.

158 Dr. Benno Hesske, Gesprächsnotiz vom 26. 5. 2009: „Eine Revolution ohne Blutvergießen".

159 Bericht der Maria Mayer: Widerstand und Verfolgung in Salzburg. Bd. 2 (wie Anm. 138), S. 27; zur Verfolgung vgl. auch Dopsch/Hoffmann, Geschichte der Stadt Salzburg (wie Anm. 2), S. 562.

160 Lüftenegger, Simmerstätter (wie Anm. 61), S. 22.

161 AStS, Fotoarchiv Franz Krieger, Film 107 (7 Aufnahmen). Ich danke Archivleiter Dr. Thomas Mitterecker (AES) für seine Hilfe bei der Aufklärung der Vorgänge.

162 Rinnerthaler, Fürsterzbischof Waitz (wie Anm. 125), S. 382; Lüftenegger, Simmerstätter (wie Anm. 61), S. 24. Vgl. auch Floimair (Hg.), Nationalsozialismus und Krieg (wie Anm. 2), S. 110 f.

163 AStS, PA 10,02, Nachlass Emanuel Jenal, Monarchie, Republik, christlicher Ständestaat, Drittes Reich, Militärregierung, Republik, Mskr. (nach 1944), S. 38 und masch. Tagebucheintrag: *12. März: Los von Rom gegangen*. Dr. Jenal und auch ein Professor der Staatsgewerbeschule finden sich zum 12. 3. 1938 im Verzeichnis der Kirchenaustritte im AStS, wodurch die spätere Aufzeichnung belegt wird.

164 SVB 12. 3. 1938, S. 17; 14. 3. 1938, S. 10; 16. 3. 1938, S. 10; 17. 3. 1938, S. 12; 22. 4. 1938, S. 6; SZ 18. 3. 1938, S. 12.

165 Widerstand und Verfolgung in Salzburg. Bd. 2 (wie Anm. 138), S. 15.

166 Ebenda, S. 16, Dokumente 3 u. 4.

167 Vgl. auch Wolfgang Neugebauer und Peter Schwarz, „Stacheldraht, mit Tod geladen ...". Der erste Österreichtransport in das KZ Dachau 1938, Wien 2008, bes. S. 23 (aus Salzburg: Polizeidirektor Ingomar, Sicherheitsdirektor Bechinie, Kriminalbeamter Wilhelm Ackermann, Gendarmeriebeamter Johann Lackner und der Fleischhauer Robert Hahn).

168 AStS, Totenbücher, 19. 4. 1938; Maislinger, Der Putsch von Lamprechtshausen (wie Anm. 10), bes. S. 119.

169 Böhm/Schulze, „Euthanasie"-Anstalt Pirna-Sonnenstein (wie Anm. 105), S. 130–148.

170 Geschichte der akademischen Burschenschaft Arminia-Czernowitz zu Salzburg 1877–1967, Salzburg 1967, S. 217; SLA, Rehrl-Akt 1932/1731, Braitenberg an Rehrl, 14. 7. 1932; ich danke Gernod Fuchs, Salzburg, für den entsprechenden Hinweis und biografische Angaben; vgl. auch die Lebenserinnerungen: Benno von Braitenberg, Männer müssen kämpfen!, Leipzig 1938.

171 Mühlau, NS-Betriebszellen-Organisation (wie Anm. 26), S. 95.

172 SVB 12. 3. 1938, S. 17; 16. 3. 1938, S. 10.

173 Widerstand und Verfolgung. Bd. 2 (wie Anm. 138), S. 433; Gert Kerschbaumer, Die Erste Republik und der Ständestaat, in: Marko M. Feingold (Hg.), Ein ewiges Dennoch. 125 Jahre Juden in Salzburg, Wien–Köln–Weimar 1993, S. 131–170, hier S. 161; vgl. auch: Günter Fellner, Antisemitismus in Salzburg 1918–1938 (Veröffentlichungen des Historischen Instituts der Universität Salzburg, Bd. 15), Wien–Salzburg 1979, S. 141–158.

174 SZ 21. 3. 1938, S. 9; vgl. Albert Lichtblau, „Arisierungen" in Salzburg, in: Helga Embacher (Hg.), Juden in Salzburg, Salzburg 2002, S. 67–83; Derselbe, Salzburg, in: Historikerkommission (Hg.), „Arisierungen", beschlagnahmte Vermögen, Rückstellungen und Entschädigungen in Salzburg (Veröffentlichungen der Österreichischen Historikerkommission. Vermögensentzug während der NS-Zeit sowie Rückstellungen und Entschädigungen seit 1945 in Österreich, Bd. 17/2) , Wien–München 2004.

175 Dokumentarfotos bei: Kramml/Strassl, Franz Krieger (wie Anm. 4), S. 84

176 Widerstand und Verfolgung in Salzburg. Bd. 2 (wie Anm. 138), S. 433 u. 442; Floimair (Hg.), Nationalsozialismus und Krieg (wie Anm. 2), S. 130.

177 Ardelt, Die Stadt in der NS-Zeit (wie Anm. 2), S. 2434; SVB 15. 3. 1938, S. 5; 17. 3. 1938, S. 7; SC 15. 3. 1938, S. 5; SZ 5. 4. 1938.

178 Hanisch, 1938 in Salzburg (wie Anm. 1), S. 274; Derselbe, Gau der guten Nerven (wie Anm. 1), S. 31.

179 SVB 16. 3. 1938.

180 AStS, Personalakt Dr. Johann Neuhardt, bes. Eingabe vom 24. 11. 1938 mit Bemerkungen Gigers; vgl. auch die zeitgleichen Angaben in AStS, Personalakt Dr. Georg Rainer und die Außerdienststellung von Walter Zunzer-Hahner per 14. 3. 1938, in: Widerstand und Verfolgung in Salzburg. Bd. 2 (wie Anm. 138), S. 42.

181 AStS, Personalakt Heinrich Clessin, Dienstverfügung vom 18. März 1938 ff.

182 Vgl. SZ 5. 4. 1938.

183 Zum Folgenden zusammenfassend: Hanisch, Gau der guten Nerven (wie Anm. 1), S. 34–47; zur Abstimmung: SVB, 16. 3. 1938, S. 5; 21. 3. 1938, S. 4; 23. 3. 1938, S. 5; 24. 3. 1938, S. 2 u. 4; 26. 3. 1938, S. 5 f.; 28. 3. 1938, S. 8; 29. 3. 1938, S. 10; 5. 4. 1938, S. 1; 7. 4. 1938, S. 6, 9 u. 11; 8. 4. 1938, S. 14; 9. 4. 1938, S. 26; SZ 16. 3. 1938, S. 4; 18. 3. 1938, S. 3; 21. 3. 1938, S. 9; 23. 3. 1938, S. 6; 24. 3. 1938, S. 9; 26. 3. 1938, S. 6; 29. 3. 1938, S. 11; 2. 4. 1938, S. 5; 6. 4. 1938, S. 11; 7. 4. 1938, S. 6; 8. 4. 1938, S. 1, 5 u. 7; 9. 4. 1938, S. 7.

184 Hanisch, Die Nationalsozialistische Herrschaft 1938–1945 (wie Anm. 1), S. 1126.

185 KdF-Fahrten: SVB 18. 3. 1938, S. 2 u. 9; 21. 3. 1938, S. 10; 22. 3. 1938, S. 2; 23. 3. 1938, S. 1–3; 24. 3. 1938, S. 4; 25. 3. 1938, S. 8 f.; 26. 3. 1938, S. 9; 28. 3. 1938, S. 7, 9 u. 11; 29. 3. 1938, S. 6 f. u. 10; 31. 3. 1938, S. 11; 1. 4. 1938, S. 11 u. 13; 2. 4. 1938, S. 7, 16 f. u. 22; 5. 4. 1938, S. 11; 6. 4. 1938, S. 14 u. 20; 9. 4. 1938, S. 4; 11. 4. 1938, S. 12; SZ 18. 3. 1938, S. 5 u. 10; 21. 3. 1938, S. 5; 22. 3. 1938, S. 1 u. 10;

23. 3. 1938, S. 1 f. u. 10; 24. 3. 1938, S. 2 f.; 25. 3. 1938, S. 7; 26. 3. 1938, S. 13; 29. 3. 1938, S. 2; 31. 3. 1938, S. 10; 2.4.1938, S. 11–13, vgl. auch den Bericht zweier ehem. Kommunisten: SVB 2. 4. 1938, S. 8.

186 SZ 23. 3. 1938, S. 11; 29. 3. 1938, S. 4; 2. 4. 1938, S. 14; 6. 4. 1938, S. 17; 7. 4. 1938, S. 10; 9. 4. 1938, S. 4; SVB 29. 3. 1938, S. 1 f. u. 13; 5. 4. 1938, S. 1 u. 3; 6. 4. 1938, S. 7–9; 7. 4. 1938, S. 9.

187 Text bei Floimair (Hg.), Nationalsozialismus und Krieg (wie Anm. 2), S. 37 f.

188 Stellenausschreibung vom 29. März 1938 in: SVB, 30. 3. 1938.

189 Hanisch, Gau der guten Nerven (wie Anm. 1), S. 36 f.

190 SVB 31. 3. 1938, S. 7; SVB 1. 4. 1938, S. 11 f.; SZ 31. 3. 1938, S. 7; 1. 4. 1938, S. 9.

191 SVB 29. 3. 1938, S. 6; 30. 3. 1938, S. 7 u. 13; 31. 3. 1938, S. 1–3; 1. 4. 1938, S. 3 u. 11; 27. 4. 1938, S. 8 f.; SZ 30. 3. 1938, S. 3 u. 11; 1. 4. 1938, S. 4 u. 7; 2. 4. 1938, S. 7.

192 Ernst Ziegeleder zu 1921 und auch 1810: in SVB 9. 4. 1938, S. 11 f. u. 22.

193 Neues Wiener Tagblatt vom 3. 4. 1938.

194 Vgl. dazu zuletzt besonders die Schilderungen von Erzbischof Waitz bei Rinnerthaler, Fürsterzbischof Waitz (wie Anm. 125), S. 383–386; Maximilian Liebermann, Von der Dominanz der katholischen Kirche zu freien Kirchen im freien Staat – vom Wiener Kongreß 1815 bis zur Gegenwart, in: Geschichte des Christentums in Österreich (Österreichische Geschichte, hg. v. Herwig Wolfram), Wien 2003, S. 361–456, hier S. 425–427; vgl. Lüftenegger, Simmerstätter (wie Anm. 61), S. 25 f.; vgl. auch Floimair (Hg.), Nationalsozialismus und Krieg (wie Anm. 2), S. 33 f.

195 SVB 28. 3. 1938, S. 1. u. 29. 3. 1938, S. 3; SZ 30. 3. 1938, S. 2.

196 SLA, P.-Archiv, Karton 4, Misc. Arch. 11, Schriftstücke der NSDAP 1920–1938, Tägliche Lageberichterstattung vom 4. 4. 1938, 2 S.; ebenda, Bericht vom 29. 3. 1938, 2 S. („in fast allen Kirchen verlesene Hirtenbrief ..."); vgl. auch: SVB 28. 3. 1938, S. 1; 29. 3. 1938, S. 3; 2. 4. 1938, S. 2; SZ, 28. 3. 1938, S. 1; 30. 3. 1938, S. 2; 2. 4. 1938, S. 2.

197 SVB 5. 4. 1938, S. 4; 8. 4. 1938, S. 6 f. u. 14; 9. 4. 1938, S. 7 u. 25; SZ 8. 4. 1938, S. 6 u. 11; 9. 4. 1938, S. 14.

198 SVB 28. 3. 1938, S. 11 f.; 29. 3. 1938, S. 9 f.; SZ 28. 3. 1938, S. 10; 29. 3. 1938, S. 7.

199 Vgl. Hanisch, Gau der guten Nerven (wie Anm. 1), S. 37.

200 SLA, P.-Archiv, Karton 4, Misc. Arch. 11, Schriftstücke der NSDAP 1920–1938, Abschrift (Auszug) aus „Bericht über die Organisation des Gaues Salzburg" von K. Feßmann, um 1938, S. 2.

201 SVB 23. 3. 1938, S. 10; 24. 3. 1938, S. 3; SZ 23. 3. 1938, S. 8.

202 Ardelt, in: Floimair (Hg.), Nationalsozialismus und Krieg (wie Anm. 2), S. 17; Tagebucheintrag (masch.) von Emanuel Jenal: AStS, PA 10,02, Nachlass Emanuel Jenal, masch. Tagebuchaufzeichnungen 1921–1943, Eintrag zum 1. 4. 1938.

203 Zum Göringbesuch vgl. auch SLA, P.-Archiv, Karton 4, Misc. Arch. 11, Schriftstücke der NSDAP 1920–1938, Tägliche Lageberichterstattung vom 3. 4. 1938; SVB 26. 3. 1938, S. 1 u. 4 f.; 28. 3. 1938, S. 2–6; 29. 3. 1938, S. 2 f.; 30. 3. 1938, S. 5 f.; 31. 3. 1938, S. 4; 1. 4. 1938, S. 4; 2. 4. 1938, S. 9 f.; SZ 26. 3. 1938, S. 1–3 u. 5; 28. 3. 1938, S. 2–4 u. 7–9; 29. 3. 1938, S. 2; 30. 3. 1938, S. 1–3; 31. 3. 1938, S. 10 f.; 2. 4. 1938, S. 2 u. 17. – Zu Salzburg: SVB 24. 3. 1938, S. 1 f.; 25. 3. 1938, S. 1; 28. 3. 1938, S. 11; 30. 3. 1938, S. 12; 1. 4. 1938, S. 9–11; 2 .4. 1938, S. 1–5, 7 u. 23; 4. 4. 1938, S. 3 u. 9; 5. 4. 1938, S. 11; 7. 4. 1938, S. 11; 9. 4. 1938, S. 26; SZ 24. 3. 1938, S. 3; 31. 3. 1938, S. 7; 1. 4. 1938, S. 5 u. 8; 2. 4. 1938, S. 1 f., 4 u. 19; 4. 4. 1938, S. 3 f., 9 u. 11.

204 Zur Ausschmückung: SVB 26. 3. 1938, S. 11; 30. 3. 1938, S. 12; 1. 4. 1938, S. 10; 4. 4. 1938, S. 10; 6. 4. 1938, S. 4; 7. 4. 1938, S. 11; 8. 4. 1938, S. 14; SZ 26. 3. 1938, S. 13; 30. 3. 1938, S. 8; 1. 4. 1938, S. 8; 4. 4. 1938, S. 9; 5. 4. 1938, S. 10.

205 SVB 2. 4. 1938, S. 23; 6. 4. 1938, S. 19; SZ, 2. 4. 1938, S. 19.

206 SVB 5. 4. 1938, S. 10; SZ 5. 4. 1938, S. 5 f.

207 Zum Folgenden: SVB 4. 4. 1938, S. 1, 4 u. 9; 5. 4. 1938, S. 1 u. 9–12; 6. 4. 1938, S. 1–5, 17 u. 19; 7. 4. 1938, S. 1–4, 6 u. 10 f.; 8. 4. 1938, S. 11 u. 13; 9. 4. 1938, S. 2, 7 u. 25; SZ 1. 4. 1938, S. 5; 4. 4. 1938, S. 3 u. 8; 5. 4. 1938, S. 1, 3 u. 6; 6. 4. 1938,

S. 1–3, 5 u. 11; 7. 4. 1938, S. 1 f., 5 u. 7 f.; 9. 4. 1938, S. 6; vgl. auch die Erinnerungen eines damals zwölfjährigen HJ-lers im Spalier am Hauptbahnhof: LOHMANN, Erinnerungen (wie Anm. 103), S. 53 f.,

208 Text bei FLOIMAIR (Hg.), Nationalsozialismus und Krieg (wie Anm. 2), S. 39 f.

209 PFLANZL (Hg.), Berta Pflanzl (wie Anm. 11), S. 360.

210 AStS, PA 10,02, Nachlass Emanuel Jenal, Monarchie, Republik, christlicher Ständestaat, Drittes Reich, Militärregierung, Republik, Mskr. (nach 1944), S. 39.

211 Ebenda.

212 AES, Bischofsakten FEB Waitz, 18/45 Nachlasssachen, Tagebuch 1938 (masch. Transkription Eintragungen vom 11. 3.–12. 4. 1938 durch Frajo Waitz, 32 S., hier S. 26; HANISCH, 1938 in Salzburg (wie Anm. 1), S. 279.

213 Rede bei FLOIMAIR (Hg.), Nationalsozialismus und Krieg (wie Anm. 2), S. 40 f.; Fürsterzbischof Waitz notierte zur Rede in sein Tagebuch: *Später höre ich an, was im Festspielhaus geredet wurde. Die erste Rede langweilig; höre eine Weile zu. Später Hitler: viel Selbstlob auf das, was er geleistet. Dann kam er auf Schuschnigg zu reden, worauf ich ablegte. Immer das Gleiche.* AES, Bischofsakten FEB Waitz, 18/45 Nachlasssachen, Tagebuch 1938 (wie Anm. 212).

214 AStS, Fotosammlung, Sign. 008.108.

215 HENRIK EBERLE (Hg.), Briefe an Hitler, Bergisch Gladbach 2009, S. 237–239.

216 SVB 2. 4. 1938, S. 13; 5. 4. 1938, S. 3; 7. 4. 1938, S. 10; SZ 4. 4. 1938, S. 8; 5. 4. 1938, S. 10; 7. 4. 1938, S. 7.

217 Presseberichte in: SVB 4. 4. 1938, S. 1; 5. 4. 1938, S. 2; 6. 4. 1938, S. 4; 7. 4. 1938, S. 9; 8. 4. 1938, S. 1–3 u. 13; 7. 5. 1938, S. 7; SZ 5. 4. 1938, S. 1 u. 3; 7. 4. 1938, S. 10; 8. 4. 1938, S. 1 f.; 11. 4. 1938, S. 3; 12 .4. 1938, S. 5.

218 SLA, P.-Archiv, Karton 4, Misc. Arch. 11, Schriftstücke der NSDAP 1920–1938, Tägliche Lageberichterstattung vom 7. April 1938.

219 Zum Folgenden: HANISCH, 1938 in Salzburg (wie Anm. 1), S. 275–281; DERSELBE, Gau der guten Nerven (wie Anm. 1), S. 44–47.

220 SVB 5. 4. 1938, S. 1; 7. 4. 1938, S. 4 u. 11; 8. 4. 1938, S. 14; 9. 4. 1938, S. 23; 11. 4. 1938, S. 5 f.; SZ 5. 4. 1938, S. 1; 6. 4. 1938, S. 12; 7. 4. 1938, S. 4; 8. 4. 1938, S. 8 u. 10 f.; 11. 4. 1938, S. 3–5 u. 8; 12. 4. 1938, S. 3.

221 Zum Folgenden: SVB 7. 4. 1938, S. 11; 8. 4. 1938, S. 14; 9. 4. 1938, S. 1; 11. 4. 1938, S. 1–3 u. 10–12; 12. 4. 1938, S. 1, 3 f. u. 7; 22. 4. 1938, S. 10; SZ 7. 4. 1938, S. 7; 9. 4. 1938, S. 1, 12 u. 17–20; 11. 4. 1938, S. 1 f. u. 6; 12. 4. 1938, S. 1 f.; Bildmaterial bei: KRAMML/STRASSL, Franz Krieger (wie Anm. 4), S. 92 f.

222 Teilabdruck des Hirtenbriefs in SZ 11. 4. 1938, S. 7.

223 HANISCH, 1938 in Salzburg (wie Anm. 1), S. 281; DERSELBE, Gau der guten Nerven (wie Anm. 1), S. 45.

224 SVB 11. 4. 1938, bes. S. 2 u. 10 (Endergebnis).

225 DERSELBE, Gau der guten Nerven (wie Anm. 1), S. 46; zu laut Minister Glaise von Horstenau „kaum viel vorgekommenen [...] Wahlschwindeleien“ vgl. BROUCEK (Hg.), Ein General im Zwielicht. Bd. 2 (wie Anm. 36), S. 285.

226 DERSELBE, Gau der guten Nerven (wie Anm. 1), S. 46 f.

227 SVB 11. 4. 1938, S. 12; 12. 4. 1938, S. 10; SZ 11. 4. 1938, S. 9; 12. 4. 1938, S. 7.

228 HANISCH, Die Nationalsozialistische Herrschaft 1938–1945 (wie Anm. 1), S. 1139.

229 ARDELT, in: FLOIMAIR (Hg.), Nationalsozialismus und Krieg (wie Anm. 2), S. 19.

230 Eintrag vom 1. 10. 1938: PFLANZL (Hg.), Berta Pflanzl (wie Anm. 11), S. 365.

231 AStS, PA 1239, Nachlass Bolt/Obenaus/Suitner, PA, Tagebuchartige Familienchronik von Grete Obenaus, S. 132 u. Familienalbum Obenaus-Suitner 1931–1938, hier Fotos vom 24. 12. 1938.

Johannes Hofinger

„Ein Volk – Ein Reich – Ein Führer"

Audiovisuelle Dokumente zum Jahr 1938 in Salzburg

1. Von der ständestaatlichen zur nationalsozialistischen Wochenschaupropaganda

Die politpropagandistische Breitenwirksamkeit des Formats der Kinowochenschau und ihre gesamtgesellschaftliche Durchdringungskraft erkennend, schufen sich die Politiker der Regierung Dollfuß wenige Wochen nach Etablierung der „autoritären Halbdiktatur"[1] in Österreich im März 1933 mit der Wochenschau „Österreich in Bild und Ton" ihr eigenes kinematografisches Verlautbarungsorgan. Zur *Förderung der Herstellung von Tonfilmen in Oesterreich* waren ab Juni diesen Jahres *bei allen öffentlichen Vorführungen der Tonfilmtheater auch in Oesterreich, auf österreichischen Apparaturen hergestellte Kurztonfilme vorzuführen. Diese müssen eine Durchschnittslänge von 250m haben und hauptsächlich der Verbreitung von Kenntnissen des kulturellen und wirtschaftlichen Lebens in Oesterreich und der österrreichischen Landschaft, sowie der Wiedergabe aktueller Ereignisse aus Oesterreich dienen.*[2] Das Bundesgesetzblatt vom 30. Mai 1933 schrieb diese implizit formulierte Vorführpflicht von etwa zehn bis zwölf Minuten langen Nachrichtensendungen vor dem Hauptfilm für alle österreichischen Kinobetriebe fest[3], womit in der Folge die dominierenden reichsdeutschen Wochenschauen vom österreichischen Markt verdrängt werden sollten[4].

Die Regierung richtete für die Produktion der kostenpflichtig zu beziehenden Wochenschauen eine eigene Abteilung, die *Vaterländische Tonfilmgesellschaft*, ein, die ihrerseits wiederum die 1928 im Wiener Handelsregister eingetragene und in der Bundeshauptstadt ansässige *Selenophon*

Licht- und Tonfilmges.m.b.H. mit der Herstellung und dem Vertrieb beauftragte. Diese hatte seit 1930 Erfahrungen in der Wochenschauproduktion gesammelt und erfüllte aufgrund des einzigen hierzulande entwickelten Patentes über ein Tonfilmverfahren die im Gesetz geforderte Herstellung *auf österreichischen Apparaturen*[5]. Dieser Firma, respektive den aus Wien und Umgebung stammenden Mitarbeiterinnen und Mitarbeitern, die bis Ende 1938 sowohl für die Herstellung der „Österreich in Bild und Ton" als auch der „Ostmark-Wochenschau" verantwortlich waren, fiel es also zu, identitätsstiftende Bilder aus dem gesamten Bundesgebiet zu einer Wochenschau zu montieren und dabei die Erwartungshaltung der ständestaatlichen Regierung, die mitunter selbst oder durch nachgeordnete Stellen in die Produktion eingriff, zu erfüllen. Bezeichnend dafür war etwa die Berichterstattung im Zuge des Bürgerkriegs 1934, wo sowohl auf textnarrativer als auch auf visueller Ebene massiv Propaganda zugunsten der Dollfuß-Regierung betrieben wurde[6].

Aufgrund dieser Wien-zentrierten Produktionsweise muss im Hinblick auf das Bild Salzburgs sowohl in der austrofaschistischen als auch in der nationalsozialistischen Wochenschauberichterstattung folgerichtig festgehalten werden, dass es sich nicht um eine innersalzburgische Sichtweise auf Stadt und Land, sondern vielmehr um das zentral gelenkte und von Wiener Filmteams geschaffene mediale Bild handelte[7].

Die erste Ausgabe der „Österreich in Bild und Ton"-Wochenschau, deren neueste Version in den Folgejahren jeweils am Freitag an die Premierenkinos ausgeliefert wurde, kam am 9. Juni 1933 in die heimischen Kinos und setzte mit einem Beitrag über den Brand des Eildampfers „Franz Schubert" ein[8]. Die *Selenophon* vertrieb wöchentlich zwei inhaltlich unterschiedlich gestaltete Ausgaben A und B von „Österreich in Bild und Ton" auf lediglich 26 Kopien (ab 1936: 27 Kopien) in den etwa 700 österreichischen Tonkinos. Von den insgesamt 24 im Land Salzburg betriebenen Lichtspielhäusern befanden sich 1938 sechs in der Landeshauptstadt[9]. Das aus der geringen Kopienzahl für sämtliche österreichischen Kinos resultierende Problem der unbefriedigend langen Nachlaufzeit führte zu lauter Kritik seitens der abnahmepflichtigen Betriebe. So bemängelte die Fachpresse bereits zu Beginn der Wochenschauausstrahlungen sarkastisch: *Man sieht unter anderem zum xtenmal eine Aufnahme von den Salzburger Festspielen, einen jener berühmten Stürme an der Atlantischen Küste, die Eröffnung der Messe, die wenn sie schon unbedingt gezeigt werden mußte, schon vorige Woche zu bringen gewesen wären, die Ankunft der österreichischen Kinder aus Campo d'Austria, die sich schon vor zirka 14 Tagen ereignete, und ähnliche, höchst aktuelle Dinge mehr.*[10] An dieser Praxis der geringen Kopienzahl in Relation zur Anzahl der Kinos, die bis zur Zentralisierung in der „Deutschen Wochenschau" 1940 im Übrigen auch auf die unterschiedlichen reichsdeutschen Wochenschauformate zutraf, sollte sich während des gesamten Bestehens der „Österreich in Bild und Ton", aber auch der „Ostmark-Wochenschau", wenig ändern. Lediglich ein leichter Anstieg auf österreichweit insgesamt 29 Kopien der A- und B-Version ist mit April 1938 aktenkundig überliefert[11].

Nach dem „Anschluß" Österreichs an das Deutsche Reich im März 1938 erfolgten der sofortige Einzug und die Zensur aller Produktionen der *Selenophon*[12] sowie die Umbenennung der „Österreich in Bild und Ton" in „Ostmark-Wochenschau" durch Reichskommissar Joseph Bürckel am 15. des Monats; die Belieferung der Kinos übernahmen Parteistellen aus der Hand der Filmfirma, was aufgrund des Vertriebsmonopols über die Ausgabestelle im Haus der *Selenophon* logistisch kein Problem darstellte.

Aus Sicht der neuen Machthaber war von Beginn an die Zerstückelung und Auflösung der *Selenophon* sowie einer eigenständigen „ostmärkischen" Wochenschau angestrebt. Bis Jänner 1939 sollte die Produktion jedoch aus unterschiedlichen Motivationen, nicht zuletzt aufgrund der vorübergehenden Weiterbeschäftigung des Personals, das bis auf die Geschäftsführung unverändert blieb, als auch aufgrund des propagandistischen Nutzens für die Verbreitung nationalsozialistischer Ideen in der „Ostmark", fortgeführt werden[13]. In einem Schreiben an das Presseamt der Gauleitung wies ein Vertreter der *Selenophon* selbst auf diesen agitatorischen Mehrwert hin: *Durch die österreichische Wochenschau mit Zwangsvorführung ist ein wertvolles propagandistisches Instrument geschaffen worden, das es gestattet, bis in die kleinsten Orte jene Aufnahmen zur Aufführung zu bringen, deren Verbreitung gewünscht ist.*[14] Der ehedem zuständige Ministerialrat Pfaundler brachte es auf den Punkt: *Dieser Vorführzwang wäre doch sehr gut zu Propagandazwecken auszunützen.*[15]

Die politische Durchdringung des Kinonachrichtensektors, die in Deutschland nicht unmittelbar mit der Machtübernahme der Nationalsozialisten 1933 einsetzte, sondern erst mit der Gründung des „Deutschen

Film-Nachrichtenbüros" unter der Leitung von Hans Weidemann im Mai 1935 ihre propagandistische Arbeit aufnahm, stand der österreichischen Wochenschau im Austrofaschismus Pate und wurde – unter geänderten Vorzeichen – vom NS-System 1938 weitgehend übernommen. Der Wirkmacht der Bilder und der indoktrinierenden Bedeutung des Films, den Walter Benjamin in den frühen 1930er Jahren den „machtvollste[n] Agent[en]" der „Massenbewegungen unserer Tage" nannte[16], waren sich demnach sowohl die ständestaatlichen als auch die nationalsozialistischen Machthaber bewusst. Hilmar Hoffmann erkennt in der Wochenschau „das wichtigste Propagandainstrument der Nationalsozialisten überhaupt"[17].

Das neue Regime übernahm die austrofaschistische Wochenschauproduktion nicht bloß personell und infrastrukturell, sondern auch inhaltlich-strukturell, indem es etwa die 1933 festgeschriebene Länge der „Österreich in Bild und Ton" von sechs bis elf Minuten und jeweils acht bis zwölf Sujets nur leicht variierte, vornehmlich in den Wochen nach dem „Anschluß". Diese Kontinuität – zunächst auch Resultat eines immensen Zeitdruckes in der Produktion propagandistisch nutzbarer Bilder – schlägt sich vor allem in der nachweisbaren Übernahme von 26 Ausgaben der „Österreich in Bild und Ton"-Wochenschauen aus dem Zeitraum vom 1. Oktober 1937 bis zum 11. März 1938 nieder, die für die „Ostmark-Wochenschau" zensiert, geschnitten und im nationalsozialistischen Sinne ummontiert wurden[18]. „Nur internationale Berichte", die im Durchschnitt zwei Drittel der Gesamtbeiträge ausmachten, „wurden weitgehend übernommen, während die österreichischen Beiträge zu einem erheblichen Teil zensuriert und ausgetauscht wurden"[19].

Folgende Berichte über Stadt und Land Salzburg waren von diesen Eingriffen betroffen (die Angaben in der Klammer geben die fortlaufende Nummer der Ausgabe sowie die A- oder B-Version und das Premierendatum der jeweiligen Wochenschauausgabe wieder)[20]:

- zensurierte und ausgetauschte Beiträge von „Österreich in Bild und Ton":
  Salzburg. Schwerttanz in Hallein (44A, 29. 10. 1937)
  Salzburg. Salzburg im Schnee (1A, 31. 12. 1937)
  Salzburg. Rennläufer-Kurs am Hochkönig (1A, 31. 12. 1937)
  Salzburg – Zell am See. Der Damen-Skikurs in der Rennläufer-Schule der Österreichischen Sport- und Turnfront (7A, 11. 2. 1938)

Salzburg. Zwei Kameraden auf der Skiwiese (8A, 18. 2. 1938)
Salzburg. Akademische Skimeisterschaften in Hofgastein (9A, 25. 2. 1938)
Salzburg. Kundgebung mit Fackelzug der Vaterländischen Front (10A, 4. 3. 1938)

- einmontierte Beiträge der „Ostmark-Wochenschau“:
  Salzburg feiert den Geburtstag des Führers (9A, 25. 2. 1938)
  Salzburg. Die Wasserkünste von Hellbrunn (10A, 4. 3. 1938)

- übernommene und ummontierte Beiträge der „Österreich in Bild und Ton“:
  Salzburg. Erster Schneefall in den Bergen (Winterfreuden) (48A, 26. 11. 1937)
  Salzburg. Hinter den Kulissen von Aicher's Marionettentheater (2A, 7. 1. 1938)
  Salzburg. Rodelwettbewerb auf dem Gaisberg – Um die Europameisterschaften (7B, 11. 2. 1938)

Wie aus der Aufstellung ersichtlich, wurden aus den ständestaatlichen „Österreich in Bild und Ton“-Ausgaben vor allem Salzburger Kultur-, Sport- und Naturbilder entfernt, die in der nationalsozialistischen „Ostmark-Wochenschau“ propagandistischen Beiträgen weichen mussten. Die Berichte „Salzburg im Schnee“ und „Rennläufer-Kurs am Hochkönig“ (beide 1A, 31. 12. 1937) ersetzte etwa ein mehrminütiger Beitrag über die Erntedankfeier des Jahres 1937 im „Dritten Reich“, in deren Rahmen Hitler die Kolonialforderungen Deutschlands erneuert hatte. Daneben eliminierten die Nationalsozialisten alle Insignien des Ständestaates aus der „Ostmark-Wochenschau“, so auch den Salzburger Fackelzug der Vaterländischen Front, der durch die unpolitischen Bilder von den Wasserspielen in Hellbrunn ersetzt wurde (10A, 4. 3. 1938). Neben diesen Umarbeitungen fand nur ein einziger neu geschaffener Salzburg-Beitrag Eingang in die zensierten „Österreich in Bild und Ton“-Fassungen der „Ostmark-Wochenschau“, jener über die Salzburger Feierstunde anlässlich des 49. Geburtstags Hitlers im April 1938.

2. Propagandabilder von und über Salzburg

Primäres Ziel dieser Ausführungen ist es nicht, einen Beitrag zur wissenschaftstheoretischen Frage der NS-Propaganda und ihrer Funktion, insbesondere im Bereich der Wochenschauen, zu liefern. Dies kann an anderer Stelle in umfassender und ausführlicher Weise nachgelesen werden[21]. Vielmehr werden in der Folge chronologisch die Wegmarken des audiovisuellen Propagandafeldzuges in und über Salzburg im Jahr 1938 präsentiert und in ihren Grundzügen und Grundaussagen analysiert. Der Bogen reicht vom „Anschluß“ im März über das „Volksfest in Permanenz“[22] und die sogenannte „Ostmark-Fahrt des Führers“ als inszenatorische Massenkundgebung zur Vorbereitung der Volksabstimmung vom 10. April bis hin zum sommerlichen Societyhöhepunkt, den Festspielen des Jahres 1938. Anmerkungen zum ideologischen Konstrukt der „Volksgemeinschaft“ und zur Pogromnacht gegen die jüdische Bevölkerung im November sowie dem Fehlen audiovisueller Quellen über dieses Ereignis beenden den Jahreszyklus.

Der der zeitgenössischen Propaganda entnommene Titel „Ein Volk – Ein Reich – Ein Führer“ – als Slogan von den Nationalsozialisten im Zuge des „Anschlusses“ Österreichs eingeführt[23] und im März und April 1938 in der „Ostmark“ omnipräsent – bildet den roten Faden des Artikels und vereint sämtliche agitatorischen Elemente der instrumentalisierten Berichterstat-

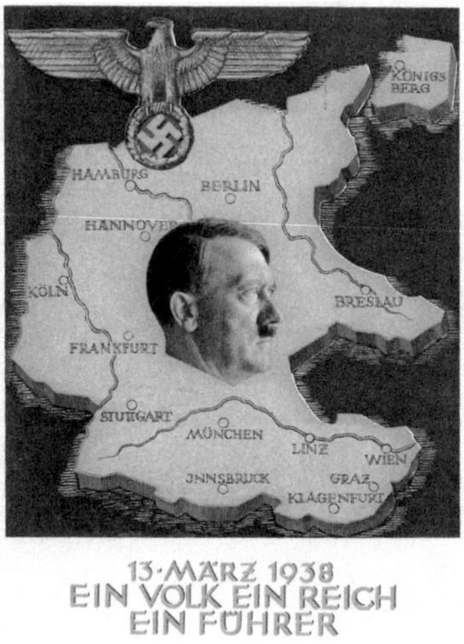

Postkarte zur Volksabstimmung vom 10. April 1938 (Original und Reproduktion: Johannes Hofinger).

tung: „Volk“ ist im Sinne der Darstellung der in die „Volksgemeinschaft“ eingeschlossenen Salzburger Bevölkerungsteile und in Opposition zu den ausgeschlossenen Menschengruppen zu verstehen, „Reich“ als Ausdruck der inszenatorischen Betonung geografisch-topografischer Gegebenheiten und Besonderheiten von Stadt und Land sowie deren filmisch-dokumentarischer Rezeption. „Führer“ schlussendlich steht stellvertretend für den Einsatz ranghoher NS-Prominenz vor Ort und der Zentrierung der Wochenschaubilder auf die tragenden Köpfe des lokalen und gesamtdeutschen Nationalsozialismus. Im Sinne einer funktionierenden Propaganda galt es, auf diesen drei Ebenen „das Empfinden und Wollen der Zuschauer soweit zu beeinflussen und anzuregen, daß es sich an den Maßstäben orientierte, die Auftraggeber und Hersteller der Wochenschau festsetzten“[24].

Quellentechnisch bilden zwei Bestände von Filmbildern unterschiedlicher Provenienz den Kern der Ausführungen:

Primär werden Salzburg-relevante Auszüge aus den „Ostmark-Wochenschauen“ des Zeitraums von März bis Anfang August 1938 präsentiert, über deren materiellen Verbleib die Wissenschaft jahrzehntelang kaum etwas aussagen und deren Propagandawirkung folgerichtig bildanalytisch bislang nicht auswerten konnte[25]. Diese Tatsache hängt mit den historischen Produktionsbedingungen der „Ostmark-Wochenschauen“ und der europäischen Nachkriegsgeschichte zusammen: Nach der Einstellung und dem Auslaufen der „Ostmark-Wochenschau“ im Mai 1939 kam der Gesamtbestand von Wien an das Reichsfilmarchiv in Berlin, fiel bei Kriegsende in sowjetische Hände und wurde zu einem nicht mehr zu eruierenden Zeitpunkt an das Staatliche Filmarchiv der Deutschen Demokratischen Republik übergeben, von wo es nach der Wende in das Bundesarchiv-Filmarchiv Berlin/Koblenz gelangte. Diese Einrichtung übergab die noch existierenden 50 Ausgaben – sie reichen vom 18. März bis zum 5. August 1938 – im Jahr 2004 dem Filmarchiv Austria[26]. Ein Teil dieses Bestandes wurde anlässlich der 70. Wiederkehr des „Anschlusses“ im Jahr 2008 auf DVD herausgegeben[27]. Um den Leserinnen und Lesern die Möglichkeit zur Überprüfung der auf diesen Seiten getätigten Aussagen zu bieten, orientieren sich die analysierten Bildsequenzen primär an den auf der DVD befindlichen Salzburg betreffenden Wochenschau-Beiträgen.

Zusätzlich zu den filmischen Propagandabildern des Jahres 1938 in Salzburg in der Berichterstattung der „Ostmark-Wochenschau“ wurden vereinzelt Fotografien aus dem Fotoarchiv Franz Krieger in diese Arbeit mit einbezogen, die in medialer Nahverwandtschaft zum Laufbild propagandistische Inszenierungen der unterschiedlichen Ereignisse im Jahresverlauf dokumentierten[28].

Die Propagandafunktion und -ausrichtung der offiziellen Bilder der „Ostmark-Wochenschau“ sowie ihre Konstruiertheit, die mitunter ein ambivalentes Bild der Machthaber generierten und von Guido Altendorf und Matthias Struch daher als ideologische „Überläufer“ im Sinne einer nicht-absoluten Systemkonformität bezeichnet werden[29], treten in der Gegenüberstellung dieser offiziellen Bilder mit privaten Aufnahmen, mit „ephemeren Filmen“[30], zu Tage. Dieser zweite, nichtprofessionelle Bilderfundus stammt zum einen aus dem Privatbesitz des Salzburger Kaufmanns Albert Amerhauser (1911–1971), dessen Sohn Dkfm. Erich Amerhauser dem Archiv der Stadt Salzburg mehrere Normal-Acht-Filme zur dauernden Archivierung übergeben und die Verwendung des Materials für wissenschaftliche Zwecke gestattet hat[31]. Die von Amerhauser hergestellten Filme spannen einen Bogen vom Einmarsch der deutschen Truppen in Salzburg im März 1938 über den Besuch Hitlers in Salzburg bis hin zur Befreiung durch die Amerikaner im Mai 1945.

Ergänzt werden diese Privatbilder zum anderen durch Aufnahmen aus dem historischen Archiv des ORF Landesstudios Salzburg, in dessen Fundus einige wenige, über das Amerhauser-Material hinaus gehende Filmstreifen zu finden sind. Immer wieder werden diese Bilder in eigenproduzierte historische Dokumentationen integriert, so z. B. in „Salzburg, der ‚Mustergau‘“ (ORF 1988, Redaktion: Werner Mück, Siegbert Stronegger, Michael Mair), „Festspiele im Mustergau“ (ORF 2001, Regie: Andreas Novak) und zuletzt „Der 2. Weltkrieg, Teil 1: Die Blitzkriege“ (ORF 2009, Regie: Andreas Novak).

Diese Gegenüberstellung von offiziösen Wochenschau-Bildern und Pressefotografien mit privaten Aufnahmen berührt neben der Frage nach den Quellen abseits der überlieferten schriftlichen Unterlagen eine der Grundfragen historischer Arbeit allgemein: Unter welchen Vorzeichen entstanden diese visuellen Quellen, welchem Zweck diente vor allem die propagandistische Quelle und was gilt es heute in ihrer Analyse zu beachten? Welche „Wahrheit“ vermitteln diese Bilder und wie verhält sie sich zur faktengestützten wissenschaftlichen Wahrheit? In anderen Worten: Welchen Grad an Inszenierung und Montage weisen die propagandistischen Bilder auf und wie funktionieren sie?[32]

Diese Fragen stellen sich umso eindringlicher, als eine Generation von Historikerinnen und Historikern ihre Arbeit aufnimmt, die einerseits kaum mehr einen direkten persönlichen, familiären Bezug zum Nationalsozialismus aufweist und andererseits sehr stark von den Fernseh- und Kinobildern über die NS-Zeit, seien sie dokumentarisch oder fiktional, geprägt ist. Der unreflektierten Dauerberieselung durch die in der Zeit des Nationalsozialismus produzierten Bilder in aktuellen Fernsehproduktionen muss also eine kritische Sichtweise auf dieses Material entgegen gestellt werden[33].

3. Der „Anschluß"

Nachdem die planmäßig für den 11. März 1938 fertig zu stellende ständestaatliche Wochenschau aller Wahrscheinlichkeit nach erst in ihrer zensierten Form, die mit der Reichstagsrede Hitlers über die „Wiedervereinigung der Ostmark mit dem Reich" begann, in die Kinos kam[34], stand die am 18. März 1938 vorgeführte erste „Ostmark-Wochenschau" nach dem „Anschluß" zur Gänze unter dem Titel „Die Ostmark kehrt heim ins Deutsche Reich" (12, 18. 3. 1938). Dem Ereignis angemessen und Sachzwängen folgend stellten die Mitarbeiterinnen und Mitarbeiter der *Selenophon* von dieser Ausgabe ebenso wie von jener vom 25. März 1938, die beinahe ausschließlich Wien-Bilder reproduzierte, keine A- und B-Version her, sondern warfen einen Kompilationsfilm über die Umbruchstage in Österreich auf die Leinwand. Trotz des Produktionszeitdrucks erweist sich diese Wochenschau-Ausgabe mit einer Gesamtlänge von 10 Minuten 36 Sekunden bereits als klug strukturierte Inszenierung nationalsozialistischer Ideologie, die lediglich in der technischen Umsetzung in den Folgemonaten verfeinert werden musste.

Die Wochenschau beginnt nach dem neu eingefügten „Ostmark"-Signet mit einem Blick in die Straßen von Graz vom 11. und 12. März. Der Sprecher kommentiert die dargestellte Machtergreifung ‚von unten', also die Quasirevolution durch die österreichische Bevölkerung[35]: *Mit aufgepflanzten Bajonetten müssen die Menschenmassen in den Straßen der österreichischen Städte, hier zum Beispiel in Graz, zurückgehalten werden, die immer wieder ihre Erbitterung gegen die versuchte Abstimmung* [die von Schuschnigg geplante Volksabstimmung über die Eigenständigkeit Österreichs, Anm. J. H.] *und ihre unerschütterliche Treue für Führer und Reich zum Ausdruck bringen.*

Signet der „Ostmark-Wochenschau" (Foto: Filmarchiv Austria).

Nach einem Schnitt folgen Aufnahmen von illegalen österreichischen SA- und SS-Männern in Zivil, die die Hakenkreuzfahne schwenkend nach Linz marschieren, wo sie – in der Wochenschau von Marschmusik unterlegt – in Formation unter dem Jubel der Menge über den Hauptplatz defilieren.

Den weitaus größten Teil der Wochenschau nehmen jedoch über fünf Minuten lange Aufnahmen von den Feiern in Wien bei Tag und die nicht enden wollenden Kolonnen der einrückenden Deutschen Wehrmacht über den Ring bei Nacht ein, die mit schrillen Jubeltönen und „Sieg Heil"-Rufen unterlegt sind. Indem mit Arthur Seyß-Inquart und Hugo Jury zwei führende österreichische Nationalsozialisten in Szene gesetzt und vom Kommentator mit den Worten *Doktor Seyß-Inquart, der das Vertrauen des Führers und mit ihm des ganzen deutschen Volkes genießt. Ihm zur Seite Doktor Jury* eingeführt werden, folgt inszenatorisch auf die Machtergreifung ‚von unten' nun visuell die Machtergreifung ‚von oben', die „Anschluß"-Unterstützung durch österreichische Politiker[36].

Mit einem harten Schnitt nach etwas mehr als acht Minuten bricht die Wochenschau ästhetisch und inhaltlich, unvermittelt setzt Musik ein und aus erhöhter Position blickt die Kamera auf die Staatsbrücke in Salzburg.

Lediglich 26 Sekunden zeigen den Einmarsch der deutschen Truppen in Salzburg, untermalt von beschwingter Marschmusik und versehen mit dem lapidaren Kommentar des Sprechers am Ende der Sequenz: *Deutsche Truppen marschieren in Salzburg ein.*

Diese Bilder der deutschen Soldaten stehen somit ebenso wie jene von der Wiener Ringstraße für die Machtergreifung ‚von außen', also die Annexion Österreichs durch deutsches Militär[37], worauf der eigentliche Höhepunkt

Beginn der Salzburg-Sequenz der „Anschluß"-Ausgabe der „Ostmark-Wochenschau" (Foto: Filmarchiv Austria).

des Wochenschauberichtes folgt, den der Sprecher mit sich überschlagender Stimme einleitet: *Alle diese bewegenden Ereignisse sollten aber noch überboten werden. Der Führer, unser Führer betritt als Triumphator den Boden seiner Heimat.* Das Publikum sieht Hitlers Grenzübertritt bei Braunau am Nachmittag des 12. März und seinen euphorischen Empfang in Wien am 14. März[38].

Doch zurück zu den Bildern aus Salzburg: Das 26 Sekunden lange Insert in dieser ersten „Ostmark-Wochenschau" war die zentrale Bildfolge vom „Anschluß" in Salzburg, die in den österreichischen und über andere Wochenschau-Formate zum Teil auch in den Kinos des „Altreiches" zu sehen war.

Insgesamt weist der kurze Salzburg-Teil vier unterschiedliche Kameraeinstellungen auf: die bereits erwähnte Aufsicht auf die Staatsbrücke mit der Hakenkreuzfahne in der Mitte der oberen Bildhälfte; die Aufsicht auf eine kleine Menschenmenge in Halbnah, die um Hitler-Postkarten rangelt; den Blick von der Staatsbrücke Richtung Platzl in leichter Aufsicht und Totale; und schließlich die halbnahe Aufnahme einer jubelnden, Fähnchen schwenkenden Menschengruppe auf der Staatsbrücke Richtung Hotel Stein in leichter Aufsicht.

Filmanalytisch bemerkenswert ist die Tatsache, dass ausschließlich von unterschiedlichen Perspektiven aufgenommene Bilder von Wehrmachtssoldaten zu Fuß oder zu Pferd sowie ihre Gerätschaften beim Überqueren der Staatsbrücke bzw. am Platzl in die Wochenschau integriert werden. Aufgrund der Kamerapositionierung, die den auf der Staatsbrücke zur Verfügung stehenden beschränkten Raum einfängt und mit der jubelnden Menschenmenge verschmilzt, erscheint ebendiese Menge präsenter, größer und geschlossener als dies auf offener Straße bzw. auf einem weitläufigen Platz wie dem Residenzplatz der Fall wäre.

Diese Auffälligkeiten sowie die Bilder von Hitlers Besuch in Salzburg im April 1938 legen die Schlussfolgerung nahe, dass die Mobilisierung der Massen zum Zeitpunkt des „Anschlusses" in Salzburg nicht in entsprechende Wochenschau-taugliche Bilder umgesetzt werden konnte, weshalb die propagandistische Minimallösung der kurzen Sequenz von die Staatsbrücke überquerenden Soldaten gewählt wurde. Auf den Vergleich zu Hitlers triumphalem Empfang in Salzburg im April desselben Jahres wird noch zurückzukommen sein.

Die Privataufnahmen des Einmarsch-Tages von Albert Amerhauser führen nicht nur vor Augen, wie sich Staatsbrücke, Platzl und Linzergasse in Erwartung der Wehrmachtsformationen sukzessive mit Menschen füllten, und ermöglichen so, die Chronologie dieser Stunden dichter nachzuzeichnen. Sie offenbaren auch die von oben gelenkte propagandistische Unterstützung des Ereignisses, wenn etwa Flugblätter[39] aus Flugzeugen der Deutschen Luftwaffe über der Stadt abgeworfen werden und die Menschen versuchen, diese in der Luft zu fangen. Propagandaminister Joseph Goebbels hielt diesen Agitationsmechanismus in seinem Tagebuch in kurzen Worten fest: „Amann pfeffert 130 Millionen Flugblätter heraus. Mit Hptm. [Welter] von der Luftwaffe Verteilungsapparat aufgebaut."[40] Zusätzlich werden Hakenkreuzfähnchen bündelweise aus einem Kastenwagen an die Menge verteilt. Amerhauser fing auch die Durchfahrt des „Hilfszuges Bayern", einer 160 Wagen umfassenden Kolonne zur Verpflegung bei Großereignissen, ein, der in Wien zum Volleinsatz kommen sollte und dort auch Objekt eines eigenen „Ostmark-Wochenschau"-Berichts wurde (14A, 1. 4. 1938).

Beim Versuch, einen Flugzettel zu fangen – Passanten beim Lesen (AStS, Nachlass Albert Amerhauser).

Hakenkreuzfähnchen für die Menge (AStS, Nachlass Albert Amerhauser).

Die wenigen Salzburger Wochenschaubilder vom „Anschluß" mögen damals wie heute den Eindruck erweckt haben bzw. erwecken, der kleinste Gau des „Dritten Reiches" wäre lediglich von außen annektiert worden, obwohl die lokale NSDAP respektive die nationalsozialistische Bewegung und die deutschnationale Strömung insgesamt auf eine lange Geschichte und Tradition in der Stadt zurückblickten[41]. Ein 56sekündiger Beitrag in der Wochenschau-Ausgabe vom 29. April 1938 rückte diese Sichtweise zurecht und lieferte dem Kinopublikum die Bilder über die Salzburger Machtergreifung ‚von unten' nach: „Salzburg. Die Grenzen sind gefallen" (18B, 29. 4. 1938), worin Hitler-Jungen im Beisein von BDM-Angehörigen Salzburger Grenzmarkierungen demontieren, zu Fuß abtransportieren und feierlich verbrennen. Unterlegt mit beschwingter Blasmusik hebt der Sprecher die Aktion ins Mythische: *Deutsch-österreichische Jugend zieht aus, um die Grenzpfähle zwischen dem Altreich und der Ostmark niederzulegen, die lange genug deutsches Volkstum trennten, um so auch äußerlich jede Erinnerung an die Vergangenheit zu tilgen.*

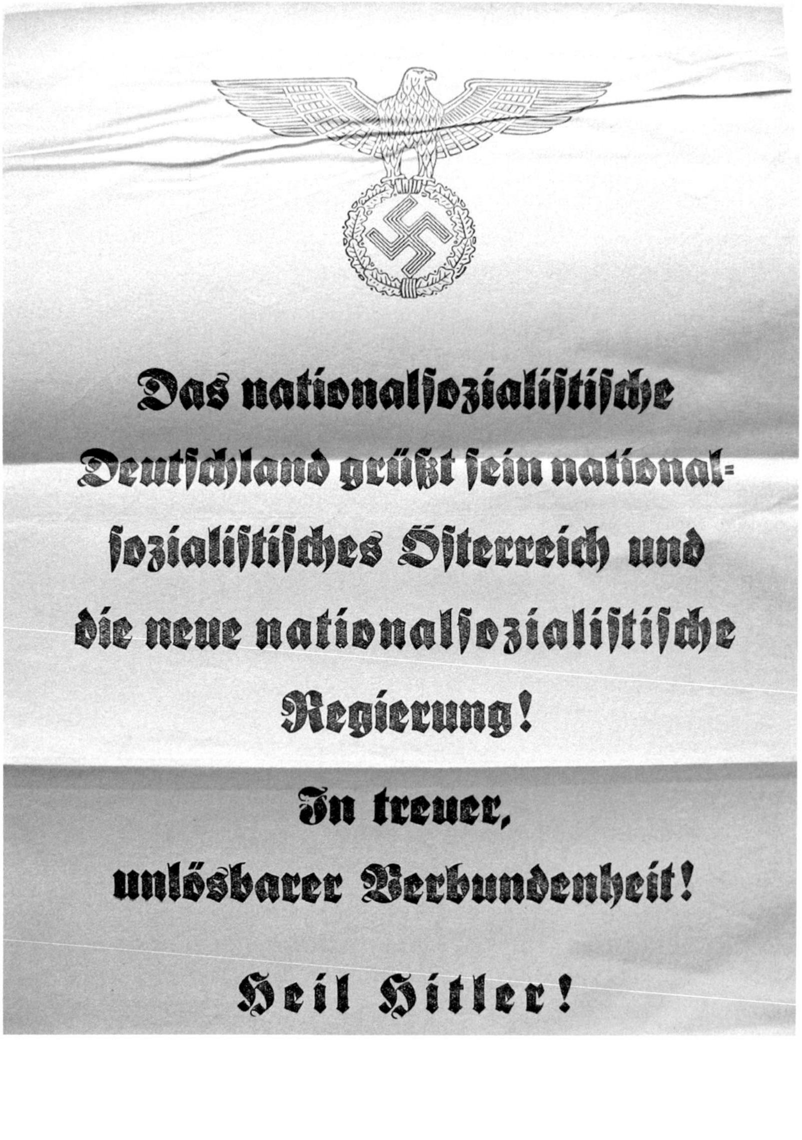
Das nationalsozialistische
Deutschland grüßt sein national-
sozialistisches Österreich und
die neue nationalsozialistische
Regierung!

In treuer,
unlösbarer Verbundenheit!

Heil Hitler!

Flugzettel (Original und Reproduktion: AStS).

Mit den lodernden Flammen der pseudorituell verbrannten Grenzbalken vor der Szenerie einer hügeligen Waldlichtung endet der Wochenschaubericht[42]. Die aktionistische In-Szene-Setzung der Eliminierung des ständestaatlichen Systems und seiner Symbolwelten durch Formationen der HJ und des BDM gehörte zu den wiederkehrenden Konstituenten nationalsozialistischer Propaganda, die sich etwa auch in der Bücherverbrennung auf dem Salzburger Residenzplatz am 30. April 1938, von der die Wochenschau jedoch kein Material herstellte[43], manifestierten.

Dass unmittelbar mit dem „Anschluß" die Verfolgung und Beraubung ausgegrenzter Personengruppen und politisch Oppositioneller begann, fand in den „Ostmark-Wochenschauen" keinen Niederschlag. Für Wissenschafterinnen und Wissenschafter lassen sich die Repressionen jener gewaltentladenden Monate zwischen dem März 1938 und dem Novemberpogrom jedoch aus zeitgenössischen Berichten, überlieferten Akten und Interviews mit überlebenden Opfern rekonstruieren[44].

4. Vier Wochen Ausnahmezustand: Vom „Anschluß" zur Volksabstimmung

Dem „Anschluß" folgt auf allen Ebenen ein unvergleichlicher Werbe- und Propagandafeldzug innerhalb der eingegliederten „Ostmark", von den Gulaschkanonen der öffentlichen Ausspeisungen bis zu werbewirksam choreographierten Stippvisiten ranghoher NS-Funktionäre, „die mit ihrem Besuch in der ‚Ostmark' die ‚Größe des Augenblicks' würdigten"[45]. Während der Besuch von Hermann Göring in Salzburg am 2. April 1938 keinen Niederschlag in der „Ostmark-Wochenschau" fand (die *Selenophon* dokumentierte die „Triumphfahrt des Generalfeldmarschalls Hermann Göring durch Deutschösterreich" mit Stationen in Wels, Linz und Wien in der Ausgabe 14B vom 1. April und Aufnahmen seines Auftretens in Graz in 15B vom 8. April 1938), wurde der Empfang des zwei Tage später in der Stadt Salzburg weilenden Reichsjugendführers Baldur von Schirach filmisch begleitet (16B, 15. 4. 1938). Der HJ-Bannführer Hartmann Lauterbacher und der Salzburger Gauleiter Anton Wintersteiger begrüßten den späteren Gauleiter von Wien, bevor von Schirach auf dem Residenzplatz vor 6291 versammelten HJ- und BDM-Angehörigen eine Ansprache hielt, in der er die Denkwürdigkeit des

Baldur von Schirach begrüßt HJ-Führer auf dem Residenzplatz, links in Zivil Gauleiter Anton Wintersteiger (Foto: AStS, Fotoarchiv Franz Krieger, Film 113).

Augenblicks hervorhob: *Es ist das erstemal, daß wir uns nach langen Jahren in die Augen sehen können. Obwohl das Wetter nicht gerade schön ist, haben wir doch im Herzen Sonne und Fröhlichkeit. Es ist nur eine kurze Stunde, aber doch eine Stunde, die Ausdruck geben soll der Dankbarkeit von uns allen für das gütige Schicksal, das uns vereint hat.*[46]

Eine inszenatorische Großleistung war die Wochenschau-Berichterstattung über den Besuch von Reichsführer SS Heinrich Himmler am 22. März 1938 (14B, 1. 4. 1938), dem aufgrund der ranghohen Mitgliedschaft der beiden späteren Salzburger Gauleiter Friedrich Rainer und Gustav Adolf Scheel bei der SS bzw. beim Sicherheitsdienst (SD) der SS große Bedeutung zukam[47]. *Der Reichsführer SS und Chef der deutschen Polizei, Himmler, besichtigt in Salzburg die angetretenen Formationen der Schutzstaffeln*, so der Sprecherkommentar zum 50sekündigen Wochenschau-Beitrag, in dem Himmler die am SS-Sportplatz, dem ehemaligen Kolping-Sportplatz, aufgrund fehlender Uniformen in Zivil angetretenen 743 Mitglieder der Salzburger SS begrüßte. Die Wochenschau-Kameramänner positionierten sich bei Himmlers Abschreiten der Formation quer zur Achse Himmler – SS-Männer und nahmen die Szenerie in Brusthöhe mit Blickrichtung Festung auf, ein Indiz für die Absicht, „historische und kulturelle Wahrzeichen österreichischer Städte von jeglicher eigenständigen und eigenstaatlichen

SS-Dreierreihen, der Kameramann der „Ostmark-Wochenschau“ in der Hocke vor Himmler (Foto: AStS, Fotoarchiv Franz Krieger, Film 111).

Identität zu ‚säubern‘ und in einen großdeutschen, als völkisches Naturrecht interpretierten Kontext einzubinden“[48]. Durch diese Inszenierungstechnik entsteht der Eindruck fest geschlossener, ins Unendliche reichender SS-Männer, der zusätzlich durch die Hinterlegung der Bilder mit Musiksequenzen aus dem „Horst-Wessel-Lied“ verfestigt wird. Die Tatsache, dass die Formation der Salzburger SS-Männer aus drei überschaubaren Dreierreihen bestand, kaschierten die Wochenschaubilder durch die Kamerapositionierung bzw. -perspektive. Beim Versuch, die Szenerie am Ende des Beitrages erneut mit der Festung im Hintergrund in Verbindung zu bringen, offenbaren die Wochenschau-Verantwortlichen jedoch – gewollt oder ungewollt? – die wahre Dimension der Veranstaltung, die in krassem Gegensatz zur Fotodokumentation des Salzburger Fotografen Franz Krieger zu lesen ist, wo Himmler – im Bildhintergrund das Stift Nonnberg – aus einem Meer ihm entgegen gestreckter Hände erlösergleich empor ragt.

Neben dem Werbeeinsatz der Spitzen nationalsozialistischer Politik aus dem „Altreich“ ist die hohe „visuelle Präsenz von österreichischen ‚Kämpfern der ersten Stunde‘“ zu konstatieren, „denen in der OSTMARK-WOCHENSCHAU auffallend viel Platz eingeräumt wird“[49]. So etwa im kurzen Beitrag zur „Weihe des SA Ehrenmales in Lamprechtshausen“ (32B, 5. 8. 1938) oder auch im 124sekündigen, kommentarlosen Wochenschau-Bericht

Himmler schreitet die Reihe der Salzburger SS-Männer ab (Foto: Filmarchiv Austria).

SS-Männer umringen ihren „Führer“ Heinrich Himmler (Fotos: AStS, Fotoarchiv Franz Krieger, Film 111 u. Filmarchiv Austria).

15A vom 8. April 1938 über das Eintreffen der Österreichischen Legion in Salzburg am 31. März 1938, wo die laut „Salzburger Volksblatt“ 7500 bis 10.000 Heimkehrer[50] mit frenetischem Jubel begrüßt wurden. In einem feierlichen Akt gaben Legionäre 18 Fahnen, die während der nationalsozialistischen Verbotszeit in Österreich im „Dritten Reich“ aufbewahrt wurden, an die Salzburger SA zurück, darunter eine Fahne des Traditionssturms 1/59, die am 12. August 1923 durch den damaligen Obersten SA-Führer Hermann Göring in Salzburg übergeben worden war[51].

Filmten die Kameramänner die Szenen des Einmarsches der deutschen Truppen im März 1938 vornehmlich in Aufsicht, also von oben herab, wodurch dem Kinopublikum die Quantität der Menge erahnbar wurde, so

Fahnenübergabe an die Salzburger SA (Foto: Filmarchiv Austria).

bevorzugten sie bei der Rückkehr der Österreichischen Legion Aufnahmepositionen in Augenhöhe, in unmittelbarer Nähe zu den Jubelnden. Dadurch stellt sich der psychologische Effekt der unmittelbaren Teilhabe an diesem Ereignis ein, der zudem wenige Rückschlüsse über die tatsächliche Zahl der Menschen vor Ort zulässt. Die Aufnahmeplätze der Wochenschau bleiben auf den Domplatz, wo die Übergabe der Fahnen stattfand, und den Mozartplatz beschränkt. Auf Letzterem stand auch der Salzburger Hobbyfilmer Albert Amerhauser, der den Durchmarsch der Österreichischen Legion auf knapp acht Minuten Schmalfilm festhielt, und wurde Augenzeuge eines durchaus skurrilen Vorgangs: Vor Eintreffen der Truppen übte die am Residenz- und Mozartplatz versammelte Menge unter Anleitung mehrerer Ordnungsorgane den Hitlergruß, der beim anschließenden Defilieren der Legionäre entboten wurde.

Salzburg sollte für die heimgekehrten Legionäre nur eine propagandistisch nutzbare Zwischenstation auf ihrem Marsch nach Wien sein, wo sie am 2. April 1938 den „Tag der österreichischen Legion" zelebrierten, an-

Die Salzburger Bevölkerung übt den Hitlergruß (AStS, Nachlass Albert Amerhauser).

lässlich dessen Reichskommissar Bürckel und der Stabschef der Österreichischen Legion Viktor Lutze Ansprachen hielten (15B, 8. 4. 1938). Die mit großem Aufwand in Szene gesetzte Rückkehr der Österreichischen Legion in die Heimat war auch durch die Hoffnung ihrer Exponenten auf Ämter und Positionen innerhalb der neuen Machtstrukturen begründet, die sich aus der vermeintlichen öffentlichen Anerkennung ihrer Verdienste während der Illegalität speisten. Diese Erwartungshaltung wurde jedoch enttäuscht und Pfründe nach anderen Gesichtspunkten vergeben. Die während der Zeit der Illegalität aktionistisch und propagandistisch durchaus hohe Bedeutung der Legion schwand zusehends[52].

Neben den Legionären waren es erneut HJ und BDM, deren Aktivitäten im Sinne der Volksabstimmungspropaganda in den Wochenschauen dienstbar gemacht wurden, so im 63sekündigen Beitrag „Werbemarsch der Salzburger Hitler-Jugend“ (14A, 1. 4. 1938). Jungen- und Mädchen-Formationen marschieren mit Hakenkreuzfahnen durch Salzburger Orte, während ihnen die einheimische Bevölkerung den Hitlergruß entbietet. In einer subtil wirksamen Montage unterlegten die Wochenschaumacherinnen und -macher den kurzen, kommentarlosen Beitrag mit einer Instrumentalversion des vom deutschen Filmkomponisten Hans-Otto Borgmann verfassten und mit einem Text des Reichsjugendführers Baldur von Schirach versehenen Marsches „Unsre Fahne flattert uns voran“ (auch unter den Titeln „Vorwärts! Vorwärts! schmettern die hellen Fanfaren“ und „Fahnenlied der Hitler-Jugend“ geführt), dessen Refrain drei Wochen nach dem „Anschluß“ als beim zeitgenössischen Publikum bekannt vorausgesetzt werden durfte und der die Ziele der nationalsozialistischen (Jugend-)Politik unverkleidet erkennbar machte:

Unsre Fahne flattert uns voran

Vorwärts! Vorwärts!
Schmettern die hellen Fanfaren,
Vorwärts! Vorwärts!
Jugend kennt keine Gefahren.
Deutschland, du wirst leuchtend stehn
Mögen wir auch untergehn.
Vorwärts! Vorwärts!
Schmettern die hellen Fanfaren,
Vorwärts! Vorwärts!
Jugend kennt keine Gefahren.
Ist das Ziel auch noch so hoch,
Jugend zwingt es doch.

Refrain:
Unsre Fahne flattert uns voran.
In die Zukunft ziehen wir Mann für Mann
Wir marschieren für Hitler
Durch Nacht und durch Not
Mit der Fahne der Jugend
Für Freiheit und Brot.
Unsre Fahne flattert uns voran,
Unsre Fahne ist die neue Zeit.
Und die Fahne führt uns in die Ewigkeit!
Ja die Fahne ist mehr als der Tod!

Jugend! Jugend!
Wir sind der Zukunft Soldaten.
Jugend! Jugend!
Träger der kommenden Taten.
Ja, durch unsre Fäuste fällt
Wer sich uns entgegenstellt
Jugend! Jugend!
Wir sind der Zukunft Soldaten.
Jugend! Jugend!
Träger der kommenden Taten.
Führer, wir gehören dir,
Wir Kameraden, dir!

Refrain

Die visuelle Penetration, die auf die Volksabstimmung vom 10. April 1938 hinsteuerte, bediente sich des Führerkults als „Archimedischen Punkt der Propaganda“[53] und erreichte mit der sogenannten „Ostmark-Fahrt des Führers“ ihren Höhepunkt. Diese propagandistisch exakt konzipierte Tour führte Adolf Hitler am 6. April 1938 von Innsbruck kommend nach Salzburg[54].

Der Beitrag der „Ostmark-Wochenschau“ von der „Ostmark-Fahrt“ (16A, 15. 4. 1938) brachte eine Kompilation der Reiseroute Hitlers in die Kinos, die die Stationen Klagenfurt, Innsbruck, Salzburg und Linz beinhaltete. Ähnlich der Berichterstattung vom Einmarsch der deutschen Truppen in der „Ostmark“ handelt es sich also auch in diesem Fall wieder um die Zusammenschau einzelner Städteaufnahmen, die den Eindruck der Omnipräsenz des „Führers“ verstärken sollte.

Die Salzburg-Bilder zeigen gleichsam als visuelles Entree der Volksfeststimmung verschiedene Brauchtumsgruppen aus den einzelnen Gauen beim Überqueren der Staatsbrücke, an deren Spitze Otto Pflanzl als „Sprecher der Stände" ging. Er trug Hitler einen selbstgedichteten „Begrüaßungsbusch'n für unsern liab'n Führer Adolf Hitler" vor, der am darauffolgenden Freitag und somit zwei Tage vor der Abstimmung im „Salzburger Volksblatt" abgedruckt wurde[55]. Mit Stolz vermerkte der Volksdichter am 6. April in seinem Taschenkalender: *Heute vor dem Führer: Begrüssungsbusch'n vorgetragen. Der Führer hat mir die Hand gedrückt! Viele beneideten mich!*[56] Den Brauchtumsgruppen folgten in der Wochenschau Einstellungen von Hakenkreuzfähnchen schwenkenden Menschenmengen am Alten Markt und dem Residenzplatz, die von einem Kordon von Hitlerjungen zurückgehalten werden mussten. Jubelnde an den beiden Salzachufern, vor dem Landestheater und die Vorfahrt der Wagenkolonne mit Hitler an der Spitze vor dem Hotel „Österreichischer Hof", in dem der „Führer" übernachtete, ergänzen die Bilder der Wochenschau. Dem bereits in den vorangegangenen Tagen ausgegebenen Aufruf zum Fahnen- und Blumenschmuck kam die Salzburger Bevölkerung in für die Machthaber vorbildlicher Weise nach.

HJ marschiert durch Bad Gastein (Foto: Filmarchiv Austria).

Während in die „Anschluß"-Wochenschau vom 18. März aufgrund der geringen Propagandatauglichkeit der Bilder lediglich die weiter oben beschriebenen Aufnahmen von der Staatsbrücke und vom Platzl Eingang fanden, gelang es der lokalen Partei und ihren Untergliederungen innerhalb von vier Wochen Menschenmengen zu mobilisieren und zu dirigieren sowie straff organisiert aufzutreten, wie der Aufmarsch der Brauchtumsgruppen auf der Staatsbrücke und die Spaliere der Hitlerjungen am Alten Markt sowie der Blumenschmuck und die Beflaggung nahe legen. Bereits am 1. April hatte die Gestapo Salzburg in einem Zeitungsaufruf von den Salzburgerinnen und Salzburgern Disziplin beim bevorstehenden Besuch des „Führers" eingefordert und am 4. April wegen Verletzungsgefahr das Werfen von Blumen in offene Wägen verboten[57]. Die propagandistische Choreographie des Ereignisses vor Ort unterstützten die Wochenschau-Gestalterinnen und Gestalter durch den Einsatz von Musik und durch das Hinzufügen von Jubel-Tönen zu den durchgehend stumm gedrehten Aufnahmen, wodurch die ekstatische Stimmung verstärkt wurde[58].

Salzburger SA, SS und HJ halten die Menge am Alten Markt zurück (Foto: Filmarchiv Austria).

Einen Blick hinter die organisatorischen Kulissen der Veranstaltung gewähren die von Albert Amerhauser festgehaltenen Bilder, die in der Rainerstraße in Erwartung Adolf Hitlers gemacht wurden. Sie zeigen unterschiedliche Gruppen von Menschen, so etwa den Kordon der SA, SS und HJ in weißen Hemden, die die bei der Durchfahrt Hitlers begeistert jubelnden Zuschauerinnen und Zuschauer zurückhalten. Zusätzlich begeben sich SA-Männer auf die ihnen zugewiesenen Plätze.

Die psychologisch bedeutsame Wechselwirkung von Spannung und Entspannung legen die Amateuraufnahmen von der Ankunft Hitlers im „Österreichischen Hof" nahe. Die Kameraperson befand sich mitten in der Menge, zwischen „Österreichischem Hof" und Landestheater. Während die Menschen zunächst in Ruhe verharren und lediglich einzelne Hakenkreuzfähnchen wackeln, bricht bei der Vorfahrt der Wägen euphorischer Jubel aus, Hände werden zum Hitler-Gruß in die Höhe gerissen. Die erwartungsvolle Hochstimmung kulminiert in jenem Moment, wo Hitler auf den Balkon des Österreichischen Hofes tritt und die Jubelmenge mit seiner schieren physischen Präsenz befriedigt.

Propagandaminister Goebbels notierte am 8. April in seinem Tagebuch: „Der Führer hat triumphal in Salzburg gesprochen."[59]

Als Schlusspunkt seiner „Ostmark-Fahrt" traf Adolf Hitler am 9. April in Wien ein, wo am Vorabend der Volksabstimmung der „Tag des Großdeutschen Reiches" zelebriert wurde, über den die Wochenschau in der Parallelausgabe 16B vom 15. April 1938 berichtete. Die Propagandatour durch die „Ostmark" verstärkte den Nimbus des allgegenwärtigen, volksverbundenen und zur zentralen Trademark[60] erhobenen „Führers", den die „Ostmark-Wochenschau" um die Facette des „Ersten Arbeiters des Großdeutschen Reiches" erweiterte, indem sie im Anschluss an die Berichte zur „Ostmark-Fahrt" einen 70sekündigen Beitrag über den am 7. April vorgenommenen Spatenstich Adolf Hitlers für den Reichsautobahnbau am Walserberg hinzufügte (16A, 15. 4. 1938).

Aufgrund der Zentrierung Salzburgs als Ort der Hochkultur und der Erholung kam der Verlängerung der Autobahnstrecke München–Salzburg[61] nach Wien durch die *Organisation Todt* besondere wirtschaftspropagandistische Bedeutung zu, die auch durch die von Fritz Todt im April diesen Jahres eröffnete Ausstellung „Die Straßen Adolf Hitlers" in der Galerie Welz unterstrichen wurde[62]. Bereits in den Zensurfassungen der „Österreich in

Hitler am Balkon des „Österreichischen Hofes“ (AStS, Nachlass Albert Amerhauser).

Bild und Ton“-Ausgaben 45B vom 5. November 1937 und 6A vom 4. Februar 1938 lieferten die neuen Machthaber dem „ostmärkischen“ Kinopublikum visuelle Demonstrationen des „Aufbauwerkes“ des reichsdeutschen Verkehrswesens nach. Die nationalsozialistische Bautätigkeit zwischen 1933 und 1938 insgesamt und somit auch die Entwicklung des Reichsautobahnbaues unterstreicht zudem der 16minütige UFA-Propagandafilm „Adolf Hitlers Bauten“ (D 1938, Regie und Kamera: Prof. Walter Hege)[63], wobei die verkehrstechnische Erschließung des Reichsgebietes in der nati-

Franz Krieger fotografiert Hitler beim Spatenstich (Foto: AStS, Fotoarchiv Franz Krieger, Film 116).

onalsozialistischen Ideologiekonstruktion zur mythischen Vorstellung gerann, die ihren langen Schatten bis in die heutigen Tage wirft[64].

Unter diesen Voraussetzungen verwundert die bildtechnisch und narrativ überaus mangelhafte Ausführung des „Ostmark-Wochenschau"-Berichts (16B, 15. 4. 1938), der mit dem Kommentar einsetzt: *Der Erste Arbeiter des Großdeutschen Reiches, Adolf Hitler, nahm an der alten Reichsgrenze bei Salzburg den ersten Spatenstich für den Bau der Reichsautobahn vor. So nimmt der Nationalsozialismus das gewaltige Aufbauprogramm für Deutschösterreich in Angriff.* Stellt der Text ganz klar Hitler in den Mittelpunkt des Ereignisses, so folgen die Bilder dieser Fokussierung nicht. Während Fotografen wie Heinrich Hoffmann[65] oder Franz Krieger Hitler aus direkter Nähe beim Spatenstich fotografieren konnten, befand sich der Kameramann der „Ostmark-Wochenschau" in großer Distanz zum Akt des Erde-Aushebens. Der Bericht brachte insgesamt wenige Aufnahmen des „Führers" und der politischen Prominenz, sondern konzentrierte sich aus nicht bekannten und visuell-narrativ kaum nachvollziehbaren Gründen auf die den Hitlergruß entbietende Menge sowie das Fallen von Bäumen und die Abfahrt des

Der Spatenstich in der „Ostmark-Wochenschau“, Hitler in der linken Bildmitte (Foto: Filmarchiv Austria).

ersten voll beladenen Zuges als Symbole des Arbeitsfortschrittes. Ähnliche Bilder aus einer vergleichbaren Entfernung hielt übrigens auch der Privatmann Albert Amerhauser auf vier Minuten Filmmaterial fest.

5. Die Volksabstimmung

Mit dem Besuch Hitlers in der „Ostmark“ erreichten die propagandistische Massierung der Massen und die Befriedigung ihrer Schaulust zugunsten der Volksabstimmung ihren Höhepunkt. Werbefilme aus allen Teilen der „Ostmark“ unterstrichen die mediale Agitation für den Urnengang, die zugunsten der Mobilisierung der Menschen eine Bilderflut nationalsozialistischer Symbole über das annektierte Österreich und somit auch über Salzburg ergoss und als Konstante den eingängigen Spruch „Ein Volk – Ein Reich – Ein Führer“ bediente. Der 36sekündige Beitrag „Vor der Wahl. Salzburg im Fahnenschmuck“ (16B, 15. 4. 1938), der die hakenkreuzgeschmückten Embleme der Salzburger Ikonografie wie Dom, Festung, Residenzbrunnen und Neue Residenz, Getreidegasse, Mozarts Geburtshaus, Rathaus und

Staatsbrücke in Filmbilder goss, unterstreicht diese abstimmungsbedingte Inszenierung.

„Die Propagandakampagne nahm in den letzten Tagen durch Beflaggung, Dekorierung von Hausfassaden, öffentlichen Verkehrsmitteln und Arbeitsstätten, durch die Aufstellung sogenannter Pylone und zahlloser Führerbilder, durch Film- und Musikvorführungen, Aufmärsche und Kundgebungen etwas von einem Gesamtkunstwerk an."[66] Die Perfektionierung der Propaganda geschah durch die Produktion eigener Wahlwerbefilme für die Volksabstimmung, beispielsweise „Wort und Tat" (D 1938, Regie: Gustav Ucicky) und „Gestern und Heute" (D 1938, Regie: Hans Steinhoff), die dem Kinoprogramm jener Tage vorgeschalten waren und eine relative Neuheit in der Methode der politischen Beeinflussung bedeuteten[67].

Über das Salzburg-Ergebnis der Volksabstimmung selbst gibt es keine Filmaufnahmen. In der „Ostmark-Wochenschau" 16A vom 15. April 1938, in der aus produktionstechnischen Gründen gleichzeitig der Bericht über die „Ostmark-Fahrt des Führers" in die Kinos kam, wurden die Bilder zur Volksabstimmung in einem Sammelbericht vereint. Der Wahltag in Wien, Seyß-Inquart bei der Stimmabgabe und die „feierliche Meldung des Ergebnisses der Volksabstimmung an den Führer durch Gauleiter Bürckel" – so der Titel des Beitrags – bildeten die komplette Berichterstattung über das Ergebnis der Volksabstimmung in der „Ostmark".

Nach diesem vierwöchigen, ganz Österreich überziehenden Ausnahmezustand folgte eine Phase der Konsolidierung sowie der geordneten und vollständigen Machtübernahme durch die Nationalsozalistinnen und Nationalsozialisten. Die visuelle Aufgeregtheit und politpropagandistische Durchdringung sämtlicher Lebenswelten der ersten Wochen wich einer

Salzburg im Fahnenschmuck (Foto: Filmarchiv Austria).

gemäßigten Agitation, wenige Berichte, auf die im Weiteren eingegangen wird, sollten kulturelle, geografische und soziale Eigenheiten der jeweiligen Bundesländer bzw. Reichsgaue über die Landesgrenzen hinaus vermitteln, wobei den Salzburger Festspielen ein besonderer Stellenwert in dieser Image-Verbreitung zukam.

6. Die Salzburger Festspiele 1938

Die Festspiele waren von 1933 bis 1938 vom künstlerischen und politischen Konzept als Anti-Bayreuth inszeniert sowie politisch und finanziell massiv unterstützt, was sich nicht zuletzt auch in einer entsprechenden Werbung in „Österreich in Bild und Ton“ nachweisen lässt[68].

Das NS-Regime übernahm nach der Eingliederung der „Ostmark“ die unterschiedlichen Funktionen, die die Festspiele sowohl nach innen als auch nach außen erfüllten, wenngleich nicht ohne Modifikationen. „Die Festspiele blieben nach dem Anschluss dennoch das kulturelle Aushängeschild der Stadt, auch wenn zunächst einmal ein radikaler Bruch mit der Festspieltradition Hofmannsthals und Reinhardts vollzogen wurde und die neuen Machthaber Juden und Klerikale des Missbrauchs der Festspiele bezichtigten.“[69] Einerseits ermöglichte das kulturelle Großereignis, nach den turbulenten Monaten im Zuge des „Anschlusses“ und der Volksabstimmung die machtpolitischen Positionen vor Ort zu verfestigen und sich dem Ausland gegenüber als kultivierte Gastgeber und Förderer deutscher Kultur zu präsentieren und damit gleichzeitig vom schwelenden Konflikt mit der Tschechoslowakei hinsichtlich der territorialen Forderungen der Sudetengebiete abzulenken. Andererseits waren gerade die Festspiele eine willkommene und günstige Gelegenheit, anhand der Tradition des Festivals kulturelle Propaganda unter das Volk zu bringen. Diese bezog sich sowohl auf das neue Wesen der „deutschen Festspiele“ als auch auf die Landschaft des „deutschen Salzburg“.

Wie das „Salzburger Volksblatt“ am 9. August 1938 berichtete[70], filmte die UFA in Salzburg für die Herstellung eines Salzburger Propagandafilmes über die Festspiele, der als Kopie im Archiv des ORF Landesstudios Salzburg einliegt und in dem die allseits bekannten Bildstereotypen Salzburgs eingefangen wurden.

In der Analyse der Bild- und Tonsequenzen dieses Imagefilmes lassen sich die Wirkweisen der Propaganda augenscheinlich aufzeigen: Die ideologisch unverdächtigen Aufnahmen vom Aufgang zum Stiegl-Keller und vom Residenzbrunnen, begleitet von Mozart-Musik und auf visueller Ebene insgesamt ohne nationalsozialistische Symbolik operierend, werden mit dem Off-Text unterlegt: *Kaum vorstellbar, dass die Festspiele dieser Stadt bis vor Kurzem eine Domäne des Judentums waren.*

Die Kombination von neutralem Bildmaterial und rassistischem Kommentar war eine der gängigsten Manipulationsmöglichkeiten filmischer Propaganda, die in den Kriegswochenschauen ab 1939 zur Perfektion gebracht werden sollte[71].

Im ORF-Archiv findet sich zudem ein 17minütiger Werbefilm der Festspiele 1938, bei dem Kurt Rupli Regie führte, der 1940 auch den Dokumentarfilm „Nürnberg, die Stadt der Reichsparteitage" inszenierte. Seine Salzburg-Arbeit konzentrierte sich ganz im oben genannten Sinne auf das Herausstreichen der Schönheit der Stadt Salzburg und der Präsentation des „deutschen" Programms der Festspiele in Form kurzer Probenausschnitte, wobei auf jeglichen Off-Text verzichtet wurde.

Neben diesen beiden für eine Auswertung im gesamten Reichsgebiet hergestellten Werbefilmen ist relativ wenig Filmmaterial von den Salzburger Festspielen 1938 überliefert. Im Falle der „Ostmark-Wochenschau" hängt dies mit der Tatsache zusammen, dass der Bestand nur bis zur Ausgabe vom 5. August 1938 erhalten ist. Da die Festspiele vom 23. Juli bis zum 31. August 1938 reichten, fehlen somit jene Ausgaben, die eventuell Bilder des Festivals in die Kinos brachten.

Die wenigen erhaltenen, zudem kurzen Aufnahmen dokumentieren die Auffahrten vor den Festspielhäusern und halten das gesellschaftliche Geschehen fest, so etwa die Ankunft von Arthur Seyß-Inquart und Rudolf Hess in der Hofstallgasse, die mit Bildern vom Treiben in der Salzburger Altstadt zwischengeschnitten wird. Das bekannteste, weil immer wieder in historischen Dokumentationen verwendete filmische Zeugnis der Salzburger Festspiele 1938 ist jenes des aus dem Auto steigenden und die umstehenden Festspielbesucherinnen und -besucher grüßenden Propagandaministers Joseph Goebbels. In seinem Tagebuch pries er am 24. Juli die Festspielstadt: „Fahrt durch Salzburg. Diese wundervolle Stadt. Ich bin ganz berückt von dem Zauber dieses einzigartigen Fleckchens Erde."[72]

7. „Volksgemeinschaft“ und „Reichskristallnacht“

Das visuelle Bild, das die Nationalsozialisten von Salzburg und seinen Bewohnerinnen und Bewohnern zeichneten, entsprach jenen gängigen Vorstellungen von Land und Leuten, die sich nach dem Ersten Weltkrieg und im Konnex mit den Salzburger Festspielen herausgebildet hatten und in aller Welt bekannt waren. In der Struktur ähnelten diese Stereotypen den vor- und nach-nationalsozialistischen Bilderwelten, zu deren fixem innerstädtischen Repertoire die Residenz mit dem Residenzbrunnen, der Dom, der Mozartplatz, die Getreidegasse mit Mozarts Geburtshaus und die Festspielhäuser gehörten. „Auch unter den Nationalsozialisten lief die Imagepflege letztlich auf eine Tradierung der überlieferten Klischees hinaus.“[73] Der ideologischen Konstante der Heimatverbundenheit sowohl des Ständestaates als auch des Nationalsozialismus lieferten die Wochenschauen das Material, wodurch die Bilder der „Österreich in Bild und Ton“ über weite, die tages- und parteipolitische Sphäre nicht tangierende Teile mit jenen der „Ostmark-Wochenschauen“ kompatibel waren[74]. Die Zensurfassungen der „Ostmark-Wochenschau“ perpetuierten diese im Ständestaat geschaffenen Bilderwelt denn auch, etwa in den Beiträgen „Salzburg: Winterfreuden“ (48A, 26. 11. 1937), „Hinter den Kulissen von Aicher's Marionettentheater“ (2A, 7. 1. 1938), sie berichteten vom Rodelwettbewerb auf dem Gaisberg (7B, 11. 2. 1938) und führten dem österreichischen Kinopublikum die „Wasserkünste von Hellbrunn“ (10A, 4. 3. 1938) vor.

Durch die Montage der Wochenschauen ergab sich eine „‚Faschisierung‘ von österreichischer Folklore und ländlichem Brauchtum“[75], in der die Bilder der politischen Agitation mit jenen von Heimatverbundenheit, Landschaft und Tradition verquickt wurden. Das Resultat dieser Technik ist der „emotionale Wechsel: politische Bilder werden durch Naturbilder ersetzt, auf Spannung folgt Entspannung“[76]. Fließen diese unterschiedlichen Ebenen beim Bericht anlässlich der Feierlichkeiten zum 1. Mai (19A und 19B, 6. 5. 1938) aufgrund der politischen Resemantisierung dieses Tages noch ineinander[77], zeugen mehrere Wochenschau-Berichte des späten Frühlings und des Sommers des Jahres 1938 von dieser Dichotomisierung, die gleichzeitig auch eine Verlagerung der Schwerpunkte der Berichte vom urbanen in den ländlichen Raum mit sich bringt. Eines der aufgrund seiner volkskulturellen Besonderheit hervorzuhebenden und in der Wochenschau auch herausgestellten Brauchtumsrituale ist das Preberschießen am Prebersee im Lungauer Ort Tamsweg, bei dem eine Gewehrkugel durch Abprallen auf der Wasseroberfläche eine Zielscheibe am gegenüberliegenden Seeufer treffen muss.

Bereits zum 100jährigen Bestehen dieser innersalzburger Tradition im Jahr 1934 brachte die ständestaatliche Wochenschau „Österreich in Bild und Ton“ einen Beitrag über das 15. Preberschießen, das vom 31. August bis 2. September stattfand (69B, 28. 9. 1934): „Schon am ersten Schießtage fanden sich die Aufnahmewagen der Licht- und Tonbild-AG Selenophon in Wien und der Sprecher des Rundfunks ein, um Szenen aus dem Schießbetrieb in Film und Wort festzuhalten. Beides wurde auch im Hörbericht und in der Wochenschau gebracht.“[78]

Eine in der NS-Zeit entstandene und die politische Bedingtheit des Festes offenbarende Schilderung der Ereignisse sowie der Genese und des Ablaufs des 16. Preberschießens liefert der langjährige Lehrer und Landesfischereibeauftragte Hans Freudlsperger: „Am 13. März 1938 fand unter unbeschreiblichem Jubel der Bevölkerung die Wiedervereinigung der Ostmark mit dem Deutschen Mutterlande statt. Was lag daher näher, als daß Tamswegs Feuerschützen auch ihrer Freude durch Veranstaltung eines Preberschießens Ausdruck verliehen und ein solches unter dem Protektorate des Reichsjägermeisters Generalfeldmarschall Hermann Göring in den Tagen vom 8. bis 10. Juli das 16. Preberschießen [...] abzuhalten. Die Vorbereitungen für ein für den Lungau großes Festschießen wurden getroffen. Presse und Rundfunk arbeiteten, das Ladschreiben erging.“[79] Prägnanter als in Freudlspergers Worten kann die In-Dienst-Nahme der Volkskultur zugunsten politischer Demonstrationen kaum beschrieben werden.

Kinoankündigung über das Preberschießen (Reproduktion aus SVB).

Eingebettet zwischen den Berichten vom Richtfest der SA-Dankopfersiedlung in Leopoldau und dem Volkstanztreffen auf der Burg Hochosterwitz in Kärnten brachte die „Ostmark-Wochenschau" vom 1. Juli 1938 (27A) einen 68sekündigen Beitrag mit dem Titel „Salzburger Stimmungsbilder". In diesem wurden die werbewirksamen Klischees von und über Salzburg hervorgekehrt, wobei diese nicht primär auf die Festspiele rekurrierten. Der Beitrag setzt musikalisch mit den Anfangstönen aus Mozarts „Zauberflöte" und visuell mit einem klassischen Stadtblick vom Mönchsberg auf die Altstadt und die Festung ein, gefolgt vom Residenzbrunnen und dem Glockenspiel in Aktion. Mozart wird nach wenigen Takten von Blasmusik abgelöst und die Zuseherinnen und Zuseher gehen mit der männlichen Hauptperson des kurzen Stadtporträts, dem bereits erwähnten Salzburger Heimatdichter Otto Pflanzl, der seit 1898 im Hauptberuf als Bierversilberer der Stiegl-Brauerei tätig war[80], und zwei eingehängten Damen in den Stiegl-Keller, wo sie Bier trinken – Pflanzl eine Maß, die beiden Frauen nur jeweils eine Halbe! – und Salzburger Nockerl essen. Die Szenerie gleicht in weiten Teilen der ständestaatlichen Ikonografie der „Österreich in Bild und Ton", einzig der Hitlergruß beim Aufgang der Personen zum Stiegl-Keller macht deutlich, dass es sich bei dem Beitrag um eine Produktion aus der NS-Zeit handelt.

Was diese lokalpatriotischen Bilder jedoch nicht offen ansprechen, dennoch implizit nahe legen, ist die Tatsache, dass die NS-Ideologie von einer homogenen „Volksgemeinschaft" ausging, aus der definierte Gruppen ausgeschlossen waren. Auch die Tatsache, dass das gesamte Personal des Films in Salzburger Tracht gekleidet ist, erfährt durch die Kenntnis des Salzburger Trachtenverbots für „nichtarische" Menschen ab 1938 eine beklemmende Note[81].

Der Ausschluss der jüdischen Bevölkerung Salzburgs setzte bereits unmittelbar nach dem „Anschluß" ein und erreichte in der Pogromnacht vom 9. auf den 10. November 1938 seinen Höhepunkt. Als einer von mehreren Berichten aus Oral-History-Forschungen, also der Befragung von Zeitzeuginnen und Zeitzeugen, sei der 1904 in Salzburg geborene Hans Jacoby zitiert, der sich während der Pogromnacht in Holland befand, während sein Vater das Geschehen in Salzburg erlebte: „Im November 1938, nach der Kristallnacht, kam ein Telegramm von meinem Vater aus Salzburg mit dem Inhalt, daß er innerhalb von 40 Stunden die Stadt verlassen müsse. Mein

Fotografien der demolierten Synagoge (Foto: AStS, Fotoarchiv Franz Krieger, Film 172).

Vater war fast 80 Jahre alt und konnte die ganze Entwicklung nicht mehr gut verarbeiten. Später erzählte er, daß einige Wochen vor der Kristallnacht bereits Leute kamen, die das Haus anschauen wollten. Als die Haushälterin meines Vaters wütend wurde und meinte, daß das eine Frechheit sei, und daß noch immer mein Vater hier wohne, sagte einer: ‚Ja, das dauert nicht mehr lang. Dann wohnen Sie nicht mehr hier!'"[82] Über das Geschehen dieser Nachtstunden liegen aus dem gesamten „Dritten Reich" kaum authentische im Sinn von zeitgenössische audiovisuelle Quellen vor. Das Argument der Spontaneität des Gewaltausbruches, die von der Wissenschaft wiederholt und klar widerlegt worden ist, kann ebenso wie die technische Herausforderung der Nachtaufnahmen nur bedingt herangezogen werden, wurden Letztere doch immer wieder in Wochenschauen integriert, wie das weiter oben angeführte Beispiel des Durchzugs der Deutschen Wehrmacht über den Wiener Ring beweist. Kay Hoffmann gibt einen empirisch erhobenen Erklärungsansatz für die Narratologie der deutschen Wochenschauen vor Kriegsbeginn: „Propagandistische Sujets sind in erster Linie die positive Darstellung nationalsozialistischer Ideologie wie die perfekt inszenierten Aufmärsche und öffentlichen Veranstaltungen, die Utopie der Gleichstellung der Arbeiter, Angestellten und Unternehmer oder die gemeinschaftlich organisierte Freizeit und der Sport. Sozusagen die Kehrseite der Ideologie, die menschenverachtende Rassenpolitik, die anti-semitische und anti-bolschewistische Hetze, die zentrales Element der NS-Propaganda war, wurde bis auf wenige Ausnahmen in den Wochenschauen nicht thematisiert."[83]

Der Befund hinsichtlich der Situation in Salzburg ist ähnlich. Bilder der zerstörten Synagoge und eingeschlagener Schaufenster aus dem Fotoarchiv Franz Kriegers, derer sich auch der ORF in seinen Geschichtsdokumentationen immer wieder bedient, sowie Videointerviews mit Salzburger Opfern der Verfolgung und ihre Erinnerungen daran müssen die filmische Leerstelle überbrücken helfen[84]. Mit dem Pogrom gegen die jüdische Bevölkerung im gesamten „Großdeutschen Reich" ging nicht nur das kalendarische Jahr 1938 seinem Ende zu. Die nationalsozialistische Politik insgesamt befand sich an einem Wendepunkt: von der politisch erpresserischen, aber dennoch weitgehend gewaltlosen Expansionsphase nach außen und der Konsolidierungsphase nach innen zur propagandistischen Vorbereitung des Waffenganges und der systematischen Verfolgung und Vernichtung der aus der „Volksgemeinschaft" Ausgeschlossenen.

8. Auf dem Weg zur Kriegspropaganda

In einer Besprechung der Wochenschau-Verantwortlichen am 5. August 1938 wurde das Auslaufen der „Ostmark-Wochenschau“ und die Übernahme der Produktion und der Patente der *Selenophon* durch die *Tobis-Klangfilm*, mit der die *Selenophon* seit Beginn der 1930er einerseits in Verbindung und andererseits in Konkurrenz stand[85], beschlossen, wobei besonders die Übernahme des gesamten Personalstabes zentraler Verhandlungsgegenstand war[86]. Diese Fusionierung fiel mit jener Phase der nationalsozialistischen Wochenschaupolitik in eins, in der Goebbels seine lange Zeit praktizierte Laissez-faire-Politik zugunsten einer organisatorischen Straffung und inhaltlich-ästhetischen Vorbereitung auf die kommenden Waffengänge änderte, was sich am augenfälligsten in der mit Ende Oktober 1938 vom Propagandaminister dekretierten Vorführpflicht der deutschen Wochenschauen niederschlug. Damit führte Goebbels für das gesamte „Dritte Reich“ ein, was in der eingegliederten „Ostmark“ seit einem halben Jahrzehnt bereits Praxis war[87].

Nach dem erzwungenen Ende der „Ostmark-Wochenschau“ und dem Auslaufen der noch zirkulierenden Kopien im Mai 1939 wurde die Produktionsfirma *Selenophon* in einem Ausgleichsverfahren liquidiert und im Jänner 1940 aus dem Wiener Handelsregister gelöscht. Parallel dazu erfolgte eine reichsweite Bündelung des gesamten Wochenschau-Bereiches in der „Wochenschauzentrale“, die ab Juni 1940 in der Herausgabe einer einzigen Kinonachrichtensendung, der „Deutschen Wochenschau“, resultierte. Dieses Format bestand bis knapp vor Ende des nationalsozialistischen Regimes im Mai 1945 und brachte in seiner letzten Ausgabe die in historischen Dokumentationen oft zitierten und in Spielfilmen wiederholt imitierten letzten Filmbilder Hitlers, der Hitlerjungen im Garten der Berliner Reichskanzlei auszeichnet (DW 755, 20. 3. 1945).

Ersten Erhebungen zufolge erfuhren im Rahmen der zentralisierten Wochenschauen Stadt und Land Salzburg nachrangige Bedeutung in der Berichterstattung[88], was nicht zuletzt mit der Übernahme durch die *Tobis* und der dadurch bedingten Schwächung des österreichischen Anteils am Produktionsstab sowie der Zentrierung der Wochenschauen ab September 1939 auf das Kriegsgeschehen zusammenhängt. Neben „Stadtansichten von Salzburg“ in der „Deutschen Wochenschau“ Nr. 644 vom 6. Jänner 1943 und einem Bericht über die „Studentischen Tage deutscher Kunst in Salzburg" (DW 619, 15. 7. 1942)[89] konzentrieren sich die wenigen Bildberichte auf die Ebene politischer Repräsentation, so über das Treffen zwischen dem deutschen Außenminister Joachim von Ribbentrop mit dem italienischen Außenminister Graf Galeazzo Ciano in Salzburg am 11. August 1939 (UFA-Tonwoche 467, 16. 8. 1939), den Besuch des rumänischen Ministerpräsidenten Ion Gigurtu bei Ribbentrop in Schloss Fuschl (DW 517, 1. 8. 1940)[90] und den Empfang Mussolinis durch Hitler in Kleßheim 1943 in der „Deutschen Wochenschau" Nr. 658 (14. 4. 1943)[91].

Der deutsche Publizist und UFA-Angestellte Hans-Joachim Giese hielt in seiner 1940 erschienenen Schrift „Die Film-Wochenschau im Dienste der Politik" Bezug nehmend auf die Wochenschau fest: *Sie stellt vielmehr, in Erfüllung des Grundgebotes jeder Propaganda, nicht die objektive Wahrheit an sich – denn das wäre sinnlos und liegt auch nicht in ihrer Macht – aber mit anständigen Mitteln die Seite der Wahrheit dar, die im Interesse des deutschen Volkes zu verbreiten notwendig ist.*[92] Die „Wahrheit" der audiovisuellen Propaganda des Jahres 1938 in Salzburg: Das *Volk* jubelte den Befreiern und ihren Glücksversprechen begeistert zu, das nationalsozialistische *Reich* dehnte sich über die Menschen und Landschaften der „Ostmark" aus und die „alte Heimat" hieß den *Führer* beglückt willkommen.

Anhang

Gesamtaufstellung der im Filmarchiv Austria erhaltenen Salzburg-relevanten „Ostmark-Wochenschau"-Beiträge (1. Oktober 1937 bis 5. August 1938)[93]

Titel	Ausgabe	Datum
Salzburg: Winterfreuden	48B	26.11.1937
Salzburg: Hinter den Kulissen von Aicher's Marionettentheater	2A	07.01.1938
Salzburg: Rodelwettbewerb auf dem Gaisberg – Um die Europameisterschaft	7B	11.02.1938
Salzburg feiert den Geburtstag des Führers	9A	25.02.1938
Salzburg: Die Wasserkünste von Hellbrunn	10A	04.03.1938
Die Ostmark kehrt heim ins Deutsche Reich	12	18.03.1938
Werbemarsch der Salzburger Hitler-Jugend	14A	01.04.1938
Reichsführer-SS Himmler in Salzburg	14B	01.04.1938
Salzburg: Fröhliche Jugendzeit	15A	08.04.1938
Rückkehr der Österreichischen Legion in die Heimat – Feierliche Rückgabe von 18 Fahnen, die in der Verbotszeit im Reich aufbewahrt worden waren, an die Salzburger SA	15A	08.04.1938
Salzburg: Vorführungen der Heeressportschule Wünsdorf	15B	08.04.1938
Die Ostmark-Fahrt des Führers (Kapitel: Salzburg)	16A	15.04.1938
Erster Spatenstich für die Reichsautobahn Salzburg–Wien	16A	15.04.1938
Reichsjugendführer Baldur von Schirach in Salzburg	16B	15.04.1938
Salzburg im Fahnenschmuck	16B	15.04.1938
Salzburg: Der Maibaum aus der Ostmark für die Reichshauptstadt	18A	29.04.1938
Salzburg: Die Grenzen sind gefallen	18B	29.04.1938
Am 1. Mai – Die Maifeier in Salzburg	19B	06.05.1938
Salzburger Stimmungsbilder	27A	01.07.1938
Salzburg: Das Preber-Schießen	30B	22.07.1938
Salzburg: Schloß Mittersill einer Brandkatastrophe zum Opfer gefallen	32A	05.08.1938
Salzburg: Weihe des SA Ehrenmales in Lamprechtshausen	32B	05.08.1938
Salzburg: Trachtenfest in Mauterndorf	32B	05.08.1938

Anmerkungen

1 Ernst Hanisch, Der lange Schatten des Staates. Österreichische Gesellschaftsgeschichte im 20. Jahrhundert, Wien 1994, S. 304.
2 ÖStA/AdR, 04: „Bürckel"-Materie, Karton 237, Ordner 391: Abschrift: Tonkino als Telegraphenstation, Erlaß der Ausführungsbestimmungen, Wien, 27. 5. 1933.
3 Vgl. 198. Verordnung, Artikel II, Absatz 1 des Bundesgesetzblattes für die Republik Österreich, 63. Stück, ausgegeben am 30.5.1933.
Zur „Österreich in Bild und Ton"-Wochenschau allgemein siehe Michael Achenbach und Karin Moser (Hg.), Österreich in Bild und Ton. Die Filmwochenschau des austrofaschistischen Ständestaates, Wien 2002 und Irmgard Mitteregger, Die Wochenschau des österreichischen Ständestaates 1933–1938. Organisation und Integration des staatlichen Zwangsbetriebes *Österreich in Bild und Ton* und sein Schicksalsweg vom Propagandainstrument zur Bereicherungsquelle, Dipl.-Arb., Wien 1990.
4 Bis zur Zentralisierung des Wochenschausektors bestanden folgende reichsdeutsche Ausgaben: „UFA-Tonwoche", „Deulig-Tonwoche", „Fox-Movietone" bzw. „Fox Tönende Wochenschau" und die oftmals umbenannte „Emelka-Ton-Woche / Emelka-Bavaria-Tonwoche / Bavaria-Tonwoche / Tobis-Tonwoche".
5 ÖStA/AdR, 04: „Bürckel"-Materie, Karton 237, Ordner 391: Radio-Informations an Selenophon, Paris, 21. 7. 1938: Verzeichnis der aufrechten Patente und Patentanmeldungen der Firma „SELENOPHON". – Zur Produktions- und Firmengeschichte vgl. Michael Achenbach, „...wenn der Erfolg gewährleistet sein soll." Hintergründe zu einem Propagandainstrument des Ständestaates, in: Achenbach/Moser (Hg.), Österreich in Bild und Ton (wie Anm. 3), S. 73–98, hier S. 74 und Armin Loacker, Privater Staatsbetrieb. Anmerkungen zu einer Entwicklungsgeschichte der Selenophon, in: Hrvoje Miloslavic, Die OSTMARK-WOCHENSCHAU. Ein Propagandamedium des Nationalsozialismus, Wien 2008, S. 46–69. Zur Technik der Tonfilmaufnahme der Selenophon vgl. Josef Gloger, Die österreichische Selenophon Licht- und Tonbildges.m.b.H., in: Achenbach/Moser (Hg.), Österreich in Bild und Ton (wie Anm. 3), S. 149–160.
6 Barbara Zuber, Vaterland in Notwehr – Republik in Waffen. Der Februar 1934 in österreichischen Wochenschauen, in: Achenbach/Moser (Hg.), Österreich in Bild und Ton (wie Anm. 3), S. 195–236 u. Vrääth Öhner, Ausblende. Die Präsenz NS-Deutschlands, Italiens und Ungarns in Österreich in Bild und Ton, in: ebenda., S. 369–380.
7 Im zitierten Bestand im ÖStA finden sich keine Bundesländer-spezifischen Hinweise über Produktionen und Aufnahmen, da der Aktenbestand primär Organisatorisches und Administrativa beinhaltet.
8 Michael Achenbach und Karin Moser, Filmografie – Österreich in Bild und Ton, in: Achenbach/Moser, Österreich in Bild und Ton (wie Anm. 3), S. 397–556, hier S. 397.
9 Peter Zimmer (Hg.), Ostmärkisches Film-Jahrbuch 1939, Wien 1939, abgedruckt in Hans Petschar, Anschluss: „Ich hole Euch heim". Der „Anschluss" Österreichs an das Deutsche Reich. Fotografie und Wochenschau im Dienst der NS-Propaganda. Eine Bildchronologie, Wien 2008, S. 174–199, hier S. 196 f. – Folgende Kinos befanden sich 1938 in der Stadt Salzburg: Central-Ton-Kino (Linzergasse 17, 628 Plätze, tgl.), Kammerlichtspiele Mirabell (Rainerstraße 4, 400 Plätze, tgl.), Lifkas Elektric Theater (Giselakai 11, 550 Plätze, tgl.), Mozart Ton-Kino (Kaigasse 23, 412 Plätze, tgl.), Lichtspielhaus Maxglan (Hauptstraße, 600 Plätze, tgl.) und das Schubert-Kino in Gnigl (Eichstraße 2, 189 Plätze, Samstag & Sonntag, Tonfilme erst ab 3. 9. 1938).
10 Achenbach; „...wenn der Erfolg gewährleistet sein soll." (wie Anm. 5), S. 84.
11 ÖStA/AdR, 04: „Bürckel"-Materie, Karton 237, Ordner 391: Selenophon an das Presseamt der Gauleitung für Oesterreich, Wien, 2. 5. 1938. Vgl. auch Hans Petschar, Die Darstellung der nationalsozialistischen Machtergreifung in der Ostmark-Wochen-

schau, in: MILOSLAVIC, Die OSTMARK-WOCHENSCHAU (wie Anm. 5), S. 110–141, hier S. 126.

12 ÖStA/AdR, 04: „Bürckel"-Materie, Karton 237, Ordner 391: Selenophon an Reichspropagandahauptamt Oesterreich zu Handen Herrn Reg.Rat. Fischer, mit angeschlossener Inventarliste der Produktionen, Wien, 4. 4. 1938.

13 SEBASTIAN PUMBERGER, Der strukturelle „Anschluss" der Selenophon Ges.m.b.H., in: MILOSLAVIC, Die OSTMARK-WOCHENSCHAU (wie Anm. 5), S. 70–86.

14 ÖStA/AdR, 04: „Bürckel"-Materie, Karton 237, Ordner 391: Selenophon an das Presseamt der Gauleitung für Oesterreich, Wien, 2. 5. 1938.

15 ÖStA/AdR, 04: „Bürckel"-Materie, Karton 237, Ordner 391: Information (über die Vaterländische Tonfilmgesellschaft), gez. Pfaundler, Wien, o. D.

16 WALTER BENJAMIN, Das Kunstwerk im Zeichen seiner technischen Reproduzierbarkeit, Frankfurt am Main 2007, S. 15 (erstmals erschienen 1936).

17 HILMAR HOFFMANN, „Und die Fahne führt uns in die Ewigkeit". Propaganda im NS-Film, Frankfurt am Main 1988, S. 184.

18 HANS PETSCHAR, Von der Ständestaat- zur Ostmark-Wochenschau. Die nationalsozialistische Bearbeitung der „Österreich in Bild und Ton"-Wochenschauen vom 1. Oktober 1937 bis 11. März 1938. Eine Dokumentation, in: zeitgeschichte 1 (2008), S. 4–34.

19 Ebenda, S. 9.

20 Die Aufstellung folgt der Dokumentation bei PETSCHAR, Von der Ständestaat- zur Ostmark-Wochenschau (wie Anm. 18), S. 15–30; eine Auflistung sämtlicher „Österreich in Bild und Ton"-Beiträge bei ACHENBACH/MOSER, Filmografie – Österreich in Bild und Ton (wie Anm. 8), S. 397–556 und der erhaltenen Beiträge der Ostmark-Wochenschau bei HRVOJE MILOSLAVIC, Der Ostmark-Wochenschau-Bestand des Filmarchiv Austria, in: DERSELBE, Die OSTMARK-WOCHENSCHAU (wie Anm. 5), S. 247–271.

21 PETER BUCHER, Wochenschau und Staat 1895 bis 1945, in: Geschichte in Wissenschaft und Unterricht 35 (1984), S. 746–757; HOFFMANN, „Und die Fahne führt uns in die Ewigkeit" (wie Anm. 17), S. 183–230; FELIX MOELLER, Der Filmminister. Goebbels und der Film im Dritten Reich, Berlin 1998, S. 364–402; JÜRGEN VOIGT, Die Kino-Wochenschau. Medium eines bewegten Jahrhunderts, Gelsenkirchen–Schwelm 2004; ULRIKE BARTELS, Die Wochenschau im Dritten Reich. Entwicklung und Funktion eines Massenmediums unter besonderer Berücksichtigung völkisch-nationaler Inhalte (Reihe III Geschichte und Hilfswissenschaften 995), Frankfurt am Main 2004; PETER ZIMMERMANN und KAY HOFFMANN (Hg.), Geschichte des dokumentarischen Films in Deutschland. Bd. 3: „Drittes Reich", Stuttgart 2005.

22 HANISCH, Der lange Schatten des Staates (wie Anm. 1), S. 345.

23 RUDOLF HERZ, Hoffmann & Hitler. Fotografie als Medium des Führer-Mythos, München 1994, S. 278–289.

24 BUCHER, Wochenschau und Staat 1895–1945 (wie Anm. 21), S. 753.

25 GERHARD JAGSCHITZ, Filmpropaganda im Dritten Reich, in: PETER KONLECHNER und PETER KUBELKA (Hg.), Propaganda und Gegenpropaganda im Film 1933–1945, Wien 1972, S. 19–39; DERSELBE, Politische Aspekte der Wochenschau vom März 1938 bis Kriegsbeginn, in: WALTER FRITZ (Red.), 1938 im Film – Vorher/Nachher (Schriftenreihe des Österreichischen Filmarchivs 22), Wien 1989, S. 6–14 u. HANNES ZIMMERMANN, Die andere Wirklichkeit. Die deutsche Wochenschau in der Ostmark, in: OLIVER RATHKOLB, WOLFGANG DUCHKOWITSCH und FRITZ HAUSJELL (Hg.), Die veruntreute Wahrheit. Hitlers Propagandisten in Österreich '38 (Schriftenreihe des Arbeitskreises für historische Kommunikationsforschung 1), Salzburg 1988, S. 44–51, v. a. S. 46.

26 HRVOJE MILOSLAVIC, Vorwort, in: MILOSLAVIC, Die OSTMARK-WOCHENSCHAU (wie Anm. 5), S. 7–12, hier S. 7 f.

27 1938 – Kommentierte Filmdokumente zum Anschlussjahr (Ö 2008, © by Filmarchiv

Austria), Konzept: Michael Achenbach, Hrvoje Miloslavic, DVD Screen Format 4:3, PAL/Deutsch 170 Minuten.

28 Peter F. Kramml und Roman Strassl, Der Salzburger Pressefotograf Franz Krieger (1914–1993). Bildberichterstattung im Schatten von NS-Propaganda und Krieg (Schriftenreihe des Archivs der Stadt Salzburg 24), Salzburg 2008; allgemein zur Fotopropaganda in Österreich 1938 vgl. Gerhard Jagschitz, Photographie und „Anschluß" im März 1938, in: Rathkolb/Duchkowitsch/Hausjell, Die veruntreute Wahrheit (wie Anm. 25), S. 52–87.

29 Guido Altendrof und Matthias Struch, Die Ostmark-Wochenschau. Eine Wochenschau als Überläufer, in: Miloslavic, Die OSTMARK-WOCHENSCHAU (wie Anm. 5), S. 173–200.

30 Vgl. Michael Loebenstein und Siegfried Mattl, Missratene Figuren. Der „Anschluss" 1938 im „ephemeren" Film, in: zeitgeschichte 1 (2008), S. 35–46; zum „ephemeren" Film vgl. allgemein Patricia Rood Zimmermann, Reel Families: A Social History of the Discourse on Amateur Film, 1897–1962, Ann Arbor 1984.

31 AStS, Zahl 02/01/27787/2008/223: Aktenvermerk Filmmaterial Dkfm. Erich Amerhauser, Salzburg, 15. 4. 2010.

32 Eine Überblicksdarstellung zur (Film-)Bildanalyse bei Günther Riederer, Film und Geschichtswissenschaft. Zum aktuellen Verhältnis einer schwierigen Beziehung, in: Gerhard Paul (Hg.), Visual History. Ein Studienbuch, Göttingen 2006, S. 96–113 u. Dana Arnold, Sehen heißt glauben: Historiker und Bilder, in: Jens Jäger und Martin Knauer (Hg.), Bilder als historische Quellen? Dimension der Debatten um historische Bildforschung, München 2009, S. 27–43.

33 Zur Problematik des Einsatzes historischen Filmmaterials in aktuellen Geschichtsdokumentationen vgl. Judith Keilbach, Geschichtsbilder und Zeitzeugen. Zur Darstellung des Nationalsozialismus im bundesdeutschen Fernsehen, Münster 2008, v. a. S. 31–137.

34 Petschar, Die Darstellung der nationalsozialistischen Machtergreifung in der Ostmark-Wochenschau (wie Anm. 11), S. 113 f. Über weite Teile wortidente Fassungen des Beitrages, jedoch mit unterschiedlichen Bildmotiven, in Derselbe, Von der Ständestaat- zur Ostmark-Wochenschau (wie Anm. 18) und Derselbe, Anschluss: „Ich hole Euch heim" (wie Anm. 9), S. 142–171.

35 Zur Machtübernahme ‚von unten', ‚von oben' und ‚von außen' vgl. Hanisch, Der lange Schatten des Staates (wie Anm. 1), S. 337–345 und zuletzt Gerhard Botz, Nationalsozialismus in Wien. Machtübernahme, Herrschaftssicherung, Radikalisierung 1938/39, Wien 2008, S. 147–151.

36 Zur „passiven" Präsentation Seyß-Inquarts im Vergleich zur „aktiven" Inszenierung Joseph Bürckels in der Ostmark-Wochenschau vgl. Björn Seidel-Dreffke, Ästhetik des Besonderen oder Einverleibung ins Allgemeine? Die Ostmark in der Ostmark-Wochenschau und der UFA-Tonwoche (1938–1940), in: Miloslavic, Die OSTMARK-WOCHENSCHAU (wie Anm. 5), S. 142–172, hier S. 151–155.

37 Zu den Ereignissen zwischen dem 11. und 13. März 1938 in Salzburg vgl. Ernst Hanisch, Gau der guten Nerven. Die nationalsozialistische Herrschaft in Salzburg 1938–1945, Salzburg–München 1997, S. 23–34.

38 Eine grundlegende Sequenzanalyse der „Ostmark-Wochenschau" vom 18. März 1938 bei Petschar, Die Darstellung der nationalsozialistischen Machtergreifung in der Ostmark-Wochenschau (wie Anm. 11), S. 116–124.

39 Das abgedruckte Original des Flugblattes hat sich im Tagebuch des Josef Hummel erhalten: AStS, PA 31, Tagebuch J. Hummel, Bd. 1937/38, 12. 3. 1938.

40 Elke Fröhlich (Hg.), Die Tagebücher von Joseph Goebbels. Teil I: Aufzeichnungen 1923–1941, Band 5: Dezember 1937–Juli 1938, München 2000, S. 202. – Max Amann war ab 1933 Präsident der Reichspressekammer und federführend in publizistische Angelegenheiten der Propaganda involviert.

41 Vgl. den Beitrag von Oskar Dohle in diesem Band und Ernst Hanisch, Zur Frühgeschichte des Nationalsozialismus in Salzburg, in: MGSL 117 (1977), S. 371–410.

42 Das Salzburger Volksblatt (S. 3 u. 6) und die Salzburger Zeitung (S. 9) brachten am 15. März 1938 einen Bericht über die Verbrennung der Grenzbalken vom Walserberg auf dem Residenzplatz in Anwesenheit von Gau-Organisationsleiter Karl Feßmann, Landesrat Karl Springenschmid und Arbeiterführer Schropp. Diese von der HJ getragene und einem größeren Publikum zugängliche Veranstaltung wurde nicht in den Wochenschau-Bericht integriert.

43 Zur Salzburger Bücherverbrennung vgl. Christine Czuma und Maria Ecker, Materialien zur Salzburger Bücherverbrennung am 30. 4. 1938, Salzburg 2007.

44 Ingrid Bauer (Hg.), 100 Jahre Sozialdemokratie. Von der alten Solidarität zur neuen sozialen Frage. Ein Salzburger Bilderlesebuch, Wien–Zürich 1988, v. a. S. 169–190; Dokumentationsarchiv des Österreichischen Widerstandes (Hg.), Widerstand und Verfolgung in Salzburg 1934–1945. Bd. 1 u. 2, Wien–Salzburg 1991; Daniela Ellmauer, Helga Embacher und Albert Lichtblau (Hg.), Geduldet, geschmäht und vertrieben. Salzburger Juden erzählen, Salzburg 1998; Albert Lichtblau, „Arisierungen", beschlagnahmte Vermögen, Rückstellungen und Entschädigungen in Salzburg (Veröffentlichung der Österreichischen Historikerkommission 17,2), Wien–München 2004.

45 Miloslavic, Vorwort (wie Anm. 26), S. 10.

46 Salzburger Volksblatt, 5. 4. 1938, S. 10. Einen Bericht über von Schirachs Besuch brachte auch die Salzburger Zeitung, 5. 4. 1938, S. 5 f.

47 Ernst Hanisch, „Land" und „Reichsgau" Salzburg (1938–1945), in: Jürgen John, Horst Möller und Thomas Schaarschmidt (Hg.), Die NS-Gaue. Regionale Mittelinstanzen im zentralistischen „Führerstaat" (Schriftenreihe der Vierteljahreshefte für Zeitgeschichte Sondernummer), München 2007, S. 378–385, v. a. S. 382–384.

48 Miloslavic, Vorwort (wie Anm. 26), S. 8.

49 Ebenda, S. 9.

50 Salzburger Volksblatt, 29. 3. 1938 bis 1. 4. 1938.

51 Salzburger Volksblatt, 1. 4. 1938.

52 Zum Salzburger Anteil an der Österreichischen Legion siehe den Beitrag von Hans Schafranek in diesem Band. Allgemein zur Geschichte der Österreichischen Legion vgl. Verena Moritz, Information und Desinformation. Anmerkungen zur Rolle der „Österreichischen Legion" im Verhältnis zwischen Wien und Berlin 1933–1935, in: zeitgeschichte 4 (2009), S. 217–239 und Hans Schafranek und Andrea Hurton, Die Österreichische Legion und der „Anschluss" 1938. „Arisierungen" als Versorgungs- und Karrierestrategien „verdienter Kämpfer" im politischen Abseits, in: Dokumentationsarchiv des Österreichischen Widerstandes (Hg.), Jahrbuch 2008, Wien 2008, S. 189–220.

53 Gerhard Botz, „Anschluss", Machtübernahme und „Volksabstimmung" 1938, in: Miloslavic, Die OSTMARK-WOCHENSCHAU (wie Anm. 5), S. 13–45, hier S. 33.

54 Vgl. Hanisch, Gau der guten Nerven (wie Anm. 37), S. 38–44.

55 Salzburger Volksblatt, 8. 4. 1938; siehe auch Hanisch, Gau der guten Nerven (wie Anm. 37), S. 38 f.

56 Robert H. Pflanzl, Berta Pflanzl. Vom Dienstmädchen zur gnädigen Frau, Wien–Köln–Weimar 2009, S. 360.

57 Salzburger Volksblatt, 1. 4. 1938 und 4. 4. 1938.

58 Zur Komposition von Bild, Schrift, Musik und Ton in der Postproduktion der Wochenschauen und den Manipulationsmöglichkeiten vgl. Bartels, Die Wochenschau im Dritten Reich (wie Anm. 21), S. 91–120; zur Musikpropaganda vgl. allgemein Brian Currid, A National Acoustics. Music and Mass Publicity in Weimar and Nazi Germany, Minneapolis–London 2006.

59 Fröhlich, Die Tagebücher von Joseph Goebbels (wie Anm. 40), S. 250.

60 Sabine Behrenbeck, „Der Führer". Die Einführung eines politischen Markenartikels, in: Gerald Diesner und Rainer Gries (Hg.), Propaganda in Deutschland. Zur Geschichte der politischen Massenbeeinflussung im 20. Jahrhundert, Darmstadt 1996, S. 51–78.

61 Als Quelle vgl. Franz Freiherr Karaisl von Karais und Wilhelm Bonacker, Reichsautobahn München–Salzburg (Reichsautobahn-Führer 1), Berlin 1936.

62 Das Salzburger Volksblatt und die Salzburger Zeitung berichteten zwischen dem 2. und 12. 4. 1938 beinahe täglich über unterschiedliche Aspekte des Reichsautobahnbaues, vor allem über den Spatenstich Adolf Hitlers. – Vgl. allgemein zur Thematik Franz W. Seidler, Die Organisation Todt. Bauen für Staat und Wehrmacht 1938–1945, Bonn 1998 und Derselbe, Fritz Todt. Baumeister des Dritten Reichs, Frankfurt am Main–Berlin 1988, v. a. S. 104 u. 108.

63 Der Film „Adolf Hitlers Bauten" ist stream- und downloadbar unter http://www.archive.org/details/1938-Die-Bauten-Adolf-Hitler (10.05.2010).

64 Erhard Schütz und Eckhard Gruber, Mythos Reichsautobahn. Bau und Inszenierung der „Straßen des Führers" 1933–1941, Berlin 1996 und Claudia Windisch-Hojnacki, Die Reichsautobahn. Konzeption und Bau der RAB, ihre ästhetischen Aspekte, sowie ihre Illustration in Malerei, Literatur, Fotografie und Plastik, Phil.-Diss., Bonn 1989. – Eine Salzburger Note des Autobahnbaues findet sich bei Peter Scherntaner, Karl Heinrich Waggerls „Pfingstidyll an der Reichsautobahn". Die „Straßen des Führers" und ein Schulneubau in Wagrain, in: Salzburg Archiv 23 (1997), S. 173–190.

65 Siehe die im Illustrierten Beobachter vom 14. 4. 1938 veröffentlichte Bildstrecke Heinrich Hoffmanns vom Spatenstich am Walserberg, die nahe legt, dass Hoffmann und Krieger dicht nebeneinander gestanden haben, in: Herz, Hoffmann & Hitler (wie Anm. 23), S. 288.

66 Botz, „Anschluss", Machtübernahme und „Volksabstimmung" 1938 (wie Anm. 53), S. 36.

67 Altendorfer/Struch, Die OSTMARK-WOCHENSCHAU. Eine Wochenschau als Überläufer (wie Anm. 29), S. 176 f. u. Jagschitz, Filmpropaganda im Dritten Reich (wie Anm. 25), S. 36.

68 Thomas Ballhausen, Verordnete Distanzlosigkeit. Zu Festspielgedanke und Wochenschauästhetik, in: Achenbach/Moser, Österreich in Bild und Ton (wie Anm. 3), S. 313–320.

69 Robert Hoffmann, Mythos Salzburg. Bilder einer Stadt. Salzburg–München 2002, S. 79.

70 Salzburger Volksblatt, 9. 8. 1938.

71 Moeller, Der Filmminister (wie Anm. 21), S. 390–396.

72 Fröhlich, Die Tagebücher von Joseph Goebbels (wie Anm. 40), S. 392.

73 Hoffmann, Mythos Salzburg (wie Anm. 69), S. 79.

74 Olaf Bockhorn, „Tiefes Heimatgefühl, treue Liebe zu Volkstum und Volksbrauch" – „Volkskultur" in Österreich in Bild und Ton, in: Achenbach/Moser, Österreich in Bild und Ton (wie Anm. 3), S. 277–299.

75 Miloslavic, Vorwort (wie Anm. 26), S. 8.

76 Petschar, Die Darstellung der nationalsozialistischen Machtergreifung in der Ostmark-Wochenschau (wie Anm. 11), S. 128.

77 Zu den unterschiedlichen Berichten der „Ostmark-Wochenschau" über die Feiern des 1. Mai 1938 vgl. Petschar, Anschluss: „Ich hole Euch heim" (wie Anm. 9), S. 163–168.

78 Hans Freudlsperger, Der Preber, der Prebersee und das Preberschießen, in: MGSL 80 (1940), S. 13–32, hier S. 28; vgl. auch Achenbach/Moser, Filmografie – Österreich in Bild und Ton (wie Anm. 20), S. 431.

79 Freudlsperger, Der Preber, der Prebersee und das Preberschießen (wie Anm. 78), S. 28. – Freudlsperger war nach seiner Tätigkeit als Lehrer ab 1916 als Landesfischereiinspektor tätig. Er starb 1943 im Alter von 69 Jahren. Vgl. Nekrolog, in: MGSL 84/85 (1944/45), S. 205–207.

80 Die Mitwirkung Otto Pflanzls an diesem Beitrag findet in Pflanzl, Berta Pflanzl (wie Anm. 56) keinen Niederschlag; für das Jahr 1938 allgemein vor allem S. 358–370.

81 Ulrike Kammerhofer-Aggermann (Hg.), Trachten nicht für jedermann? Heimatideologie und Festspieltourismus, dargestellt am Kleidungsverhalten in Salzburg zwischen 1920 und 1938 (Salzburger Beiträge zur Volkskultur 6), Salzburg 1993.
82 Ellmauer/Embacher/Lichtblau, Geduldet, geschmäht und vertrieben (wie Anm. 44), S. 102.
83 Kay Hoffmann, Die Wochenschauen der 30er-Jahre als Propaganda-Instrument? Ein Vergleich zwischen den deutschen Wochenschauen und der Ostmark-Wochenschau, in: Miloslavic, Die OSTMARK-WOCHENSCHAU (wie Anm. 5), S. 87–109, hier S. 88.
84 Hitler Never Came To Tea (Ö 2002, Regie: Helga Embacher, Albert Lichtblau; Video zur Ausstellung „Juden in Salzburg", Salzburger Museum Carolino Augusteum 2002).
85 Loacker, Privater Staatsbetrieb (wie Anm. 5), S. 46–69; Derselbe, Anschluss im ¾-Takt. Filmproduktion und Filmpolitik in Österreich 1930–1938, Trier 1999, S. 114–125.
86 ÖStA/AdR, 04: „Bürckel"-Materie, Karton 237, Ordner 391: Gedenkprotokoll, 5. 8. 1938.
87 Moeller, Der Filmminister (wie Anm. 21), S. 366–370.
88 Eine definitive Aussage und quantitativ exakte Angabe ist aufgrund der lückenhaften Überlieferung der Wochenschau-Ausgaben im deutschen Bundesarchiv-Filmarchiv wissenschaftlich nicht möglich bzw. zulässig.
89 Die gesamte Deutsche Wochenschau Nr. 619 ist stream- und downloadbar unter http://www.archive.org/details/1942-07-15-Die-Deutsche-Wochenschau-619 (10.05.2010)
90 AStS, Chronik der Gauhauptstadt Salzburg, Eintrag 0197 (26.–28. 7. 1940); zur Geschichte des Schlosses Fuschl während der NS-Zeit vgl. Jutta Hangler, Schloss Fuschl. Beutegut des NS-Außenministers, in: Robert Kriechbaumer (Hg.), Der Geschmack der Vergänglichkeit. Jüdische Sommerfrische in Salzburg (Schriftenreihe des Forschungsinstitutes für politisch-historische Studien der Dr.-Wilfried-Haslauer-Bibliothek, Salzburg, Bd. 14), Wien–Köln–Weimar 2002, S. 259–280.
91 Peter Bucher, Wochenschauen und Dokumentarfilme 1895–1950 im Bundesarchiv-Filmarchiv (Findbücher zu Beständen des Bundesarchivs 8), Koblenz 1984, Nachdruck 2000, S. 84, 131 u. 128. – Die gesamte Deutsche Wochenschau Nr. 658 ist stream- und downloadbar unter http://www.archive.org/details/1943-03-14-Die-Deutsche-Wochenschau-658 (10.05.2010)
92 Hans-Joachim Giese, Die Film-Wochenschau im Dienste der Politik (Leipziger Beiträge zur Erforschung der Publizistik 5), Dresden 1940, S. 153, zit. n. Bartels, Die Wochenschau im Dritten Reich (wie Anm. 21), S. 92.
93 Die Aufstellung folgt Miloslavic, Der OSTMARK-WOCHENSCHAU-Bestand des Filmarchiv Austria (wie Anm. 20), S. 247–271.

Ingrid Bauer

Mobilisierung, soziale Versprechen, Kontrolle, Verfolgung

Mechanismen der NS-Herrschaft in der Phase ihrer Stabilisierung, 1938/1939, und die Partizipation der Bevölkerung

1. Das NS-Regime nicht nur von seinem Ende, sondern auch von seinen Anfängen her aufrollen?

Der vorliegende Beitrag nimmt die Phase der Stabilisierung der NS-Herrschaft bis zum Beginn des Zweiten Weltkrieges in den Blick. Die Stabilität – und das heißt: auch der aktive oder passive „Konsens der Vielen"[1] – reicht über diese Zäsur hinaus, der Höhepunkt nationalsozialistischer Macht wird 1940 erreicht. Die Krise des NS-Regimes – gekennzeichnet durch seine militärischen Niederlagen, die Verschlechterung der Versorgungslage, Durchhalteparolen und den sich verschärfenden Terror – sollte dann ab 1942 eintreten. In den privaten Aufzeichnungen einer Salzburger Lehrerin 1944/1945 fanden sich folgende verbreitete Spottverse, die den nunmehr deutlichen Stimmungsverfall in der Bevölkerung dokumentieren:[2]

Der Führer siegt für uns,
der Göhring fliegt für uns,
der Hess bitt' für uns,
der Ley frisst für uns.

Kartoffeln ohne Fett,
um 9 Uhr schon ins Bett,
Arsch kaum warm
– Fliegeralarm!

Milch 1/8 Liter,
den ganzen Tag „Heil Hitler".

Der Historiker Ernst Hanisch hat bei der Eröffnung der Vortragsreihe, die dem vorliegenden Sammelband zugrunde liegt, festgehalten, man dürfe den Nationalsozialismus und seine Anziehungskraft, das hohe Maß an Mobilisierung und innerer Integration nicht nur vom Ende her sehen; wenn man das NS-Regime von seinen Anfängen her aufrollt, dann bekomme man auch stärker seine Versprechungen/Verführungen in den Blick[3]. Das ist tatsächlich eine aufschlussreiche Perspektive. Trotzdem ist festzuhalten – und das machen allein Recherchen in den damaligen Salzburger Zeitungen deutlich –, wie frappierend präsent sämtliche Elemente, sämtliche Mechanismen des NS-Regimes von Beginn an waren, wenn auch noch ohne jene „kumulative Radikalisierung“[4] der späteren Jahre, von der HistorikerInnen sprechen.

Präsent waren nicht nur die Versprechungen an die nicht diskriminierte, nicht oppositionelle Mehrheitsbevölkerung, die Wellen ihrer Mobilisierung und Integration, sondern auch der Repressionsapparat und die Wellen der Verfolgung und des Ausschlusses der diskriminierten Gruppen, die Denk- und Sprechweisen der Diffamierung und Ausgrenzung, die allein schon vom Vokabular her aggressive Impulse als erlaubt, ja geboten erscheinen ließen[5], und: die Indifferenz der umworbenen Bevölkerungsgruppen gegenüber dem Schicksal derjenigen, die als so genannte „Neinsager“, „Ordnungsstörer“, „Volksverräter“, als „minderwertig“ Definierte, als Feindgruppen aus der Konstruktion der nationalsozialistischen „Volksgemeinschaft“ exkludiert waren. Die Bücherverbrennung auf dem Salzburger Residenzplatz vom 30. April 1938, bekanntlich die einzige in der Ostmark, war die „zeichenhafte“ Verkörperung dieses Verhältnisses des Nationalsozialismus zu jenen, „die wegen ihrer politischen Einstellung, ihres Glaubens, ihrer nationalen und ethnischen Zugehörigkeiten zu Opfern des Verfolgungsapparates des Regimes wurden“[6].

Mit völlig ungetarnter Dreistigkeit wurde gegen die jüdische Bevölkerung gehetzt, in Eskalierung etablierter antisemitischer Traditionen. Das machen auch ganz kleine Stadtsalzburger Details deutlich, noch vor Reichspogrom-Nacht, Vertreibung und Vernichtung.

So hielt etwa das Salzburger Volksblatt nach einem Vortrag, den das „Deutsche Volksbildungswerk der NS-Organisation ‚Kraft durch Freude‘“ im Oktober 1938 im großen Saal des Mozarteums zum Thema *Talmudisches Denken als Schlüssel zu jüdischem Wesen* veranstaltete, für die Leserschaft

Am 30. April 1938 brannten auf dem Salzburger Residenzplatz 1200 Bücher von jüdischen, katholischen und ständestaatlichen AutorInnen, darunter Stefan Zweig, Arthur Schnitzler, Franz Werfel und damit ein Teil der österreichischen Weltliteratur: Organisiert und inszeniert vom NS-Lehrerbund war in die einzige Bücherverbrennung auf österreichischem Boden auch die Jugend aus der HJ eingebunden. Mit gleichfalls inszenierten Fotos wie diesen, die in den Zeitungen erschienen, sollte dieser Akt „Wider den deutschen Ungeist" auch in das öffentliche Bewusstsein eingebrannt werden (Fotos: AStS, Fotoarchiv Franz Krieger, Film 124).

fest: *Jeder Teilnehmer an dem Vortrag ging mit erhöhtem* [sic!] *Abscheu gegen solches jüdisches Wesen aus dem Vortragsabend.*[7]

Die konkreten Verlaufsgeschichten von Arisierungen in Stadt und Land Salzburg, wie sie der Historiker Albert Lichtblau erforscht hat, zeigen gleichfalls, dass diese keineswegs nur ein bürokratischer Akt der NS-Behörden, sondern dass unterschiedlichste Gruppen aus der Bevölkerung involviert waren[8]. Aus Berichten wisse man zudem, so Lichtblau, dass die zurückgelassenen Wohnungen und Häuser von emigrierten Juden „manchen als eine Art Selbstbedienungsladen galten"[9] und Einrichtungsgegenstände durch Diebstahl verschwanden noch bevor die NS-Behörden tätig wurden. Die Gunst der Stunde nützend bereicherte man sich auch am in vielen Fällen nur „Wenigen, was an persönlichem Eigentum vorhanden war"[10], denn die Mehrheit der in Salzburg lebenden jüdischen Bevölkerung war nicht wohlhabend. Die bis heute immer wieder ins Spiel gebrachte Entlastungsstrategie, man sei in den Nationalsozialismus hineingezogen worden, ‚funktioniert' im Fall der „Arisierungen" also nicht, die beteiligten Bevölkerungsgruppen haben mehr gemacht, als ‚notwendig' war.

Am Gezerre und an den handfesten Konflikten um das Kaufhaus Schwarz wird das beispielhaft deutlich[11]. Das schon vor dem Ersten Weltkrieg auf dem Alten Markt eröffnete Geschäft war eine Institution in der Stadt. „Am 13. März 1938 postierte sich die SA vor dem Kaufhaus und verweigerte den Kundinnen und Kunden den Zutritt. Das Geschäft wurde danach von der Bevölkerung boykottiert bzw. wagte niemand mehr dort einzukaufen. Die Teilhaber waren in Schutzhaft. Mitte Juni 1938 schrieben die Salzburger Zeitungen, die ehemaligen Besitzer hätten dem Verkauf des Unternehmens zugestimmt und würden ab sofort auf den Ertrag des Geschäftes verzichten."[12] Die bevorstehende „Arisierung" des Prestigeobjektes „mobilisierte die Aufmerksamkeit aller potentiellen Profiteursgruppen der Salzburger Wirtschaft und der Partei"[13]. Die Salzburger Kaufmannschaft forderte die Zerschlagung des Warenhauses, um unliebsame Konkurrenz auszuschalten, der Beauftragte der Deutschen Arbeitsfront wollte die Arbeitsplätze retten, der zuständige Verteilungsbeamte in der „Arisierungsbürokratie" hatte vor allem im Sinn, „ihm genehme Parteigenossen zum Zug kommen zu lassen"[14]. Das Gebäude ging schließlich an die Salzburger Sparkasse, der Betrieb wurde liquidiert. Paul und Max Schwarz gelang es, nach Palästina zu emigrieren. Walter Schwarz nahm ein tragisches Ende, er soll laut einem

Gestapo-Bericht im Münchner Polizeigefängnis Selbstmord begangen haben.

Erstaunlich früh und mit sehr konkreten, alltagsnahen Indikatoren reichten auch die Kriegsvorbereitungen in den Wahrnehmungshorizont der Stadt herein:

Im September 1938 gab es die erste Verdunklungsübung, *Zehn Gebote für die behelfsmäßige Herrichtung von Luftschutzräumen* wurden in den Zeitungen veröffentlicht[15]. Mit dem überregionalen Wehrmachtskommando XVIII, das für die Gaue Salzburg, Vorarlberg-Tirol, Kärnten und Steiermark zuständig war, hatte die Gauleitung eine zentrale, kriegsvorbereitende militärische Verwaltungsinstitution in die Stadt geholt[16], die der Oberbürgermeister bei einem Empfang auf dem Residenzplatz einlud, sich *in unserer Stadt* [...] *so richtig häuslich einzurichten*, unter anderem durch die Errichtung von Kommandogebäuden, Kasernenbauten, Offizierswohnungen; bei diesen Vorhaben werde die Stadtverwaltung, so die Versicherung des Oberbürgermeisters, *tatkräftigst an die Hand gehen*[17].

Was die NS-Autoritäten bekanntlich umfassend betrieben und ebenso beherrschten, war die manipulative Herstellung verzerrter Wirklichkeitskonstruktionen: als Aufrüster, Kriegstreiber wurden die anderen europäischen Staaten hingestellt, eine Deutungsversion, die man in möglichst vielen Köpfen zu verankern suchte. So wurde etwa bei der ersten Großkundgebung der NS-Frauenschaft in Salzburg, die im Dezember 1938 im Festspielhaus stattfand, den großen Saal allerdings nur *fast*[18] *vollbesetzt* werden ließ, den Veranstaltungsbesucherinnen auch der *gegenwärtige Stand der politischen Weltlage* erläutert, in, wie es in einem Zeitungsbericht dazu hieß, *lebendigen, auch dem sogenannten „unpolitischen" Menschen verständlichen Bildern*[19]. Dazu griff man unter anderem auf bekannte Märchen zurück. Ein Redner verglich etwa Schneewittchen, das – so seine Formulierung – *erdgebundene, schöne, reine Königskind lautersten Charakters* mit Deutschland. Und, wie es weiter hieß, *die böse, blutsfremde, auf Schneewittchen eifersüchtige Königin*, mit der Weltpolitik, mit *jenen Kräften, die Deutschland verzauberten, es aus seiner Höhe stürzten, es seiner natürlichen Kräfte beraubten*[20], im gläsernen Sarg *lebendig begraben hielten*, bis dann *endlich Auferstehung und neues Leben*[21] gekommen sei.

Trotz solcher vielfältigst eingesetzter Strategien und Techniken der demagogischen Lenkung der Wahrnehmung und des Realitätsverständnisses

Boykott jüdischer Geschäfte, März 1938: Ein SA-Posten verweigert Kundinnen den Zutritt zum traditionsreichen Salzburger Kaufhaus Schwarz auf dem Alten Markt. Es wurde danach von der Bevölkerung boykottiert bzw. wagte niemand mehr dort einzukaufen (Foto: AStS, Fotoarchiv Franz Krieger, Film 122).

Plünderungen und Verwüstungen jüdischer Einrichtungen und Geschäfte durch SA-Leute, in der Reichspogromnacht vom 9. auf den 10. November 1938: Auch Anna Pollak und ihre Trödlerei und Weißnäherei in der Salzburger Rainerstraße waren davon betroffen. Anna Pollak wurde 1942 im Vernichtungslager Treblinka ermordet (Foto: AStS, Fotoarchiv Franz Krieger, Film 172).

NS-Beschlagnahmung des Franziskanerklosters und demonstrativer Akt gegen das NS-Regime, 13. Oktober 1938: Die Ordensbrüder vollzogen den Räumungsbefehl – sie mussten dem Salzburger Hauptquartier der Gestapo Platz machen – auf nonkonforme Weise und warfen Teile des Mobiliars, Bücher und Zeitschriften aus dem Fenster in den Hof. 16 Franziskaner wurden dafür bereits eine Woche später zu Arreststrafen zwischen zehn Tagen und einem Monat verurteilt (Foto: AStS, Fotoarchiv Franz Krieger, Film 167, Ausschnitt).

greift es, wie wir wissen, zu kurz, den Nationalsozialismus nur als Mobilisierungs- und Manipulationsprojekt der Herrschaftsträger zu sehen. Das plebiszitäre Element, die „Selbst-Dynamisierung“[22], die „(Selbst-)Mobilisierung ‚von unten‘“[23] dürfen nicht ausgeblendet werden. Die „Formen wohlwollend aktiver, wenn nicht nachdrücklich vorantreibender Partizipation“, im Alltag, an den Arbeitsplätzen, in den Kriegseinsätzen, zeigen das Maß an eigener, wenn oft auch nur partieller „Teilnahme (...) der Vielen“[24].

Die vielfältigen Praktiken von Denunziation müssen gleichfalls als Teil der Wechselwirkung von Herrschaftssystem und Gesellschaft gesehen werden, und spielten, wie der deutsche Historiker Martin Broszat schon in den 1970er Jahren untersuchte[25], bei der Herrschaftssicherung eine Rolle. Nicht nur „der Wirkungskreis der Gestapo“[26] wäre ohne die freiwillige Zuträgerschaft aus der Bevölkerung ein eingeschränkter gewesen. Die Bereitschaft zur Denunziation lässt sich mit vielen, auch dem folgenden Beispiel verdeutlichen, das in Zusammenhang mit der Einrichtung der Salzburger Dienststelle der Gestapo im Franziskanerkloster steht. Die Ordensbrüder vollzogen den damit verbundenen Räumungsbefehl auf höchst nonkonforme Weise und warfen Teile des Inventars, Bücher und Zeitschriften aus dem Fenster in den Hof[27]. Das Regime wertete diese Handlungsweise als demonstrativen Akt gegen den Nationalsozialismus und konnte für diesen Anklagepunkt beim Gerichtsverfahren gegen die Franziskaner mit eifrigen Zeugen aus der Bevölkerung aufwarten: unter anderem einem Hauptschuldirektor, der angab *er sei schon 25 Jahre lang Erzieher und vermöge daher aus den Gesichtszügen schon feststellen, daß nicht nur eine Freude am Hinunterwerfen allein vorgelegen sei, sondern auch eine gewisse innere Einstellung*[28].

2. Wechselwirkungen zwischen Herrschaftssystem und Gesellschaft – Stadtsalzburger Szenarien

Auf der Suche nach einem tieferen Verständnis der NS-Herrschaft und ihrem Funktionieren hat die historische Forschung zunehmend die oben skizzierten Verschränkungen zwischen Herrschaftssystem und Gesellschaft in den Blick genommen: die Interaktion zwischen den Strategien der Machteliten und dem sozialen Handeln der „einfachen" VolksgenossInnen, das Wechselverhältnis von Anreizen und Zustimmung, von Repression und Anpassung, aber auch Zurückweisungen der NS-Herrschaft durch oppositionelle Handlungen.

Neben Begriffe wie NS-Regime, NS-Diktatur, Führerstaat traten in der geschichtswissenschaftlichen Analyse weitere, wie jener der „Zustimmungs-Diktatur"[29], der „Gefälligkeitsdiktatur" oder „Hitlers Volksstaat"[30]. Und die Forschung zum Widerstand gegen den Nationalsozialismus hat ihre Analysen über den politischen und organisierten Widerstand hinaus erweitert um individuelle Widersetzlichkeiten, Nonkonformität und Dissens im Alltag, um partielle Distanzierungen von Vereinnahmungen und Zumutungen durch das NS-Regime[31]. Für die Einschätzung von Reichweite und Grenzen des NS wurden darüber hinaus auch Haltungen der „Resistenz" interessant, welche nach geschichtswissenschaftlicher Definition „die wirksame Abwehr, Begrenzung, Eindämmung der NS-Herrschaft oder ihres Anspruches, gleichgültig von welchen Motiven, Gründen und Kräften her"[32] umfassen. Berücksichtigt wird zudem, dass weder Zustimmung, Anpassung noch Opposition statische Größen sind, sondern im zeitlichen Verlauf sehr unterschiedlich ausgeprägt waren und sich zudem als Gratwanderung in ein und derselben Lebensgeschichte finden konnten.

Solche Wechselwirkungen zwischen NS-Regime und der nicht diskriminierten, nicht oppositionellen Mehrheitsbevölkerung – also der so genannten „Volksgemeinschaft“ – möchte ich nun, an Beispielen aus Salzburg, für mehrere unterschiedliche Bereiche beleuchten. Mein erstes Untersuchungsfeld werden individuelle lebensgeschichtliche Zusammenhänge und Alltagsperspektiven sein sowie damit verbundene ‚Fallen‘ und ‚tote Winkel‘ bei der zeitgenössischen Wahrnehmung der NS-Herrschaft. Der zweite von mir in den Blick genommene Bereich ist die städtische Kommunalpolitik und ihre Bedeutung als Integrationsinstrument. Das dritte Beispiel verfolgt, ausgehend vom so genannten „Eintopfsonntag“, die Formierung der „Volksgemeinschaft“, die in diesem Kontext unter Regie durch die Nationalsozialistische Volkswohlfahrt sowie massenhafter Beteiligung ‚von unten‘ erfolgte. Dass im Prozess der politischen und mentalen Einbindung der Bevölkerung unterschiedliche soziale Milieus sehr spezifisch anvisiert wurden und trotzdem nur punktuell mobilisiert werden konnten, zeigt das vierte Szenario „Zwischen Integration und Opposition – die Arbeiterschaft“. Den Abschluss bildet das seltene Beispiel einer widerständigen Praxis, welche im privaten Umfeld die tödliche Trennung zwischen dem ‚Wir‘ der so genannten „Volksgemeinschaft“ und den „nicht-arischen Anderen“ unterlief.

2.1. Anreize und Loyalitäten – lebensgeschichtliche Erfahrungen und die Perspektive des Alltags

Materialbasis für dieses Kapitel sind eine Vielzahl lebensgeschichtlicher Interviews, die ich im Rahmen diverser regionalgeschichtlicher Forschungen zu Salzburg geführt habe; die meisten gar nicht direkt zu Aspekten des Nationalsozialismus selbst, doch für bestimmte Generationen war und blieb diese Zeit eine zentrale lebensgeschichtliche Erfahrung, die sich sozusagen in jeden Interviewkontext hinein drängte. Deutlich wurde dabei, dass es für partielle Zustimmungen und Loyalitäten, von Einzelnen und Teilen der Bevölkerung, sehr unterschiedliche Anknüpfungspunkte gab; dass über die Stichwörter ‚wirtschaftliche Notlage‘, ‚Arbeitslosigkeit‘ hinaus vielfältige Anreize vorhanden waren: ökonomische, soziale, emotionale, rechtliche, etc. Die Intentionen des NS-Regimes und der individuelle ‚Nutzen‘ mussten sich dabei nicht unbedingt decken. So war etwa das nationalsozialistische Eherecht für das Regime selbst vor allem ein wichtiger Hebel zur Durchsetzung seiner bevölkerungs- und rassenpolitischen Ideen und Ziele: *Die Eheschließung kann nicht mehr reine Privatangelegenheit sein, sie muss aus der persönlichen Interessenssphäre herausgehoben und unter dem Gesichtspunkt ihres Wertes für das Volksganze gestellt werden*[33], wurde die damit verbundene NS-Logik über die Medien kundgetan. Die Bestimmungen, die auch die obligatorische, die Ehe aus religiösem Denken heraus lösende Zivilehe sowie die Möglichkeit zur Scheidung enthielten und 1938 für das ‚angeschlossene' Österreich übernommen wurden, konnten aber auch, wie Interviews vereinzelt belegen, als überfällige Säkularisierung und damit im Sinne gesellschaftlicher Modernisierung rezipiert werden. Und lebensgeschichtlich konkret eröffnete sich für manche damit die Aussicht auf Scheidung und damit auch auf Wiederverheiratung[34]. Die andere Seite, eugenisch und rassenpolitisch motivierte Heiratsverbote, darf allerdings nicht ausgeblendet bleiben, auch wenn das die ZeitgenossInnen mehrheitlich taten.

Lebensgeschichtliche Interviews machen ganz allgemein sichtbar, wie die national-sozialistischen Angebote in die privaten, persönlichen Bedürfnis- und Gefühlslagen eingebaut wurden, in oft sehr nachvollziehbare, unter anderen Bedingungen harmlose. Ihre Brisanz bekommen sie, weil es in einem totalitären System, das alles bis aufs letzte politisierte, keine sozusagen sauberen, unschuldigen Handlungsfelder gibt.

> *Ich war Sportlehrerin beim BDM.* [...] *Eigentlich war ich Verkäuferin: das hat mich überhaupt nicht interessiert.* [...] *Mein Bruder hat auf die HTL gehen dürfen – man hat damals für jede Schule zahlen müssen.* [Bei den knappen familiären Finanzen konnte das Schulgeld nur für einen investiert werden, den Sohn, für die Tochter blieb eine Lehrstelle als Verkäuferin], [...] *was mich überhaupt nicht interessiert hat. Aber es hat ja sonst nichts gegeben!* [...] *Ja, und dann haben sie überall für den BDM geworben, und ich bin dazu gegangen. Volkstanzen bin ich als erstes gegangen. Und dann der Sport vor allem! Sportlerin bin ich eine gute gewesen. Und dann haben sie gesagt, ob ich mich nicht als Sportlehrerin ausbilden lassen will und als Sportlehrerin arbeiten* will. *Selbstverständlich war ich dafür* [...][35] –

Sportliche Herausforderung, Wettkampf, Siegernadeln auch für Mädchen: Solche Angebote, Anreize, Anerkennungen – hier bei einem Sportfest der Hitlerjugend im Salzburger Nonntal, 1941 – werden von manchen bis heute positiv erinnert (Foto: AStS, Fotoarchiv Franz Krieger, Film 399).

Reichsarbeitsdienst-Maiden beim Ernteeinsatz in Bergheim bei Salzburg: vom Gau-Bildberichterstatter 1939 für propagandistische Zwecke festgehalten, in rückblickenden lebensgeschichtlichen Interviews mit damals jungen Frauen zum Teil als „schöne Zeit" und bestätigende Erfahrung des „Zupacken-Könnens" verbucht (Foto: AStS, Fotoarchiv Franz Krieger, Film 170).

wird hier von einer damals Sechzehnjährigen, die aus einer Arbeiterfamilie stammte, die Anziehungskraft einer für sie nun möglichen ‚kleinen Karriere' berichtet – aus heutiger Sicht sehr bescheidene Möglichkeiten des Aufstiegs, der Bestätigung, der Qualifizierung, die biografische Erfahrungen sozialer und geschlechtsspezifischer Beschränkungen kompensierten. Ihr Resümee, *Das war meine schönste Zeit*, wurde auch in anderen Interviews von damals jungen Frauen gezogen, aus einer lebensgeschichtlichen Wahrnehmung und Verarbeitung heraus, die nicht alle Teile des NS zusammendenkt, sondern den Ausschnitt des eigenen Lebens, die eigenen Gewinne als Maßstab nimmt: die Erlebnis- und Gemeinschaftsangebote des BDM, die Erfahrung des Zupacken-Könnens bei sozialen Einsätzen, das System von Auszeichnungen, Ehrungen und Siegernadeln.

Letztlich verweist all das auf einen Rückstau an Anerkennung, an Entwicklungsmöglichkeiten, an herausfordernder und befriedigender gesellschaftlicher Einbindung von Teilen damaliger Frauengenerationen – auf einen Rückstau, an dem der Nationalsozialismus anknüpfen konnte. Wie für andere Bereiche wird gerade auch im Zusammenhang mit der gesellschaftlichen Position von Frauen deutlich, dass der Nationalsozialismus kein einheitliches Konzept war und hatte. Die geschlechterbezogenen Rollenangebote, die er forcierte, waren widersprüchlich und von rivalisierenden Interessen der Bevölkerungs-, Arbeitsmarkt-, Produktions-, Kriegs- und Rassenpolitik her motiviert: das tüchtige, einsatzbereite, sportliche Mädel, die propagandistisch aufgewertete Mutter, die tapfere Volksgenossin an der Heimatfront und gleichzeitig die Erweiterung des traditionellen weiblichen Handlungsradius durch zahlreiche Möglichkeiten des Aktiv-werden-Könnens in Organisationen und Aktiv-werden-Müssens im Krieg[36]. Alles, was Frauen jetzt taten, galt zudem nicht mehr als nur ‚privat', sondern als Leistung für die „Volksgemeinschaft", was Teile der betroffenen Frauengenerationen in Oral History-Dokumenten als Herausforderung und, wie gesagt, als gesellschaftliche Anerkennung erinnern[37].

Ein Satz wie *Das war meine schönste Zeit* verweist jedoch nicht nur auf die Erkenntnisfallen und „toten Winkel der alltäglichen Wahrnehmungs- und Deutungsperspektive"[38], sondern auch auf die Unfähigkeit und Nicht-Bereitschaft, zumindest im Nachhinein die Zusammenhänge des NS-Regimes und die eigene Rolle darin zu erkennen.

Die Oral History-Interviews, die ich geführt habe, zwangen mich auch immer wieder, mich der Tabufrage nach der „Faszination Nationalsozialismus"[39] zu stellen, den Emotionen, Identifikationen, an denen das NS-Regime anschließen konnte. *Der Hitler wäre schon gut gewesen, aber die Hitler, seine Anhänger haben alles kaputt gemacht,* war noch Anfang der 1980er Jahre auch jenseits des Milieus ehemaliger Kern-Nationalsozialisten etwa ein Weiterwirken des Hitler-Mythos zu hören, der nicht nur ein Produkt der Propaganda war, sondern gleichzeitig durch Rettungsphantasien und andere Sehnsüchte ‚von unten', aus der Bevölkerung, genährt wurde[40]. Solche Aussagen finden sich in zeitlich später geführten Interviews kaum mehr, nicht nur weil die ZeitzeugInnen, die wir heute noch befragen können, andere Altersgruppen mit anderen Erfahrungen sind, sondern des Weiteren, weil sich auch in Österreich das gesellschaftliche Nachdenken über den Nationalsozialismus differenzierte. Das hat das individuelle Erinnern und die Codes des darüber Sprechens mit verändert, die ja immer ein Erinnern und Sprechen in kollektiven Rahmungen sind[41].

Erstaunlich nachhaltig und ebenfalls in von mir geführten Oral History-Interviews auffindbar waren auch Idealisierungen repressiver Praktiken, dort wo sie andere betrafen: „Drakonische Strafen hätten die Kriminalität wirksam eingedämmt, die Arbeitsscheuen hätte man in Lager gesteckt und

„Wir waren wer…": Feierliche Rituale, die auf die Suggestivkraft von Führer-Volk-Inszenierungen setzten – wie hier die Vereidigung der Motor-HJ am 20. April 1939, dem Geburtstag „des Führers" –, erweckten und befriedigten jugendliche Selbstgefühle der Grandiosität (Foto: AStS, Fotoarchiv Franz Krieger, Film 205).

erzogen", wurde auch im Nachhinein „als Garant für Sicherheit und Ordnung hochgehalten"[42].

In welchem Ausmaß der Nationalsozialismus „zu einem wichtigen Bestandteil des psychischen Haushalts"[43] werden konnte und wie schwierig und langwierig es war, davon wieder Abstand zu nehmen und innere Korrekturen vorzunehmen, wurde bei Interviewpartnern deutlich, die in dieser Zeit junge Männer bzw. männliche Jugendliche waren. Die Jugend zählte insgesamt zu jenen Bevölkerungsgruppen, neben den Soldaten und den Kern-Nazis, die bis 1945 das NS-System zum Teil noch stark stützten[44]. Die Interviewten erzählten, rückblickend kritisch, vom Rausch der Grandiosität, von Steigerungen des narzisstischen Selbstgefühls durch die Vorrangstellung der Eigengruppe: *Wir waren ja aufgeblasen wie ein Luftballon, alles, was nicht deutsch war, war schlecht*[45], oder von Identifikationen mit den Werten soldatisch-männlicher Härte, die erst im Nachhinein allmählich einen Sprung bekamen, bei manchen, wie im folgenden Interviewausschnitt, durch die Konfrontation mit den amerikanischen GIs nach 1945 in der Stadt Salzburg:

> *Also gegenüber unseren Soldaten sind mir die Amerikaner durchwegs weich und milde vorgekommen.* [...] *und es hat auch passieren können, dass dir einer über den Kopf gestreichelt hat oder dass sie dir hin und wieder etwas geschenkt haben. Das waren die Weichen, die hat man um den Finger wickeln können, die sind nichts* [wert] *gewesen.* [...] *Die unfreundlich waren,* [...], *die Amerikaner, die einen verstaubt haben, vor denen hat man Respekt gehabt.* [Aber bei den anderen habe man sich gedacht], *‚Aha, das ist wieder ein Blöder!'*, [...] *die haben wir als Buben als schwach empfunden.* [...] *Stark waren unsere Soldaten* [die vor 1945 im Stechschritt durch die Stadt defilierten], *und wir als Buben so* [wie sie] *hinten nach.*[46]

Zur „Sozialpsychologie der Akzeptanz des Nationalsozialismus"[47] gehören aber wohl vor allem seine Konsumanreize und sozialpolitischen Maßnahmen, „die Gefolgschaft und Integration bewirkten"[48]. Das NS-Regime habe, so der deutsche Historiker Götz Aly, eine Art „Gefälligkeitsdiktatur" errichtet, die der nicht diskriminierten, nicht oppositionellen Mehrheitsbevölkerung handfeste Vorteile gebracht habe, „auf Kosten Dritter"[49]. Denn finanziert wurden sie nicht nur über ein gigantisches Deficit Spending, „die ungezügelte Ausweitung der Budgets der öffentlichen Haushalte“[50], sondern auch durch das Ausräumen der Ressourcen der besetzten Länder, mit der Option, das nach dem gewonnenen Krieg noch stärker tun zu können; später allerdings auch durch das Abschöpfen der Spar- und Geldeinlagen der VolksgenossInnen bei Banken und Versicherungen, als Mittel einer sozusagen „geräuschlosen“, weil von der Bevölkerung so nicht erkannten, Kriegsfinanzierung[51].

Das hat die Wahrnehmung der Bevölkerung bezüglich der Maßnahmen für das so genannte „Volkswohl“ nicht getrübt. Zu diesen gehörten – auch hier wieder rassenpolitisch selektiv, das heißt: die jüdische Bevölkerung, Roma und Sinti, FremdarbeiterInnen waren davon explizit ausgeschlossen – die „als sozialpolitische Großtat propagierte“ Einführung der Alters- bzw. Invalidenrente für Arbeiter, die jedoch keine Verbesserungen für jene brachte, die bereits vor dem 1. Januar 1939 in Pension gegangen waren[52]; die Einführung von Ehestandsdarlehen und Kinderbeihilfen, auch sozialtouristische Freizeitangebote: *Jeder Volksgenosse*, also auch *kleine Leute* können nun *wie Generaldirektoren um die Apenninen-Halbinsel* [fahren][53], wurde in den Salzburger Zeitungen das Reiseprogramm des Amtes „Reisen, Wandern, Urlaub“ der NS-Organisation „Kraft durch Freude“ angepriesen. Ein Großteil des KdF-Reiseangebots bestand allerdings keineswegs aus solchen Kreuzfahrten *mit dem Flaggschiff der KdF-Flotte, dem ‚Wilhelm Gustloff‘*[54], sondern aus Tages- und Wochenendreisen in die nähere Umgebung oder ins „Altreich“. Und trotz der konkurrenzlos niedrigen Preise, die durch die staatliche Verfügungsgewalt über die Eisenbahn und politischen Druck auf Vermieter möglich waren, konnte das Versprechen auch einkommensschwache VolksgenossInnen bzw. die Arbeiterschaft „gleichberechtigt am Tourismus teilhaben zu lassen, [...] nur ansatzweise ein[ge]löst“[55] werden, erreicht wurden mit den KdF-Angeboten eher mittlere und höhere Schichten.

Zu den prestigeträchtigen Konsumgütern, mit denen man die Bevölkerung umwarb, gehörte bekanntlich auch der KdF-Wagen, der Vorläufer des Volkswagens, auf den jeder sparen konnte. Im Sommer 1938 erstmals in den Salzburger Zeitungen angekündigt und dort dann als *eine Großleistung deutscher Technik*[56] propagandistisch ständig präsent, tauchten – wiederum im Sinne einer Politik der Mobilisierung von Erwartungen und Emotionen – wenige Tage vor Weihnachten die ersten drei Prototypen in einer

Propaganda-Tour durch Salzburg auf und waren drei Tage im Innenhof der Residenz ausgestellt[57]. Im Gau Salzburg scheint das Sparen auf den Volkswagen besonderen Anklang gefunden zu haben. Hier lag man, was den Sparerstand betrifft, vor allen Ostmarkgauen an der Spitze[58].

Von der Bevölkerung begehrt und bestaunt: Die ersten Prototypen des KdF-Wagens auf PR-Tour für das Regime, Salzburger Residenzplatz im Dezember 1938 (Foto: AStS, Fotoarchiv Franz Krieger, Film 179).

Diese Politik des sozialen Appeasement, also einer Politik der Besänftigung und Beschwichtigung der „Volksgenossinnen und -genossen“, verschaffte dem Nationalsozialismus bei manchen bis weit in die Nachkriegszeit hinein eine ebenfalls in Interviews aufzuspürende gute Nachrede. Oft auch bei jenen, die die Terrorpolitik des Regimes und den Krieg entschieden ablehnten. *Er hat gute Sachen gehabt, der Nationalsozialismus*, gelang es in Interviews, die ich in den 1980er Jahren geführt habe, so manchen der damaligen Interviewpartner – das heißt: sie waren in der NS-Zeit Erwachsene – nicht, eine Verbindung herzustellen zwischen den eigenen Vorteilen und den untrennbar dazu gehörenden repressiven wie rassistischen Dimensionen der NS-Politik. Sie scheinen in getrennten Dateien des Gedächtnisses abgespeichert worden und in manchen Details auch nicht bewusst gewesen zu sein.

So war es etwa bei den gewährten Ehestandsdarlehen neben der Förderung des privaten Konsums und der heimischen Wirtschaft – angesucht werden konnte um maximal 1000 Reichsmark, ausbezahlt in Form von

Ideologisch und rassistisch geprägte Sozialpolitik: Alle Maßnahmen galten – wie auch in diesem Merkblatt ganz offen formuliert wird – nur für „erbgesunde“ und sich politisch „rückhaltlos“ für den Nationalsozialismus einsetzende Antragsteller „Deutschen oder artverwandten Blutes“ (AStS, Bibliothek, Titelseite des Merkblatts vom 11. 4. 1938 für die Gewährung von Ehestandsdarlehen und Kinderbeihilfen).

Merkblatt

vom 11. April 1938

für die Gewährung von Ehestands-darlehen und Kinderbeihilfen.

A. Ehestandsdarlehen.

I. Wer kann ein Ehestandsdarlehen erhalten?

Ehestandsdarlehen können Brautpaare erhalten, die die Ehe miteinander schließen werden und den Antrag auf Gewährung eines Ehestandsdarlehens stellen. Die hauptsächlichsten Voraussetzungen sind:

1. Jeder der beiden Antragsteller muß vor der Verheiratung die *Deutsche Reichsangehörigkeit*, beziehungsweise die *Österreichische Bundesbürgerschaft* besitzen. Ausbürgerungen, die wegen nationaler Gesinnung oder Betätigung erfolgten, bleiben außer Betracht.

2. Es darf nach der *politischen Einstellung* keines der beiden Antragsteller anzunehmen sein, daß er sich nicht jederzeit rückhaltslos für das nationalsozialistische Großdeutsche Reich einsetzt.

3. Jeder Antragsteller muß im Besitze der *bürgerlichen Ehrenrechte* sein.

4. Beide Antragsteller müssen Deutschen oder artverwandten Blutes sein. Artverwandt sind die Völker Europas, nicht aber Juden und Zigeuner.

5. Es darf *keiner* der beiden Antragsteller an *vererblichen, geistigen oder körperlichen Gebrechen*, an Infektionskrankheiten oder sonstigen das Leben bedrohenden Krankheiten

1

Gutscheinen, die für den Erwerb von Haushaltgütern beim Salzburger Handel einzulösen waren[59] – auch um bevölkerungspolitische Motive gegangen: das Darlehen konnte „abgekindert“ werden, jedes Kind galt als Rückzahlung von 250 RM[60]. Hinter den Ehestandsdarlehen stand zudem, wie Gabriele Czarnowski mit ihren Forschungen belegt hat, das Ziel weitgehender körperpolitischer Zugriffe auf Ehe und künftige Geburten. Das Ansuchen war bei den Gesundheitsämtern einzureichen, weil die Gewährung mit einer obligatorischen ärztlichen Untersuchung verknüpft war. Gefördert werden sollte nicht die Eheschließung an sich, sondern die leistungsfähige, gesunde, zeugungs- und gebärfähige, rassenpolitisch wertvolle Ehe[61]. Die Historikerin Gisela Bock hat darauf aufmerksam gemacht, dass das Spezifikum der nationalsozialistischen Ehe- und Familienpolitik nicht die fördernden Maßnahmen waren – diese haben zeitgleich auch in anderen europäischen Ländern existiert und dort oft umfassender; so wurde die staatliche Kinderbeihilfe im NS-System ursprünglich erst ab dem fünften Kind, später dann ab dem dritten Kind ausbezahlt. Das Charakteristikum sei, so Gisela Bock, die Gleichzeitigkeit von fördernder und ausmerzender Politik gewesen, durch Ehetauglichkeitszeugnisse, Heiratsverbote, Zwangssterilisierungen, Zwangsabtreibungen[62].

Vieles, was sich in den Köpfen als soziale Verbesserung eingenistet hatte, war zudem gar nicht oder nur vorübergehend real abgedeckt. Die sozialen Versprechungen des Nationalsozialismus und ihre sozialpolitische Realisierung klaffen, wie der Sozialwissenschafter Emmerich Talós herausgearbeitet hat, auseinander[63]. Der Volkswagen, auf den man sparte „und glaubte, mit der Woche für Woche mit Marken beklebten Sparkarte ein handgreifliches Symbol für jene ‚bessere Zukunft' zu besitzen, die das NS-Regime so lauthals verkündete"[64], dieser Volkswagen wurde bekanntlich nie ausgeliefert. Das galt auch für andere Ankündigungen – durch den Krieg „gleichsam neutralisiert"[65] mussten sie nicht mehr eingehalten werden, blieben in den Köpfen der Bevölkerung allerdings als Möglichkeit weiter bestehen und bis in die Interviews hinein hängen.

Die systemkonforme heimische Wirtschaft profitiert: Ehestandsdarlehen wurden als Gutscheine ausbezahlt, mit denen in Geschäften vor Ort Haushaltsgüter erworben werden konnten – der in die Aktion eingebundene Salzburger Handel war mit Inseraten in den Zeitungen präsent, hier im Salzburger Volksblatt, November 1938 (Reproduktion: AStS).

2.2. Wohnbau und Gauburg – Kommunalpolitik als Integrationsinstrument[66]

Was die Integrationswirkung des NS-Regimes betrifft, ist auch der Blick auf den kommunalen Bereich selbst ein aufschlussreicher. Gilt dieser doch generell als eine zentrale Bezugsebene der Bevölkerung. Die Nationalsozialisten wussten die besondere Bedeutung des Kommunalen und der Kommunalpolitik offensichtlich gezielt zu nutzen. Die Gemeinde – sie stehe, wie es der nach dem Führerprinzip ernannte Bürgermeister-Stellvertreter Lorenz[67] 1938 formulierte, *in unmittelbarer Fühlung und engster Verbundenheit mit jedem Volksgenossen*[68] – wurde als strategischer Raum erkannt, in dem eine Identifikation breiter Schichten mit dem NS-System herstellbar war, auch wenn die Möglichkeiten der Mitbestimmung für die Bevölkerung selbst beseitigt worden waren[69].

Ein Instrument dafür war eine gezielte Politik der infrastrukturellen Modernisierung, die für die Bevölkerung „die Überlegenheit des NS-Systems gegenüber der demokratischen wie auch der austrofaschistischen Ära durch eine besondere Dynamik der Stadterneuerung und -erweiterung beweisen“[70] sollte. Gleichzeitig wurde mit der „Aufbaueuphorie“[71] dieser Phase der Kommunalpolitik jene Zustimmungseuphorie der ersten Monate weiterhin bedient, die so stark von der Hoffnung auf und Wahrnehmung von Verbesserung, Erfolg und Zukunft gespeist war. Bereits eine Woche nach der Volksabstimmung, am 21. April 1938, legte die neue Stadtverwaltung dem zuständigen Reichsministerium ein „Erneuerungsprogramm“ für die Stadt Salzburg vor, das, wie Robert Hoffmann herausgearbeitet hat, mit seinem „für damalige Verhältnisse riesigen“ Finanzvolumen von 50 Millionen Reichsmark ca. neun Mal höher war als die kommunalen Ausgaben im Jahr 1937[72].

Im Mittelpunkt standen, wie überall im Dritten Reich, öffentliche Investitionen in den Wohnbau und den Ausbau der Verkehrswege, die sich propagandistisch mit Erfolg verwerten ließen. Bereits 1942 sollen an die 1500 neue Wohnungen bezugsfertig gewesen sein[73], insgesamt vermehrte sich der Wohnungsbestand zwischen 1938 und 1944 um 1659 Wohneinheiten[74]. Anfang und Ende sind aber auch hier wieder zusammen zu denken. Ernst Hanisch weist darauf hin, dass bei einer Gesamtbilanz über den Wohnungsbau in der NS-Ära auch die bombenzerstörten Wohnungen miteinkalkuliert werden müssen – zu Kriegsende sei die Bilanz negativ gewesen[75]. 1938/1939

Negative Wohnungsbilanz des NS-Systems: Den neu errichteten „Volkswohnungen" – wie hier die Weichselbaumsiedlung in Salzburg-Parsch in einem Luftbild aus dem Jahr 1944 – stand 1945 der bombenzerstörte Wohnungsbestand gegenüber, als Folge eines Krieges, mit dem das NS-Regime ganz Europa überzogen hatte (Foto: AStS, Fotosammlung).

signalisierte der Bauboom freilich noch dynamischen Aufschwung, mit der regionalen Bauwirtschaft als ökonomischen und Teilen der Bevölkerung als sozialen Nutznießern. Was sich den Erfolgsmeldungen in den Zeitungen nicht entnehmen ließ, war, dass die Wohnbauten nur teilweise zu so genannten ‚Volkswohnungen' wurden, da sie auch den Wohnungsbedarf zu decken hatten, der sich aus dem Zuzug von Offizieren und Unteroffizieren des Kommandos XVIII der Wehrmacht sowie Südtiroler und volksdeutscher Umsiedler ergab[76]. Eine interessante, die NS-Jubelmeldungen differenzierende Quelle sind auch die Bauakten: So lässt sich etwa dem Akt der neuerbauten Weichselbaumsiedlung in Parsch entnehmen, dass ab 1941 die ersten Baugebrechen festgestellt wurden: die Kamine waren nicht dicht. Desgleichen finden sich in diesen Akten alltagsgeschichtlich aufschlussreiche Informationen vermerkt: etwa für das Jahr 1944 mehrere Verwaltungsstrafverfahren gegen Bewohner der Siedlung, weil sie Hasen- und Hühnerställe betrieben – ein deutliches Indiz für die Verschlechterung der Versorgungssituation gegen Ende des Krieges[77].

Auch bei den im Bereich Straßen und Verkehr gesetzten Maßnahmen der Modernisierung ließ die Stadtverwaltung keine Möglichkeit zur Erfolgsmeldung aus: von der Sanierung und Erweiterung des Straßennetzes sowie dem Neubau von Salzachbrücken; über die Einführung der städtischen Au-

Start des Salzburger Obus-Verkehrs – Modernisierung und ihre propagandistische Verwertung, Oktober 1940: Mit einem Festkonvoi und durch den NS-Oberbürgermeister wurden die ersten drei Fahrzeuge und die erste Teilstrecke Sigmundsplatz–Maxglan der Öffentlichkeit übergeben (Foto: AStS, Fotoarchiv Franz Krieger, Film 347).

tobusse, welche die Straßenbahn ersetzten, weil diese, wie es hieß, *für alle Fremden schon seit Jahren eine Quelle der Belustigung*[78] sei, bis hin zu PR-mäßig überspannt aufgeblasenen Neuanschaffungen wie zum Beispiel einer Straßenreinigungsmaschine, die ob ihrer Modernität schon sieben Monate vor ihrem Eintreffen angekündigt wurde, damit man sie als *die erste dieser Art in der Ostmark*[79] verbuchen konnte.

Wie und auf wen diese kommunale Aufbaupolitik gewirkt hat, lässt sich natürlich nicht direkt ‚messen' – aber es ist naheliegend, dass die damit signalisierte Dynamik mit zu jenen Faktoren gehört, die bei der nicht diskriminierten, nicht oppositionellen Mehrheitsbevölkerung Sicherheitsgefühle und Systemzufriedenheit beförderten. Ein Indikator, der von der Geschichtswissenschaft in diesem Zusammenhang angeführt wird – als Ausdruck einer Haltung der „beträchtlichen Zustimmung"[80] – sind die Heirats- und Geburtenzahlen, die in der Stadt Salzburg so wie überall bis zum Jahr 1940, also bis in den Krieg hinein, deutlich anstiegen, in der Anfangsphase sogar um das Doppelte[81].

Die steile Heiratskurve ist aber nicht nur ein wichtiger Quellenbeleg für die nachträglichen Analysen von HistorikerInnen, sie wurde auch von den NS-Propagandisten damals selbst genützt für ihre Darstellung und Bewerbung des Systems, gemeinsam mit zahlreichen anderen Argumentations-

Braut und Stahlhelm im großen Trauungssaal des Salzburger Standesamtes im Schloss Mirabell: Nach Kriegsbeginn und mit zunehmender Militarisierung des Alltags fanden Hochzeiten immer öfter auch in Uniform oder sogar getrennt, als Ferntrauung, statt. Die erste Kriegs-Ferntrauung in der Stadt im Februar 1940 wurde mit symbolischer Dramaturgie in Szene gesetzt; der Helm stand für den eingerückten Bräutigam (Foto: AStS, Fotoarchiv Franz Krieger, Film 291).

schienen – wie etwa dem steigenden Tabakverbrauch. Auch an diesem lasse sich der Aufschwung ablesen, instruierte etwa die Salzburger Landeszeitung, das amtliche Organ der NSDAP, die Leserschaft[82]. Für Salzburg sei diesbezüglich eine *überaus große Zunahme* feststellbar sowie ein Zurückkehren des Raucherpublikums *zur guten Ware*. So habe sich der Absatz der *Havanna-Java-Zigarre „Gaisberg"* verdreifacht, versuchte man mit der Ausstrahlungskraft der großen Zahl zu beeindrucken[83]. Und lenkte dann den Blick auf jene, die dieses Produkt damals produzierten, die Arbeiterinnen der Halleiner Tabakfabrik. Anfang 1938 noch in Kurzarbeit seien sie längst zur Normalarbeitszeit von 44 Stunden zurückgekehrt und müssten nun sehr *flink sein, um für die Raucher den erforderlichen Nachschub zu sichern*[84]. Diese inhaltlich und zeitlich raffiniert positionierte Story erschien am 16. Dezember 1938, also wenige Tage vor Weihnachten, und steigert sich am 31. Dezember 1938 zur letzten Schlagzeile des Jahres: *Großdeutschland vollbeschäftigt*[85].

Ich komme noch einmal kurz zurück zum kommunalen Bauboom der ersten Jahre: Auch das größte städtische Bauprojekt der NS-Zeit – der 1940 begonnene Neubau der Staatsbrücke – ist in mentalitätsgeschichtlicher Hinsicht von Interesse, insbesondere was seine Geschichte nach 1945 betrifft. Hier scheint der Mechanismus der Wahrnehmungs- und Realitätsse-

Arbeit unter Zwang und unwürdigen Lebensbedingungen: Aus allen Teilen Europas ins „Reich" verschleppte ausländische ZwangsarbeiterInnen sowie Kriegsgefangene waren in allen Bereichen der Salzburger Wirtschaft im Einsatz, unter anderem auf den Baustellen der „Gauhauptstadt" – im Bild sowjetische Kriegsgefangene beim Bau der Staatsbrücke, 1944 (Foto: AStS, Fotoarchiv Anny Madner).

lektion ‚Wir' und ‚die Anderen' bis weit in die Nachkriegsgesellschaft hineingewirkt zu haben, in der ausgeblendet blieb, dass die Lasten des Baus wie der Kriegswirtschaft insgesamt „ganz stark auf ausländische Zwangsarbeit abgewälzt"[86] worden waren. Die Brücke, deren Bauarbeiten erst 1948 abgeschlossen wurden, galt lange als Projekt des Wiederaufbaus. Bei der feierlichen Einweihung war nicht davon die Rede, dass zu ihrer Vorgeschichte der Einsatz hunderter Fremdarbeiter, Zwangsarbeiter und Kriegsgefangener – unter unwürdigsten Bedingungen – gehörte. Salzburger HistorikerInnen haben schon Anfang der 1990er Jahre darauf verwiesen, aber mit ihren Expertisen das Faktum Zwangsarbeit noch nicht ins öffentliche Gedächtnis zurück holen können[87]. Das ist allerdings kein spezifisches Stadtsalzburger Phänomen, auch gesamtösterreichisch sensibilisierte sich das Bewusstsein für diesen tabuisierten Aspekt der Geschichte erst innerhalb des letzten Jahrzehnts, auf Druck eines gesamteuropäisch veränderten Diskurses. Seit 2007 gibt es an der Salzburger Staatsbrücke eine Gedenktafel.

Hoch fliegende Pläne für die Hauptstadt des kleinsten Gaus des Reiches hatte auch die Gauleitung, Pläne, die nicht zuletzt Karriereerwartungen und Statushoffnungen bei den regionalen Eliten mobilisierten. Gauleiter Rainer, von 1938 bis Herbst 1941 im Amt, der, so Hanisch, „selbst in Reinkultur den Typus des jungen (geb. 1903), akademisch gebildeten, organisatorisch gewandten NS-Aufsteigers"[88] verkörperte, betrieb eine Politik des „Zugewinns an metropolitanen Funktionen"[89], wie das der Historiker Robert Hoffmann formulierte. Die Stadt Salzburg wurde als Organisationszentrum für übergeordnete Partei- und Wehrmachtsstellen des Alpenlandes ins Spiel gebracht, der „Ausbau der Stadt zu einem kulturellen und wissenschaftlichen Zentrum nationalsozialistischer Prägung"[90] wurde forciert. Die Nähe zum Sommersitz Hitlers auf dem Obersalzberg beflügelte die Ambitionen. Den Rang einer Führerstadt konnte Salzburg zwar nicht erreichen, aber den einer so genannten „Neugestaltungsstadt", einer städtebaulich bevorzugten Stadt, die entsprechend den Bedürfnissen des Regimes nach äußerer Repräsentation umzugestalten war[91].

Der Hang des nationalsozialistischen Politikstils zur großen, hypertrophen Geste sollte sich in den 1939 einsetzenden, 1942 aber gestoppten Planungen einer monumentalen baulichen Ausgestaltung der Stadt niederschlagen, etwa einer, wie es der Architekturpublizist Norbert Mayr bezeichnet, „NS-Akropolis"[92] auf dem Kapuzinerberg: mit einer Versammlungshalle, einem Gauhaus als Sitz des Gauleiters und der NSDAP, einem Festspielhaus, Sportanlagen sowie einer Gauburg anstelle des Franziskischlössels.

Dieser „Drang zum Gigantischen"[93] beschränkte sich nicht nur auf die Führungsschicht, er vermochte offensichtlich auch Größenphantasien der Volksgenossen anzuheizen, die durch den Beginn des Krieges nicht unterbrochen, sondern noch gesteigert wurden, wie Ernst Hanisch anschaulich ausführt: „Die militärischen Erfolge der ersten Kriegsphase setzten eine

Bewussterer Umgang mit einem langjährigen Tabuthema: Seit 2007 erinnert eine Gedenktafel daran, dass die 1947 als „Wiederaufbauprojekt" eröffnete Staatsbrücke eine „Vorgeschichte" in der NS-Zeit hatte, zu welcher der Einsatz von französischen und sowjetischen Kriegsgefangenen und zivilen ausländischen Zwangsarbeitern gehört (Foto: AStS).

NS-Herrschaft und ihr Stil der pompösen, hypertrophen Geste: Die Pläne für Repräsentationsbauten der „Gauhauptstadt" auf dem Salzburger Kapuzinerberg waren weit fortgeschritten, Entwürfe des beauftragten Architekturbüros Strohmayr/Reitter, 1941/1942 (Orig. und Foto: AStS, Nachlass Otto Strohmayr).

Bauplanungseuphorie frei, die sich auf ganz Europa erstreckte. [...] Die kleinen Provinzbaumeister, die kleinen Bautechniker sahen sich bereits als Großbaumeister im Osten tätig."[94]

2.3. „Eintopfsonntag" – die nationalsozialistische Volkswohlfahrt (NSV) und die Formierung der „Volksgemeinschaft"

Bei der Mobilisierung der Gesellschaft zu einer „ideologisch homogenen, sozial angepassten, leistungsorientierten" Gemeinschaft der „rassebiologisch ‚gut Gearteten'"[95] – diese „Volksgemeinschafts"-Ideologie war bekanntlich ein Kernelement der NS-Weltanschauung" – kam der Organisation „Nationalsozialistische Volkswohlfahrt" eine wichtige Rolle zu. Ähnlich der NSDAP aufgebaut, in Gau-, Kreis- und Ortsverwaltungen, waren ihre sozialfürsorgerischen Aktivitäten im regionalen und lokalen Kontext wirksam und sichtbar, dienten aber in erster Linie nicht der Sorge und Unterstützung für den hilfsbedürftigen Einzelnen – die zudem nur dem „Erbtüchtigen" galt –, sondern der Stärkung der rassisch definierten Gemeinschaft im Sinne einer biologischen „Erbpflege" und „Rassenhygiene". Ihre Finanzierung stammte vor allem aus den gigantischen Spendensummen, die im Rahmen des so genannten Winterhilfswerks gesammelt wurden[96].

Die von der NSV – in der Phase der Noch-Massenarbeitslosigkeit besonders stark – betriebene Umwerbung *bedürftiger* „VolksgenossInnen" mit der Verteilung von Lebensmitteln, Kleidern, Schuhen, ließ sich gleichzeitig immer auch zu propagandistischer Selbstdarstellung des NS-Regimes nutzen: *Hinter den Kanonen unserer Wehrmacht sind die Gulaschkanonen*[97] der NSV in Österreich eingezogen, oder: *Der Zuckerlregen der NSV hört nicht auf*[98], verkündeten die Schlagzeilen in den Salzburger Zeitungen. Ab Herbst 1938 lautete dann auch für Österreich die Parole *Ein Volk hilft sich selbst*[99]. Mit dieser Losung wurde seit 1933 im gesamten Reich, die Ostmark und Salzburg waren sozusagen das erste Mal dabei, das so genannte Winterhilfswerk eröffnet. Der Sammel-Appell wurde von Berlin aus über den Rundfunk in alle Gaue übertragen. In Salzburg fand eine eigene Eröffnungsfeier im Festspielhaus statt, bei welcher der Gauleiter als regionaler Regisseur zwei ‚aktivierende' Zusatzparolen ausgab, die auf die Suggestivkraft von „Führer-Volk"-Inszenierungen setzten: *Wir helfen dem Führer!, Wir danken dem Führer durch die Tat*[100].

Von Oktober bis März sollte nun – Wochenende für Wochenende – eine Sammlung die andere jagen und die Bevölkerung in Stimmung bringen: Geldsammlungen in den Straßen der Stadt, Lebensmittelsammlungen in den Haushalten – unter dem Motto *Jeder Haushalt opfert ein Pfund* –, Sammlungen alter Spielzeuge[101], Sammlungen von Altmaterial ganz allge-

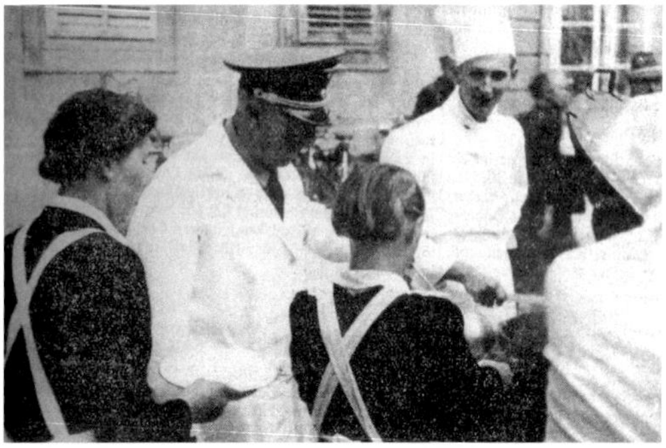

Einheit von NSDAP und Bevölkerung und harmonische „Volksgemeinschaft" suggeriert: Öffentliches Eintopfessen auf dem Salzburger Residenzplatz und vor dem Schloss Mirabell unter Beteiligung zahlreicher NS-Funktionäre und Herrschaftsträger, Oktober 1938 (Fotos: Salzburger Landeszeitung; Reproduktion: AStS).

mein, *Tage der Nationalen Solidarität*[102], die wie Volksfeste aufgezogen wurden und bei denen die NS-Spitzen als Sammler im Einsatz waren. Sämtliche NS-Formationen waren in die Aktivitäten eingebunden: Jugend, Partei, Frauenorganisation, SS, SA, Wehrmacht, usw.

Auftakt war der so genannte *Eintopf-Sonntag*, der wie all die anderen Sammlungen für das ganze Reich an vorab festgelegten Tagen nun einmal im Monat durchzuführen war. In jedem Gasthaus, jedem Haushalt, jedem Speisewagen der Bahn, sollte an Stelle des Sonntagsgerichtes nur ein einfaches Essen gekocht bzw. ausgegeben und mit den Einsparungen, wie es hieß, armen Volksgenossen *ein kräftiges Essen* gesichert werden. Begleitet wurde der Start des Eintopfsonntags in Salzburg, am 9. Oktober 1938, von einem öffentlichen Eintopfessen auf dem Residenzplatz und dem Mirabellplatz, das NS-Funktionären zu ‚volkstümlichen' Auftritten verhalf und die Einheit von Partei und Bevölkerung suggerierte.

Aufschlussreich ist die Sprache des in der Salzburger Landeszeitung veröffentlichten Appells *Zum ersten Eintopfsonntag in Salzburg. Eintopfspende: Beweis der Volksgemeinschaft*[103]. Zunächst fallen – so meine eigenen Eindrücke bei der Lektüre – eher die positiv-emotionalen Begriffe auf, mit denen die Bevölkerung mobilisiert wird: *Unser warmes ostmärkisches Herz wird sich auch hier nicht verschließen*, heißt es da; von einem *freudig zur Sache stehen* ist die Rede, konkretisiert für einzelne Bevölkerungsgruppen – etwa die *findige* Hausfrau, die ein *freudiges Opfer* bringen wird, aber jeder Volksgenosse wird es als eine *Sache des Herzens empfinden*, dabei mitzumachen, etc. Ein nicht direkt ausgesprochener, aber impliziter Zwang – die autoritäre Kontrolle – werden erst in einem späteren Textabschnitt deutlich: *Der WHW-Blockwart wird von Tür zu Tür gehen und die Ersparnisse einholen, und wir wissen, daß es keine Tür geben wird, wo unser Blockwart vergeblich steht und läutet*, heißt es da, Zuruf, Gebot und latente Drohung zugleich zum Ausdruck bringend.

Wenn man Texte wie diesen Appell zum Eintopf-Sonntag als Quelle verwendet und analysiert, dann ist es aufschlussreich, das explizit zu formulieren, was eben nicht explizit geschrieben wurde, aber da ist: als versteckte Botschaft, transportiert durch spezifische sprachliche Techniken. Satzfügungen der Uniformität wie *‚jede Hausfrau'*, *‚in jedem deutschen Haushalt'*, *‚jeder Volksgenosse'*, sprachliche Vereinnahmungen wie *‚Volksgenosse'*, *‚Du'*, Wörter der Verallgemeinerung wie *‚alles'*, *‚nie'*, *‚überall'*, Superlative wie *‚100prozentig‘* setzen mit sprachlichen Mitteln zwingende Normen und konstruieren ein Szenario, in dem letztlich nur ein Mitmachen vorgesehen ist. Jeder ‚darf‘ sich selbst ausmalen, was passiert, wenn der Blockwart vor verschlossenen Türen steht ...

Letztlich erweist sich der Appell als eine zwingende Anordnung in hochmanipulativer Sprache[104], die gleichzeitig auch den *‚wahren‘* Volksgenossen definiert und für alle identifizierbar macht.

> *Und so wird eben jeder beitragen, zum großen Winterhilfswerk unseres Führers, und jeder mit dem Bewusstsein diesen Eintopfsonntag beenden, als treuer Volksgenosse in die Volksgemeinschaft eingegangen zu sein. Seid wahre Volksgenossen und zeigt es am kommenden Sonntag mit Eurem ehrlichen Willen. Als Symbol der Volksgemeinschaft stellt am Eintopfsonntag der deutschen Nation auf jeden Tisch in der Ostmark das Eintopfgericht!*[105]

Wer sich im gewünschten Sinn verhält, nämlich *‚ehrlich‘, ‚hilfsbereit‘, ‚treu‘, ‚deutsch‘* wird belohnt, indem er *eingegangen sein* wird – so das in religiös anmutender Sprache eingeleitete Versprechen – in das große Werk des „Führers“ und eine – von den sozialen Trennlinien Klasse, Geschlecht und Generation befreite – „Volksgemeinschaft“, die, wie wir wissen, nur eine scheinharmonisierte war, und vor allem: ein Mythos, der als zentrales „Instrument zur Durchsetzung der weltanschaulichen und politischen Ziele des Nationalsozialismus“[106] diente.

Der so genannte *Leistungsbericht,* den der Salzburger Gauamtsleiter für die NS-Volkswohlfahrt und Gaubeauftragte für das WHW kurz vor Weihnachten 1938 veröffentlichte, spricht von *überaus befriedigenden* Sammelergebnissen – mit seinem durchschnittlichen Ergebnis pro Haushalt „marschiere“ der Gau Salzburg *weitaus an der Spitze der 39 Gaue Großdeutschlands*[107]. Auch bei späteren Sammlungen sind ähnliche *Spitzenleistungen*[108] festzustellen.

Wie sind solche Ergebnisse zu werten, abgesehen von der überall konstatierbaren Neigung der regionalen und lokalen NS-Regisseure, den eigenen „Gau“, „Kreis“ als den besten, effizientesten darzustellen? Als Zustimmung breiter Bevölkerungskreise zum Nationalsozialismus in den Anfangsjahren? Insgesamt? Partiell? Als Identifikation mit der „Volksgemeinschaft“? Als Angst vor dem eigenen Ausschluss aus dieser konstruierten und formierten Gemeinschaft, die ihre Integrationskraft durch die Ausgrenzung so genannter „Gemeinschaftsfremder" erhält?[109] Als Überwältigt-worden-Sein von jener Sammel- und Propagandawelle und mit ihr einer zwingenden Regie des öffentlichen Lebens, die vom Oktober bis März jedes Wochenende dominierte.

Als einer der vielen kleinen Beiträge der ‚einfachen' VolksgenossInnen zum – gewollt oder nicht gewollt – Funktionieren des Systems müssen diese Sammelergebnisse auf jeden Fall gesehen werden. Als im Herbst 1938 mit der so genannten Alteisen-Sammlung auch die systematische Erfassung von Gütern einsetzte, die für die Rüstungsindustrie von Bedeutung waren, erbrachte die Sammlung allein in der Stadt Salzburg 450 Tonnen[110].

2.4. Zwischen Integration und Opposition – Die Arbeiterschaft

Die politische und mentale Integration in das NS-System – und sei es nur in Form von Anpassung oder widerwilliger Loyalität – ist als ein „fortgesetzter Prozess"[111] zu verstehen, dessen Erfolg nicht ein für allemal gesichert war, sondern punktuell blieb, und immer wieder erneuert werden musste.

Die forcierte Beschäftigungspolitik hatte den Nationalsozialismus auch in Teilen der Arbeiterschaft populär werden lassen. In der Stadt Salzburg war das natürlich nicht die klassische Industriearbeiterschaft, sondern waren es GewerbearbeiterInnen, Eisenbahner, Heimarbeiterinnen und kleine Selbständige. Aus einem den gesamten Gau betreffenden Lagebericht der Gestapo Salzburg für den November 1938[112] lässt sich entnehmen, dass sich das Regime der Löcher in der Akzeptanz bewusst war: Denn *insbesondere* [...] *die Lohnverhältnisse* hätten sich *bisher nicht gebessert, und sie halten einen Vergleich mit den Lohnverhältnissen des Altreichs nicht aus*. Das wertet der Gestapo-Bericht auch als Grund dafür, warum nach wie vor *häufig im kommunistischen Sinne* formulierte *Kritiken an den derzeitigen Verhältnissen* auftauchen würden. Die *noch bestehenden ungünstigen wirtschaftlichen Verhältnisse in Österreich* würden einen *geeigneten Gesprächsstoff* bilden, aus dem heraus kommunistische Mundpropaganda im Sinne von Äußerungen wie ‚*Der Kommunist ist der einzige, der dem Arbeiter hilft*' entsteht. Und weiter heißt es: *Daß diese Art von Propaganda insbesondere bei jenen Personen, die weltanschaulich noch nicht* [für den Nationalsozialismus, I. B.] *gewonnen sind und bei denen stets die Nahrungssorge das politische Weltbild formt, ein williges Gehör findet, ist verständlich.*

Besetzung und Dynamisierung des öffentlichen Raumes: Die Sammelaktion „Heraus mit dem Alteisen“ war nur ein Baustein einer Welle alltäglicher Mobilisierungen und Inszenierungen, mit denen die lokalen NS-Regisseure die „Volksgemeinschaft“ in Atem hielten und an ihr Mitmachen appellierten (Fotos: AStS, Fotoarchiv Franz Krieger, Film 170 vom 30. Oktober 1938).

Formulierungen und Einschätzungen wie die eben zitierten weisen die NS-Autoritäten auch als „Pragmatiker der Macht“[113] aus, die verschiedene Bevölkerungs- und Interessensgruppen ganz gezielt anvisierten und bedienten. So versuchte man – im konkreten Fall die Organisation „Deutsche Arbeitsfront“ – fehlende Lohnerhöhungen und fehlende Rechte durch Verbesserungen am Arbeitsplatz zu übertünchen: durch die Einrichtung von Pausenräumen, durch Betriebssport, Ausflüge, Betriebsfeiern oder so genannte Werkspausenkonzerte. Durch zahlreiche Wettbewerbe wurde an den Berufs- und Leistungsstolz der Arbeiter appelliert[114].

Das hinter den Maßnahmen stehende Kalkül war gleichzeitig aber immer auch die Intensivierung der Arbeitsleistung. *Schaffende deutsche Volksgenossen! Arbeit heißt Disziplin, Disziplin ist der Ausdruck unserer Rasse*[115], hieß es im Juni 1938 in der Salzburger Zeitung in einem Aufruf, der NSDAP-Berufsorganisation „Deutsche Arbeitsfront“ beizutreten. Wer sich dem „Eingliederungsverlangen" entzog, „mußte mit sozialer Isolierung im Betrieb und in der Freizeit und auch mit beruflichen Nachteilen rechnen"[116], grundsätzlich nicht aufgenommen wurden „Nicht-Arier" sowie später „FremdarbeiterInnen", wenn sie nicht aus einem befreundeten Land stammten. Mit Kriegsbeginn sollten sich die Arbeitsbedingungen beträchtlich verschärfen – durch die Ausweitung verpflichtender Arbeitseinsätze, die Verlängerung der täglichen Arbeitszeit auf bis zu zwölf Stunden, die Beseitigung der freien Wahl des Arbeitsplatzes etc. – und später dann entsprechend der Logik des *totalen Arbeitseinsatzes* militarisieren[117].

Einiges einfallen ließ man sich zunächst auch, um die sozialdemokratisch gesinnte Arbeiterschaft zu gewinnen. Geschickt wurde etwa die mancherorts anzutreffende klammheimliche Freude ausgenutzt, dass die verhasste Ständestaatdiktatur der Jahre 1934 bis 1938, welche die Gewerkschaften und die sozialdemokratische Partei ausgeschaltet hatte, nun selbst eliminiert worden war. In manchen Betrieben, zum Beispiel in der Halleiner Zigarrenfabrik, wurden Arbeiterinnen und Arbeiter wieder aufgenommen, die nach dem Februar 1934 aus politischen Gründen entlassen worden waren – das wurde auch in den entsprechenden sozialen und politischen Milieus in der Stadt Salzburg rezipiert. Der Nationalsozialismus wurde zudem als ‚nationaler' Sozialismus und als *Sozialismus der Tat* verkauft, wie in jener in der Salzburger Zeitung veröffentlichten *grundsätzlichen Stellungnahme* der NSDAP *An die Arbeiterschaft des Landes Salzburg*, die sich insbesondere an das *ehemalige Lager der marxistischen, christlichen Gewerkschaften* richtete[118]. Das ließ die Ränder des sozialdemokratischen Milieus zum „Nationalsozialismus hin abbröckeln", wenn auch meist mit oberflächlicher Einbindung. Neben dem propagandistischen Versprechen *der bestentwickelten Sozialpolitik der Welt, die sich mit dem Umbruch in Österreich voll und ganz auf unsere Arbeiterschaft auswirken wird,* wurde allerdings bereits in dieser frühen Stellungnahme vom März 1938 auch ein drohend-repressiver Ton angeschlagen: Zentraler *Grundsatz* für diesen *Sozialismus der Tat* sei

> *die wahre Volksverbundenheit und alle Volksgenossen müssen in eine auf Gedeih und Verderb verbundene Lebensgemeinschaft zusammengeführt werden. Um diesem Grundsatz innerhalb des deutschen Volkes auch bei uns zum Durchbruch zu verhelfen, wird rücksichtslos alles gegenteilige Bestreben, von welcher Seite es immer kommen mag, unterbunden und*

all jene Elemente, die wagen sollten, hier störend einzugreifen, werden entfernt.[119]

Bei den politisch fundierten Kernschichten der Sozialdemokratie war die Tiefenwirkung des eigenen Weltbildes groß genug, um hinter die arbeiterfreundliche Maske des Nationalsozialismus zu schauen. Ein Beispiel dafür ist Therese Kaltenegger, die von 1946 bis 1957 Gemeinderätin in der Stadt Salzburg war. Mit Politik in Berührung gekommen war die 1893 geborene Näherin aus Itzling schon zu einem Zeitpunkt, als Frauen noch gar nicht das Wahlrecht hatten und ihr Engagement hinter Bildungs- und sozialen Vereinen verstecken mussten. Sie trat 1917 dem Verein der Heimarbeiterinnen bei, einem Vorläufer der späteren sozialdemokratischen Frauenorganisation. 1930 wurde sie in die letzte demokratische Gemeindevertretung des damals noch selbständigen Gnigl-Itzling gewählt, im Fürsorgeausschuss engagiert, war sie in hohem Ausmaß mit der Arbeitslosigkeit und ihren Folgen konfrontiert[120]. Die Versprechungen des Nationalsozialismus waren für die Sozialdemokratin trotzdem keine Perspektive. Und über die neuen Machthaber macht sie sich 1938 keine Illusionen. Darüber erzählte die damals 45jährige in einem Oral History-Interview[121], aus dem ich nun ausführlicher zitiere, um in diesem Beitrag auch deutliche Gegenstimmen ‚hörbar' zu machen:

Ich kann mich noch gut erinnern, wie die Nationalsozialisten einmarschiert sind. Ein befreundeter Genosse war bei uns, der hat Tränen in den Augen gehabt. Wir waren auch ganz fertig: „Jetzt gibt's Krieg! Jetzt gibt's nichts anderes." Und draußen haben die Leute herumgeschrien: „Heil Hitler! Heil Hitler!" Wir haben uns gedacht damals: „Denen wird das Heil-Hitler-Schreien bald vergehn."
Diejenigen, die nie richtige Nazi waren, die nur geschrien haben aus Angst um ihre Existenz oder weil sie arbeitslos waren, die sind dann ohnehin bald „abgeflaut". Der Mann meiner jüngeren Schwester zum Beispiel: Der war ja ewig arbeitslos. „Ja, wenn er zur Partei geht, dann können sie ihm auf der Post Arbeit verschaffen." Das ewige Arbeitslos-Sein hat ihn so weit gebracht, daß er gesagt hat: „Na ja, geh ich halt dazu." – Obwohl er Sozialist war.
Ich bin nur froh, dass ich so fest geblieben bin, daß ich nie auf diesen Gedanken gekommen bin, obwohl ich auch sehr viel Not gehabt habe. Uns

haben sie ja – wir [mein Mann und ich, I. B.] *haben damals eine kleine Tischlerei gehabt – die ganzen Gesellen weggenommen und haben sie denen zugewiesen, die Nazi waren. Alles haben sie uns genommen. Kein Holz haben sie uns mehr zugewiesen, und ohne Holz kann man in einer Tischlerei nicht mehr arbeiten. Wir haben schwer gekämpft.* [...]

Auch für ihr Milieu, ja sogar ihre Familie zeigt sich in diesen Erinnerungen von Therese Kaltenegger das Nebeneinander von Zustimmung und Anpassung, Repression, Resistenz und Opposition[122].

Am 12. März sind sie einmarschiert und am 20. März haben wir dann schon die erste Hausdurchsuchung gehabt. Am ersten Tag nach dem Einmarsch bin ich gar nicht aus dem Haus, so fertig war ich. Bei ersten Einkauf – in der Metzgerei – haben die natürlich alle mit „Heil Hitler" gegrüßt. Mir ist ganz anders geworden. Ich habe nicht viel gesagt, habe mein Fleisch genommen, habe gezahlt und bin gegangen. Am nächsten Tag – ich habe wieder einkaufen müssen – haben die natürlich wieder mit „Heil Hitler" gegrüßt. Da hat es mir gereicht: „Jetzt werde ich Euch was sagen: Ich habe mein Hemd noch nicht gewechselt. Ich bin noch die, die ich bin. Zu mir braucht's nicht ‚Heil Hitler' sagen. Und daß Ihr's wisst: Ihr habt's mich heute zum letzten Mal gesehen." Ich bin dann in die Rainerstraße einkaufen gegangen. Da haben mich die Leute nicht gekannt.

Auch dort habe sie, vor allem gegen Kriegsende, so Therese Kaltenegger im erinnernden Rückblick, vorsichtig die ein oder andere Bemerkung fallen gelassen, *wenn ein Haufen* [einkaufender] *Frauen beisammen gestanden ist.* Diese hätten *ja eh schon selber zum Jammern angefangen: „Das gibt's nicht mehr und das kriegt man nicht mehr."*

In der letzten Zeit war's dann schon so, daß mein Mann immer schon beim Gartentürl gestanden ist und auf mich gewartet hat, wenn ich länger aus war beim Einkaufen: „Mein Gott Mutter, daß Du nur da bist! Ich habe mir schon gedacht, sie haben Dich erwischt! Du kannst ja Deinen Schnabel nicht halten." „Nein", habe ich gesagt, „so lange es geht, halte ich ihn nicht."

Eine Konsequenz solcher regimefeindlicher Äußerungen und Mundpropaganda hätte sein können, nach dem so genannten „Gesetz gegen heim-

Ihrer Gesinnung treu geblieben: Die Sozialdemokratin und Gemeinderätin Therese Kaltenegger verweigerte den Hitler-Gruß, unterstützte die Familien von Verhafteten, transportierte im Kinderwagen und in der Einkaufstasche geheime Nachrichten, hier auf einem Foto aus dem Jahr 1958 bei der festlichen Verleihung des Bürgerrechts (Foto: AStS, Fotosammlung).

tückische Angriffe auf Staat und Polizei und zum Schutz der Parteiuniform" angezeigt und von einem Sondergericht verurteilt zu werden. Schon bei Kriegsausbruch hatten sich die Verfolgungsmaßnahmen gegen die Arbeiterschaft verschärft, Gauleiter Rainer forderte die Volksgenossen ganz offen auf *bekannte Volksschädlinge*[123] zu denunzieren.

Schlüsselt man die Prozesse beim Sondergericht des Reichsgaus Salzburg in sozialer Hinsicht auf, dann war die Arbeiterschaft bei der so genannten „Heimtücke" besonders häufig, nämlich mit 50 Prozent, vertreten[124]. Die solcherart fassbare Oppositionsgesinnung, mit der sich auch dokumentiert, dass die Einbindung der Arbeiterschaft nur partiell gelang, äußerte sich in diversesten Einzelaktionen, in denen in Wirtshäusern, in Geschäften, auf der Straße aufgestauter Druck abgelassen wurde: mit Witzen über den Führer, dem Singen verbotener Lieder, kritischen Bemerkungen zur NS-Politik, über die ‚protzigen' Nazi-Bonzen oder die Folgen des Krieges. Das konnte, musste aber nicht, von einem weltanschaulichen – sozialdemokratischen, kommunistischen, christlichen – Hintergrund motiviert sein[125].

Der konsequenteste politische und organisierte Widerstand gegen den Nationalsozialismus kam ganz klar aus dem Kontext der ehemaligen, nunmehr illegalen Arbeiterbewegung, am opferreichsten von den Kommunisten, insgesamt von vielen Eisenbahnern[126]. Viele, die diesen Widerstand mitgetragen haben, wurden hingerichtet oder starben an den unmenschlichen Haftbedingungen. Eine Gedenktafel in der Zugförderungsleitung

Opferreicher Widerstand: Diese Gedenktafel in der Zugförderungsleitung der ÖBB in Salzburg-Gnigl, Remise II, erinnert an 28 Salzburger Eisenbahner, die ihren organisierten politischen Widerstand gegen den Nationalsozialismus – sie betrieben Flüsterpropaganda, verteilten illegale Flugschriften gegen das NS-Regime, sammelten Hilfsgelder für die Familien der Verhafteten – mit dem Leben bezahlten (Foto: Michael Veits).

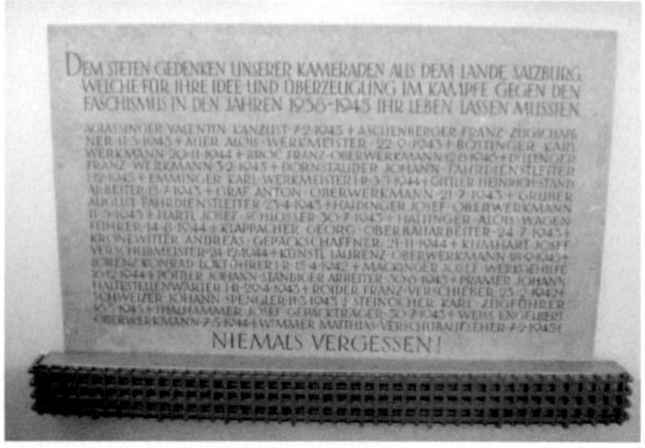

Das widerständige Salzburg im Straßen„gedächtnis" der Stadt: Die Näherin Rosa Hofmann aus Salzburg-Maxglan war 24 Jahre alt, als sie am 9. März 1943 in Berlin hingerichtet wurde. Sie war leitendes Mitglied einer Jugend-Widerstandsgruppe aus Kommunisten und Revolutionären Sozialisten (Foto: AStS).

Salzburg-Gnigl nennt 28 Salzburger Eisenbahner, die im Nationalsozialismus ihr Leben ließen. Auch Salzburger Straßennamen wie der Engelbert-Weiß-Weg, die August-Gruber-Straße, die Franz-Ofner-Straße in Itzling, die Aglassinger-Straße in Gnigl oder die Rosa-Hofmann-Straße[127] in Taxham erinnern an diese Opfer des NS-Terrors, der sich nach 1941, im *totalen Krieg*, nochmals radikalisierte.

2.5. Irma Rafaela Toledo-Schmeisser & Franz Ludwig Schmeisser – und die Weigerung sich von der jüdischen Ehefrau scheiden zu lassen

Abschließen möchte ich mit der Darstellung einer widerständigen Handlungsweise, welche die nationalsozialistische „Weltsicht, die quer durch die Gesamtgesellschaft eine Differenz [zog] – jene zwischen ‚Volksgenossen' und ‚Gemeinschaftsfremden'"[128], nicht übernahm und sich zumindest im persönlich-privaten Umfeld gegen den offenen und später tödlichen Ausschluss der jüdischen Bevölkerung richtete. Die Historikerin Helga Embacher hat die folgende Lebensgeschichte für das Salzburger Gedächtnis recherchiert[129].

Irma Rafaela Schmeisser, die nach 1945 unter dem Künstlernamen Toledo als Malerin bekannt werden sollte, konnte überleben, weil ihr Ehemann,

Franz Ludwig Schmeisser, dem nationalsozialistischen Druck, sich von seiner jüdischen Frau scheiden zu lassen, widerstand. Die begeisterte Bergsteigerin hatte den *christlichen, sozialistisch orientierten Arbeiter,* wie sie es selbst im Oral History-Interview formulierte, in den späten 1920er Jahren bei den ‚Naturfreunden' kennen gelernt, ein Zutritt zum ‚Alpenverein' blieb ihr schon damals per „Arierparagraphen" verwehrt. Die beiden heirateten, bekamen zwei Kinder. Nach 1938 bewahrte diese schon bestehende Ehe mit einem „Arier" – jetzt wäre eine Heirat verboten gewesen – Irma Rafaela vor einer Deportation in ein Konzentrationslager. Franz Ludwig Schmeisser selbst brachte seine Weigerung zunächst in ein Arbeitslager und später an die Front. Wäre er als Soldat im Krieg gefallen, hätte das auch den Tod seiner Frau bedeutet. Sie habe *an Selbstmord gedacht, um den Mann und die Kinder zu retten,* erinnert sich Irma Toledo-Schmeisser und beschreibt ein Leben in Isolation und Angst: *Immer, wenn die Treppe geknarrt hat, habe ich geglaubt, jetzt kommen sie mich holen.*

Freunde von früher begannen sie zu meiden, um sich selbst keiner Gefahr auszusetzen. Vereinzelte, selbst kleine Erlebnisse von Menschlichkeit wogen daher umso mehr. So zum Beispiel bei der Ausgabe der Lebensmittelkarten. Die Angestellte habe sie immer vorgelassen und ihr demonstrativ freundlich die Marken ausgehändigt, die in einer mit „J" gekennzeichneten Mappe aufbewahrt wurden, da ihr als Jüdin weniger rationierte Lebensmittel zustanden. Auch der Blockwart sei zu ihr nachschauen gekommen, ob sie etwas brauche.

> *„Was, Sie kommen auch zu mir?" – Da hat er gesagt: „Ich gehe zu allen Frauen, deren Männer an der Front sind." – Er ist dann dafür strafweise auch eingezogen worden. – Die meisten Leute aber haben mit mir nicht mehr gesprochen.* [...] *Als mein Mann einmal auf Heimaturlaub war, da sind wir eingehängt über die Staatsbrücke gegangen. Nicht richtig eingehängt, denn das war für Soldaten ja verboten – er hat mich halt so lieb am Arm genommen.* [...] *ist einer von seinem Rad gesprungen, auf unsere Seite gelaufen und hat gesagt: „Sind Sie nicht im Kaufhaus Schwarz Schaufensterdekorateurin gewesen?" – Sag' ich „ja". Da hat er geschrien: „Dann sind Sie die Jüdin und gehen eingehängt mit einem deutschen Soldaten, ich werde Sie anzeigen!" – „Saujüdin" hat er geschrien, so dass es alle gehört haben.*

Malen als Form der Bewältigung traumatischer Erfahrungen im NS-Regime: die Künstlerin Irma Rafaela Toledo in einem Selbstporträt, 1953 (Titelbild des Katalogs I. Rafaela Toledo, Zur retrospektiven Ausstellung 1980, gestaltet von Franz Ludwig Schmeisser).

Da sie sich in der Stadt – sie wohnte in der Fasaneriestraße – ständig beobachtet fühlte, zog Irma Rafaela Toledo-Schmeisser mit den Kindern in ein Zuhaus auf dem Schlenken bei Hallein. Es gehörte Bauern, die sie kannte und denen sie öfters bei der Arbeit geholfen hatte. Der Nationalsozialismus wurde in diesem bäuerlichen Milieu aus religiösen Gründen abgelehnt. Vor der Kontrolle durch die Gestapo war sie auch dort nicht sicher. Aber wenn nach ihr gefragt wurde, warnten sie die Bauernkinder und sie konnte sich verstecken. Auf dem Schlenken erlebte sie im Mai 1945 auch ihre „Befreiung, und mit dem abgebissenen Pinsel der Kinder begann sie zu malen"[130] – als Therapie, als Ausdruck eines neuen Lebens, jenseits von Terror und Todesangst. Allerdings: Integriert in das Wir-Narrativ der Mehrheitsbevölkerung wurden Opfer des Nationalsozialismus wie Irma Rafaela Toledo-Schmeisser auch in der Nachkriegsgesellschaft lange nicht.

Dieses letzte Szenario machte wie schon zuvor die anderen noch einmal deutlich – und das ist auch mein Resümee –, dass sich NS-Herrschaft „nicht allein als eine Diktatur einzelner Machteliten", also mit einer ausschließlichen Wirkung ‚von oben nach unten' verstehen lässt, sondern als Herrschaftspraxis, die in einem dynamischen Wechselspiel ‚zwischen oben und unten' und in einem „beständigen Spannungsfeld" zwischen den Polen Anreize, Zustimmung, Hinnehmen – Ausgrenzung, Terror, Widerstand „vollzogen, bestätigt und aufrechterhalten werden konnte"[131].

Anmerkungen

1 Ernst Langthaler, Alltag im Nationalsozialismus I. Die tägliche Mobilisierung, in: Ernst Bruckmüller (Hg.), Alltagserfahrungen in der Geschichte Österreichs, Wien 1998, S. 182–200, hier S. 193.

2 Rudolf G. Ardelt, Salzburg von 1933 bis zum Ende des Zweiten Weltkrieges, in: Vom Stadtrecht zur Bürgerbeteiligung. Ausstellungskatalog 700 Jahre Stadtrecht von Salzburg, Salzburg 1987, S. 239–286, hier S. 275 f.

3 Siehe dazu auch den Beitrag von Ernst Hanisch im vorliegenden Sammelband.

4 Ernst Hanisch, Gau der guten Nerven. Die nationalsozialistische Herrschaft in Salzburg 1938–1945, Salzburg–München 1997, S. 155; der Autor bezieht sich dabei auf Hans Mommsen, Hitlers Stellung im nationalsozialistischen Herrschaftssystem, in: Gerhard Hirschfeld und Lothar Kettenacker (Hg.), Der „Führerstaat": Mythos und Realität. Studien zur Struktur und Politik des Dritten Reiches, Stuttgart 1981, S. 43–72, hier S. 59.

5 Gudrun Brockhaus, Sozialpsychologie der Akzeptanz des Nationalsozialismus: Kritische Anmerkungen zu „Rausch und Diktatur", in: Ápárd von Klimó und Malte Rolf (Hg.), Rausch und Diktatur. Inszenierung, Mobilisierung und Kontrolle in totalitären Systemen, Frankfurt–New York 2006, S. 153–176, hier S. 176.

6 Ardelt, Salzburg von 1933 bis zum Ende des Zweiten Weltkrieges (wie Anm. 2), S. 263.

7 Salzburger Volksblatt, 13. 10. 1938, S. 8.

8 Vgl. Albert Lichtblau, „Arisierungen", beschlagnahmte Vermögen, Rückstellungen und Entschädigungen in Salzburg, Wien–München 2004.

9 Ebenda, S. 136.

10 Heinz Dopsch und Robert Hoffmann, Geschichte der Stadt Salzburg, Salzburg–München 1996, S. 553.

11 Vgl. dazu in der Folge Lichtblau, „Arisierungen" (wie Anm. 8), S. 57–69.

12 Ebenda, S. 59.

13 Ebenda, S. 61.

14 Ebenda, S. 64.

15 Etwa im Salzburger Volksblatt, 28. 9. 1938, S. 9

16 Dopsch/Hoffmann, Geschichte der Stadt Salzburg (wie Anm. 10), S. 556.

17 Salzburger Volksblatt, 24. 10.1938, S. 8.

18 Eine Formulierung, die auffällt, da in der Berichterstattung sonst vorwiegend mit Superlativen gearbeitet wurde.

19 Salzburger Landeszeitung, 12. 12. 1938, S. 7, Artikel „Die Aufgabe der Frau im Dritten Reich".

20 Ebenda; vgl. auch Salzburger Volksblatt, 12. 12. 1938, S. 8, Artikel: „Die deutsche Frau im Zeitgeschehen".

21 Salzburger Volksblatt, ebenda.

22 Alf Lüdtke, Macht der Emotionen – Gefühle als Produktivkraft: Bemerkungen zu einer schwierigen Geschichte, in: Von Klimó/Rolf (Hg.) Rausch und Diktatur (wie Anm. 5), S. 44–55, hier S. 54.

23 Langthaler, Alltag im Nationalsozialismus (wie Anm. 1), S. 190.

24 Lüdtke, Macht der Emotionen (wie Anm. 22), S. 54.

25 Martin Broszat, Politische Denunziationen in der NS-Zeit. Aus Forschungserfahrungen im Staatsarchiv München, in: Archivalische Zeitschrift 73 (1977), S. 221–228.

26 Elke Berger, Tatwaffe: Tratsch. DenunziantInnen im Spiegel der Linzer Volksgerichtsakten 1945–1955, Dipl.-Arb. (unveröff.), Salzburg 2003, S. 52 f.

27 Dopsch/Hoffmann, Geschichte der Stadt Salzburg (wie Anm. 10), S. 565.

28 Salzburger Volksblatt, 20. 10.1938, S. 8 f., Artikel „Sechzehn Franziskaner vor Gericht".

29 Frank Bajohr, Die Zustimmungsdiktatur. Grundzüge nationalsozialistischer Herrschaft in Hamburg, in: Forschungsstelle für Zeitgeschichte Hamburg (Hg.), Hamburg im „Dritten Reich“, Göttingen 2005.

30 Diese beiden Begriffe brachte der Berliner Historiker Götz Aly in die geschichtswissenschaftlichen und öffentlichen Debatten über die NS-Herrschaft und die massenhafte Zustimmung dazu ein: Götz Aly, Hitlers Volksstaat. Raub, Rassenkrieg und nationaler Sozialismus, Frankfurt am Main 2005; vgl. dazu auch: Eckhard Fuhr, Hitlers Volksstaat war eine Gefälligkeitsdiktatur, Interview mit Götz Aly, in: Die Welt online, 10. 3. 2005, www.welt.de/print-welt/article557043 (besucht am 9.9.2009).

31 Vgl. dazu u. a. den programmatischen Aufsatz von Gerhard Botz, Methoden und Theorieprobleme der historischen Widerstandsforschung, in: Helmut Konrad und Wolfgang Neugebauer (Hg.), Arbeiterbewegung – Faschismus – Nationalbewusstsein. Festschrift für Herbert Steiner, Wien–Zürich–München 1983, S. 137–151; vgl. Gerhard Paul, Dissens und Verweigerung, in: Peter Steinbach und Johannes Tuchel (Hg.), Widerstand gegen die nationalsozialistische Diktatur 1933–1945, Bonn 2004, S. 226–248.

32 Martin Broszat u. a. (Hg.), Bayern in der NS-Zeit IV. Herrschaft und Gesellschaft im Konflikt, München–Wien 1981, S. 697.

33 Salzburger Volksblatt, 13. 7. 1938, S. 1, Kommentar „Ehe und Volksgemeinschaft. Von Dr. Ilse Eben-Servaes, Mitglied der Akademie für Deutsches Recht“.

34 Die Trennung von Kirche und Staat hatte auch schon zu den gesellschaftspolitischen Themen sowohl des bürgerlich-nationalen Lagers als auch der Arbeiterbewegung gehört. Von den Nationalsozialisten wurde sie nun in einer sehr aggressiv-antiklerikalen Form eingeführt. Als Indikator der Zustimmung dazu lassen sich die Kirchenaustritte lesen, die 1938/1939 steil anstiegen und erst ab 1942 wieder deutlich rückgängig waren; an die drei Viertel dieser Austritte fielen dabei auf die Stadt Salzburg. Vgl. dazu Ernst Hanisch und Hans Spatzenegger, Die Katholische Kirche, in: Dokumentationsarchiv des österreichischen Widerstandes (Hg.), Widerstand und Verfolgung in Salzburg 1934–1945. Eine Dokumentation. 2 Bde., Wien–Salzburg 1991, Bd. 2, S. 134–323, hier S. 134 sowie Hanisch, Gau der guten Nerven (wie Anm. 4), S. 68. Vgl. auch Ernst Hanisch, Bis daß der Tod Euch scheidet. Katholische Kirche und Ehegesetzgebung in Österreich, in: Erika Weinzierl und Karl R. Stadler (Hg.), Justiz und Zeitgeschichte 3: Geschichte der Familienrechtsgesetzgebung (Veröffentlichungen des Ludwig Boltzmann-Instituts für Geschichte der Gesellschaftswissenschaften), Wien 1978, S. 17–36.

35 Interview mit Frau R., Jg. 1922, aufgenommen am 16. 11. 1982, Interviewerin: Ingrid Bauer (Karl Steinocher-Fonds, Tonarchiv), zitiert in: Ingrid Bauer, Sozialisten, in: Widerstand und Verfolgung in Salzburg 1934–1945 (wie Anm. 34), Bd. 1, S. 261–326, hier S. 263.

36 Vgl. Ingrid Bauer, Eine frauen- und geschlechtergeschichtliche Perspektivierung des Nationalsozialismus, in: Emmerich Tálos, Ernst Hanisch, Wolfgang Neugebauer und Reinhard Sieder (Hg.), NS-Herrschaft in Österreich. Ein Handbuch, Wien 2000, S. 409–443, hier S. 410–415.

37 Vgl. Ebenda, S. 413; sowie Ingrid Bauer und Helga Embacher, „Um Politik hab‘ ich mich damals nicht viel gekümmert...“ Frauenerfahrungen im Nationalsozialismus – Ergebnisse mündlicher Geschichte, in: Katharina Bachinger, Gabriele Blaikner, Ingrid Benewitz und Gertraud Steiner (Hg.), Feministische Wissenschaft. Methoden und Perspektiven. Beiträge zur 2. Salzburger Frauenringvorlesung, Stuttgart 1990, S. 145–182, hier S. 160 f. Zu Frauen im Nationalsozialismus in Salzburg allgemein vergleiche auch: Sabine Jahn, (Un)heimliche Faszination, überzeugter Widerstand: Frauen im Nationalsozialismus, in: Erika Thurner und Dagmar Stranzinger (Hg.), Die andere Geschichte 2. Eine Salzburger Frauengeschichte des 20. Jahrhunderts, Salzburg–München 1996, S. 95–142.

38 Bauer/Embacher, „Um Politik hab‘ ich mich damals nicht viel gekümmert...“ (wie Anm. 37), S. 149.

39 Vgl. dazu Ina Paul-Horn, Faszination Nationalsozialismus? Zu einer politischen Theorie der Geschlechterverhältnisse, Pfaffenweiler 1993; Ina (Paul-)Horn, Die Faszination des Nationalsozialismus für österreichische Frauen. Eine Motivationsuntersuchung zur Erklärung von Bedingungen und Formen der Beteiligung österreichischer Frauen am Nationalsozialismus (Schriftenreihe des Studienzentrums für Friedensforschung Stadtschlaining 8), Stadtschlaining 1992.

40 Vgl. dazu: Hanisch, Gau der guten Nerven (wie Anm. 4), S. 187 f.; Langthaler, Alltag im Nationalsozialismus (wie Anm. 1), S. 189; Brockhaus, Sozialpsychologie der Akzeptanz des Nationalsozialismus (wie Anm. 5), S. 165 f.

41 Vgl. dazu Meinrad Ziegler und Waltraud Kannonier-Finster, Das österreichische Gedächtnis. Über Erinnern und Vergessen der NS-Vergangenheit, Wien–Köln–Weimar 1997, S. 73–76.

42 Brockhaus, Sozialpsychologie der Akzeptanz des Nationalsozialismus (wie Anm. 5), S. 173.

43 Ebenda, S. 176; vgl. dazu auch Ingrid Bauer, Welcome Ami Go Home. Die amerikanische Besatzung in Salzburg 1945–1955. Erinnerungslandschaften aus einem Oral History-Projekt, Salzburg–München 1998, Kapitel: Vom Verdauen der Vergangenheit, S. 65–103, hier S. 79.

44 Vgl. Hanisch, Gau der guten Nerven (wie Anm. 4), S. 159.

45 Zitiert nach Bauer, Welcome Ami Go Home (wie Anm. 43), S. 79 ff.

46 Zitiert nach ebenda, S. 86.

47 Brockhaus, Sozialpsychologie der Akzeptanz des Nationalsozialismus (wie Anm. 5), S. 153–176.

48 Zitiert nach Fuhr, Hitlers Volksstaat war eine Gefälligkeitsdiktatur, Interview mit Götz Aly (wie Anm. 30).

49 Ebenda.

50 Roman Sandgruber, Das 20. Jahrhundert, Wien 2003, S. 86.

51 Christian Dirninger, Aspekte des wirtschaftspolitischen Systems unter dem Nationalsozialismus, in: Rudolf G. Ardelt und Hans Hautmann (Hg.), Arbeiterschaft und Nationalsozialismus in Österreich, Wien–Zürich 1990, S. 169–199, hier S. 188; vgl. auch Sandgruber, Das 20. Jahrhundert (wie Anm. 50), S. 86 f.

52 Emmerich Tálos, Sozialpolitik in der „Ostmark". Angleichungen und Konsequenzen, in: Derselbe/Hanisch/Neugebauer/Sieder (Hg.), NS-Herrschaft in Österreich. Ein Handbuch (wie Anm. 36), S. 376–466, hier S. 401.

53 Salzburger Landeszeitung, 4. 11. 1938, Artikel: „‚Kleine Leute' reisen nach Italien", S. 3.

54 Ebenda.

55 Hasso Spode, Geschichte des Tourismus, in: Heinz Hahn und H. Jürgen Kagelmann (Hg.), Tourismuspsychologie und Tourismussoziologie. Ein Handbuch zur Tourismuswirtschaft, München 1993, S. 3–9, hier S. 6.

56 Salzburger Landeszeitung, 8. 10. 1938, S. 5, Artikel „Der Volkswagen – eine Großleistung deutscher Technik". Start der Berichterstattung war Anfang August 1938, vgl. dazu: Salzburger Volksblatt, 2. 8. 1938, S. 1, Artikel „Die Sparaktion zum Volkswagen beginnt"; in kürzesten Abständen wurden dann immer wieder offenbar häufig auftauchende Fragen um den KdF-Wagen beantwortet.

57 Salzburger Volksblatt, 13. 12. 1938, S. 14; ebenda, 19. 12. 1938, S. 7, Artikel „Der KdF-Wagen in Salzburg".

58 Vgl. Ernst Hanisch, Nationalsozialistische Herrschaft in der Provinz. Salzburg im Dritten Reich (Schriftenreihe des Landespressebüros: Salzburg Diskussionen 71), Salzburg 1983, S. 163; Ingrid Bauer, „Die haben das Wort ‚Sozialismus' ja missbraucht...". Die Jahre des Nationalsozialismus, in: Dieselbe (Hg.), Von der alten zur neuen sozialen Frage. Ein Salzburger Bilderlesebuch, Wien–Zürich 1988, S. 83–212, hier S. 170.

59 Vgl. dazu auch die entsprechenden Verlautbarungen und Annoncen in den Salzburger Zeitungen, z. B. Salzburger Landeszeitung, 5. 11. 1938, S. 14 f., Artikel „Ehestandsdarlehen und Kinderbeihilfen".

60 Vgl. Gisela Bock, Nationalsozialistische Geschlechterpolitik und die Geschichte der Frauen, in: Francoise Thébaud (Hg.), 20. Jahrhundert (Geschichte der Frauen, hg. v. Georges Duby und Michelle Perrot, Bd. 5), Frankfurt–New York 1995, S. 173–222, hier S. 192.

61 Gabriele Czarnowski, Das kontrollierte Paar. Ehe- und Sexualpolitik im Nationalsozialismus, Weinheim 1991, S. 109.

62 Vgl. Bock, Nationalsozialistische Geschlechterpolitik (wie Anm. 60), S. 190–197; vgl. dazu auch Czarnowski, Das kontrollierte Paar (wie Anm. 61), S. 109.

63 Talós, Sozialpolitik in der „Ostmark" (wie Anm. 52), S. 399–402.

64 Bauer, „Die haben das Wort ‚Sozialismus' ja missbraucht..." (wie Anm. 58), S. 170.

65 Paul-Horn, Faszination Nationalsozialismus (wie Anm. 39), S. 99; vgl. dazu auch Bauer, Eine frauen- und geschlechtergeschichtliche Perspektivierung des Nationalsozialismus (wie Anm. 36), S. 412.

66 Hier kann ich in vielem folgenden Publikationen folgen: Rudolf G. Ardelt, „Neugestaltung" als Gauhauptstadt – Salzburg in der NS-Zeit, in: Heinz Dopsch (Hg.), Vom Stadtrecht zur Bürgerbeteiligung. 700 Jahre Stadt Salzburg (Jahresschrift des Salzburger Museum Carolino Augusteum 33), Salzburg 1987, S. 248–258; Dopsch/Hoffmann, Geschichte der Stadt Salzburg (wie Anm. 10), Kapitel: Zwischenkriegszeit und Zweiter Weltkrieg, S. 520–571; Ernst Hanisch, Zwischen Wien und München. Salzburg – Die „Deutsche Stadt Mozarts" 1938–1945, in: Fritz Mayrhofer und Ferdinand Opll (Hg.), Stadt und Nationalsozialismus (Beiträge zur Geschichte der Städte Mitteleuropas 21), Linz 2008, S. 251–265.

67 Die Ratsherrenversammlung, wie der Gemeinderat nunmehr hieß, war entsprechend der auch in Salzburg eingeführten Deutschen Gemeindeordnung (des Jahres 1935) ein ernanntes Gremium zur Beratung des Bürgermeisters und an dessen Weisungen gebunden. Abstimmungen und die Bildung von Ausschüssen waren explizit verboten. Die Spitzen der Stadt – der Oberbürgermeister und seine Beigeordneten – wurden vom Kreisleiter der NSDAP vorgeschlagen und vom Gauleiter bestellt; vgl. dazu Dopsch/Hoffmann, Geschichte der Stadt Salzburg (wie Anm. 10), S. 553 f.

68 Salzburger Zeitung, 2. 6. 1938, S. 8, Artikel „Die deutsche Gemeinde-Ordnung".

69 Zur Durchsetzung des „Führerprinzips" auch in der Gemeindeverwaltung und -politik dürfte es seitens der Bevölkerung wenig kritische Distanz gegeben haben. Haben wir es doch zum einen insgesamt mit demokratisch sehr schlecht ausgerüsteten Generationen zu tun – der Erfahrungsraum Erste Republik war kurz und zudem von einer Militarisierung des Alltags geprägt, und autoritäre Strukturen waren ja bereits durch die österreichische Regierungsdiktatur der Jahre 1934 bis 1938 etabliert worden. Bei den letzten demokratischen Wahlen, den Landtagswahlen 1932, hatten zudem schon 20 Prozent der Stadtsalzburger WählerInnen auf die NS-Bewegung und ihre Rede vom ‚starken Mann' gesetzt; vgl. zu den Wahlergebnissen Dopsch/Hoffmann, Geschichte der Stadt Salzburg (wie Anm. 10), S. 530.

70 Ardelt, Salzburg von 1933 bis zum Ende des Zweiten Weltkrieges (wie Anm. 2), S. 267.

71 Hanisch, Zwischen Wien und München (wie Anm. 66), S. 263.

72 Dopsch/Hoffmann, Geschichte der Stadt Salzburg (wie Anm. 10), S. 560.

73 Salzburger Landeszeitung, 7. 2. 1942; vgl. dazu auch Hanisch, Gau der guten Nerven (wie Anm. 4), S. 84.

74 Vgl. Dopsch/Hoffmann, Geschichte der Stadt Salzburg (wie Anm. 10), S. 560.

75 Hanisch, Gau der guten Nerven (wie Anm. 4), S. 84.

76 Dopsch/Hoffmann, Geschichte der Stadt Salzburg (wie Anm. 10), S. 560 f.

77 AStS, Bauakten, Parsch Co.-Nr. 292, Akt Bauschäden (Amtsbericht vom 3. 10. 1941), Akt Errichtung von Geflügelstallungen 1944.

78 Salzburger Landeszeitung, 12. 11. 1938, S. 5, Artikel „Alte Wünsche gehen in Erfüllung. Großes Aufbauprogramm Salzburgs".

79 Salzburger Volksblatt, 12. 11. 1938, S. 14, Artikel „Neuanschaffungen der Stadtverwaltung".

80 Hanisch, Gau der guten Nerven (wie Anm. 4), S. 193.
81 Vgl. dazu Salzburger Volksblatt, 20. 7. 1938, S. 7, Artikel „Die Heiratskurve steigt beträchtlich".
82 Salzburger Landeszeitung, 16. 12. 1938, S. 5, Artikel: „Wirtschaftsaufschwung am Tabakverbrauch abgelesen".
83 Die „Havanna-Java-Zigarre ‚Gaisberg'", die im November 1937 nur 710 Mal in ganz Salzburg verkauft wurde, ist, so die Salzburger Landeszeitung, im Vergleichsmonat des Jahres 1938 2345 abgesetzt worden, vgl. ebenda.
84 Ebenda.
85 Salzburger Landeszeitung, 31. 12. 1938, S. 22.
86 Hanisch, Gau der guten Nerven (wie Anm. 4), S. 118.
87 So startete der in der damaligen Forschungsgemeinschaft Ludwig Boltzmann-Institut/Karl Steinocher-Fonds tätige Historiker Eugene R. Sensenig schon 1991 eine Initiative „Staatsbrücken-Gedenktafel für die beim Bau 1940–1944 umgekommenen Fremdarbeiter" und versuchte – damals erfolglos – den Kulturausschuss der Stadt Salzburg dafür zu gewinnen; siehe dazu: Tätigkeitsbericht 1991 der Forschungsgemeinschaft Boltzmann-Institut/Steinocher-Fonds, Salzburg 1992 (Eigenvervielfältigung).
88 Ernst Hanisch, „Land" und „Reichsgau" Salzburg (1938–1945), in: Jürgen John, Horst Möller und Thomas Schaarschmidt (Hg.), Die NS-Gaue. Regionale Mittelinstanzen im zentralistischen „Führerstaat", München 2007, S. 378–385, hier S. 382.
89 Dopsch/Hoffmann, Geschichte der Stadt Salzburg (wie Anm. 10), S. 556.
90 Ebenda. Diesbezüglich konnte man im Juni 1939 die Erhebung des Konservatoriums Mozarteum zur „Hochschule für Musik" verbuchen, auch die „Salzburger Wissenschaftswochen" im Sommer 1939 sollten die Ambitionen des Gauleiters unterstreichen.
91 Ebenda, S. 557.
92 Norbert Mayr, Eine NS-Akropolis für Salzburg. Das Wirken der Architekten Otto Strohmayr und Otto Reitter, in: Jan Tabor (Hg.), Kunst und Diktatur. Architektur, Bildhauerei und Malerei in Österreich, Deutschland, Italien und der Sowjetunion 1922 bis 1956. Bd. 1, Baden 1994, S. 342–349. Vgl. dazu auch Dopsch/Hoffmann, Geschichte der Stadt Salzburg (wie Anm. 10), S. 158.
93 Hanisch, Gau der guten Nerven (wie Anm. 4), S. 85.
94 Ebenda.
95 Langthaler, Alltag im Nationalsozialismus (wie Anm. 1), S. 183.
96 Vgl. u. a. Volker Dahm, Die nationalsozialistische Volksgemeinschaft und ihre Organisationen, in: Horst Möller, Volker Dahm und Hartmut Mehringer (Hg.), Die tödliche Utopie. Bilder, Texte, Dokumente und Daten zum Dritten Reich, 3. erweiterte und überarbeitete Aufl. (Veröffentlichungen des Instituts für Zeitgeschichte), München–Berlin 2001, S. 95–150, hier S. 112–115.
97 Salzburger Volksblatt, 6. 10. 1938, S. 1, Artikel „Der Führer rief auf zum Winterhilfswerk".
98 Salzburger Volksblatt, 7. 7. 1938, S. 3, Artikel „Das Aufbauwerk in der Ostmark: Der Sozialismus regiert".
99 Salzburger Volksblatt, 6. 10. 1938, S. 1, Artikel „Der Führer rief auf zum Winterhilfswerk".
100 Salzburger Landeszeitung, 10. 10. 1938, S. 5, Artikel „Wir danken dem Führer durch die Tat".
101 Vgl. dazu den Bericht im Salzburger Volksblatt, 19. 11. 1938, S. 8, Artikel „Großsammlung alter Spielzeuge am 22. November".
102 Siehe dazu etwa Salzburger Volksblatt, 30. 11. 1938, S. 8.
103 Salzburger Landeszeitung, 7. 10. 1938, S. 5.
104 Ich danke dem Psychologen und Lehrtherapeuten Dr. Hans Kanitschar für seine hilfreichen konkreten Hinweise auf die suggestiven Strategien und Sprachelemente in diesem Appell.

105 Salzburger Landeszeitung, 7. 10. 1938, S. 5.

106 DAHM, Die nationalsozialistische Volksgemeinschaft und ihre Organisationen (wie Anm. 96), S. 122 ff.; vgl. auch LANGTHALER, Alltag im Nationalsozialismus (wie Anm. 1), S. 187.

107 Salzburger Landeszeitung, 17. 12. 1938, S. 5, Artikel „Spitzenleistungen des Gaues Salzburg. Die bisherigen Ergebnisse der WHW-Sammlungen"; vgl. dazu auch ARDELT, Salzburg von 1933 bis zum Ende des Zweiten Weltkrieges (wie Anm. 2), S. 263.

108 Ebenda.

109 Vgl. LANGTHALER, Alltag im Nationalsozialismus (wie Anm. 1), S. 183.

110 Salzburger Landeszeitung, 5. 11. 1938, S. 7, Artikel „450 Tonnen und eine Granate".

111 FUHR, Hitlers Volksstaat war eine Gefälligkeitsdiktatur, Interview mit Götz Aly (wie Anm. 30).

112 Lagebericht der Gestapo Salzburg an das Gestapa Berlin für November 1938, 29. 11. 1938, Ausschnitt abgedruckt in: Widerstand und Verfolgung in Salzburg 1934–1945 (wie Anm. 34), Bd. 1, S. 409.

113 BROCKHAUS, Sozialpsychologie der Akzeptanz des Nationalsozialismus (wie Anm. 5), S. 162.

114 Vgl. dazu u. a.: BAUER, „Die haben das Wort ‚Sozialismus' ja missbraucht..." (wie Anm. 58), S. 173; HANISCH, Gau der guten Nerven (wie Anm. 4), S. 189; GERT KERSCHBAUMER, Arbeitskultur unter dem Nationalsozialismus. Ein Beitrag zur Geschichte der Salzburger Arbeiterbewegung, in: Zeitgeschichte 13 (1986), 11/12, S. 417–435, hier S. 425.

115 Salzburger Zeitung, 2. 6. 1938, S. 1, zitiert nach ROLAND FLOIMAIR (Hg.), Nationalsozialismus und Krieg. Ein Lesebuch zur Geschichte Salzburgs, Salzburg 1993, S. 49.

116 DAHM, Die nationalsozialistische Volksgemeinschaft und ihre Organisationen (wie Anm. 96), S. 104.

117 TALÓS, Sozialpolitik in der „Ostmark" (wie Anm. 52), S. 354.

118 Salzburger Zeitung, 26. 3. 1938, zitiert nach: BAUER, „Die haben das Wort ‚Sozialismus' ja missbraucht..." (wie Anm. 58), S. 180 f.

119 Ebenda.

120 INGRID BAUER, Arbeiteralltag und Arbeiterkultur in Itzling: 1869 bis 1945, in: Karl-Steinocher-Fonds (Hg.), 1895 – 1985 Itzling, Salzburg 1985, S. 39–96, hier S. 61 f.

121 Interview mit Therese Kaltenegger, Tonarchiv des Karl Steinocher-Fonds/ Interviewerin: Ingrid Bauer; Interviewausschnitte veröffentlicht in: BAUER, „Die haben das Wort ‚Sozialismus' ja missbraucht..." (wie Anm. 58), S. 176 f. sowie INGRID BAUER, „Nein, habe ich gesagt, so lange es geht, halte ich meinen Schnabel nicht". Widerstand und Alltagsdissens von Frauen im Nationalsozialismus, in: EVELYN STEINTHALER (Hg.), Frauen 1938. Verfolgte – Widerständige – Mitläuferinnen, Wien 2008, S. 16–26, hier S. 23.

122 Vgl. zum sozialdemokratischen Lager während des Nationalsozialismus insgesamt: BAUER, Sozialisten (wie Anm. 35), S. 261 ff.

123 Salzburger Volksblatt, 14. 9. 1939, zitiert nach HANISCH, Gau der guten Nerven (wie Anm. 4), S. 91.

124 Vgl. HANISCH, Nationalsozialistische Herrschaft in der Provinz (wie Anm. 58), S. 265 f.; sowie HANISCH, Gau der guten Nerven (wie Anm. 4), S. 193.

125 Vgl. dazu u. a. BAUER, Sozialisten (wie Anm. 35), S. 267.

126 Vgl. dazu neben ebenda vor allem auch HANNS HAAS, Kommunisten, in: Widerstand und Verfolgung in Salzburg 1934–1945 (wie Anm. 34), Bd. 1, S. 327–458, sowie GERT KERSCHBAUMER, Widerstand und Verfolgung in der Stadt Salzburg 1934 – 1938 – 1945, in: Kulturabteilung der Landeshauptstadt Salzburg (Hg.), Antifaschistisches Mahnen und Gedenken in Salzburg. Das Mahnmal auf dem Südtirolerplatz im Kontext, Salzburg 2005, S. 6–16, hier S. 12–15.

127 Vgl. zur Widerstandsbiografie von Rosa Hofmann u. a. BAUER, Widerstand und Alltagsdissens von Frauen im Nationalsozialismus (wie Anm. 121), S. 17–20.

128 LANGTHALER, Alltag im Nationalsozialismus (wie Anm. 1), S. 183.

129 Vgl. dazu Helga Embacher, Doppelt ausgeblendete Frauenerfahrungen: Irma Raffaela Toledo – Biographie einer Künstlerin, in: Roland Floimair (Hg.), Frausein in Salzburg, XI. Landessymposium am 17. November 1990 (Schriftenreihe des Landespressebüros, Salzburg Diskussionen 14), Salzburg 1991, S. 205–210; vgl. dazu auch Ingrid Bauer, Lippenstift und Wiederaufbau: Weibliche Lebenszusammenhänge im Nachkriegsjahrzehnt 1945 bis 1955, in: Thurner/Stranzinger (Hg.), Die andere Geschichte 2 (wie Anm. 37), S. 145–182, hier S. 146–148.

130 Siehe nochmals Embacher, Doppelt ausgeblendete Frauenerfahrungen: Irma Raffaela Toledo (wie Anm. 129), S. 208, deren Darstellung ich in diesem Kapitel weitgehend gefolgt bin.

131 Heidrun Zettelbauer, Briefe, (Auto-)Biographien und Institutionen – theoretischmethodische Annäherungen an die Erforschung regionaler NS-Herrschaft und Verfolgungspolitik, in: Zeitgeschichte 36 (2009), Heft 3, S. 143–147, hier S. 143; zu diesem Konzept von Herrschaft vgl. vor allem auch: Alf Lüdtke, Die Praxis von Herrschaft. Zur Analyse von Mitmachen und Hinnehmen im deutschen Faschismus, in: Brigitte Berlekamp und Werner Röhr (Hg.), Terror, Herrschaft und Alltag im Nationalsozialismus. Probleme einer Sozialgeschichte des deutschen Faschismus, Münster 1995, S. 226–245.

Abkürzungen

Abschr.	Abschrift
AdR	Archiv der Republik
AES	Archiv der Erzdiözese Salzburg
Anm.	Anmerkung(en)
AStS	Archiv der Stadt Salzburg (Stadtarchiv Salzburg)
Aufl.	Auflage
BA	Bundesarchiv Berlin
BGBl.	Bundesgesetzblatt
Bd., Bde.	Band, Bände
BDM	Bund Deutscher Mädel
BH	Bezirkshauptmannschaft
BHStA	Bayerisches Hauptstaatsarchiv München
Bl.	Blatt
D	Deutschland
DAF	Deutsche Arbeitsfront
DAP	Deutsche Arbeiterpartei
Diss.	Dissertation
DNSAP	Deutsche Nationalsozialistische Arbeiterpartei
DOEW	Dokumentationszentrum des Österreichischen Widerstandes
DRK	Deutsches Rotes Kreuz
DW	Deutsche Wochenschau
EK	Eisernes Kreuz
EW	Einwohner
f., ff.	folgend(e)
geb.	geboren
Gestapa	Geheimes Staatspolizeiamt
Gestapo	Geheime Staatspolizei
H.	Heft
Hg., hg.	HerausgeberIn, herausgegeben
HJ	Hitlerjugend
hs.	handschriftlich
HWNW	Hilfswerk Nordwest
IR	Infanterie Regiment
Jg.	Jahrgang
KdF	Kraft durch Freude
KPÖ	Kommunistische Partei Österreichs
Kt.	Karton
k. u. k.	kaiserlich und königlich
KZ	Konzentrationslager
l.	links
LGBl.	Landesgesetzblatt
LH	Landeshauptmann
LRA	Landesregierungsakten
masch.	maschinschriftlich
MF	Mikrofilm
MG	Maschinengewehr
MGSL	Mitteilungen der Gesellschaft für Salzburger Landeskunde
Misc.	Miscellanea
Mskr.	Manuskript
n.	nach
NPA	Neues Politisches Archiv
Nr.	Nummer

NS	Nationalsozialismus/nationalsozialistisch
NSBO	Nationalsozialistische Betriebszellenorganisation
NSDAP	Nationalsozialistische Deutsche Arbeiterpartei
NSKK	Nationalsozialistisches Kraftfahrer-Korps
NSKOV	Nationalsozialistische Kriegsopferversorgung
NSRWB	Nationalsozialistischer Rechtswahrerbund
NSV	Nationalsozialistische Volkswohlfahrt
o. D.	ohne Datum
o. J.	ohne Jahr
OPG	Oberstes Parteigericht
Or.	Original
ORF	Österreichischer Rundfunk
OSS	Ostmärkische Sturmscharen
ÖStA	Österreichisches Staatsarchiv
PA	Privatarchivalien
Pers.	Personal
Pg.	Parteigenosse
PK	Parteikanzlei-Korrespondenz
Pol.	Polizei
r.	rechts
RAB	Reichsautobahn
RAD	Reichsarbeitsdienst
RDB	Reichsbund der Deutschen Beamten
RGBl.	Reichsgesetzblatt
RKB	Reichskriegerbund
S.	Seite
SA	Sturmabteilung
SC	Salzburger Chronik
SD	Sicherheitsdienst
SETG	Salzburger Eisenbahn und Tramway Gesellschaft
SLA	Salzburger Landesarchiv
SLZ	Salzburger Landeszeitung
SS	Schutzstaffel
SVB	Salzburger Volksblatt
SZ	Salzburger Zeitung
UBS	Universitätsbibliothek Salzburg
UFA	Universum Film AG
UK	Unabkömmlich
US	United States
v.	von
v. a.	vor allem
VF	Vaterländische Front
vgl.	vergleiche
WHW	Winterhilfswerk
z. b. V.	zur besonderen Verwendung
Zit., zit.	Zitat, zitiert

Autorinnen und Autoren

Dr.in Ingrid Bauer, Historikerin, geb. 1954 in Zell am See
Ao. Univ.-Prof.in am Fachbereich Geschichte der Universität Salzburg

Mag. Dr. Oskar Dohle MAS, Historiker und Archivar, geb. 1968 in Linz
Direktor des Salzburger Landesarchivs

Dr. Ernst Hanisch, Historiker, geb. 1940 in Thaya
Univ.-Prof. am Fachbereich Geschichte der Universität Salzburg, seit 2004 in Pension

Dr. Robert Hoffmann, Historiker, geb. 1946 in Salzburg
Univ.-Prof. am Fachbereich Geschichte der Universität Salzburg

Mag. Johannes Hofinger, Zeithistoriker, geb. 1978 in Grieskirchen
Mitarbeiter des Technischen Museums Wien im Oral History Projekt *MenschenLeben*

Dr. Peter F. Kramml, Historiker, geb. 1957 in Salzburg
Leiter von Stadtarchiv und Statistik (Haus der Stadtgeschichte) Salzburg

Dr. Hans Schafranek, Historiker, geb. 1951 in Schärding
Freier Mitarbeiter des Dokumentationsarchivs des Österreichischen Widerstandes, Wien

Weiterführende Angaben zu den AutorInnen,
deren Forschungsschwerpunkten und Publikationen auf:
www.stadt-salzburg.at/ns-projekt
unter „Das Projekt“: Leitungsteam, ExpertInnen, MitarbeiterInnen